Hunter Killer – Lautlos und tödlich

LT. COL. T. MARK MCCURLEY
MIT KEVIN MAURER

HUNTER KILLER

LAUTLOS UND TÖDLICH

AMERIKAS GEHEIMER DROHNENKRIEG – DER INSIDERBERICHT

Aus dem Amerikanischen von Alexandra Hölscher, Elisabeth Schmalen und Christiane Sipeer

HEYNE

Obwohl der Autor alles darangesetzt hat, die zum Zeitpunkt der Veröffentlichung korrekten Telefonnummern, Internetadressen und weiteren Kontaktinformationen anzugeben, übernehmen Autor und Verlag keine Verantwortung für Fehler oder Änderungen, die nach der Veröffentlichung eingetreten sind. Überdies hat der Verlag weder Einfluss auf Homepages des Autors oder Dritter noch auf deren Inhalt und übernimmt keinerlei Verantwortung dafür.

Die Originalausgabe erschien 2015 unter dem Titel
Hunter Killer bei Dutton, a division of Penguin Group (USA) LLC.

MIX
Papier aus verantwortungsvollen Quellen
FSC® C083411

Verlagsgruppe Random House FSC® N001967
Das für dieses Buch verwendete FSC®-zertifizierte Papier
Super Snowbright liefert Hellefoss AS, Hokksund, Norwegen.

This edition is published by arrangement with Dutton, a member
of Penguin Group (USA) LLC, A Penguin Random House Company.

Redaktion: Thomas Bertram
Umschlaggestaltung: MILpictures by Tom Weber
Fertigstellung des Umschlags: Hauptmann & Kompanie Werbeagentur, Zürich
Satz: EDV-Fotosatz Huber/Verlagsservice G. Pfeifer, Germering
Druck und Bindung: CPI books GmbH, Leck
Printed in Germany
ISBN: 978-3-453-20081-4

www.heyne.de

Für meine Kinder

INHALT

Vorbemerkung des Autors

Ich bin ein Kämpfer.

Ich trete keine Türen ein. Ich rutsche keine Taue hinab, seile mich nicht ab und springe auch nicht aus Flugzeugen. Noch nie musste ich ein Ziel stürmen, weder ein festes noch ein bewegliches, obwohl ich dafür ausgebildet bin. Ich behaupte nicht, wie die SEALs oder eine andere Spezialeinheit zu sein. Meine Job ist ein anderer.

Aber dennoch bin ich ein Kämpfer.

Im Jahr 2003, nach mehr als einem Jahrzehnt bei der Air Force, sollte ich zum dritten Mal hintereinander einer Einheit ohne Kampfauftrag zugeteilt werden. Also meldete ich mich freiwillig für die einzige Kampfaufgabe, die damals für mich greifbar war – die RQ-1 Predator. Dog, mein Staffelkommandant, sah mich schief an, als ich meine Bitte vortrug. Als bärbeißiger Kampfpilot der alten Schule war er der gleichen Meinung wie alle bei der Air Force, mich eingeschlossen.

Predators waren etwas für Trottel.

»Mark, bist du sicher, dass du das willst?«, fragte er.

Dog lagen seine Leute sehr am Herzen, und er hätte mir frohgemut jeden Einsatz ermöglicht, wenn ich ihn wirklich gewollt hätte.

»Das wird deiner Karriere nicht guttun.«

Karriere zu machen war noch nie mein Ziel gewesen. Ich hatte mich vor langer Zeit dafür entschieden, vom normalen, erwarteten Weg abzuweichen und je nach Einsatz verschiedene Flugzeuge zu fliegen. Die Air Force geht davon aus, dass ihre Offiziere die ganze Laufbahn über bei einem Flugzeug bleiben. Ich bekam immer wieder dasselbe zu hören. Ein Wechsel sei nicht gut für meine Karriere.

»Sir«, sagte ich, »ich will einfach kämpfen. Meinen Teil beitragen.«

Das wollte ich seit dem 11. September. Ich führte an dem Tag den Einsatz einer T-6A-Formation über Valdosta (Georgia) an, als die Luftaufsichtsbehörde FAA (Federal Aviation Administration) uns zur Landung aufforderte. Die Befehle des Fluglotsen waren knapp und sachlich, aber ungewöhnlich, da das Militär von solchen Anweisungen meist ausgenommen war.

Unsere Propeller waren nach der Landung kaum zum Stillstand gekommen, als der Cheftechniker schon aufgeregt auf uns zugelaufen kam und fragte, ob wir es schon mitbekommen hätten. Jemand habe ein Flugzeug ins World Trade Center gesteuert. Anfangs reagierten wir skeptisch. Schließlich flogen ständig irgendwelche unerfahrenen Piloten mit ihren kleinen Maschinen gefährlich nah an den Türmen vorbei. Touristen machten solchen Blödsinn.

Doch als ich in den Dienstraum der 3rd Flying Training Squadron kam, stieß ich auf zwei Dutzend Fluglehrer und -schüler, die sich um einen Bildschirm drängten und sich Videoaufnahmen von einem Passagierflugzeug ansahen, das in den ersten Turm raste.

Die Sequenz wurde immer wieder abgespielt. Dann veränderte sich das Bild. Zuerst fiel es kaum auf, doch schließlich wurde es albtraumhaft deutlich. Das »LIVE«-Zeichen blinkte auf, während das Passagierflugzeug erneut in den Turm flog. Eine weitere Maschine krachte in den zweiten Turm. Uns allen war klar: Ein Treffer war ein Unfall. Zwei bedeuteten Absicht.

Wir befanden uns in einem Krieg, der sich von allen anderen, die die USA geführt hatten, unterschied. Und ich wollte meinen Beitrag leisten.

Dog seufzte.

»In Ordnung, ich kümmere mich drum.«

»Danke, Sir.«

Hunter Killer ist die Geschichte einer außergewöhnlichen Gruppe junger Männer und Frauen, mit denen gemeinsam zu dienen ich von 2003 bis 2012 die Ehre hatte. Außerdem ist es die Geschichte der Predator und ihrer Entwicklung vom Witzobjekt der Luftfahrt zur Speerspitze im Krieg gegen den Terrorismus.

Ich verwende in diesem Buch nur taktische Rufzeichen (Spitznamen) oder Vornamen, um die Identität von Piloten und Crews zu schützen. Einige hochrangige Führungskräfte, die in der Öffentlichkeit ohnehin bekannt sind, nenne ich beim Namen. Funkrufzeichen für Flugzeuge, Einheiten und Personen sind so korrekt wiedergegeben, wie es meine Erinnerung zulässt. Einige taktische Rufzeichen wurden abgeändert, um die Sicherheit derjenigen zu garantieren, die noch in Gefahr sind.

Ich habe sorgsam darauf geachtet, keine Einzelheiten noch laufender Missionen preiszugeben. Außerdem habe ich mich bemüht, bestimmte Taktiken und Verfahrensweisen geheim zu halten, die noch von unseren Crews im Kampf genutzt werden.

Hunter Killer ist aus meinem Blickwinkel geschrieben, aus der Bodenperspektive eines Lebens unter Piloten unbemannter Fluggeräte. Ich habe versucht, die Geschehnisse so wiederzugeben, wie sie sich ereignet haben, doch der Nebel des Krieges kann meine Wahrnehmung bestimmter Aktionen und meine Erinnerung an einzelne Details getrübt haben. Jegliche Fehler im Text gehen auf mich zurück. Des Weiteren sind alle Ansichten, die hier zum Ausdruck kommen, meine eigenen, sie spiegeln weder die Meinungen der United States Air Force noch die des Verteidigungsministeriums oder der Regierung der Vereinigten Staaten wider. Diese Geschichte wurde aufgeschrieben, um den kleinen Stab von Fliegern zu würdigen, die Kämpfer, die einen Krieg tief im Schatten führten und es weiterhin tun.

Hunter Killer ist ihre Geschichte.

Wir haben gerade einen Krieg mithilfe vieler Helden in Flugzeugen gewonnen. Vielleicht wird der nächste Krieg mit Flugzeugen geführt, in denen keine Männer mehr sitzen … Nehmen Sie alles, was Sie über das Fliegen im Krieg gelernt haben, werfen Sie es aus dem Fenster und lassen Sie uns an der Luftfahrt von morgen arbeiten. Sie wird sich von allem unterscheiden, was die Welt je gesehen hat.

General Henry »Hap« Arnold, US Army Air Forces,
am Tag des Sieges über Japan 1945

PROLOG

Vergeltung

Das Telefon in der Staffeleinsatzzentrale (SOC) klingelte, und ich nahm direkt nach dem ersten Läuten ab.

Es war meine Direktverbindung zur Joint Task Force in Camp Lemonnier in Dschibuti. Wir verfolgten eine wichtige Zielperson, und ich hatte das Gefühl, dies könnte der Anruf sein, auf den wir seit Wochen warteten.

»Squirrel hier«, sagte ich.

Am anderen Ende der Leitung war der Predator-Verbindungsoffizier, der LNO. Er arbeitete für den Kommandanten des Joint Operations Center (JOC), der gemeinsamen Einsatzzentrale. Seine Aufgabe bestand darin, die Predator-Missionen in der Region zu koordinieren. Meine Staffel stellte die Fluggeräte, mit denen die Überwachung und die Schläge gegen verdächtige Terroristen und Piraten durchgeführt wurden.

»Start«, sagte der Verbindungsoffizier.

»Wie viele?«

»Alle drei«, lautete die Antwort.

Drei Predators mit je zwei AGM-114-Hellfire-Raketen warteten auf dem Flugvorfeld. Sie waren in Alarmbereitschaft und konnten jederzeit abheben. Die Telefonverbindung war nicht sicher genug, um es zu bestätigen, doch als ich auflegte, war mir eines klar:

Das Wolfsrudel würde heute auf Jagd gehen.

Es war der 30. September 2011. Ich war Kommandant der 60th Expeditionary Reconnaissance Squadron in Camp Lemonnier, das von der französischen Fremdenlegion in Dschibuti errichtet worden war. Das Land war eine ehemalige französische Kolonie mit drückend heißem Klima und wenigen Vorzügen, abgesehen davon, dass es nordwestlich von Somalia lag und nur durch den Golf von Aden vom Jemen getrennt war. Strategisch gesehen war es der optimale Ort für amerikanische Anti-Terror-Operationen.

Camp Lemonnier nutzt das einzige Rollfeld des internationalen Flughafens Dschibuti-Ambouli mit, der am Rand der Stadt Dschibuti und in der Nähe des einzigen großen Seehafens Ostafrikas liegt. Die USA zahlen dem Staat Dschibuti seit den Angriffen vom 11. September jährlich 38 Millionen Dollar, um von hier aus humanitäre Einsätze im Landesinneren durchführen zu können. Die ersten Amerikaner auf dem Stützpunkt waren 2002 die Marines, die dort rasch eine kleine Basis errichteten, die in der Lage war, Luftbrücken-Operationen durchzuführen. Schon bald gehörte auch das Sammeln von Informationen in ganz Ostafrika zur Mission der »Combined Joint Task Force – Horn of Africa«. Einige Jahre später ging das JOC offen gegen die wachsende terroristische Bedrohung in der Region und auf der arabischen Halbinsel auf der anderen Seite des Golfs von Aden vor.

Ich beendete das Telefonat und gab den Befehl zum Start. Mein Einsatzleiter beorderte die Wartungstechniker auf das Vorfeld und leitete die Instruktionen weiter. Die Propeller am hinteren Ende der Predators begannen zu summen, während die Piloten in der Bodenkontrollstation – einem ISO-Container mit Cockpits, die alles enthielten, was man zur Steuerung eines Flugzeuges braucht –

die Vorflugkontrollen vornahmen. Langsam lenkten meine Piloten die Predators vom Vorfeld auf die Startbahn. Knapp 13 000 Kilometer entfernt in den Vereinigten Staaten hasteten drei Crews in ihre Cockpits, setzten sich in der klimatisierten Unterkunft auf der Creech Air Force Base in Nevada an ihre Steuerpulte und warteten darauf, die Vögel zu übernehmen. Meine Piloten in Dschibuti würden den Start durchführen und die Kontrolle über die Predators dann an die Piloten in den USA übergeben, die den Einsatz flogen. Während meiner zehn Jahre im Predator-Programm hatte ich mich selbst schon unzählige Male auf jener Seite dieser Missionen befunden. Kein anderes Flugzeug der Air Force hatte zwei Crews – eine für den Start und eine weitere für den Einsatz selbst. Doch nicht nur das war einzigartig an unserem Programm.

Ich ging hinaus, um mir den Start anzusehen. Laut dem Thermometer beim Gebäude waren es um die 35 Grad, als sich die Propeller der drei Flugzeuge zu drehen begannen. Die Hitze setzte den Predators schlimmer zu als al-Qaida. Wir mussten auf das »Hitzefenster« achten. Sollte es noch wärmer werden, konnte sich die empfindliche Elektronik im Innern der Predators überhitzen und schmelzen, bevor das Flugzeug die kühleren Temperaturen höherer Lagen erreicht hatte.

Zurück in der Einsatzzentrale hörte ich über Funk, wie der Tower des Flughafens von Dschibuti den Predators die Startfreigabe erteilte. Ich sah von einer Betonabsperrung aus zu, wie die Predators über die Startbahn rollten. Ohne das leichte Gefälle am Ende des Feldes wären sie kaum in der Lage abzuheben. Sobald sie in der Luft waren, flogen sie aufs Meer hinaus und drehten ab in Richtung Jemen. Ich sah auf die Uhr. Es würde ein paar Stunden dauern, bis die Predators den Golf von Aden überquert hätten und vor Ort wären. Ich wandte mich meinen anderen Aufgaben zu, machte mir aber im Kopf eine Notiz, mich später zur Task-Force zu begeben, um mir die Videobilder anzusehen.

Es war immer noch heiß, als ich zur Task-Force-Unterkunft kam. Das Thermometer an der Tür zeigte »milde« 49 Grad an. Hier gab es im Sommer keine lindernde Brise vom Meer, nur einen Wind, der konstant mit 25 bis 35 Kilometern pro Stunde aus der Wüste herüberwehte und sich eher wie Luft aus einem Föhn anfühlte. Eine an der Wand angebrachte Klimaanlage sirrte, als ich das Fertiggebäude aus Metall betrat. Das kleine Gerät gab sich alle Mühe, gegen die erdrückenden Temperaturen draußen anzukämpfen.

An den Wänden rund um die Empore des JOC-Kommandanten hingen sechs Fünfzig-Zoll-Plasmabildschirme. Auf jedem waren Videostreams der verschiedenen Predators und Reapers zu sehen, die in der Region unterwegs waren.

Einige in Afrika.

Die meisten im Jemen.

Die Piloten und Sensoroperatoren, die die Flugzeuge flogen, waren an zahlreichen Orten rund um den Globus stationiert, aber digital so mit unserem Fluggerät verbunden, als befänden sie sich auf der anderen Seite des Korridors.

Die Spannung im Raum war bei meinem Eintreten deutlich spürbar. Der JOC-Kommandant war ein kleiner Offizier, der auf einem niedrigen Podium in der Mitte des Raumes stand. Von dort aus konnte er alle sechs Bildschirme sehen. Der Predator-LNO stand an seinem Arbeitsplatz wenige Schritte rechts vom Kommandanten.

»Ist er das?«, fragte ich den LNO, einen großgewachsenen Major der Air Force.

»Wir sind uns nicht sicher«, sagte er. »Vor fünf Stunden wurde bestätigt, er sei aktiv.«

Der LNO wandte den Blick nicht von den Monitoren mit den Videostreams ab.

»Wir versuchen immer noch, Sicht auf ihn zu bekommen.«

»Keine Sicht haben« hieß, wir konnten die Zielperson nicht sehen. Woher die Hinweise stammten, erfuhren wir nie.

Die Zielperson war Anwar al-Awlaki.

Al-Awlaki, 38, der als Sohn jemenitischer Eltern in New Mexico zur Welt kam, hatte Kontakt zu zweien der Flugzeugentführer vom 11. September gehabt und stand via E-Mail mit Major Nidal Malik Hasan in Verbindung, bevor Hasan 2009 bei einer Schießerei im texanischen Fort Hood 13 Menschen tötete. Außerdem hatte al-Awlaki den nigerianischen Studenten Umar Farouk Abdulmutallab zu dem Versuch angeregt, Weihnachten 2009 mit einer in der Unterwäsche versteckten Bombe ein nach Detroit fliegendes Flugzeug in die Luft zu sprengen.

Als das FBI wegen seiner Verbindungen zu al-Qaida gegen al-Awlaki ermittelte, floh er nach London und dann weiter in den Jemen, wo er als Chefredakteur für *Inspire*, das englischsprachige Rekrutierungsmagazin von al-Qaida, tätig war. Das Magazin brachte auch einen Artikel darüber, wie man eine Bombe baut. Diesen Artikel machten sich die Boston-Marathon-Bomber später für ihren Anschlag zunutze.

Auf dem Monitor sah ich das Dorf Khashef, einen kleinen Ort nördlich von Sanaa, der Hauptstadt des Jemen.

Der Ort sah aus, als hätte jemand Häuser aus Lehmziegeln und Schalsteinen wild durcheinandergeworfen. Er war unscheinbar genug, um als Versteck zu dienen, und so nahe an der Großstadt, dass alle Annehmlichkeiten mit dem Auto schnell zu erreichen waren.

»Die Zielperson ist aktiv«, meldete ein Analyst, der in der Nähe saß. »Wir sehen Hinweise darauf, dass sie in Bewegung ist.«

Zwei weiße Pick-ups der Marke Toyota HiLux hielten vor einem Haus im Dorf. Beide hatten große Fahrerkabinen, in denen etwa fünf Personen Platz fanden. Die schwarz-weißen Predator-Bilder auf dem Plasmabildschirm nahmen den vorderen Wagen in den Fokus.

Der Offizier gab al-Awlakis Koordinaten durch, und ich überprüfte das Videobild. Die beiden Pick-ups befanden sich ganz in der Nähe der Koordinaten. Meine Predators waren nahe genug dran, dass man sie als vor Ort bezeichnen konnte. Wir sahen alle gemeinsam zu, wie acht Männer aus einem benachbarten Haus kamen und eilig in die Wagen kletterten. Sie trugen die traditionelle Kleidung der Gegend, weiße Gewänder und Kopftücher. Einer von ihnen war ganz in Weiß gekleidet und stieg in den vorderen Pick-up. Kaum waren die Türen zu, fuhr der Fahrer des ersten Autos los und hinterließ dabei eine Wolke aus Staub und Abgasen. Das zweite Fahrzeug folgte einen Augenblick später.

»Draufbleiben«, ordnete der JOC-Kommandant an.

Ich sah, wie der LNO den Befehl auf seiner Tastatur eingab und ihn über einen gesicherten Internet-Chat den Predator-Crews in Nevada übermittelte. Sekunden später richtete der Sensoroperator das Fadenkreuz ruhig auf den vorderen Wagen, sodass die Kamera unter der Nase des Flugzeugs ihm automatisch folgte. Die Crew arbeitete effizient, das war gut. Ich wusste, dass ein fähiges Team heute wichtig wäre.

»Sir«, sagte der Army-Offizier, »al-Awlaki hat gerade durchgesagt, er sei unterwegs.«

»Stimmt, Sir«, bestätigte ein anderer Offizier. »Der Anruf kam aus dem vorderen Wagen.«

Der JOC-Kommandant nickte.

»Alle Augen auf ihn.«

Innerhalb von Sekunden richteten sich auch die Kameras der anderen beiden Predators auf die zwei Wagen, die sich einen Weg über den Marktplatz des Dorfes bahnten. An diesem Spätvormittag waren die Straßen von Verkäufern und Kunden verstopft, die letzte Einkäufe erledigten, bevor die Mittagshitze unerträglich wurde. Die Menge drosselte die Geschwindigkeit der Pick-ups, während die Fahrer jede Lücke nutzten, um durch das Meer von Menschen zu dringen.

»Gordon übernimmt die Führung«, ordnete der JOC-Kommandant an.

Gordon war das Rufzeichen der vordersten Predator. Das Fluggerät war nach einem Operator der Army Delta Force benannt, der 1993 ums Leben gekommen war, als er die Crew eines abgeschossenen UH-60 Black Hawk in Somalia verteidigte. Es war das einzige Rufzeichen, das nicht auf einen Air-Force-Helden zurückging.

Unsere Absicht war es, al-Awlaki auf dem Weg zwischen den Dörfern Khashef und Marib zu attackieren. Ein Angriff auf freier Strecke bedeutete keine Zeugen und geringe Kollateralschäden. Außerdem wurden so keine Zivilisten in die Sache hineingezogen. Al-Awlaki würde einfach nicht beim Treffen erscheinen.

»LNO, wir gehen die RoE durch«, meldete der JOC-Kommandant. »Die Crews sollen die Raketen zum Abschuss vorbereiten.«

Die RoE, die Rules of Engagement oder Einsatzregeln, sind ein Katalog mit Kriterien, die erfüllt sein müssen, um im Kampf legal einen Abschuss ausführen zu dürfen. Keine Predator-Crew durfte zuschlagen, bevor nicht den RoE Genüge getan war. Ich wusste, dass wir vorsichtig sein und uns versichern mussten, dass das Ziel tatsächlich al-Awlaki war. Wir waren keine Drohnen, sondern professionelle Piloten und Planer, die jedes Ziel genau untersuchten, um sicherzustellen, dass der Angriff legal und gerechtfertigt war.

Wir konnten nicht schießen, bevor er das Dorf verlassen hatte. Eine Hellfire-Rakete würde seinen Wagen vernichten, aber auch tödliche Granatsplitter in die umgebenden Gebäude jagen. Ein Fehlschlag mitten im Ort hätte katastrophale Auswirkungen.

Diese Operation wäre die größte seit der Mission, bei der vor knapp fünf Monaten Osama bin Laden getötet worden war. Wir waren hinter dem Ziel her, das für Washington die neue Nummer eins war. Das hier wäre ein entscheidender Schlag, eine hochkarätige Mission, die den Status der Predator und der unbemannten Luftfahrt als bevorzugte Waffe der USA im Kampf gegen den Terrorismus wahrscheinlich festigen würde.

Als ich 2003 anfing, Predators zu fliegen, dienten wir größtenteils als Beobachter und Lauscher. Neben den Fliegerstaffeln galten wir als zweitklassig. Doch im Verlauf des zehn Jahre andauernden Krieges waren wir zu Jägern geworden. Predators und Reapers waren für einen bedeutenden Anteil der Luftangriffe in Afghanistan, Pakistan und im Jemen verantwortlich. 2013 mussten die politischen Entscheidungsträger nicht mehr das Risiko eingehen, Bodentruppen in aufreibende und teure Einsätze zu schicken. Predators und Reapers konnten still und leise die Linien auf den Landkarten überfliegen, um Terroristen zu verfolgen und, wenn nötig, zu töten. Die unbemannte Luftfahrt verschaffte den US-Behörden einen langen Arm, um die Feinde Amerikas direkt im Ausland anzugreifen.

Der LNO setzte ein Headset auf, damit er mit den Predator-Piloten sprechen konnte. Von nun an würde der Internet-Chat dazu benutzt werden, Koordinaten und Freigaben zu dokumentieren. Als das Headset richtig saß, legte der LNO einen Schalter um, sodass alle drei Predators seine Anweisungen hören konnten.

»Gordon«, sagte er, »Sie übernehmen die Führung, bitte bestätigen.«

Die Stimme, die antwortete, war erstaunlich klar und nur von einem ganz leichten Rauschen durchsetzt.

»Verstanden, Gordon hat die Führung«, erwiderte der Pilot. »Checkliste abgeschlossen in zwei Mikes.«

»Mikes« stand in der Funksprache für Minuten.

Der Konvoi ließ den Marktplatz hinter sich und beschleunigte, als er sich dem Ortsrand näherte. Wir hatten nur einen Schuss auf ihn. Wenn wir nicht trafen, würde al-Awlaki abtauchen. Dann würde es bestenfalls Monate dauern, bis wir ihn wiedergefunden hatten, wenn uns das überhaupt gelänge.

Im Ort ließ sich der Fahrer Zeit, denn er wusste, dass die Zivilisten ihn und seine Passagiere schützten. Sobald er die offene Straße erreichte, war Geschwindigkeit seine einzige Sicherheit. Nach jahrelanger Erfahrung mit ähnlichen Einsätzen wusste ich, dass ein Angriff im Freien schwierig sein konnte. Niemand befolgte die Verkehrsregeln, und die Autos rasten in waghalsigem Tempo über die Schnellstraßen der Region. Al-Awlakis Fahrer wäre da sicherlich keine Ausnahme.

Der Konvoi schlängelte sich durch die Außenbezirke des Ortes und nahm dann eine kurvige Straße durch kleinere Dörfer und hinaus in die offene Wüste.

»Das Ziel ist im Freien. Gibt es einen Befehl?«, sagte Gordon.

Der Stimme des Piloten war keine Emotion, kein Stress anzumerken. Der LNO sah den JOC-Kommandanten an. Der schüttelte den Kopf.

»Negativ, Gordon«, antwortete der LNO. »Der Befehl steht noch aus.«

»Der Befehl steht aus« war ein Euphemismus dafür, dass irgendjemand eine Entscheidung nicht treffen wollte oder konnte. In diesem Fall war es nicht leicht. Wir waren drauf und dran, einen US-amerikanischen Terroristen in einem fremden Land zu erschießen. Nur der Präsident konnte einen Angriff dieser Größenordnung genehmigen.

»Verstanden«, gab Gordon zurück.

»Versuchen Sie, auf Position zu bleiben, damit wir schnell zuschlagen können«, sagte der LNO.

Gordon antwortete nicht. Er hatte keine Zeit dazu, da er sich darum bemühte, das Flugzeug in optimaler Abschussposition zu halten und gleichzeitig plötzliche Kurven des Konvois vorauszusehen. Außerdem wollte er sich nicht in den klassischen »Erklären Sie einem Piloten nicht, wie er seine Maschine zu fliegen hat«-Streit verwickeln lassen. Wenige Sekunden später prüfte Bong, eine weitere Predator in der Nähe, die Gegend vor dem Konvoi.

»Die Landschaft wird ebener«, meldete Bong. »Sieht so aus, als wären wir bald auf gerader Strecke.«

»Verstanden«, sagte Gordon.

Die gerade Straße war der sinnvollste Ort für den Beschuss. Die Fahrzeuge würden ein gleichbleibendes Tempo auf einer vorhersehbaren Strecke beibehalten. Es gab kaum Kammlinien, die die Rakete oder den Ziellaser behindern könnten.

Wie erwartet, beschleunigte al-Awlakis Konvoi unmittelbar nach Erreichen der Ebene. Zwei identische Staubwolken stiegen hinter den Wagen in die Luft, als sie durch den Sand rasten, den der Wind und Sandstürme in letzter Zeit auf die Straße gewirbelt hatten.

»Zehn Minuten.«

Gordons Aussage war eher eine Nachfrage als eine Feststellung. Wir hatten zehn Minuten, bis al-Awlaki Marib erreichte. Wenn die Predator eine Rakete abfeuern sollte, dann musste es hier auf der Straße geschehen. Der JOC-Kommandant schüttelte, das Headset ans Ohr gepresst, den Kopf. Mit jedem Kilometer, den der Konvoi zurücklegte, schrumpften unsere Chancen zuzuschlagen.

Ich blickte auf den Bildschirm, während Gordon sich in Position brachte. Da er schneller unterwegs war als die Pick-ups, flog der Pilot Schlangenlinien, um den Konvoi nicht zu überholen. Falls al-Awlaki wusste, dass wir über ihm waren, ließ er es sich nicht anmerken. Die Autos donnerten schnurstracks über die Schnellstraße.

»Gordon, Ihr Status?«, fragte der LNO.

»Checkliste abgeschlossen, warte auf Freigabe«, meldete Gordon.

»Verstanden«, sagte der LNO. »Bong, gehen Sie in Position für einen direkten Folgeangriff.«

Sollte Gordon nicht treffen, könnte er seine zweite Rakete nicht mehr abfeuern, weil er schon zu nahe am Einschlagsort wäre. Bong würde in entsprechender Distanz zu ihm lauern, um es erneut zu versuchen oder das zweite Fahrzeug zu treffen, falls der erste Angriff erfolgreich war.

»In fünf Minuten schließt sich das Fenster«, sagte Gordon. »Wie ist der Status?«

Ich sah, wie der JOC-Kommandant sein Telefonat beendete.

»Es ist so weit«, sagte er. »Geben Sie die 9-Line durch.«

Der LNO drückte »Enter« auf seiner Tastatur. Er hatte die 9-Line, die vorgegebenen neun Zeilen mit dem detaillierten Feuerbefehl, schon eingetippt. Jede Zeile gab bestimmte Informationen an den Piloten weiter. Der Joint Terminal Attack Controller (JTAC) der Task-Force, ein Soldat der Air Force, der dafür ausgebildet war, Luftschläge anzufordern, kam online. Er hatte den Videostream in der Einsatzzentrale verfolgt. JTACs befanden sich normalerweise vor Ort, doch das war im Jemen unmöglich. Wir hatten keine Bodentruppen dort. Stattdessen überwachte der JTAC die Missionen von seinem Schreibtisch in der Einsatzzentrale aus und schaltete sich nur kurz vor einem Angriff zu.

»Gordon, hier Badger 41«, sagte der JTAC. »Die 9-Line ist im Chat. Geben Sie die Richtung durch.«

Auf den Bildschirmen waren weiterhin die zwei Pick-ups zu sehen. Gelegentlich neigte und drehte sich das Bild ein wenig, wenn eine Kamera sich entsprechend den Flugmanövern der Predator ausrichtete. Von Gordon kam nichts. Der Pilot instruierte seinen Sensoroperator, den zweiten Mann der Crew, bezüglich des Angriffs. Der Sensoroperator war ein einfacher Luftwaffensoldat, der die Sensoren unter der Nase des Flugzeugs steuerte und den Ziellaser betätigte. Er war ein zweites Paar Augen, vor allem, wenn der Raketenabschuss kurz bevorstand. Jeder im Einsatzraum wurde langsam nervös, weil die Instruktion so lange dauerte.

Ungemütlich lange.

Warum hatten sie das nicht schon längst erledigt? Ich verlagerte mein Gewicht von einem Fuß auf den anderen, um auf diese Weise zu versuchen, etwas von meiner nervösen Energie zu verbrennen. Auch der LNO rutschte auf seinem Stuhl hin und her, er verspürte dasselbe Unbehagen wie ich. Niemand im Einsatzraum wollte diese Chance verpassen. Keiner wusste, wann sich die nächste Gelegenheit bieten würde. Ich warf einen Blick auf die Uhr über den Monitoren. Wir hatten noch drei Minuten. Das Video schwankte erneut.

»Gordon kommt von Süden«, war der Pilot zu hören. »Eine Minute.«

Der JTAC zögerte nicht.

»Gordon, Freigabe zum Abschuss.«

KAPITEL 1

Willkommen bei der Predator

»Willkommen bei der Predator.«

Chuck, ein langjähriger Ausbilder der 11th Reconnaissance Squadron, stand vor einer Predator und hielt die Begrüßungsrede. Es war der erste Tag meiner Ausbildung auf der Creech Air Force Base in Nevada.

Mein Jahrgang, bestehend aus 29 Piloten und Sensoroperatoren, drängte sich während Chucks Ansprache rund um den Bug des Fluggeräts. Ganz vorn verfolgten die neu rekrutierten Sensoroperatoren jede Bewegung von Chuck, als er auf das Zielsystem, das unter der Spitze der Drohne angebracht war, und die verschiedenen Antennen zur Steuerung des Flugzeugs deutete.

Ich stand mit den anderen Piloten weiter hinten. Im Dezember 2003, als ich in das Programm einstieg, gab es – wenn überhaupt – nur wenige, die sich freiwillig dafür meldeten. Die meisten Predator-Piloten waren aus anderen Programmen zwangsversetzt worden, weil sie ein bemanntes Fluggerät der Air Force beschädigt hatten oder nicht den technischen oder fachlichen Anforderungen entsprachen, die für jedes Flugzeug galten. Manche durften aufgrund von Verletzungen nicht mehr ins Cockpit.

Wenige waren da, weil sie es wollten. Ich war einer von nur vier Freiwilligen.

Seit meiner Kindheit hatte ich davon geträumt, Kampfflieger zu werden. Ich wuchs als jüngeres von zwei Geschwistern in Mississippi auf. Ich war von Natur aus ein selbstständiges Kind und fasziniert davon, wie Maschinen konstruiert waren. Mit einem Metallbaukasten entwarf ich eigene Raumschiffe. Ich stellte mir vor, in unerforschte Universen zu reisen, große Raumschlachten zu schlagen oder schlicht eine verlorene Zivilisation zu entdecken.

Doch erst als mein Vater mich im Alter von fünf Jahren zu einer Flugschau auf dem Hawkins Field in Jackson, Mississippi, mitnahm, entdeckte ich meine wahre Leidenschaft. Dort stellte die Confederate Air Force, die sich heute Commemorative Air Force nennt, eine Luftschlacht des Zweiten Weltkriegs nach.

Das Donnern der Kolbenmotoren brachte den Boden zum Vibrieren, während die deutschen Messerschmitts und die amerikanischen Mustang-Flieger am Himmel wie verrückt im Kreis tanzten. Überall auf dem Flugplatz gingen Feuerwerke los, die Bombeneinschläge und Flakfeuer simulierten. Der Lärm war gewaltig, berauschend und wunderbar.

Doch das war nichts im Vergleich zu dem Gefühl, das mich erfüllte, als mein Vater mir ein Ticket für die Besichtigung des B-29-Bombers *Fifi* kaufte.

An der umsichtigen Hand meines Vaters erklomm ich die Crew-Treppe und kletterte auf den Sitz des Copiloten. Vor mir erstreckte sich eine riesige Instrumententafel mit unvorstellbar vielen Skalen und Anzeigen. Ich drehte am Steuerhorn und stellte mir vor, wie es gewesen war, dieses Flugzeug zu fliegen.

Es hatte mich gepackt.

In der Highschool strengte ich mich mächtig an, um es auf die US Air Force Academy (USAFA) zu schaffen, was mir eigentlich die Teilnahme an der Pilotenausbildung garantiert hätte. Doch als ich 1992 meinen Abschluss an der Akademie machte, verschob sich meine Fliegerausbildung aufgrund der Truppenreduzierung nach dem Ende des Kalten Krieges. Stattdessen machte ich eine Geheimdienstausbildung auf der Goodfellow Air Force Base in San Angelo, Texas, und wurde Nachrichtenoffizier.

Nach drei Jahren in dieser Position wurde ganz kurzfristig ein Platz im Pilotenprogramm der Columbus Air Force Base in Mississippi frei. Ein Kommilitone von der USAFA hatte aus familiären Gründen eine Woche vor Ausbildungsbeginn abgesagt und somit einen Platz freigemacht, den die Air Force füllen musste. Die Personalstelle der Air Force wählte aus einer Liste mit Alternativen meinen Namen aus und machte mir Knall auf Fall das Angebot, meine Sachen zu packen und nach Mississippi zu ziehen. Ich sagte auf der Stelle vorbehaltlos zu. In den folgenden acht Jahren flog ich Schulflugzeuge und das E-3 Airborne Warning and Control System (AWACS) mit einem enormen Suchradar oben auf dem Rumpf. Das Flugzeug diente als Einsatzleitung für Kampftruppen. Ich flog Einsätze im Kampf gegen den Drogenhandel vor der Küste Südamerikas, patrouillierte am Himmel über Nordkorea, während die Boden-Luft-Raketen des Landes jede meiner Bewegungen verfolgten, und eskortierte die Maschine des Präsidenten in Ostasien.

Ich war ein guter Pilot, doch meine Zeit als Nachrichtenoffizier beeinträchtigte meine Karriere bei der Air Force. Meine Chancen, Kampfpilot zu werden, waren verschwindend gering. Nach ein paar Jahren als Ausbilder stand eine Rückkehr zum AWACS an. Ich zögerte. Zwar wollte ich bei der Air Force bleiben, aber ich wollte nicht wieder das AWACS fliegen. Ich wusste, dass keine Chance bestand, dass es zum Einsatz gebracht würde, und ich wollte meinen Beitrag leisten. Die AWACS-Flugzeuge waren aus dem Krieg abgezogen worden und sollten wohl nicht mehr zurückkehren. Wer sie flog, konnte nicht mit einem Kampfeinsatz rechnen.

Es war das Jahr 2003, und der Krieg in Afghanistan dauerte schon zwei Jahre. Der Krieg im Irak begann gerade erst. Als im Predator-Ausbildungsprogramm ein Platz frei wurde, bat ich um Aufnahme. Nach einem kurzen Tauziehen wurde ich genommen. Ich war kein erfahrener Kämpfer, doch ich wollte den Platz, weil mir die Predator ermöglichte, im Cockpit zu bleiben und zu den Kriegsanstrengungen beizutragen.

Doch als ich die Predator im Hangar betrachtete, hatte ich dennoch meine Zweifel.

Ich war 33 Jahre alt, und während Chuck sprach, überlegte ich, ob meine Entscheidung klug gewesen war. Wie jeder Pilot der Air Force war ich noch der Meinung, dass Fliegen im Flugzeug stattfand, nicht von einem Computerterminal am Boden aus. Flugzeuge wurden von ausgebildeten Fachleuten gesteuert, die im Cockpit saßen. Piloten flogen nicht von Containern aus. Kein Pilot hat je ein Mädchen in einer Bar abgeschleppt, indem er sich damit brüstete, ein ferngesteuertes Flugzeug zu fliegen.

Auf einem meiner Lieblings-T-Shirts war auf der Brust eine Definition des Begriffs Pilot aufgedruckt. Sie fasste die Mentalität von Piloten humorvoll, aber treffend zusammen.

Pi|lot: m. Die höchste Lebensform auf Erden

Für mich drückte das T-Shirt weniger Arroganz als Selbstvertrauen aus. Fliegen war etwas Besonderes. Nur wenige Menschen erleben die Erde aus einer Höhe von 30 000 Fuß mit einer Maschine unter dem Hintern, die sie selbst steuern. Vom Cockpit aus konnten wir die Erdkrümmung erkennen und zusehen, wie die Autos auf den Autobahnen auf Ameisengröße schrumpften. Jedes

Mal, wenn ich in den Himmel aufstieg, empfand ich das gleiche Hochgefühl. Fliegen war kein Beruf. Es war meine Leidenschaft. Meine Berufung. Es war etwas, das ich tun musste, um mich als ganzer Mensch zu fühlen.

Die meisten Menschen identifizieren sich mit ihrer Arbeit, und ich hatte den besten Job auf dem Planeten.

Doch hoch über der Erde zu fliegen birgt auch seine Gefahren. Dann ist das Selbstvertrauen gefragt, das oft als Arroganz missverstanden wird.

Wir vertrauten auf unsere Fähigkeiten, weil einem niemand zu Hilfe kommen kann, wenn man sich so weit über der Erdoberfläche befindet. Im Gegensatz zu Autos waren Flugzeuge keine Fahrzeuge, mit denen man einfach rechts ranfahren konnte, wenn der Motor Probleme machte. Doch bei der Predator entfiel dieser Faktor. Solange das Flugzeug nicht gerade direkt auf dem Cockpit am Boden landete, waren die Piloten sicher, egal, was geschah. Deshalb sah ich auf die Predator hinab. Sie zu steuern nahm dem Fliegen das Hochgefühl, sich in der Luft zu befinden, und dem Pilotendasein seine Abenteuerlichkeit.

Die erste Ausbildungsstunde bestand aus Chucks Begrüßungsrede. Sein Tonfall verriet, dass er sie schon einmal zu oft gehalten hatte. Chuck war nicht gelangweilt, doch ihm fehlte der Enthusiasmus. Seine Worte klangen ausdruckslos und auswendig gelernt. Sein Wissen über das Flugzeug beruhte allerdings auf Erfahrung, nicht auf Theorie.

Chuck hatte die 11. befehligt, als sie zur Unterstützung des Einmarschs nach Afghanistan eingesetzt wurde. Er hatte die Predator im Kampfeinsatz erlebt und wusste, was das Flugzeug konnte. Während er um die Maschine wanderte, entsprach sein militärisches Auftreten dem eines Offiziers, auch wenn er eine Khakihose und ein Polohemd trug.

»Dies ist ein System, wie Sie es noch nie gesehen haben«, sagte er. Da musste ich ihm zustimmen.

Es war auch ein Flugzeug, wie ich es noch nie gesehen hatte. Die Bilder wurden ihm nicht gerecht. Bis die Predator 1994 eingeführt wurde, waren typische unbemannte Luftfahrzeuge nicht viel größer als ferngesteuerte Modellflugzeuge gewesen. Im Geiste war ich davon ausgegangen, das träfe auch auf die Predator zu. Doch die MQ-1-Predator, gebaut von General Atomics, war etwa so groß und schwer wie eine Cessna 172 und wirkte mit ihrem Heck, das wie ein auf den Kopf gestelltes V aussah und leicht auf dem Boden auflag, wie ein zorniger, grauer Vogel. Sie kauerte am Boden, als sehnte sie sich danach, in die Luft zu steigen.

Chuck forderte uns auf, näher zu treten. Wir drängten uns um das Flugzeug. Von Nahem konnte man gut erkennen, dass es nicht auf Langlebigkeit ausgelegt war. Der dünne Rumpf aus Verbundwerkstoff fühlte sich an wie Schleifpapier. Das kärgliche Fahrwerk bestand nur aus Federn, die sich unter dem Gewicht des Flugzeugs bogen. Ein abgewandelter, vierzylindriger Schneemobilmotor mit 115 PS, der mit einem Turbolader nachgerüstet worden war, trieb den schlanken weißen Propeller am Heck an. Die Predator konnte eine Höhe von bis zu 25 000 Fuß erreichen und mehr als 20 Stunden am Stück fliegen, ohne aufzutanken. Sie beeindruckte durch ihre Einfachheit.

Chuck war mit den technischen Daten des Fluggeräts durch und ging nun zur Geschichte über. Die Predator war entwickelt worden, als die US Air Force 1993 ein unbemanntes Überwachungsflugzeug forderte. General Atomics, ein Unternehmen mit Sitz in San Diego, stellte sein Konzept als Erstes der Air Force vor.

Neal und Linden Blue, Ölmagnaten mit viel Grundbesitz in Telluride, Colorado, hatten General Atomics 1986 für knapp 50 Millionen Dollar übernommen. Neal, der eine Zeit lang in Nicaragua gelebt hatte, war dort Zeuge geworden, wie die von den Sowjets unterstützte sandinistische Koalition die Herrscherfamilie Somoza abgesetzt hatte. Da er nicht selbst in den Kampf eingreifen konnte, hatte er überlegt, wie man ein unbemanntes Flugzeug mithilfe von GPS in die riesigen Kraftstoff-, Öl und Schmiermitteltanks steuern konnte, die die von den Sowjets unterstützte Armee versorgten. Er wollte das neue Regime schwächen. Der Aufkauf von General Atomics verschaffte Neal die Mittel, seinen Wunsch teilweise umzusetzen.

1992 stellte er Thomas P. Cassidy, einen Admiral im Ruhestand, ein, um General Atomics Aeronautical Systems Inc. aufzubauen. Cassidys Auftrag war es, unbemannte Luftfahrzeuge zu erforschen und zu bauen. Der erste Versuch des Unternehmens war die Gnat. Sie wurde aus handelsüblichen Teilen gefertigt und verfügte über einen Kameraaufbau ähnlich dem auf Verkehrshubschraubern. Die Gnat konnte fast 40 Stunden in der Luft bleiben, doch sie war zu klein, um Waffen zu tragen, und hatte nur eine begrenzte Reichweite, da sie sich nur mittels Sichtkontakt steuern ließ.

Dann kam die Predator.

Dieses Fluggerät mit dem umgedrehten Heck und einer wuchtigen Kugel voller Videosensoren unter der Nase wurde von der Firma auf der Grundlage dessen entwickelt, was die Forscher bei der Gnat gelernt hatte. 1994 hob die Predator zum ersten Mal vom Boden ab, und schon kurz darauf wurde sie von der Air Force eingeführt. Die Piloten in der Führung der Air Force standen ihr skeptisch gegenüber, doch der Air-Force-Geheimdienst erkannte ihren Wert.

Die Predator konnte selbst bei schlechtem Wetter Ziele überfliegen und hochauflösende Bilder übermitteln. Ein zusätzlicher Vorteil war, dass sie mit 3,2 Millionen Dollar pro Maschine günstig war. Kauf und Betrieb von vier Fluggeräten und einer Bodenstation kosteten etwa 40 Millionen Dollar. Im Vergleich dazu beliefen sich die Anschaffungskosten jeder neuen F-22 Raptor auf mehr als 200 Millionen Doller.

Der erste Flug einer Predator fand im Juli 1994 statt. Als der Afghanistan-Krieg begann, besaß die Air Force 60 solcher Flugzeuge, von denen einige schon über Bosnien eingesetzt worden waren. Im Februar 2001 feuerte die Predator die ersten Hellfire-Raketen ab, und ihre Rolle als Aufklärungsflieger wandelte sich langsam. Ein Jahr später zerstörten Predators den Wagen des Talibanführers Mullah Omar. Außerdem töteten sie einen afghanischen Schrotthändler, der Osama bin Laden ähnlich sah. Im März 2002 feuerte eine Predator eine Hellfire-Rakete ab, um Army Rangers zu helfen, die im Zuge der Operation Anaconda bei Takur Ghar kämpften. Es war das erste Mal, dass eine Predator die Luftnahunterstützung von Bodentruppen übernahm.

Auf dem Papier war das Fluggerät zwar wertvoll, doch es galt noch nicht als zentrales Element bei Kampfoperationen oder auch nur bei der Fliegertruppe. Der Air Force war bewusst, dass sie es für Aufklärungsmissionen brauchte, doch die mögliche Bedeutung des Predator-Programms hatten die Führungskräfte noch nicht erkannt. Eine Predator zu fliegen war meistens der letzte Karriereschritt, was schon die karge Ausstattung des Ausbildungsstützpunktes deutlich machte. Von hier wechselte niemand zu anderen Einheiten und gab mit seinen Predator-Erfahrungen an. Man schied so schnell wie möglich aus dem Dienst aus. Als ich mich 2003 freiwillig meldete, war mir allerdings noch nicht klar, dass sich das bald ändern sollte.

Die Creech Air Force Base lag am Highway 95, gegenüber dem kleinen Wüstenort Indian Springs. An der Nordgrenze des Stützpunkts schlossen sich die Area 51 und das Atomwaffentestgelände an. Indian Springs war in jeder Hinsicht das Gegenteil von Las Vegas. Das verschlafene Nest bestand größtenteils aus Wohnwagensiedlungen, zwei Tankstellen und einem kleinen Kasino, das mit dem Restaurant mehr einnahm als mit Glücksspielen. Als ich an der Schule vorbeifuhr, fiel mir ein alter Navy-Kampfjet auf, der davorstand. Er war angestrichen wie eine Thunderbird, das Flugzeug der Air-Force-Kunstflugstaffel. Unter der kaputten Kabinenhaube nisteten Vögel.

Auf dem Stützpunkt sah es nicht viel besser aus. Der Highway 95 verlief parallel zum alten, einzigen Rollfeld, sodass der Stützpunkt kaum ausbaufähig war. Im Nordwesten lag der Frenchman Lake, wo das Militär in den 1950ern Atomwaffen getestet hatte. Als ich zum ersten Mal durch das Eingangstor fuhr, hatte ich das Gefühl, in die Vergangenheit versetzt worden zu sein. Auf dem Stützpunkt standen noch ein paar Kasernen aus der Zeit des Zweiten Weltkriegs. Sie waren aus Holz und weiß getüncht, um neu zu wirken. Als ich an ihnen vorbeifuhr, sah ich, dass sie in eine Kantine, ein Kino und ein Sanitätsgebäude umgewandelt worden waren. Der einzige Neubau stand ganz im Osten des Stützpunktes, wo sich die 11. eingerichtet hatte. In diesem Gebäude verbrachte ich die nächsten vier Monate und lernte, Predators zu fliegen.

Im Jahr 2003 erstand die Air Force jeden Monat zwei neue Fluggeräte. Jetzt war sie auf der Suche nach Piloten für die wachsende Predator-Flotte. In meinem Jahrgang waren neben mir neun weitere Piloten. Wir hielten uns bei Chucks Rede im Hintergrund, auf Distanz bedacht. Es war eine unbewusste Abwehrhaltung gegenüber einer Sache, von der wir nichts verstanden: unbemannte Luftfahrt. Alles an der Predator kam uns fremd vor. Wir waren uns noch nicht sicher, was wir davon halten sollten.

Noch nie zuvor hatten sich so viele Piloten freiwillig für das Predator-Ausbildungsprogramm gemeldet. Die Männer, die mit mir dabei waren, sahen die kleine Predator anders als ihre Vorgänger. Für sie stellte sie keinen Karrierekiller dar, sondern eine Chance.

Neben mir stand Mike, ein anderer Pilot. Ich hatte mit ihm an der Air Force Academy studiert, doch wir hatten nie viel miteinander zu tun gehabt. Unsere beruflichen Wege hatten sich seit dem Abschluss nicht mehr gekreuzt. Er hatte KC-135-Tankflugzeuge und F-16-Kampfjets geflogen, ich Schulflugzeuge und das AWACS.

Mike war ein paar Zentimeter größer als ich. Er hatte die Figur eines Läufers, und während mein Haar bereits ergraute, war seines noch so schwarz wie damals, als er zum Militär kam. In seinen Augen brannte eine Intensität, wie ich sie nur bei wenigen Offizieren gesehen habe. Wir unterhielten uns kurz, bevor Chuck loslegte.

»Bist du ein Freiwilliger?«, fragte Mike.

Dass wir uns freiwillig gemeldet hatten, bedeutete uns viel. Einer der Männer unseres Jahrgangs war zur Creech geschickt worden, nachdem er vorzeitig von einem Einsatz abgezogen worden war. Er hatte eine Luftwaffensoldatin geschwängert. Wir vier Freiwilligen wollten alle wissen lassen, dass wir uns bewusst für dieses Leben entschieden hatten. Es war uns nicht aufgezwängt worden.

»Ja, ich wollte einen dritten Einsatz ohne Kampfbeteiligung in Folge vermeiden«, erklärte ich. »Und du?«

Mike schüttelte den Kopf.

»Ich habe die Zeichen verstanden«, sagte er. »Ich bin erst spät zu den Kampfpiloten gestoßen, daher war es unwahrscheinlich, dass ich je einen Einsatz leiten würde.« Seine Laufbahn bei den Fliegern hatte sich genauso verzögert wie meine.

»Das ist hart«, meinte ich.

»Es ist, wie es ist«, sagte er.

Ich nickte verständnisvoll.

Von hinten aus der Gruppe heraus betrachtete ich die jungen Gesichter der 19 Sensoroperatoren, die mit uns ausgebildet wurden. Diese 18-jährigen Frischlinge würden die andere Hälfte der Mannschaft ausmachen. Der Pilot steuerte das Flugzeug und feuerte die Geschosse ab. Der Sensoroperator war für die Zielsysteme, die Kameras und die Laserzielbeleuchtung zuständig. Gemeinsam mussten wir eine effiziente Einheit bilden.

Als wir zum Unterrichtsraum zurückgingen, machte ich eine Bestandsaufnahme des Jahrgangs. Das Predator-Team bestand aus unerfahrenen Rekruten, Ausgesonderten anderer Bereiche, Problemkindern und übergangenen Kampfpiloten, die unbedingt zeigen wollten, dass sie einen Einsatz verdient hatten. Jeder von uns hatte sein Päckchen zu tragen. Wir wollten alle beweisen, dass wir an den Himmel über dem Schlachtfeld gehörten. Die Piloten, die das nie vergaßen, sollten sich als die besten herausstellen.

KAPITEL 2

Flugunterricht

Wir Piloten konnten alle fliegen, doch wir lernten schnell, dass das bei der Predator keine Rolle spielte. Die Ausbildung hatte vor ein paar Wochen begonnen, und ich gewöhnte mich gerade in der »Box«, sprich: im Cockpit ein, um meinen ersten Flug zu absolvieren.

Die Box war ein umgebauter Sea-Land-Container, der eigentlich Bodenkontrollstation hieß. Der hellbraune Container hatte auf der einen Seite eine Tür wie ein Tresor, durch die man in einen engen Gang gelangte, der zum »Cockpit« am anderen Ende führte. Der Boden und die Wände waren mit rauem grauem Teppichboden bedeckt, und das Licht war gedimmt, um Spiegelungen auf den Monitoren zu vermeiden.

An einer Seite des Gangs befanden sich eine Reihe von Computerschränken und zwei Hilfskontrollstationen. Am Ende des Containers standen zwei hellbraune Stühle vor der Hauptkontrollstation. Zwischen dem Platz des Piloten links und dem des Sensoroperators rechts ragte ein kleiner Tisch hervor. Auf der Arbeitsplatte vor jedem Platz stand zwischen einem Schubhebel und einem Steuerknüppel eine normale Computertastatur. Unter dem

Tisch befanden sich Ruderpedale. Sowohl die Station des Piloten als auch die des Sensoroperators verfügte über einen Schubhebel links und einen Knüppel rechts, doch nur die Instrumente des Piloten steuerten das Flugzeug. Mit dem »Schubhebel« und dem »Steuerknüppel« des Sensoroperators bediente man das Zielsystem.

Ich fröstelte, während ich über die Schulter zu Glenn, meinem Ausbilder, hinübersah.

»Es ist kalt hier drin«, meinte ich. »Ist das immer so?«

»Meistens«, sagte er. »Daran gewöhnen Sie sich schon.«

Die Klimaanlage pumpte eiskalte Luft in die Elektronik, damit sie sich nicht überhitzte. Wenn beide Kühlgeräte ausfielen, konnte die Temperatur innerhalb von fünf Minuten auf über 38 Grad steigen. Da die Predators nur bei optimaler Temperatur einwandfrei funktionierten, wurde der Raum auf etwa zwölf Grad heruntergekühlt. Die Bedingungen waren ideal für die riesigen Computer hinter mir, nicht für die Piloten, die die kilometerweit entfernt fliegenden Predators steuerten. Die Crewmitglieder trugen oft selbst während der heißen Sommer von Las Vegas Fliegerjacken.

»Überprüfen Sie die Systeme«, ordnete Glenn gleichmütig an.

Ich rieb mir die Hände, um sie zu wärmen, und griff nach den Steuerelementen. Ich kontrollierte die Instrumente, um sicherzustellen, dass das Fluggerät gut funktionierte. Wir steuerten es über zwei Datenverbindungen, die Kommandos an das Flugzeug sendeten und im Gegenzug Videobilder und Messwerte empfingen.

Für Start und Landung – oder »Recovery«, wie es bei der Air Force hieß – wurde ein »Sichtverbindungs«-Transmitter verwendet, der auf einem 15 Meter hohen Turm vor der Bodenkontrollstation montiert war. Er übermittelte die Kommandos an zwei footballförmige Antennen im Bug der Predator. Das funktionierte nur, wenn das Flugzeug in Sichtverbindung mit dem Transmitter stand. Da es nur wenige Stützpunkte in Einsatznähe gab, flogen wir meistens per »Nicht-Sichtverbindungs«-System. Es lief über Satelliten in der geosynchronen Umlaufbahn, die Kommandosignale an die Predators sendeten und somit die Verbindung zwischen ihnen und einer Crew irgendwo auf der Welt herstellen konnten.

Als ich zum ersten Mal von meinem neuen Job erfuhr, hatte ich mir vorgestellt, in einem kleinen Büro vor einem Computer zu sitzen und die Bewegungen eines Fluggeräts zu überwachen. Ich hatte keine Ahnung, wie sehr dieser Ort einem normalen Cockpit glich. Ich beendete die Kontrolle der Datenanzeigen, die hier die traditionelleren Zifferblätter und Schalter eines herkömmlichen Cockpits ersetzten.

»Sind Sie bereit?«, fragte Glenn über das Dröhnen der zwei riesigen Klimaanlagen hinweg.

Ich nickte.

»Okay«, sagte Glenn. »Dann üben wir jetzt ein paar Manöver.«

Glenn saß während meines Trainingseinsatzes auf einem Bürosessel hinter uns. Er war in Vietnam geflogen, was ihm in meinen Augen Glaubwürdigkeit verschaffte. Er war wie die meisten Piloten der Vietnam-Ära: kühn, klug und großspurig. Er verlangte uns das Maximum ab und ließ uns nichts durchgehen. Glenn war es egal, dass die RPA*-Gemeinschaft noch jung war und nicht über die gleichen Traditionen verfügte wie die Gemeinschaft der Kampfpiloten. Er erwartete von uns, dass wir die Standards erfüllten, die auch für ihn gegolten hatten.

Ich griff nach dem Steuerknüppel und dem Schubhebel und setzte meine Füße auf die Ruderpedale unter dem Schreibtisch.

»Wie in der Pilotenausbildung«, sagte Glenn. »Überprüfen Sie den Luftraum und drehen Sie dann wieder ab Richtung Mitte.«

* Remotely Piloted Aircraft; ferngesteuertes Fluggerät.

Er meinte die Mitte des kleinen Stücks Luftraum im Südosten der Creech Air Force Base, der uns für das Training zur Verfügung stand. Das endlose Braun der Wüste von Nevada glitt seitlich unter der Predator hinweg. Vom Pilotensitz aus konnte ich auf das Tracker-Display ganz oben schauen, auf dem die Welt Google-Maps-ähnlich dargestellt war. Wir konnten Ziele markieren, Flugbeschränkungsgebiete definieren und sogar zusehen, wie ein kleines pinkfarbenes Flugzeugsymbol unsere Flugroute nachzeichnete.

Unter dem Tracker befand sich das Head-up-Display, das HUD. Auf der Seite des Piloten wurden ein künstlicher Horizont, der Fahrtmesser, der Höhen- und der Flugroutenanzeiger sowie die Triebwerkinstrumente angezeigt. Auf dem HUD des Sensoroperators fehlten die Fluginstrumente. Stattdessen waren dort ein Fadenkreuz, das die Mitte des Bildes markierte, sowie Informationen zur aktuellen Ausrichtung des Zielsystems und Daten zum Ziel zu sehen. Ein Blick auf die Umgebung des Flugzeugs war sowohl für den Piloten als auch für den Sensoroperator nur über die Kamera – die »Kugel« – an der Spitze der Maschine möglich.

Ich schob den Steuerknüppel zur Seite. Auf dem Tracker-Display erschien eine kleine pinkfarbene Möhre auf einem Kompasssymbol und drehte sich in die gleiche Richtung, in die ich auch den Knüppel bewegte. Als sie auf Südosten zeigte, hielt ich sie an, indem ich den Knüppel losließ. Dann drückte ich den »Trimm«-Knopf oben auf dem Knüppel, um das Flugzeug in die angegebene Richtung fliegen zu lassen.

»Okay«, meinte Glenn. »Sie merken sicher, dass es ein paar Sekunden dauert.«

Es gab eine leichte Verzögerung zwischen den Flugbefehlen, die ich über die Instrumente absetzte, und der Reaktion des Fluggeräts. Das lag an der Entfernung zwischen der Maschine und der Bodenkontrollstation. Im Sichtverbindungsmodus sprach das

Flugzeug quasi sofort auf die Kommandos an, doch bei der Steuerung über Satellit konnte es bis zu drei Sekunden dauern. Das scheint nicht viel zu sein, doch wenn man versucht, eine präzise Route zu fliegen oder ein Ziel anzuvisieren, kann es einen wahnsinnig machen, wenn man drei Sekunden warten muss, bis der Befehl beim Fluggerät angelangt ist.

Ich zählte stumm.

Einundzwanzig, zweiundzwanzig ...

Die Predator war schwieriger zu fliegen als ein normales Flugzeug. Ich hätte die Maschine gern im Flug gefühlt, doch es gab keinerlei Geräusche, die auf die Geschwindigkeit oder die Triebwerksleistung hindeuteten. Kein Gefühl für die Tragflächen, das auf einen bevorstehenden Strömungsabriss oder eine Fehlfunktion hätte hinweisen können. Ich hatte nur den durch Federn erzeugten Gegendruck im Steuerknüppel und im Seitenruder sowie einen Schubhebel, der sich ein bisschen zu leicht bewegen ließ. Mir stand keiner der traditionellen Sinne außer der Sicht zur Verfügung, und die Kugel war selten so ausgerichtet, dass es etwas nützte. Bei den meisten Einsätzen zeigte die Kamera Richtung Boden, sodass man nur mithilfe der Instrumente flog. Ich musste 3000 Stunden Flugerfahrung mit traditionellen Steuermethoden vergessen und neu lernen, wie man die Predator flog.

»Okay, was jetzt?«, fragte ich.

Glenn schaute auf seine Flugdatenkarte.

»Das Letzte vor der Platzrunde ist Ku.«

Ku, »kay-you« ausgesprochen, war das Satellitenfrequenzband, über welches das Flugzeug gesteuert wurde. Ku ging etwas glatter von der Zunge als »Satellit«. Es war unerlässlich, uns zu vergewissern, dass wir die Verbindung korrekt aufgebaut hatten und wussten, wie man sie wieder herstellte, wenn sie unterbrochen wurde.

»Rufen Sie das Ku-Menü auf«, wies Glenn mich an.

Oben auf dem Tracker-Display befand sich eine Menüleiste. Ich bewegte die Maus auf das richtige Symbol, klickte es an und öffnete ein Dialogfenster. Darin wurden die Frequenzen, die Polarisation und einige weitere Informationen abgefragt, um die Verbindung herzustellen.

»Suchen Sie die Frequenzen heraus«, sagte Glenn.

Ich ging die Datenkarte durch, gab die richtigen Werte ein und klickte auf »Senden«.

Plötzlich war das Bild weg. Verwirrt blickte ich mich zu Glenn um.

Er schüttelte den Kopf.

»Super. Sie haben soeben CNN lahmgelegt.«

»Bitte was?« Ich sah auf das Dialogfenster und dann hinunter auf die Datenkarte. Die Frequenzen stimmten.

»Prüfen Sie die Polarisation«, erklärte Glenn. »Im Dialogfenster ist horizontal als Standard eingestellt. Unsere zugeteilte Frequenz liegt aber im vertikalen Bereich.«

Ich kam mir dämlich vor, während ich den Fehler korrigierte. Sofort war das Bild wieder da. Das Flugzeug hatte zu einer engen Kurve im Zentrum des Gebiets angesetzt. Das Tracker-Display bestätigte, dass die Maschine das Notfallmanöver eingeleitet hatte. Die Predator ist so programmiert, dass sie zur Basis zurückfliegt, wenn die Kommandoverbindung abreißt.

»Tja«, sagte Glenn trocken, »den Blick darauf, was passiert, wenn man die Verbindung verliert, können wir uns jetzt wohl sparen.« Es gehörte zum Lehrplan, den Piloten zu demonstrieren, wie das Fluggerät zum Stützpunkt zurückflog, wenn die Kommunikation zum Cockpit unterbrochen wurde.

Nach meinem ersten Flug fuhr ich gemeinsam mit den Jungs von meiner Fahrgemeinschaft nach Hause. Wir trafen uns morgens meistens auf einem Parkplatz am Rand von Las Vegas und legten die 70 Kilometer von der Stadt bis zur Creech gemeinsam in einem Auto zurück. Die Fahrten zum und vom Stützpunkt eigneten sich gut dafür, Klatsch und Tratsch auszutauschen und über die Ausbildung zu meckern.

Einmal, ein paar Wochen nach Beginn der Ausbildung, kam ich auf dem Parkplatz an und beschwerte mich schon über das Programm, bevor wir auch nur im Auto saßen. Da ich kurz zuvor noch als Ausbilder gearbeitet hatte, war ich überkritisch. Außerdem hegte ich eine gewisse Pilotenarroganz, da wir die Predator immer noch für eine Abnormität hielten. Ich weiß nicht mehr, was genau ich sagte, doch einer meiner Jahrgangskameraden, Oaf, machte mich an deswegen.

»Okay, genug jetzt«, meinte er. »Mir reicht's. Von jetzt an heißt du Grumpy, Nörgler.«

»Nein, heiß ich nicht.«

Von dem Moment an, als ich widersprach, nannte Oaf mich bei jeder Gelegenheit »Grumpy«. Ich wollte auf gar keinen Fall, dass dieser Name mein Rufzeichen wurde. Der lautete »Squirrel«. Ich hatte ihn am ersten Tag der Pilotenausbildung erhalten. Da ich vom Geheimdienst kam, konnte ich meinen Jahrgangskameraden nichts über meine alte Arbeit erzählen. Also versuchte ich es aufzubauschen und erklärte, mein Job sei geheim gewesen. Das Ganze war ziemlich unreif und schlecht gespielt. Der Jahrgangssprecher beschloss an Ort und Stelle, dass ich »Secret Squirrel« heißen sollte, nach der Zeichentrickfigur. Als wir dann mit dem Fliegen begannen, nannte mich die Klasse »Flying Squirrel«. Später wurde schlicht »Squirrel« daraus. Heute ist das Rufzeichen meine Identität. Denn wie viele Leute erhalten schon den Namen Squirrel?

Doch ich hatte so viel über Creech gemosert, dass meine neuen Jahrgangskameraden mir einen anderen Namen verpassen wollten.

Die Etikette rund um die Rufzeichen gehört zu den ungeschriebenen Regeln der Kampfflieger. Viele Militäreinheiten verteilen Rufzeichen, die auf peinlichen Geschichten basieren. Es gab viele Männer mit Namen wie Crash (Absturz), Skid (Gleiter) oder Divot (herausgerissene Grassode), die andeuteten, dass sie einem Flugzeug oder sich selbst Schaden zugefügt hatten. Niemand erhält ein Rufzeichen wie Maverick (Rebell) oder Iceman (Eisverkäufer), außer zum Scherz. Die meisten Piloten bekommen während ihrer Berufslaufbahn verschiedene Rufzeichen, wenn sie das Flugzeug oder die Staffel wechseln. Es gibt allerdings auch einen Ausweg, wenn man seinen neuen Spitznamen nicht mag: Es ist Tradition, dass man sein altes Rufzeichen mit Schnaps zurückkaufen kann, und niemand kann einem sein Rufzeichen mehr nehmen, sobald man es im Kampf verwendet hat.

Da ich schon als Squirrel im Gefecht gewesen war, konnte mir zum Glück nichts mehr passieren. Doch eigentlich wollte Oaf mir mit dem neuen Rufzeichen etwas anderes sagen: Sei nicht so ein Idiot. Wir mussten alle gegen unsere jahrelange Flugerfahrung anarbeiten, um zu lernen, wie man die Predator flog. Viele der Piloten waren nur unter Protest dabei. Auf den Fahrten zur Creech und zurück erzählten wir oft von unseren Plänen, wieder in unsere früheren Flugzeuge zurückzukehren. Selbst Freiwillige wie ich hatten nicht vor, bei der Predator Karriere zu machen.

Nach den ersten Wochen gehörte ich zu den Besten des Jahrgangs. Mike und ich konkurrierten um den begehrten »Abschluss mit Auszeichnung«. Mehrere der Piloten hatten einen »Ritt versaut«, wie man in der Air Force sagte, wenn jemand bei einem Trainingsflug versagte. Die einzigen Ausnahmen waren Mike, ich und vielleicht eine Handvoll anderer. Wir wussten beide, dass ein einziger Fehler ausreichen würde, um nur Zweiter zu werden. Ich hatte nicht vor zu scheitern.

Der sechste Trainingsflug ist der gefürchtetste Einsatz der Ausbildung. Zu dem Zeitpunkt sind die Piloten bereits so lange dabei, dass sie sich sicher genug fühlen, um das Fluggerät eigenständig zu steuern. Dennoch waren unsere Fähigkeiten noch unterenwickelt. Ritt Nummer sechs war im Schnitt der Flug, bei dem die meisten durchfielen.

In der Bodenkontrollstation war es wie üblich eisig kalt, doch daran war ich mittlerweile gewöhnt. Ich hatte eine Hand am Steuerknüppel und die andere am Schubhebel, als ich zur Landung in die Platzrunde des Flugplatzes einschwenkte. Die Landung war die mit Abstand größte Herausforderung des Flugunterrichts. Jeder Pilot bekam beim Landeanflug früher oder später seine Grenzen aufgezeigt.

»Tower«, sagte ich. »Deadly One One, Punkt Whiskey bei 6 500 Fuß.«

Der Tower meldete sich sofort zurück.

»Deadly One One, gehen Sie in den Gegenanflug für Landebahn 27. Höhenmesser 2997.«

Ich stellte den Höhenmesser entsprechend ein. Daraufhin zeigte er plötzlich ein paar Hundert Fuß weniger an. Wir waren dem Boden schon näher, als ich gedacht hatte. Auf meiner Stirn bildete sich Schweiß. Einzelne Tropfen rannen mir zwischen den Schulterblättern den Rücken hinunter, trotz der eisigen Temperaturen in der Station. Ich konnte Glenns Blick auf meinen Instrumenten spüren, während er jede meiner Bewegungen verfolgte.

Ein einziger Fehler konnte jetzt schnell zum Crash führen.

Das HUD zeigte ein wild bockendes Flugzeug. Aus den rundum aufragenden Spring Mountains wehten Winde zu uns hinunter, die auf geringer Höhe unvorhersehbare Wirbel und Strömungen erzeugten. Die Turbulenzen schleuderten die 900 Kilogramm schwere Predator hin und her. Ihre langen Flügel waren optimal für große Höhen, jedoch nicht für die Landung. Selbst geringfügige Geländewechsel in geringer Höhe konnten zu extremen Auftriebsveränderungen führen. Wenn man nicht aufpasste, konnte das Flugzeug ohne Vorankündigung in die Höhe schießen oder abstürzen.

Ich schaltete den Autopiloten aus. Jetzt funktionierten der Schubhebel und der Steuerknüppel genauso wie bei einem bemannten Flugzeug. Knüppel nach vorn, die Kühe werden größer. Knüppel zurück, die Kühe werden kleiner. Knüppel zur Seite, die Welt neigt sich. Fast sofort begann das Flugzeug sich aufzubäumen. Ich versuchte, die Höhe zu halten, doch die Luftströmungen warfen die Predator wie eine Puppe hin und her.

»Kämpfen Sie nicht gegen den Wind an«, riet Glenn. »Dadurch machen Sie es nur noch schlimmer.«

»Wie bei der PIO?« *Pilot-induced oscillation* bezeichnete ein vom Piloten ausgelöstes Schwanken des Flugzeugs.

»Ja«, sagte er.

In schweren Turbulenzen stellen Piloten den Schubhebel und einen bestimmten Nickwinkel so ein, dass sie die Höhe halten können. Das Flugzeug schwankte dann zwar auf und ab, doch es blieb ungefähr in der gewünschten Höhe.

»Gut«, sagte Glenn. »Beginnen Sie mit einem normalen Overhead Join.«

»Verstanden«, antwortete ich. »Letzte Kontrolle vor der Landung.«

Das rief den Sensoroperator, einen erfahrenen Ausbilder, auf den Plan. Während dieser ersten Phase der Ausbildung hatten wir Piloten wenig mit den Sensoroperatoren zu tun, außer bei der Landung. Jetzt las er die Punkte der Checkliste vor.

»Fahrwerk ausgefahren?«

Ich prüfte das Fahrwerk. Es war schon draußen und hatte mir beim Sinkflug als Hauptluftwiderstand gedient. Auf dem HUD wurde das ausgefahrene Fahrwerk durch drei grün leuchtende Symbole angezeigt.

»Ausgefahren, dreimal grün«, meldete ich.

Doch wir trauten der Anzeige nicht.

»Freigabe zum Bewegen der Kugel?«, fragte der Sensoroperator.

Bei den ersten Flügen ließen die Sensoroperatoren die Kugel fast völlig unbenutzt, während die Piloten das Fliegen lernten. Die Überprüfung des Fahrwerks gehörte zu den wenigen Gelegenheiten, bei denen sie die Kugel bewegten. Wir hielten die Sichtkontrolle für verlässlicher als die grünen Anzeigensymbole. Die Kugel drehte sich und richtete sich genau auf das Bugrad aus.

»Bugradsteuerung, Sir.«

Ich trat die Ruderpedale, und das Rad auf dem Bild bewegte sich erst nach links, dann nach rechts.

»Anweisungen?«, fragte der Sensoroperator.

Als Pilot gehörte es zu meinen Aufgaben, die Crew über den geplanten Ablauf der Landung zu informieren.

»Okay, Crew, dies wird eine normale Landung mithilfe der Kugel, geben Sie Bescheid, wenn wir Grenzwerte [der Instrumente] überschreiten; sollten wir einen Notfall haben, werde ich geradeaus landen, jeder von der Crew kann zum Durchstarten aufrufen, wenn er etwas Dummes, Ungewöhnliches oder Gefährliches entdeckt. Unsere Anfluggeschwindigkeit wird 74 Knoten betragen, bei einem Steig-/Gleitflug von 68«, sagte ich. »Gibt es Fragen?« Die Anweisungen waren knapp und sollten die Crew auf Probleme hinweisen, bevor sie auftraten.

»Keine Fragen, Sir«, antwortete der Sensoroperator. »Checkliste abgeschlossen.«

Er richtete die Kamera so aus, dass wir freie Sicht geradeaus hatten. Ich senkte die Nase des Fluggeräts ab und flog eine Kurve in

Richtung Landebahn. Als sie vor uns lag, richtete ich das Fadenkreuz auf das vordere Ende der Bahn, meinen Zielpunkt.

»Tower, Deadly One One, Fahrwerk ausgefahren.«

»Deadly One One, allgemeine Freigabe.«

Damit erteilte mir der Tower die Erlaubnis, eine Landung, einen »Low Approach« (einen tiefen Überflug ohne Aufsetzen) oder einen »Touch-And-Go« (ein kurzes Aufsetzen des Fahrwerks mit anschließendem erneuten Durchstarten) durchzuführen. Links glitt das Gebirge an uns vorbei. In einigen Kilometern Entfernung tauchten zwei Gefängnisse im Sichtfeld auf und verschwanden wieder. Ich richtete meinen Blick auf den Highway 95 und beendete die Kurve, als sich das Flugzeug leicht versetzt zu ihm befand.

»Achten Sie auf die Parameter«, sagte Glenn.

Die Gleitpfadanzeige ließ erkennen, dass ich dem geplanten Pfad nahe war, aber etwas zu wenig Höhe hatte. Ich erhöhte den Schub. Doch das bewirkte kaum etwas, da die sich aufbäumende Nase das Flugzeug in alle Richtungen zog. Also hievte ich die Maschine mühsam auf die beste Flugroute, während die Geschwindigkeit auf 74 Knoten sank, minimal weniger als die Autos, die parallel dazu auf der Schnellstraße unterwegs waren.

»Kämpfen Sie nicht dagegen an«, wiederholte Glenn. »Behalten Sie den Gleitpfad im Auge. Die Sinkrate ist jetzt Ihr größtes Problem.«

Die Predator schoss nach oben, als sie auf den Rand der asphaltierten Landebahn aufsetzte. Die heiße Luft, die vom Boden aufstieg, drückte das Leichtflugzeug in die Höhe. Ich schob instinktiv den Steuerknüppel nach vorn, um den Aufstieg unter Kontrolle zu bekommen. Das Flugzeug kippte nach unten.

»Durchstarten«, ordnete Glenn an.

Er klang vorwurfsvoll und verdrossen.

Ich konnte ihn in meinem Rücken spüren, seine Enttäuschung breitete sich aus wie eine Nebelbank. Als ich den Steuerknüppel zu mir heranzog, vergaß ich, zuerst die Schubkraft zu erhöhen. Die Predator hatte nicht genug Tempo, um den Sinkflug abzufangen.

»Erst Schub, dann hochziehen«, sagte Glenn.

»Crew, wir starten durch«, verkündete ich, wütend auf mich selbst.

Während ich den Kurvenflug rund um den Flugplatz einleitete, um erneut zur Landung anzusetzen, dachte ich darüber nach, was ich falsch gemacht hatte. Ich hätte es mittlerweile besser wissen müssen. So nah am Boden den Steuerknüppel nach vorn zu drücken war nie gut. Entweder kam man mit der Nase zuerst auf und das gefederte Fahrwerk schleuderte einen auf den Rücken, oder man raste so schnell hinab, dass man den Steuerknüppel zurückreißen musste, was die Nase hochschießen und das Heck oder den Propeller mit dem Boden kollidieren ließ.

Auf dem Weg zurück in die Platzrunde übernahm Glenn die Pilotenposition. Das Fluggerät schwankte und bockte unverändert. Dieses Mal hielt Glenn es etwas oberhalb des Gleitpfads. Ich sah zu, wie sich die Sinkrate über dem Asphalt genauso entwickelte wie zuvor. Auf dem Video war erst nichts zu sehen, bis sich ein paar Sekunden später eine Abwärtsbewegung abzeichnete.

Als sich das Flugzeug der Landebahn näherte, folgte Glenn dem Gleitpfad, bis es so aussah, als sollten wir mit der Nase zuerst auf dem Grund aufkommen. Dann zog er den Knüppel zu sich heran. Als die Nase darauf reagierte, veränderte sich der Auftrieb an den Flügeln und bremste unseren Sinkflug. Glenns Hände zuckten, während er den Steuerknüppel so bewegte, dass die Nase nicht ausbrach und die Flügel waagerecht blieben. Schließlich hatte das Flugzeug so viel an Fahrt verloren, dass es auf dem Boden aufsetzte. Im Cockpit machte sich das nur durch ein leichtes Vibrieren des Videobildes bemerkbar, als die kardanischen Aufhängungen, die die Kameras stabilisierten, den Aufprall abfingen.

Glenn bremste die Predator ab, ließ sie zum vorgesehenen Parkplatz rollen und schaltete den Motor aus. Ich verließ das Cockpit für eine dringend benötigte Pause, bevor ich Glenn im Besprechungsraum aufsuchte. Er war gerade groß genug für einen durchschnittlichen Picknicktisch und ein paar Bürostühle. Gegenüber der Tür befanden sich eine Rolloleinwand und ein Computer für den Beamer. An den Seitenwänden hingen Whiteboards, auf denen die Ausbilder Einsätze veranschaulichen konnten.

Glenn erwartete mich am Picknicktisch. Nachdem ich den Einsatz und die verbockte Landung zusammengefasst hatte, ergriff er das Wort. Wir wussten beide, dass ich für den begehrten Abschluss mit Auszeichnung nicht mehr infrage kam.

»Squirrel, es tut mir leid, aber ich muss Sie heute durchfallen lassen«, sagte er.

»Sir, ich habe es nicht verdient zu bestehen«, antwortete ich. »Ich hätte Sie darum gebeten, mich durchfallen zu lassen, wenn Sie es nicht von selbst getan hätten.«

Das stimmte. Ich war zu aufrichtig, um ertragen zu können, trotz eines so klaren Versagens zu bestehen. Ich wusste nicht, wem von uns beiden die Sache unangenehmer war. Glenn nickte, und ich verließ das Besprechungszimmer.

Mike war noch im Flugraum, als ich herauskam. Er machte sich gerade bereit für seinen Einsatz.

»Squirrel«, rief er, »wie geht's dem zweitbesten Piloten des Predator-Programms?«

Es war ein schlechter Scherz zwischen uns beiden, den anderen ständig als Zweitbesten zu bezeichnen. Das sorgte dafür, dass der

Wettkampf, der in der militärischen Luftfahrt immer herrscht, zivilisiert blieb.

»Sieht so aus, als sei er gerade zur Nummer eins geworden«, blaffte ich zurück.

Ich war nicht sauer auf Mike. Er hatte keine Ahnung, dass ich den Ritt versaut hatte. Ich war wütend auf mich selbst. Mike war überrascht und nahm mich beiseite.

»Was ist passiert?«, fragte er.

Ich erzählte es ihm.

»Hey«, meinte er, »das kommt vor. In diesem Programm kriegen wir alle mal einen drauf.«

»Danke«, sagte ich.

Ich wusste, dass andere Leute Ritte versaut hatten, aber mir passierte das eigentlich nicht. Als ich hinausging, versuchte ich, den schiefgelaufenen Einsatz hinter mir zu lassen. Ich wusste, dass ich am nächsten Tag die Chance hätte, es wiedergutzumachen. Als ich in die Wüstensonne hinaustrat, erinnerte ich mich selbst daran, dass der Ritter den Drachen eines Tages erwischt.

Doch heute hatte der Drache Ketchup aus mir gemacht.

KAPITEL 3

Auf in den Kampf

Der blaue Transporter raste die schwarze Teerstraße entlang. Ich brachte die Predator auf einen parallelen Kurs, damit wir den Wagen verfolgen konnten, sobald er die Sicherheitskontrolle passiert hatte. Wir wussten nicht, wer er war oder wohin er fuhr.

Unsere heutige Mission bestand darin, es herauszufinden.

Wahrscheinlich war er nur ein Angestellter, der ein paar der Ziele auf Range 63 rund um die Creech überprüfte. Doch heute betrachteten wir ihn als einen Rebellen. Wir befanden uns auf einem Einsatz zur Nachrichtengewinnung, Überwachung und Aufklärung, einer ISR*-Mission, bei der es um die wichtigsten Grundkenntnisse ging, die wir in der Einsatzphase unserer Ausbildung lernten. Wir würden diese Fähigkeiten einsetzen, um Aufständische in Bagdad oder in den Bergen Afghanistans zu verfolgen. Außerdem konnten wir den Bodentruppen so einen Blick aus der Vogelperspektive auf ihr Zielobjekt ermöglichen.

---

* Intelligence, surveillance, reconnaissance; Spionage, Überwachung, Aufklärung.

Sobald wir gelernt hatten, den Feind ausfindig zu machen und zu verfolgen, würden wir den Angriff mit den zwei Hellfire-Raketen, die unter den Tragflächen hingen, simulieren. Dieser Teil der Ausbildung machte mir Sorge. Einen ISR-Einsatz zu fliegen bedeutete, das Flugzeug nahe genug am Ziel zu halten, damit der Sensoroperator die Kamera auf die Person, das Gebäude oder das Auto richten konnte. Nicht weiter schwierig.

Doch ein Geschoss abzuwerfen war eine ganz andere Sache. Die Primärwaffe der Predator war die AGM-114-Hellfire-Rakete. Die Hellfire, die ursprünglich als hubschraubergestützte Panzerabwehrrakete entwickelt worden war, verfügte über einen kleinen, gut 7,5 Kilogramm schweren Sprengkopf, der darauf ausgelegt war, Panzerungen zu durchschlagen. Spätere Versionen hatten Einkerbungen wie eine Granate, sodass das Geschoss beim Einschlag in viele Splitter zersprang und daher auch effektiv gegen Personen eingesetzt werden konnte.

Die Predator führte erst seit der Einführung der MQ-1B im Jahr 2001 Waffen mit. Damals wurde das Zielsystem verbessert, was es der Crew ermöglichte, ein Ziel fest anzuvisieren. Zuvor hatte der Sensoroperator die Ziele per Hand mit der Kamera verfolgt. Das war nicht ideal gewesen, da ein müder Sensoroperator zum falschen Zeitpunkt loslassen und das Fadenkreuz dadurch in einem kritischen Augenblick vom Ziel nehmen und somit einen Fehlschlag verursachen konnte. Das Unternehmen Raytheon reagierte auf dieses Problem und entwickelte ein Verfolgersystem, das ein Ziel fest anvisieren und ihm folgen konnte.

Ich hatte keine Erfahrung in der Luftnahunterstützung, was sich für die zweite Hälfte meiner Ausbildung als hinderlich herausstellen konnte. In der Rangliste lag ich immer noch knapp hinter Mike an zweiter Stelle, und ich wollte, dass es so blieb. Daher machte ich mich auf die Suche nach dem Handbuch 3-3 für die Predator. Das

Drei-Strich-Drei, wie wir es aussprachen, war der Leitfaden, in dem die Taktiken beschrieben waren, mit denen wir unsere Kampfeinsätze erfolgreich bestreiten konnten.

Normalerweise hätte sich das Handbuch zwischen den größtenteils nicht unter Verschluss stehenden Dokumenten über jedes Waffensystem der Air Force befinden müssen. Doch meine Suche in der Staffelbibliothek blieb erfolglos. Ich stöberte nur einen überholten Artikel aus dem Golfkrieg auf, in dem ein Hubschrauberpilot der Army das Modell »A« der Rakete beschrieb, das nur auf Helikoptern verwendet wurde. Wir waren mittlerweile beim abgewandelten Modell »K« angelangt.

Also fragte ich herum und bekniete die Ausbilder, mir Informationen oder ein Exemplar des Handbuchs zukommen zu lassen.

»Wo ist das 3-3-Handbuch?«, fragte ich.

Die Antwort war immer nur ein Schulterzucken. Selbst Glenn wusste nicht, wo es sein könnte. Die Predator war seit fast zehn Jahren Bestandteil der Air-Force-Flotte, und mir wurde klar, dass immer noch kein Handbuch dafür existierte. Ich war entgeistert. Wie konnte man effektiv trainieren ohne dieses Handbuch?

Ich beschloss, es selbst zu schreiben.

Zu Hause hatte ich noch mein altes T-37-Handbuch aus meiner Zeit als Fluglehrer. Im ersten Teil des Dokuments ging es um grundlegende Fähigkeiten eines Piloten. In den 1990ern lernten alle Air-Force-Piloten diese Dinge anhand des T-37, daher konnte ich das Handbuch gut als Vorlage benutzen. Doch ich hatte keine Ahnung, wie ich den Abschnitt über Kampftaktiken schreiben sollte, daher wendete ich mich an Mike. Er war Kampfpilot gewesen und hatte die Einsatzerfahrung, die ich brauchte.

»Was hast du bisher?«, fragte er, als er sich in meinem häuslichen Arbeitszimmer an den Schreibtisch setzte.

Ich reichte ihm die Mappe, die meine Ansätze für das Predator-Handbuch enthielt.

»Ich konnte keine 3-3s von Kampfflugzeugen finden«, sagte ich.

Mike nickte. Die 3-3-Handbücher aller Kampfflugzeuge waren nur für den Dienstgebrauch bestimmt, selbst wenn sie nicht als geheim eingestuft waren. Sie wurden nicht einfach von einer Staffel an Außenstehende herausgegeben.

»Das hier habe ich im Grunde auf der Basis des T-37 zusammengestellt«, erklärte ich Mike.

Er schlug direkt den Taktikteil auf.

»Wie ich sehe, bist du mit dem Kapitel über die Hellfire fertig.«

»Ja, es ist ein erster Entwurf«, meinte ich.

Ich klickte den entsprechenden Abschnitt auf meinem Computer an.

»Die grundlegenden Diagramme habe ich schon«, sagte ich. »Ich habe sie als Vorlage dafür benutzt, wie man eine Rakete abfeuert. Es ist alles drin, von der 9-Line bis zum Vorgehen nach dem Abschuss.«

Mike las sich den Abschnitt schweigend durch.

»Ein Kampfpilot würde es nicht so machen«, sagte er.

»Aber wir sind keine Kampfpiloten«, gab ich zurück.

Mike sah auf.

»Jeder Kampfpilot erhält sein eigenes Training, doch das grundsätzliche Prozedere ist überall gleich«, sagte er. »Es anders zu machen ist unprofessionell.«

Er hatte recht. Die unbemannte Luftfahrt der Air Force steckte noch in den Kinderschuhen, und das Handbuch stellte einen Versuch dar, sie fachlich auf ein neues Level zu heben. Die meisten Leute nannten unsere Fluggeräte Drohnen, doch wir mochten den Begriff nicht, wie Chuck in seiner Begrüßungsrede gesagt hatte, weil er unsere Arbeit unprofessionell erscheinen ließ. Das Flugzeug flog und kämpfte nicht von selbst. Es funktionierte nicht autonom. Wir saßen vielleicht nicht direkt in der Predator, doch daraus sollte man nicht schließen, dass die Predator kein Cockpit oder keinen Piloten hatte. Alles lag in unserer Hand, auch die Waffen.

»Okay, lösch es«, sagte ich.

In den folgenden Tagen feilte Mike am Taktikteil. Insgesamt dauerte es gut einen Monat, das Dokument zu verfassen. Ohne den Druck, um den Abschluss mit Auszeichnung zu wetteifern, konnte ich mich, unterstützt von Mike, auf das Schreiben konzentrieren. Meine Fähigkeiten als Pilot sowie meine Kampftechniken verbesserten sich schnell, zum Teil aufgrund der Arbeit, die ich in das Handbuch steckte.

Doch praktische Erfahrung war durch nichts zu ersetzen. Mein erster bewaffneter Flug war eine Katastrophe. Ich wusste nicht einmal, wie ich das Waffen-Menü auf dem Tracker-Monitor aufrufen sollte. Ohne einen Simulator zum Üben war es fast unmöglich für mich zu verstehen, was ich im Flug zu tun hatte.

Ich musste meinem Ausbilder gestehen, dass ich keine Ahnung hatte, was ich tat. Sein Gesichtsausdruck spiegelte die Miene wider, mit der ich Flugschüler während meiner Zeit als Ausbilder in einer solchen Situation angesehen hätte. Ich bekam den gefürchteten »Haben Sie Ihre Hausaufgaben nicht gemacht?«-Blick. Er ging mit mir Schritt für Schritt die Checkliste durch und zeigte mir jeden Schalter und jedes Menü. Dank seiner Geduld und Mikes Hilfe beim Handbuch lernte ich schnell, wie man eine Rakete abfeuerte.

Als der abschließende Abschnitt der Ausbildung begann, gehörte ich immer noch zu den fünf Besten des Jahrgangs. Doch diese Phase war noch anspruchsvoller als das Abfeuern einer Hellfire. Sie bestand aus insgesamt drei Einsätzen, bei denen wir die

Rolle vorgeschobener Flugleitoffiziere übernahmen. Die Mission hieß »Angriffskoordination und Aufklärung«. Wir wiesen Kampfpiloten an, wo sie fliegen sollten, und teilten ihnen Ziele zu. Im Grunde waren wir ein fliegender Tower. Es war viel Konzentration und Koordination nötig, um alle sich bewegenden Elemente auf Kurs zu halten.

Die Texas Air National Guard stellte uns mehrere F-16-Kampfflugzeuge zur Verfügung. Ich war auf meinem letzten Einsatz unterwegs, mich trennten nur noch wenige Missionen von meinem Abschlussflug. Das Szenario bestand darin, eine Reihe Scud-Raketen zu suchen, die in der Wüste versteckt waren. Sobald wir sie fanden, musste ich die F-16 zum Ziel leiten. Wir hatten zwei Stunden Zeit für die gesamte Mission.

In der Einsatzphase der Ausbildung wurden die Sensoroperatoren und die Piloten zwar gemeinsam unterrichtet, doch nicht als festes Team. An jenem Tag saß Sarah im Stuhl neben mir. Ich war bereits mit Sarah geflogen, daher kannten wir einander. Sie war mit achtzehn nach dem Schulabschluss in New York zur Air Force gekommen. Sie war so zierlich, dass sie vor der Wand von Instrumenten wie ein Zwerg wirkte. Doch sie hatte ein gutes Auge und galt als eine der besten Sensoroperatorinnen des Jahrgangs.

Alle anderen brauchten die gesamten zwei Stunden, um die Scuds zu finden und zu eliminieren, doch wir stießen innerhalb von Minuten auf sie und die dazugehörigen Flugabwehrraketensysteme. Dank unseres Glückstreffers hatten wir fast eine Stunde Zeit, um Fotos und Zeichnungen zu den 9-Lines anzufertigen. Sie machten es einfacher, einem anderen Piloten ein Ziel zu beschreiben. Nach nur 15 Minuten waren alle Ziele eliminiert. Ich lehnte mich zurück und blickte Glenn an. Das Szenario war abgeschlossen. Wir hatten noch 45 Minuten Flugzeit zur Verfügung.

»Gibt es noch irgendetwas, das Sie machen wollen?«, fragte ich. »Wir hätten die Zeit dazu.«

Glenn sah von seinem Klemmbrett auf, das er für Notizen benutzte.

»Was immer Sie wollen, Sie haben die Vorgaben erfüllt.«

Er fand, ich solle mir neue Ziele einfallen lassen, doch ich wollte keine Zeit darauf verschwenden, erst noch darüber nachzudenken, während die F-16 wartete. Ich meldete mich über Funk bei dem Kampfpiloten, um ihm mitzuteilen, dass wir fertig waren. Ich war mir nicht sicher, ob er noch etwas hatte, das er machen wollte.

»Viper Two Two, Deadly One One«, funkte ich ihn an. »Szenario abgeschlossen.«

Ich war Deadly One One, die F-16 Viper Two Two. Ein paar Minuten später meldete sich Viper über Funk zurück. Er schlug vor, Luftgefechte zu üben. Ich sah zu Glenn hinüber, der zwischen meinem Platz und dem der Sensoroperatorin saß.

Luftgefechte hatten wir bisher nicht trainiert, und ich wollte seine Zustimmung einholen, bevor ich antwortete. In der Air Force weichen wir nicht einfach vom Plan ab, da Fehler in der Luftfahrt fatale Auswirkungen haben können. Schon die kleinste Fehleinschätzung im Kampf konnte den Crash eines viele Millionen teuren Kampfjets oder den Tod zur Folge haben.

Glenn nickte bestätigend, und ich meldete mich wieder bei dem F-16-Piloten. Wir einigten uns schnell auf ein paar Sicherheitsregeln auf der Grundlage derselben Höhenbeschränkungen, die auch beim vorausgegangenen Szenario gegolten hatten.

Das hatte es noch nie gegeben.

Predators führen keine Luftkampfmanöver oder Kurvenkämpfe durch. Die unbemannte Luftfahrt hatte schlechte Erfahrungen mit Kurvenkämpfen gemacht, als eine irakische MiG in einem berühmten Zwischenfall eine Predator abschoss, die während der Irak-Invasion über Bagdad kreiste.

Die Predator war mit einem Paar Stinger-Raketen ausgestattet gewesen. Der irakische Pilot verfehlte sein Ziel beim ersten Mal, doch daraufhin feuerte der aufgeregte Predator-Pilot eine Stinger außerhalb ihrer maximalen Reichweite ab. Die Rakete war darauf ausgelegt, Flugzeuge vom Boden aus abzuschießen, nicht von der Unterseite einer Tragfläche aus. Sie hatte kaum eine Chance, ihr Ziel zu treffen, und kam vom Kurs ab, als die MiG zum zweiten Versuch ansetzte. Dieses Mal traf der irakische Pilot. Er verfolgte die Rauchfahne der Stinger und feuerte im Gegenzug zwei Raketen auf die Predator ab. Diese erreichten ihr Ziel.

Meine Aussichten in einem Kampf über der Wüste von Nevada gefielen mir gar nicht.

»Deadly One One, Viper Two Two. Auf in den Kampf.«

Ich blickte nach oben auf die Landkarte über dem HUD und entdeckte die F-16 etwa 30 Kilometer nördlich von mir. Viper Two Two flog eine Kurve und kam auf mich zu.

»Also, was haben Sie vor?«, fragte Glenn.

»Herausfinden, was er sieht«, sagte ich und fühlte mich dabei nicht so zuversichtlich, wie ich klang.

Ich richtete die Predator nach Norden aus, in Richtung von Viper Two Two. Die Radarsignatur meines Fluggeräts würde klein und schwer zu finden sein, nahm ich an. Ich irrte mich.

»Viper Two Two, töte eine MQ-1, BRAA 270, 10, 20 000.«

Er hatte mich innerhalb von zehn Sekunden entdeckt und simulierte das Abfeuern einer Rakete. Die BRAA-Angaben bezogen sich auf meine Peilung, Entfernung, Höhe und Ausrichtung von einem bestimmten Punkt am Boden aus, der »Bull's Eye« genannt wurde. Ich befand mich gut 16 Kilometer westlich von unserem Bull's Eye-Punkt in 20 000 Fuß Höhe.

Viper Two Two drehte wieder ab, um eine neue Runde zu beginnen.

Glenn lachte in sich hinein.

»Was haben Sie nun vor?«, fragte er.

»Haben Sie einen Vorschlag?«

Glenn schüttelte den Kopf. Ich glaube, er genoss die virtuelle Schlacht.

»Das hier ist neu für mich«, meinte er. »Ich bin einfach neugierig, was Sie tun.«

Ich wusste nicht, wie ich den Kommentar auffassen sollte. Er war ein erfahrener Kampfpilot. Ich war mir sicher, dass er schon mehr über Gefechtsstrategien vergessen hatte, als ich überhaupt wusste. Bis auf ein paar grundlegende Luftgefechtstaktiken war ich nicht für Kampfmanöver ausgebildet, daher versuchte ich jetzt einfach, mich an dieses Basiswissen aus der Pilotenausbildung zu erinnern. Aufzugeben kam nicht infrage.

»Viper Two Two im Anflug.«

Ich biss die Zähne zusammen.

»Viper Two Two, Deadly One One. Auf in den Kampf.«

Hey, wenn ich schon mit den großen Jungs spielen wollte, sollte ich wenigstens die richtige Ausdrucksweise verwenden.

Statt auf ihn zuzufliegen, drehte ich eine Kurve und wandte ihm meine Flügelspitze zu. In gewisser Weise betrog ich, da ich wusste, in welche Richtung er unterwegs war. Doch das war im Kampf zulässig, da das AWACS oder die Bodenkontrolle mir mitteilen würde, wo die Bedrohung sich befand. Sarah ließ die Kugel rotieren und schaltete um auf Infrarot. So konnte sie die Wärmeabstrahlung des Kampfjets ausmachen.

»Erfasse ihn und bleib drauf«, sagte ich.

»Roger«, gab Sarah zurück.

Ich sah zu, wie sie die Kugel drehte, bis sie die F-16 gefunden hatte.

»Erfasst«, sagte sie.

Das Zielsystem war somit auf Viper Two Two ausgerichtet und verfolgte ihn. Ich behielt den Bildschirm im Blick und drehte die Predator langsam so, dass die Zielapparatur den Winkel von 90 Grad zur F-16 beibehielt. Währenddessen gab ich weniger Schub und verlangsamte das Fluggerät auf nur wenige Knoten über Abrissgeschwindigkeit. Ich wusste nichts über die Ausstattung der F-16 oder auch nur, welche Version dort flog, doch ich ging davon aus, dass es schwer würde, uns auf dem Radar zu sehen, wenn ich nur langsam genug unterwegs war.

Wir beobachteten, wie der Kampfjet näher kam. Es war nervenaufreibend.

Auf eine Entfernung von gut 30 Kilometern war er ein kaum auszumachender Punkt, dessen Wärmesignatur hell leuchtete. Im Funkgerät rauschte es. Als der Flieger auf 15 Kilometer herangekommen war, füllte sein charakteristischer Umriss mit dem großen Lufteinlass unter der Nase unser HUD.

Ich korrigierte die Ausrichtung der Predator, damit sie weiterhin mit der Spitze der Tragfläche auf die F-16 zeigte. Dabei behielt ich die Geschwindigkeit im Blick. Ich war mir sicher, dass Viper Two Two uns auf dem Radar sehen konnte, doch wir waren so langsam unterwegs, dass auch er abbremsen müsste, was ihn weniger wendig machte.

Ich senkte die Spitze der Predator ein wenig ab, um etwas an Tempo zuzulegen und mich im Bodenecho zu verstecken. Die Tracker-Karte über dem HUD zeigte, dass Viper Two Two keine drei Kilometer entfernt war. Er musste etwas aufblinken gesehen haben, denn er flog eine scharfe Kurve und kreiste nun ganz in meiner Nähe. Ihm davonzufliegen war unmöglich. Meine einzige Verteidigung war die geringe Geschwindigkeit. Ich rechnete jeden Moment damit, dass er meinen Standort durchgab.

Schließlich brach ich das Schweigen.

»Viper Two Two, Deadly One One. Bestätigen Sie den Sichtkontakt.«

Ich wollte wissen, ob er mich sah. Er war nahe genug, um unser Kennzeichen am Heck zu lesen.

»Sichtkontakt negativ.«

Ich war fassungslos. Ich war rein nach Instinkt geflogen und hatte es geschafft, einen geübten Kampfpiloten zu besiegen. Von hinten kam nur ein einzigesr Kommentar.

»Interessant.«

Das hatte auch Glenn nicht erwartet. Ich lächelte in mich hinein.

»Verstanden, wir sind auf zwei Uhr, drei Kilometer, tief.«

Es dauerte einen Augenblick, bis er uns entdeckt hatte. Wir absolvierten insgesamt fünf Gefechte. Dreimal konnte Viper Two Two uns nicht sehen, was hieß, dass er uns weder über Radar erfassen konnte, um eine Rakete abzufeuern, noch Sichtkontakt bekam, um auf uns zu schießen. Ich zählte das als Siege, auch wenn ich für den hochentwickelten Kampfjet keinerlei Gefahr dargestellt hatte.

Nach dem Flug nutzte ich meine Notizen, um das Gelernte ins Handbuch aufzunehmen. Fünf Gefechte reichten nicht aus, um daraus eine Taktik abzuleiten, doch ich lieferte der Weapons School auf der Nellis Air Force Base eine Vorlage, um die Sache eingehend zu testen.

Das war meine letzte Herausforderung. Bei den letzten Ausbildungsmissionen schnitt ich gut ab und legte einen überragenden Abschlussflug hin. In den Augen der Air Force war ich nun ein Pilot der unbemannten Luftfahrt. Als die letzte Nachbesprechung mit Glenn hinter mir lag, war ich in Gedanken schon bei meinem nächsten Einsatz.

Es gab zwei Staffeln, die Einsätze flogen.

Die 17th Reconnaissance Squadron war die Spezialeinheit für die Predators. Das waren die Leute, die im Schattenreich arbeiteten. Ihre Aufgabe waren Einsatztests, sie entwickelten die Taktiken für neue Waffen. Nur die besten Besatzungen eines Jahrgangs wurden für die 17. ausgewählt. Es war damals der begehrteste Job im Predator-Programm. Die restlichen Crews gingen zur 15th Reconnaissance Squadron auf der Nellis Air Force Base. Mike war der Einzige, der sich kaum Gedanken darüber zu machen schien, wo er hinkam. Er war der Jahrgangsbeste und würde vermutlich der 17. zugeteilt werden. Doch ich war durchaus ein bisschen nervös. Der Gedanke, in der 17. zu arbeiten, faszinierte mich; ich wollte nichts lieber. Doch der verbockte Flug zu Beginn der Ausbildung verfolgte mich. Ich befürchtete, dass mein Name zu weit unten auf der Liste stand, um in Betracht zu kommen.

Am letzten Abend der Ausbildung versammelten wir uns alle in der staffeleigenen Bar. Sie diente gleichzeitig als Kantine, als Snackbar und als Kneipe und war das gesellschaftliche Zentrum der Staffel. Hier wollte der Kommandant uns unsere Marschbefehle erteilen. Danach würden wir uns in die Einsatzstaffeln und den Krieg verabschieden.

Die Bar war mit einer Zapfanlage und Kühlschränken voller Bier ausgestattet. Die Regale hinter der Theke quollen über vor lauter Snacks. Auf dem Boden befanden sich überall Fliesen, die von verschiedenen Ausbildungsjahrgängen bemalt und unterschrieben worden waren. Nur an einer Stelle war ein Loch, da unsere Fliese vor der Zeremonie entfernt worden war. In einer Ecke hing eine Hellfire-Rakete aus Pappmaschee.

Im Raum drängten sich die Staffelpiloten und ihre Familienangehörigen. Wir warteten auf Batman, den Kommandanten. In der Air Force war es Tradition, dass ein Ausbildungsjahrgang der Staffel und ausgewählten Ausbildern Geschenke überreichte, als Zeichen des Dankes für den guten Unterricht. Ich half mit, die gelbweiß gefleckte Königsboa in die Staffelbar zu tragen. Sie war unser Geschenk, da die Staffel eine Schlange zum Maskottchen hatte. Von da an war die Staffelbar ihre neue Heimat. Jeder neue Jahrgang war dafür verantwortlich, für das Tier zu sorgen und es zu füttern. Keiner der Berufspiloten der Staffel hatte bisher erlebt, dass einer Einheit ein solches Geschenk gemacht wurde. Normalerweise gab es unterschriebene Fotos oder Plaketten.

Die Schlange beeindruckte das alles nicht im Geringsten.

Als Letztes überreichte unser Jahrgangssprecher Oaf den Ausbildern ihre Geschenke. Wir verteilten die üblichen Auszeichnungen für den besten Fluglehrer und den besten Sensorlehrer sowie den »Purpurhelm«. Glenn wirkte verblüfft, als Oaf ihn nach vorn rief. Oaf erklärte, jeder Jahrgang habe einen Ausbilder, der das Team derart stark beeinflusse, dass eine einfache Auszeichnung nicht ausreiche. Die Entscheidung des Jahrgangs sei einstimmig gewesen. Glenn habe den Purpurhelm verdient, einen purpurn angemalten Plastiksoldatenhelm für Kinder, weil er im Ruf stehe, ein Arschloch zu sein.

Ich hatte ihn nie für ein Arschloch gehalten. Glenn hatte mich hart rangenommen, doch mit einer klaren Absicht – er wollte mich zu einem besseren Predator-Piloten machen. Er hatte keine Hintergedanken gehabt und wollte auch nicht sein Selbstwertgefühl aufpolieren. Er wollte einfach, dass die Piloten bessere Leistungen erbrachten. Glenn stellte dieses eine Geschenk viele Jahre lang stolz auf seinem Schreibtisch zur Schau.

Nach der Übergabe der Andenken stand der Kommandant auf und verkündete die Aufteilung. Zu meiner Überraschung kam Mike zur 15. Er war eindeutig die Nummer eins unseres Jahrgangs. Als ich an die Reihe kam, war ich nervös.

»Squirrel«, sagte der Kommandant, »Sie gehen zur 17.«

Zwei meiner Jahrgangskameraden wurden ebenfalls dieser Staffel zugeteilt. Das war ungewöhnlich, da die 17. zu der Zeit eigentlich jedes Jahr nur einen Piloten nahm.

Nach der Zeremonie setzten wir uns in einem der Flugräume mit dem Kommandanten zusammen. Er wollte gern kurz ein offenes Gespräch mit uns führen, ohne die Augen und Ohren unserer Ehefrauen. Natürlich wird auch beim Militär getratscht, wie überall sonst auch. Doch Personalentscheidungen vor Zivilisten zu besprechen wäre nicht richtig gewesen. Als der Kommandant uns aufforderte, Fragen zu stellen, meldete ich mich als Erster zu Wort.

»Warum sind so viele von uns der 17. zugeteilt worden?«, fragte ich. »Nehmen die nicht sonst nur einen?«

Der Kommandant nickte.

»Ja, das stimmt«, meinte er. »Doch dieses Mal haben sie mehr Leute als sonst angefordert.«

»Wissen Sie, warum?«, fragte ich weiter.

»Das finden Sie bestimmt heraus, wenn Sie dort sind«, bekam ich zur Antwort.

Nach der Besprechung blieb ich mit Mike zurück, während die anderen zur Feier zurückkehrten. Er stellte die Frage, die mir auf der Zunge lag.

»Warum bin ich zur 15. gekommen?«

Der Kommandant schwieg einen Augenblick.

»Normalerweise bekommt der beste Absolvent den Job seiner Wahl«, sagte er dann. »Dann wären Sie zur 17. gegangen. Doch sehen Sie es mal so: Auch die 15. verdient ab und zu mal den besten Absolventen.«

In Wahrheit bekam die 15. jedes zweite Jahr den Top-Schüler. Mike nahm die Antwort ohne Weiteres hin. Er war der beste Pilot des Jahrgangs, und sein Wissen über Kampftaktiken war unschätzbar wertvoll. Die RPA-Gemeinschaft war klein, und ich war mir sicher, dass wir irgendwann die Gelegenheit bekämen, zusammen zu fliegen.

Bevor ich meine Sachen packte, lieferte ich den 3-3-Entwurf bei den Ausbildern ab und riet ihnen, den Text veröffentlichen zu lassen. Der Waffenoffizier blickte skeptisch drein, als er ihn durchblätterte.

»Er ist nicht richtig formatiert«, sagte er.

»Sie sollen ja schließlich auch noch was zu tun haben, Sir«, antwortete ich und ging, bevor ich noch mehr sagen konnte.

Als ich die Staffel verließ, traf ich auf Glenn. Er sprach mich an, als er gerade mit einem Schüler des nächsten Jahrgangs vom Simulator zu den Besprechungsräumen ging.

»Squirrel, packen Sie keine Uniformen ein«, sagte er. »Bei der 17. werden Sie die nicht brauchen.«

Er hatte recht.

KAPITEL 4

Ein Ziel ersten Ranges

Die Berge Ostafghanistans in der Nähe von Tora Bora umgaben das kleine Haus aus Lehmziegeln wie eine schützende Hand.

Beim Überflug beobachtete ich, wie sich das Haus langsam auf dem HUD drehte. Es war keine Aktivität zu verzeichnen, nicht einmal ein streunender Hund auf der Suche nach Abfällen. Die Kohle in der Feuergrube, die vor ein paar Stunden, als der Sensoroperator auf Infrarot umgeschaltet hatte, noch geglüht hatte, war nun kalt und strahlte keinerlei Wärme mehr ab.

Wir waren auf der Suche nach einem Kurier, einem Lakaien im Grunde. Er war ein kleiner Teil einer Operation, um einen der wichtigsten Helfer von al-Qaida aufzuspüren. Das Fadenkreuz war nun auf das Fenster des Schlafzimmers gerichtet, das wohl gleichzeitig als Wohnzimmer diente. Die Größe des Hauses ließ darauf schließen, dass es nur aus einem Raum bestand.

Die Raketen blieben inaktiv. Wir waren nicht hier, um zu schießen. Wir waren hier, um zu beobachten.

In diesem Mai 2004 waren wir an einem ungenannten Ort stationiert, um in der Nähe des JOC zu sein, von wo aus die Operationen geleitet wurden. Das JOC diente als Zentrale für Top-Operationen. Dort fand die Koordination zwischen unseren Einsätzen und den Vor-Ort-Teams statt, die Terroristen auf der ganzen Welt jagten.

Selbst aus einer Höhe von 25 000 Fuß wirkten die Berge des Hindukusch gewaltig. Die Gebirgsregion im Westen Waziristans lag an der Grenze zwischen Afghanistan und dem benachbarten Pakistan. Zwischen den hoch aufragenden Gipfeln und den tiefen Tälern verliefen nur wenige Wege. Im Winter waren diese Pässe zugeschneit, sodass kein Verkehr zwischen den beiden Ländern möglich war. Die einzige Straße befand sich 160 Kilometer weiter südlich, wo der Hindukusch in eine pockige, braune Landschaft auslief.

Während der extrem harten Winter lebten die Bewohner der Region sehr zurückgezogen. Im April, wenn der erste Pass wieder öffnete, kamen al-Qaida und ihre Verbündeten, die Taliban, dann aus ihren Schlupflöchern. Jetzt behielten wir sie im Auge, während sie ihre Netzwerke aufbauten und Kämpfer nach Afghanistan brachten.

Dies war eine Gelegenheit, die Aktivitäten des Kuriers genau aufzuzeichnen. Wir analysierten seine Lebensgewohnheiten, damit wir voraussehen konnten, wo er sich aufhalten würde, falls und wenn das JOC beschloss, ihn hochzunehmen. Unser Auftrag lautete, ihn zu ergreifen, nicht, ihn zu töten. Lebend ermöglichten gefangene Terroristen uns, feindliche Netzwerke zusammenzufügen. Wir wollten diesen Kerlen Informationen entlocken und diese dann dazu benutzen, uns in der Kette hochzuarbeiten, bis wir ganz oben angelangt waren.

Das letztendliche Ziel des Präsidenten war es, Osama bin Laden zu finden.

Es tauchten immer wieder Videos von Bin Laden auf, in seiner Tarnjacke und mit einer Kalaschnikow hinter sich. Die Videos hätten auch im Süden von New Mexico aufgezeichnet worden sein können. Wir würden ihn nur finden, wenn wir sein Netzwerk überblickten. Also beobachteten wir die Hütte und hofften, der Kurier würde uns zu dickeren Fischen führen.

Wir beobachteten und beobachteten. Es war kein Ende dieses höllischen Zustands in Sicht.

»Wir schießen also nie?«, fragte ich Wang, meinen Fluglehrer.

Wie Glenn saß auch er in einem Bürosessel hinter mir. Ich war der Neue, und es war Wangs Aufgabe sicherzustellen, dass ich wusste, was ich tat, bevor man mich eine Mission allein fliegen ließ. Ich fragte nie nach, woher sein Rufzeichen kam. Er war ein Captain mittleren Ranges, der seine zwei Jahre bei der Predator bald abgeleistet hätte. Er stammte aus Kalifornien und legte immer eine heitere Abgeklärtheit an den Tag, ihn brachte kaum etwas aus der Ruhe. Ich stelle mir vor, dass er in seiner Freizeit surfen ging.

»Die meisten hier feuern während der zwei Jahre keinen einzigen Schuss ab«, sagte er.

Enttäuschung machte sich in mir breit.

Ich hatte mich für das Programm gemeldet, um meinen Teil zu den Kriegsanstrengungen beizutragen. Ich wollte etwas Produktives leisten, um Amerikaner zu schützen. Dabei war ich nicht davon ausgegangen, mitten in der Nacht eine verdunkelte Hütte zu beobachten. Kampfpilot hatte ich hauptsächlich werden wollen, um zu schießen. Nicht, weil ich Menschen töten wollte. Aber wenn wir etwas zerstörten, war es, als würden wir etwas bewirken.

Doch bevor die spannenden Einsätze beginnen konnten, mussten wohl die Aufklärungsmissionen stattfinden, sagte mir die Vernunft. Wenn wir das Netzwerk beobachteten und uns einen Überblick darüber verschafften, führte uns das zu zukünftigen Zielen. Nur dank dieser Überlegungen konnte ich mich auf die todlangweiligen Missionen konzentrieren.

Nach Ablauf unserer Zwei-Stunden-Schicht kam die nächste Crew in die Box, um uns abzulösen. Ich setzte sie über die Flugposition, die Luftraumfreigabe, die Vorgaben des JOC, das Wetter und alle anderen wichtigen Faktoren in Kenntnis. Als sie die Steuerung der Predator übernommen hatte, verließ ich den Container und trat hinaus in den strahlenden Sonnenschein.

Einzelne Lichtstrahlen fielen durch das Tarnnetz, das zwischen der Bodenkontrollstation und den riesigen Eichen rundherum aufgespannt war. Das Netz spendete gleichzeitig Schatten und übersäte den Boden um mich herum mit goldenen Flecken. Die Luftfeuchtigkeit des Frühsommers löste die Kälte auf, die mich in der Box durchdrungen hatte. Ich eilte rasch an der anderen Kontrollstation der Staffel vorbei in die Einsatzzentrale, in der Hoffnung, einen Schweißausbruch vermeiden zu können.

»Wir übernehmen den Start in ein paar Stunden«, erklärte Wang. »Iss was in der Zwischenzeit.«

Er verließ die Einsatzzentrale, doch ich blieb noch einen Augenblick. Der Unterschied zwischen draußen und drinnen war erstaunlich. Wir befanden uns in einer neuen Art von Krieg, einem Krieg, der nicht auf dem Schlachtfeld ausgetragen wurde, sondern von einem abgeschiedenen Ort Tausende Kilometer vom Geschehen entfernt aus. Der Raum wirkte steril, kalt und klinisch. Man sprach immer nur leise miteinander. Es war wie in einer Bibliothek.

Meine Aufmerksamkeit wurde sofort von den beiden 50-Zoll-Plasmabildschirmen beansprucht, die an der Längswand hingen. Die Flatscreens – mit »blau« und »grün« beschriftet – zeigten täglich 24 Stunden lang Videostreams von den Predators in Übersee. Das Haus, das ich während der letzten zwei Stunden beobachtet hatte, drehte sich in der Mitte des Bildschirms mit der blauen Verbindung. Die Predator zog immer noch ihre langweiligen Kreise darüber. Auf dem Monitor mit der grünen Verbindung war eine

Reihe Kamele zu sehen, die über einen Pfad geführt wurden. Das Flugzeug war auf dem Rückweg zum Stützpunkt, um dort zu landen, und suchte einfach unterwegs den Boden nach Gelegenheitszielen ab.

Unter den Bildschirmen saßen Nachrichtenoffiziere an zwei Arbeitsplätzen, sie überwachten die Streams und unterstützten die Crews beim Flug. Die Analysten sorgten dafür, dass die Piloten aktuelle Informationen über das Ziel erhielten, und kontrollierten die Chatrooms, die zum Nachrichtenaustausch genutzt wurden.

Hinten im Raum saßen der Einsatzleiter und der Wetteroffizier vor einer Wand aus je vier Computern. Auf den Bildschirmen waren Internet-Chatrooms, E-Mails und die Einsatzinstruktionen zu sehen. Ein Monitor zeigte eine maßstabsgetreue Karte von Afghanistan. Wir konnten so weit in sie hineinzoomen, bis wir Bildmaterial von jedem Dorf und jedem Standort hatten. Drei kleine Predators bewegten sich in Echtzeit über den Bildschirm.

Ich stand im Hintergrund und sah mir die Bilder an. Nicht nur ich war von ihnen gefesselt.

»Wie war der Flug?«

Mongo, ein Pilot, der am Platz des Einsatzleiters saß, brach den Bann. Sein Rufzeichen ging auf eine Figur aus dem Film *Der wilde Wilde Westen* zurück. Er hatte die Statur eines Footballspielers und war 1,95 Meter groß. Zwar war er mit der Zeit etwas weicher geworden, doch er sah immer noch fit aus. Auf seinem Gesicht lag stets ein zahnlückiges Grinsen.

Mongo war früher F-16-Pilot gewesen und hatte die Ausbildung ein Jahr vor mir abgeschlossen. Er hatte vor, zwei Jahre bei der Predator zu bleiben und dann zur F-16 zurückzukehren.

»Sind sie immer so langweilig?«, fragte ich.

»Meistens«, lächelte er, wobei seine Zahnlücke zum Vorschein kam. »Du gewöhnst dich dran. Stunden voller Langeweile …«

» … durchsetzt von Augenblicken purer Angst«, führte ich seinen Satz zu Ende. »Schon kapiert.«

Dann erklärte Mongo mir die Mission der Einheit, wie es bei Dienstantritt Pflicht war. Während er sprach, kritzelte er seinen Namen neben den entsprechenden Punkt auf meiner Checkliste.

»Du hast die beiden Bodenkontrollstationen gesehen«, sagte er. »Wir fliegen zwei Luftüberwachungseinsätze in Afghanistan, komplett per Satellit von hier aus.«

Ich nickte in Richtung Monitor.

»Ich sehe drei Vögel.«

Mongo betrachtete die blinkenden Symbole auf der Karte.

»Der blaue und der grüne sind unsere«, erläuterte er. »Der gelbe ist Pacman. Er ist bei der 15.«

Die 15. – Mikes Staffel – war für die Unterstützung der konventionellen Truppen zuständig. Ihr Stützpunkt war das Predator Operations Center auf der Nellis Air Force Base in Nevada, und sie verfügte über zwei CAPS – *combat air patrols*, Luftüberwachungsflugzeuge –, die ihre Zeit zwischen Afghanistan und dem Irak aufteilten. Die 15. versorgte die Kommandanten am Boden mit Bildern und Videomaterial und jagte außerdem die irakischen Topverbrecher aus dem Kartenspiel. Dabei handelte es sich um einen normalen Satz Spielkarten mit den Bildern und Namen von Mitgliedern der irakischen Führung, die nach der Invasion gesucht wurden. Gelegentlich feuerte die 15. auf Ziele, doch meistens beobachtete sie nur.

»Haben die nicht auch zwei Luftüberwachungsflieger?«

Mongo zoomte aus der Karte heraus, bis sowohl der Irak als auch Afghanistan zu sehen waren. Über Bagdad tauchte ein viertes Symbol auf.

»Sie teilen sich die Gebiete heute auf«, sagte er. »Mach dir nicht so viele Gedanken über sie. Wir haben nicht viel mit ihnen zu tun. Normalerweise kreuzen sich unsere Wege nur bei der Landung.«

Ich blickte genauer auf den Bildschirm.

»Die Flugdaten bekommen wir über Link, oder?«

Jedes Flugzeug über dem Irak oder Afghanistan, das unseren Verbündeten angehörte, übermittelte seine Positionsangaben an Link. Wie in dem Film *Matrix* lieferte der Operator Link eine Momentaufnahme jedes Luftfahrzeugs in der Umgebung. Doch auf dem Monitor waren nur vier Predators zu sehen.

»Ja«, antwortete Mongo.

»Sollten wir nicht auch die anderen Flugzeuge dort draußen sehen?«

Mongo zuckte mit den Schultern.

»Ich befürchte, die Nuss haben wir noch nicht geknackt.«

Mongo hielt kurz inne.

»Tut mir leid, Squirrel.«

Ich winkte ab. Witze über meinen Namensvetter, das Eichhörnchen, machten mir nichts aus. Ich fand es eher amüsant, dass die anderen Piloten so verlegen reagierten, wenn sie ein Flugzeug aus Versehen als »zappelig wie ein Eichhörnchen« bezeichneten. Dann entschuldigten sie sich bei mir dafür, dass ihnen das herausgerutscht war. Ernst meinten sie es allerdings nie. Jede Gelegenheit, sich über einen Pilotenkollegen lustig zu machen, war eine willkommene Quelle der Unterhaltung.

Das wusste jeder Pilot, man musste ein entsprechend dickes Fell entwickeln und lernen, ebenfalls auszuteilen.

Mongo lächelte, als er sich wieder dem Flugplan des Tages zuwandte.

»Hey, du solltest mittagessen gehen«, sagte er, als er eine Veränderung bemerkte. »Das Flugzeug hat Verspätung.«

»Wie viel?«

»Vielleicht eine Stunde.«

Ich nickte.

Im »Launch and Recovery Element« (LRE) hielten sich fast ausschließlich Wartungstechniker und ein paar Besatzungen auf. Starts und Landungen fanden hier nur zu Trainingszwecken statt. Das übernahmen für uns Mannschaften, die in Übersee in der Nähe der Fluggeräte im Einsatzgebiet stationiert waren. Da die Predator so schwer zu fliegen war, erforderte das Starten und Landen besondere Fähigkeiten. Wir übernahmen das Flugzeug, wenn es sich auf 20 000 Fuß befand und auf das Ziel zusteuerte. Daher ging die Verzögerung auf die Kappe der anderen. Sie hatten alle Hände voll damit zu tun, dafür zu sorgen, dass die kleinen Vögel in dem rauen zentralasiatischen Umfeld rund um die Uhr funktionierten.

Auf dem Weg aus dem Einsatzraum stieß ich im Flur auf Lieutenant Colonel Stew Kowall. Der Kommandant war ein kleiner, dünner Mann mit noch dünnerem Haar, das er so kurz geschoren trug, dass er Captain Picard aus *Star Trek* ähnelte. Allerdings trat er etwas sanftmütiger auf. Er war ein intelligenter Mann, der aber nur selten flog.

Stew war Berufsoffizier. Er hatte eine einzige Tour in der F-15C gemacht, bevor er in die Verwaltungsschiene gewechselt war. Das Fliegen war der Stabsarbeit und der Anwesenheit am Boden zum Opfer gefallen, ohne die man es nicht in die höheren Ränge schaffte.

Ich war überrascht, ihn hier zu treffen, denn normalerweise schottete er sich in seinem Büro oder auf der Nellis Air Force Base ab. Die 17. sollte in ein paar Monaten dorthin zurückkehren. Der Geschwaderkommandant wollte alle Predator-Einheiten wieder an einem Ort versammeln. Das fand ich nachvollziehbar, da man so einen besseren Überblick über das Programm hatte. Doch mir gefiel unsere Unabhängigkeit fernab der Führungsebene und die tägliche Autofahrt zu einem abgeschiedenen Stützpunkt besser.

Als ich Stew grüßte, kniff er die Augen zusammen und überlegte, wer ich war.

»Squirrel, richtig?«

»Ja, Sir.«

»Wie gefällt es Ihnen bisher?«, fragte er kryptisch.

»Es ist in Ordnung«, antwortete ich ausweichend.

Ich würde mich nicht beim Boss beschweren. Es war überhaupt nicht klug, sich zu beschweren.

»Hm«, sagte er mit einem Grunzen und ging weiter den Flur entlang. »Na ja, willkommen bei der Staffel.«

Ich machte einen Schritt zur Seite, um ihn vorbeizulassen.

»Oh, Squirrel«, sagte er, »ich habe gehört, Sie haben ein 3-3 geschrieben. Stimmt das?«

Er bezog sich auf das Taktik-Handbuch, das ich während der Ausbildung verfasst hatte. Ich überlegte fieberhaft, woher er das wusste. Ich hatte niemandem in der Staffel davon erzählt.

»Ja, Sir«, antwortete ich. »Ich habe den Bedarf erkannt und mich darum gekümmert.«

Das klang wie ein lahmer Anmachspruch oder, noch schlimmer, wie Arschkriecherei. Ich bereute die Worte, kaum dass ich sie ausgesprochen hatte.

»Hm.« Er nickte wieder und wollte schon den Einsatzraum betreten. Doch dann hielt er einen Augenblick lang nachdenklich inne und sah mich erneut an.

»Sie sind jetzt Einsatzleiter«, sagte er. »Diese Art von Initiative brauche ich hier.«

Mit diesen Worten drehte er sich um und verschwand im Einsatzraum. Ich blieb sprachlos zurück. Piloten wurden nicht einfach nach vier Tagen bei der Staffel und einem einzigen Predator-Einsatz Einsatzleiter. Bei den meisten dauerte es drei bis sechs Monate, bis sie zu dazu ernannt wurden, und auch dann geschah es nur, wenn ihre Leistung gut genug war. Wie sollte ich einen Einsatz leiten, wenn ich ihn nicht einmal allein fliegen durfte?

Plötzlich hatte ich keinen Appetit mehr.

Nachdem die erste Überraschung abgeklungen war, verlieh mir die Begegnung die nötige Energie, um auf meinen Platz zurückzukehren. Ein paar Stunden später war ich wieder in der Bodenkontrollstation und sah zu, wie die Predator langsam abhob und in den Nachthimmel aufstieg.

Ich konnte nur zusehen. Das JOC wollte seine Geräte im Auge behalten und verlangte von uns, schon vor dem Start auf unseren Plätzen zu sein, obwohl wir die Maschine während des Steigflugs gar nicht steuerten. Ich betrachtete den Videostream, während die Start-Crew das Fahrwerk einzog. Ich kam mir vor wie ein Voyeur, der durch den Vorhang in das Cockpit eines anderen Piloten spähte. Die Predator legte sich in eine Rechtskurve und setzte zu einem weiten Kreis über dem Flugplatz an, um Höhe zu gewinnen. Der Luftraum rund um den Stützpunkt war auf einen Umkreis von 15 Seemeilen beschränkt. Die einheimische Regierung wollte uns nicht mehr zugestehen, damit die örtlichen Stämme nicht glaubten, wir seien hinter ihnen her.

In den Sommermonaten waren die Temperaturen im Wüstenhochland extrem hoch. Die Luft war dann so dünn, dass wir an einem heißen Tag schon einen Auftrieb von 100 Fuß pro Minute als Glück betrachten mussten. Das Flugzeug hatte einfach nicht genügend Schubkraft. Wir mussten 20 Minuten lang kreisen, um auf 20 000 Fuß aufzusteigen. Endlich lenkten die Piloten vor Ort die Predator in Richtung Westen und flogen in den schmalen Luftkorridor, der zu den Zielen in Nordafghanistan führte. Sobald sich die Predator sicher im Korridor befand, waren wir dran.

»Halten Sie Ausschau nach dem Signal«, sagte Wang.

»LOS-Uplink verloren« blinkte auf meinem Warnbildschirm auf. Das hieß, dass die Crew die Steuerung des Flugzeugs über Sichtverbindung eingestellt hatte, damit wir übernehmen konnten. Die Predator behandelte den Sichtlinientransmitter vorrangig. Wenn die Verbindung getrennt wurde, hielt sie den Kurs per Autopilot, bis wir unsere Verbindung aufgebaut hatten.

Ich streckte die Hand aus und drückte die Verbindungstaste neben dem HUD. Der Bildschirm flackerte auf, und ich schob den Steuerknüppel minimal nach rechts, um mich zu vergewissern, dass das Flugzeug reagierte. Ein paar Sekunden später schwenkte es nach rechts.

»Gut gemacht«, sagte Wang. »Jetzt heißt es warten.«

Es würde mehrere Stunden dauern, bis wir das Ziel erreicht hatten. Wir beschlossen, in der Zwischenzeit Hellfire-Angriffe zu üben. Der Sensoroperator gehörte zu den Erfahrensten der Staffel. Ich flog zum ersten Mal mit ihm und hatte seinen Namen nicht mitbekommen. Wir sprachen kaum miteinander, da ich mich auf Wangs Anweisungen konzentrierte.

Der Sensoroperator schaltete die Laserzielbeleuchtung ein. Sie war unsere Infrarottaschenlampe und würde wie ein Finger Gottes aussehen, der auf ein Ziel deutete.

»Schießen Sie nicht auf den Stützpunkt«, sagte Wang. »Dann dreht der Wachturm durch.«

Der Sensoroperator ließ die Kugel rotieren und suchte das Tal nach einem Ziel ab. Etwa 15 Kilometer südwestlich des Stützpunktes verliefen drei trockene Wadis. Als Alexander der Große hier vorbeigekommen war, war das Gebiet ein üppig bewachsenes, grünes Tal gewesen. Die Wadis waren damals breite Nebenflüsse, die sich zu einem größeren Strom vereinigten, der in Richtung Indischer Ozean floss. Alexander hatte an dem Zusammenfluss eine

Festung errichtet, um die strategisch wichtige Wasserstraße zu überwachen. Ich konnte die Ruine so gerade auf dem Monitor erkennen. Von dem ehemals eindrucksvollen Bauwerk stand nur noch ein einziger quadratischer Turm.

Der Sensoroperator richtete das Fadenkreuz auf die Mitte der Ruine. Sie war ein perfektes Ziel, da sie unbeweglich war und leer stand.

»Okay, wir kriegen eine Meldung von einer Fußpatrouille rein«, sagte Wang. »Sie ist von einem Scharfschützen angegriffen worden, es gibt Opfer. Der Beschuss scheint aus der nordöstlichen Ecke der Festung zu kommen.«

Der Sensoroperator richtete das Fadenkreuz auf die entsprechende Stelle. Ein nach Norden weisender Pfeil auf unserem HUD zeigte ihm, in welche Richtung er den Sensor bewegen musste.

»Okay«, sagte ich. »Wir sind drauf.«

Wir tauschten uns ganz locker im Cockpit aus. Wang übernahm die Rollen der Fußpatrouille, des JOC und des JTAC.

»Was sehe ich?«, fragte ich.

»Sie sehen zwei Gestalten, die in der Ecke an der Wand auf dem Bauch liegen«, sagte Wang. »Sie sehen einen hellen Lichtblitz.«

»Feindlicher Beschuss beobachtet«, erklärte der Sensoroperator.

Ich fragte beim Bodenkommandanten nach, und Wang bestätigte es. Die Patrouille wurde beschossen.

»Verstanden«, sagte ich.

Ich wandte mich an den Sensoroperator.

»AGM-114, Vor-Abschuss-Checkliste.«

Die Vor-Abschuss-Checkliste der AGM-114 war eine umständliche, 30 Schritte umfassende Prozedur, um die Rakete zu aktivieren und zu testen, bevor man sie abfeuerte. Die Abschuss-Checkliste, die dann folgte, bestand noch mal aus 20 Schritten. Bei neuen Piloten konnte das Ganze fünf Minuten in Anspruch nehmen.

Der Sensoroperator und ich gingen die Liste durch. Während wir darauf warteten, am Ziel anzukommen, war das eine willkommene Ablenkung, doch es war nervtötend, wenn Menschenleben auf dem Spiel standen.

Als ich abschussbereit war, teilte ich das Wang mit.

»Verstanden, geben Sie die Richtung durch«, sagte er.

Er wollte von uns hören, wann wir den Raketenangriff starten würden und aus welcher Richtung wir kamen.

Ich drehte das Flugzeug mit der Nase auf das Ziel.

»Wildfire kommt von Nordosten, eine Minute.«

Ich hatte eine Minute bis zum Abschuss der Rakete.

»Wildfire, Freigabe zum Angriff.«

Diese Freigabe zum Angriff gestattete mir nur, den Abschuss einer Rakete zu trainieren. Tatsächlich einsetzen durfte ich die Waffen nur, wenn sie zuvor von einem echten JTAC zum Abschuss freigegeben worden waren. Wir flogen jetzt mit echten Waffen. Aus Sicherheitsgründen sorgte jedes Crewmitglied dafür, dass wir nicht versehentlich beim Üben eine scharfe Rakete abfeuerten.

»Verstanden, Freigabe zum Angriff.«

Ich sah mir meine Anfluglinie an. Der Wind kam von Westen und trieb mein Fluggerät leicht nach links ab. Ich steuerte etwa zehn Grad nach rechts, um dagegenzuhalten.

»30 Sekunden, Laser an«, sagte ich.

Der Sensoroperator betätigte den Auslöser, und auf dem Bildschirm erschien die Meldung »LTM FIRING«. Der Zielmarkierer war also eingeschaltet. Wir nutzten die Laserzielbeleuchtung statt des Ziellasers, um nicht versehentlich jemanden am Boden zu verletzen. Dieser Laser diente als eine Art Taschenlampe und konnte keine Rakete leiten.

»Laser läuft«, meldete der Sensoroperator.

»Laser läuft«, sagte ich zu Wang. »30 Sekunden.«

»Verstanden«, antwortete Wang.

20 Sekunden vor dem Abschuss korrigierte ich erneut den Kurs, vergewisserte mich, dass alle Schalter richtig standen, und konzentrierte mich auf das Ziel. Zehn Sekunden später drückte ich den Knopf, mit dem das Geschoss freigegeben wurde. Auf dem HUD erschien »Rechte Rakete zum Abschuss bereit«.

»In drei, zwei, eins …«

Ich tat so, als würde ich den Auslöser drücken. Tatsächlich machten wir das bei Übungsangriffen nie.

»Rifle, 25 Sekunden.«

»Rifle« hieß, dass die Rakete abgeschossen wurde. Damit bedeutete ich Wang als Bodenkommandanten, dass der Einschlag in weniger als 30 Sekunden zu erwarten war.

Ich sah auf die GPS-Uhr und zählte die Sekunden herunter.

»In fünf, vier …«

Wang rief »Bum!«, als Zeichen, dass die Rakete in unserem Sichtfeld eingeschlagen war. Ich nickte.

»Laser abschalten, Laser sichern, Hauptwaffe sichern.«

Der Sensoroperator wiederholte die Anweisungen und schaltete die Zielbeleuchtung aus.

»Gute Arbeit«, sagte Wang. »Wir sind jetzt auf Höhe, lasst uns nach Norden fliegen.«

Es dauerte fast vier Stunden, bis wir im Zielgebiet angekommen waren. Es war wieder die gleiche Lehmhütte. Ich brachte die Predator auf die richtige Höhe und kreiste über dem Haus, während wir darauf warteten, dass der Kurier sich in Bewegung setzte oder telefonierte. Wenn das geschah, legten die Analysten los, die von der Einsatzzentrale und dem JOC aus zusahen. Analysten dokumentierten Aktivitäten und fertigten Screenshots des Ziels an. Für die Auswertung des Fluges waren die Leute um uns herum zuständig, während wir acht Stunden lang zu Tode gelangweilt auf unseren Plätzen saßen.

Spannend wurde es für mich erst ein paar Monate später.

Ich flog eine Nachtmission und hatte soeben die Steuerung der Predator von der Start-Crew übernommen. Wang war nicht mehr dabei. Ich war jetzt Einsatzleiter, hatte 200 Stunden Erfahrung mit dem Fluggerät und wusste gerade genug, um mich mit ihm und dem Einsatz wohlzufühlen.

Neben mir saß Dani. Wir flogen selten als Zweierteam. Piloten und Sensoroperator wechselten regelmäßig, je nach Dienstplan und Pausen. Anders als in Filmen wie *Top Gun* waren Piloten und Sensoroperator keine Partner, die gemeinsam ihre Schichten flogen. Wir spielten in unserer Freizeit auch nicht zusammen Volleyball. Die Predator zu fliegen war Schichtarbeit. Wir wohnten im Hotel. Ich stand auf, fuhr zum Stützpunkt, wurde vom Familienmenschen zum Kampfpiloten, flog meine Schicht, kehrte ins Hotel zurück und versuchte auf dem Weg dorthin wieder in den Familienmenschenmodus zurückzuschalten. Wenn man ein paar Wochen so verbracht hatte, war das Fliegen der Predator eher wie ein Job in einer Fabrik. Alles, was den Pilotenberuf sexy machte, war verpufft.

Und was das Volleyballspielen in Blue Jeans angeht: Das war noch nie cool.

Ich richtete die Predator auf die Koordinaten aus, die im gesicherten Chatroom angegeben waren, und flog in Richtung Ziel. Unser Auftrag lautete, einen neuen Al-Qaida-Helfer zu finden, auf den Berichte des Geheimdienstes verwiesen hatten. Es würde noch etwa 30 Minuten dauern, bis die Predator die Region um Dschalalabad erreicht hatte, wo der Gesuchte lebte.

Ich mochte Dani. Sie war eine sehr erfahrene Sensoroperatorin und gehörte zu den dienstältesten Mitgliedern der Staffel. Sie nahm normalerweise die Abschlussflüge junger Sensoroperatoren ab und flog gelegentlich mit jungen Piloten wie mir. Während der langen Einsätze stritten wir die meiste Zeit über Football – ich war Fan der Pittsburgh Steelers, ihr Club waren die Cincinnati Bengals.

Dani ließ die Kamera rotieren und suchte den Boden ab, während wir ihn überflogen. Zu oft fand das eigentliche Geschehen fernab des Ortes statt, an dem wir damit rechneten. Also sahen wir zu, wie die Landschaft vorbeiglitt, und hofften, etwas Interessantes zu entdecken.

Als wir in der Nähe des Zielgebiets angekommen waren, schob sich die Sonne gerade langsam und anmutig über den Horizont. Ich sah die Streifen warmen Lichts, die sich zwischen den Berggipfeln hindurchstahlen. Obwohl ich mich auf die Instrumente konzentrierte, die in Grün auf dem HUD angezeigt wurden, nahm ich wahr, wie das Bild des Bodens sich langsam zu einer ununterscheidbaren grauen Masse verfärbte, auf der warme Stellen Flecken wie bei einem Rorschach-Test bildeten.

Bei Sonnenaufgang und Sonnenuntergang hatten einige Infrarotkameras Probleme damit, passable Bilder zu liefern, wenn sich der Boden erwärmte oder abkühlte, um sich der Umgebungstemperatur anzupassen. Dani justierte die Kamera, um diesen Effekt zu kompensieren, bis die Landschaft unter uns wieder erkennbar war. Innerhalb von Minuten zeichneten sich die Felsen wieder gestochen scharf auf dem HUD ab. Die Bäume neigten sich leicht, als eine morgendliche Brise den Berg hinunterwehte.

Ich sah zu, wie unser pinkfarbenes Symbol eine Linie auf dem Tracker-Display über dem HUD zog, als wir in der Nähe von Tora Bora, dem Höhlenkomplex südlich des Khaiberpasses, die afghanisch-pakistanische Grenze überflogen. Drei Jahre zuvor hätten US-amerikanische Spezialkräfte Osama bin Laden in diesen Höhlen fast erwischt. Von offizieller Seite hieß es, der Komplex sei sein

Hauptquartier und er sei nach dem Gefecht nach Pakistan geflohen. Auf unserem Monitor war nun eine Kammlinie zu sehen, die parallel zur internationalen Grenze auf unserer Karte verlief.

»Ich habe ein Feuer«, sagte Dani.

Ich konnte die Flammen und die heißen Stellen auf dem Bildschirm erkennen. Das Feuer war wie ein weiß glühender Finger, der sich entlang der Kammlinie ausstreckte. Die Kamera war im Infrarotmodus und ließ daher alles, was Wärme abstrahlte, vor dem kalten, grauen Hintergrund aufleuchten.

»Ich melde es«, sagte ich und gab etwas im Chat ein.

Dani richtete die Kamera auf die gegenüberliegende Seite des Kammes und fand zwei Höhlen. Die Eingänge waren vom Flugzeug aus eigentlich nicht zu sehen, doch jetzt wurden sie vom Feuer erleuchtet.

»Ich sehe keine Pax«, meinte Dani, während sie näher heranzoomte. »Pax« war unser Ausdruck für Personen.

Dann entdeckten wir das Lager. Es bestand aus drei oder vier Ein-Mann-Zelten. Zwischen ihnen glühte ein kleines Lagerfeuer, über dem ein selbst gebautes Gestell mit einem Topf hing. Abseits der Straße stand ein Karren verlassen auf einem Pfad. Dani hielt die Kamera mehrere Minuten auf das Lager gerichtet, bis es hinter einem der Berge verschwand. Dann drehte sie sie weg, froh darüber, wieder mit einem guten Bild arbeiten zu können, als wir eine Bewegung wahrnahmen.

»Hey, was ist das?«, fragte ich.

Dani richtete das Fadenkreuz auf die Stelle, auf die ich auf dem HUD-Bildschirm zeigte. Die Bäume bewegten sich nicht. Ich hielt die Luft an. Hatte ich etwas gesehen? Hatte mir meine Fantasie einen Streich gespielt? Hatten sie uns gehört und sich versteckt?

Einen Augenblick später traten vier Punkte hinter einer Baumgruppe hervor.

»Zoom ran.«

Der Befehl war überflüssig. Als großartige Sensoroperatorin hatte Dani ihn schon vorausgesehen. Sie hatte das Fadenkreuz bereits auf die Wanderer gerichtet und zoomte heran. Der Spiegel in der Kugel verschob und drehte sich, als er die Einstellung veränderte, was das Bild kurz verschwinden und auf dem Kopf stehen ließ, bis es sich wieder drehte und eine ausladende Felswand erschien.

Die vier Figuren kletterten den steinigen Hang hinauf. Es sah aus, als schützten drei der Männer den vierten. Dieser vierte war viel größer als die anderen und trug ein dunkelbraunes Gewand mit weißen Ärmeln und eine weiße Kopfbedeckung. Er stützte sich beim Anstieg auf einen langen Gehstock. Die anderen waren schwarz gekleidet und hatten Kalaschnikows dabei. Sie hielten respektvoll Abstand zu dem hochgewachsenen Mann. Zwei der Leibwächter flankierten ihn, der dritte ging vorneweg. Keiner kam dem Mann in der Mitte näher als fünf Meter.

»Dani?«

»Ja«, sagte sie.

»Ist das der, für den ich ihn halte?«

»Wen meinst du?« Dani spähte auf den Monitor, als strenge sie sich an, mehr Einzelheiten zu erkennen.

»UBL«, sagte ich.

Im Englischen gibt es keine standardisierte Transkription des Arabischen. Das FBI schrieb den Namen Osama bin Ladens »Usama bin Laden«, abgekürzt UBL. Wir hatten das Akronym übernommen.

Dani warf mir einen Seitenblick zu.

»Kann ich nicht sagen.«

»Erinnerst du dich an das Video, das vor ein paar Monaten herauskam?«, fragte ich. »Das, in dem er mit ein paar Leibwächtern Felsbrocken hinunterklettert?«

»Ja«, sagte sie verhalten.

»Ich glaube, dass es in dieser Umgebung aufgenommen wurde.« Ich deutete auf den Bildschirm.

»Guck, da sind überall solche Felsen. Und wer hat denn sonst noch Leibwächter in dieser Region?«

Für mich sah der größere Mann aus wie Bin Laden. Er trat genauso arrogant auf. Mein Herz raste. Die Eigenschaften, die Personenbeschreibung und sogar die vermutete Zielregion passten. Einen Augenblick lang fragte ich mich, ob ich den meistgesuchten Mann der Welt im Visier hatte.

»Hey, LNO?«

Wir standen direkt mit dem JOC in Verbindung. Einer unserer Piloten saß dort neben den Analysten und fungierte als Verbindungsoffizier. Er konnte unsere Fragen beantworten und die Informationen des JOC in unsere Sprache übersetzen.

»Was gibt's?«

Es war Tony, ein ehemaliger C-130-Pilot aus Texas.

»Kannst du die Analysten online holen? Ich glaube, wir haben Nummer eins im Visier.«

Einen Augenblick lang war es still auf der anderen Seite. Tony versuchte, das Gehörte zu verarbeiten. Es hatte auch seltsam geklungen, es auszusprechen.

»Äh, okay«, sagte er dann. »Bleib dran.«

Ein paar Sekunden später wies Tony mich an, an den Wanderern dranzubleiben. Al, der Leiter des JOC, wollte, dass wir unseren eigentlichen Auftrag erst einmal zurückstellten. Daraus schloss ich, dass sie die Sache ernst nahmen. Ich wusste, dass die Analysten im JOC an den Monitoren klebten, um herauszufinden, ob es wirklich Bin Laden war. Ich brachte die Predator über den Wanderern in Position, und Dani stellte die Kamera so ein, dass sie den Männern folgte, die weiter den Hang hinaufkletterten.

Wir mussten lange warten. Ich hatte damit gerechnet, ziemlich schnell eine Rückmeldung zu bekommen. Immerhin wussten wir, dass die fraglichen Männer Waffen dabeihatten und vermutlich Kämpfer waren.

Langsam wurden wir ungeduldig.

»Tony, irgendwas Neues?«

»Nicht viel«, antwortete er einen Augenblick später. »Al telefoniert immer noch mit denen oben. Schon seit du dich gemeldet hast.«

»Die oben« stand für die Vorgesetzten. Al wollte die Erlaubnis zum Handeln einholen. Wenn es wirklich Bin Laden war, durfte er bei einem Ziel wie diesem keine eigenständigen Entscheidungen treffen. Ein möglicher Raketenangriff verlangte viel Koordination. Ich sah auf die Uhr, die auf dem HUD eingeblendet war. Wir verfolgten die Männer jetzt schon seit mehr als 20 Minuten, während sie in aller Ruhe den Bergzug entlangmarschierten.

»Was glaubst du, Tony?«

Ich hatte keine Ahnung, was im JOC vor sich ging. Ich wollte eine Einschätzung der Stimmung hören.

»Die Analysten sind ziemlich aufgeregt«, meinte er. »Sie sind die ganze Zeit damit beschäftigt, Bestätigungen einzuholen.«

Bestätigungen waren immer das Problem. Solange Bin Laden uns nicht zuwinkte oder uns den Mittelfinger zeigte, blieben uns nur ein paar Protokolle, mit denen wir die Identität des Mannes dort unten mit hinreichender Sicherheit bestimmen konnten.

Die Protokolle oder Einsatzregeln definierten, wie, wann und ob wir ein Ziel angreifen durften. Anders als bei Kampfpiloten waren bei Predator-Angriffen viele Leute, von den Führungskräften im JOC bis hoch zum Präsidenten, an der Entscheidung beteiligt. Bin Laden bedeutete einen Anruf im Weißen Haus. Wenn irgendeine Ebene »Nein« sagte, war der Angriff abgeblasen.

Für den Fall, dass wir die Feuererlaubnis bekamen, ging ich mit Dani die Optionen durch. Außerdem machte ich die Hellfire-Raketen startklar, damit wir jederzeit loslegen konnten.

»Die Leibwächter sind irrelevant, verzichtbar«, sagte ich. »Es kommt einzig auf ein Ziel an.«

Doch die Felsen konnten sich als Problem erweisen. Sie boten den Männern Deckung. Eine Hellfire grub sich beim Aufschlag erst ein, bevor der Zünder den Sprengsatz zur Explosion brachte. Wenn sie hinter einem Steinbrocken landete, könnte der Schuss danebengehen.

»Wir könnten auf die höhergelegenen Felsen zielen und die Splitterzone maximieren«, schlug Dani vor.

Ich stimmte zu und machte mir Gedanken über die Angriffsrichtung.

Da meldete Tony sich zurück.

»Al hat jetzt aufgelegt«, sagte er. »Er sieht nicht gerade glücklich aus.«

Nach einer langen Pause erklang Tonys Stimme erneut.

»Ich stelle Koordinaten in den Chat«, sagte er.

Ich gab die Koordinaten in unser System ein. Wir wurden in ein willkürliches Gebiet weit im Westen geschickt. Es lag nicht ansatzweise in der Nähe unseres ursprünglichen Ziels, das sich etwa 50 Kilometer nördlich unserer jetzigen Position befand.

»Tony«, sagte ich, »das ist mitten im Nirgendwo.«

»Begebt euch zu den Koordinaten und wartet.«

Er klang kurz angebunden, überhaupt nicht mehr freundlich, wie noch ein paar Minuten zuvor. Es machte den Eindruck, als gäbe ihm jemand vor, was er sagen sollte. Irgendwer von oben wollte nicht, dass wir uns mit diesem Ziel befassten. Sie waren so sehr dagegen, dass sie bereit waren, das JOC zu zwingen, die für den Tag geplante Operation sausen zu lassen und dadurch ein großes Loch in unsere Analyse der Lebensgewohnheiten der Hauptzielperson zu reißen.

Ich holte die Predator aus dem Kreisflug und flog zu den Koordinaten. Wir versetzten die Raketen wieder in den Ruhezustand. Dani richtete das Fadenkreuz der Kamera auf die angegebene Stelle, und wir starrten die nächsten drei Stunden lang Felsen an.

Warum wir aus der Gegend verscheucht wurden, verstand ich nie. Das JOC hätte uns zu unserem eigentlichen Ziel schicken sollen. Irgendjemand war so versessen darauf, uns davon abzuhalten, »UBL« zu beobachten, dass er dafür die Analyse der Lebensgewohnheiten einer Zielperson opferte. Eine solche Analyse musste lückenlos sein, ohne Bruchstellen, wie eine Beweiskette bei Ermittlungen, damit man ein klares Bild davon bekam, wie die Person lebte, und nicht versehentlich den Falschen verfolgte. Das frustrierte mich, weil ich wusste, welche Auswirkungen es auf die laufende Mission hätte, dass wir nun Felsen anstarrten.

Ich wollte wissen, wer der Kerl gewesen war und warum jemand meinte, ihn schützen zu müssen.

Als unsere Ablösung endlich eintraf, fuhr ich zum JOC hinüber, um mit Al zu reden. Das JOC befand sich in einem Bürogebäude in der Nähe unseres Geländes.

Im JOC roch es steril. In der Mitte stand ein großer Tisch, den Trennwände in etwa ein Dutzend Arbeitsplätze mit je einem Telefon und einem Regalbrett für Aktenordner aufteilten. Bunte Kabel kamen aus der Decke und liefen durch eine Zimmerecke und über den Boden zu improvisierten LAN-Stationen. Vor den Computern an den Wänden des Raumes saßen Analysten.

Zwei große 60-Zoll-Bildschirme hingen an gegenüberliegenden Seiten des Raumes. Auf beiden liefen Predator-Videostreams. Darunter saß je einer unserer Piloten, ein Verbindungsoffizier wie Tony.

»Ist Al da?«, fragte ich den Analysten, der mir am nächsten war.

»Seine Schicht ist vorbei«, lautete die Antwort. »Er ist für heute weg.«

»Wer hat jetzt die Verantwortung?«

»Carly«, sagte der Analyst und zeigte auf eine schlanke, sportliche Blondine in den Dreißigern.

Bevor sie im JOC angefangen hatte, war sie Kampfpilotin bei der Air Force gewesen. Ich holte tief Luft und besann mich auf meine Ausbildung beim Nachrichtendienst. Dort hatte ich ein oder zwei Dinge darüber gelernt, wie man Leuten Informationen entlockte. Eigentlich war ich der kommende Einsatzleiter, jetzt, wo ich meinen Flugdienst für den Tag hinter mir hatte. Es gehörte zu meinen Aufgaben, für den Rest meiner Zwölf-Stunden-Schicht bei der Koordination der Flüge und der Mannschaften zu helfen.

Das nutzte ich, um das Eis zu brechen.

»Ich habe gehört, es gab heute schon ein bisschen Aufregung.«

Ein Einsatzleiter würde selbstverständlich über so etwas Bescheid wissen wollen. Ich setzte darauf, dass sie nicht wusste, dass ich in der Situation der Pilot gewesen war.

»Warum ist die Sache abgeblasen worden?«, fragte ich.

Sollte Al sie detailliert informiert haben, bevor er ging, hatte er meine Beteiligung auf jeden Fall ausgelassen. Carly war ebenfalls frustriert, dass der Angriff unterbunden worden war.

»Politik.«

»Wie bitte?«

»Politik«, wiederholte Carly. »Die Leitungsebene zwischen uns und dem Boss hat die Sache gestoppt.«

»Haben sie einen Grund angegeben?«

»Müssen sie nicht«, sagte sie. »Es ist ihre Entscheidung.«

Ich musste kein Vernehmungsexperte sein, um zu erkennen, wie wenig sie von der Behörde hielt.

»War er es?«, fragte ich.

Ich musste wissen, ob ich tatsächlich Bin Laden gefunden hatte.

»Wir glauben, dass er es war«, meinte Carly.

2002 hatte eine Predator in der Nähe von Zhawar Kili in der afghanischen Provinz Paktia eine Hellfire-Rakete auf drei Männer abgefeuert. Einer der Männer war groß, und er wurde mit Bin Laden verwechselt, doch es handelte sich nur um einheimische Stammesangehörige auf der Suche nach Alteisen, das sie gegen Nahrung eintauschen wollten.

Ich sah Carly von der Seite an.

»Es stimmt also?«

Sie schwieg eine Sekunde.

»Wir glauben, ja.«

Ich wäre vor lauter Frust fast geplatzt.

»Warum wurde der Angriff dann abgesagt?«

Carly seufzte. Ich hatte schon viel aus ihr herausbekommen und hoffte, dass ich damit nicht zu weit gegangen war.

»Es gibt jemanden in der Verwaltung, der einen solchen Angriff nicht durchgehen lassen will«, sagte sie. »Er stoppt alle.«

Jetzt war ich wirklich wütend.

»Das ist Verrat«, sagte ich.

»Nein.« Sie schüttelte den Kopf. »Das ist Politik.«

KAPITEL 5

Der Schuss, den die ganze Welt hörte

Bum. Bum.

Ich schlug zweimal gegen die Tür des Bodenkontrollzentrums. Das Echo hallte im ganzen Container wider und teilte der Crew mit, dass wir da waren, um sie abzulösen. Ich wartete auf die Antwort.

Einmal Klopfen zur Antwort hieß, wir sollten uns in Bereitschaft halten.

Zweimal Klopfen war die Aufforderung hereinzukommen.

Dreimal Klopfen bedeutete, Klappe halten und warten.

Wir standen vor der Predator-Einsatzzentrale auf der Nellis Air Force Base. Ich flog heute zum ersten Mal für die 15th Reconnaissance Squadron. Die 17. war Ende August zurück nach Nellis versetzt worden. Einige der Crews sollten nun der 15. helfen, einen neuen Luftüberwachungseinsatz durchzuführen.

Die Air Force hatte beide Staffeln auf einem Gelände untergebracht, das von einer gut zwei Meter hohen Betonziegelmauer umgeben war. Abgesehen vom Einsatzraum waren die Gebäude geräumige Containerbauten, die man billig zusammengeschustert hatte. Im hinteren Bereich des Geländes stand ein »Cadillac«, wie wir den mobilen Dusch- und Toilettencontainer nannten. In der Mitte befand sich eine Handvoll Bodenkontrollzentren für beide Staffeln.

Ich trug nun wieder einen grünen Fliegeroverall. Von der Luftfeuchtigkeit, die auf unserem Gelände geherrscht hatte, war hier nichts zu spüren. Es war Mittag, und die Wüstensonne brannte erbarmungslos auf uns nieder. Im September war es heiß in Las Vegas. Die Temperatur war den ganzen Monat über noch nicht unter 40 Grad gefallen, aber immerhin war es eine trockene Hitze.

Die 15. hatte um Unterstützung bei diesem neuen Luftüberwachungseinsatz gebeten. Allein hatte sie noch nicht ausreichend Personal dafür, während bei der 17. ein paar Leute nur darauf warteten, dass der Rest der Staffel wieder nach Las Vegas kam. Ich half gerne aus. Es war besser als herumzusitzen. Außerdem wollte ich mich, nachdem ich viel Zeit über Afghanistan verbracht hatte, am Krieg im Irak beteiligen. Dort fand zu der Zeit das eigentliche Kampfgeschehen statt.

Mein Klopfen war kaum verhallt, als die Hintertür aufflog.

Der Pilot, ein mittelgroßer, schmächtiger Mann mit blondem Haar, kam herausmarschiert. Er sah wütend aus, obwohl ich nicht verstand, warum, da wir fünf Minuten zu früh waren. Als er sich an mir vorbeidrängte, hörte ich, wie er murmelte: »Das Flugzeug gehört Ihnen.«

Er war um die Ecke verschwunden, bevor ich etwas sagen konnte.

Was zum Teufel war los?

Ich zog den Kopf ein und blickte in den Container und sah einen panikerfüllten Sensoroperator, der mich anstarrte.

Sein Mund formte die Worte: »Was soll ich tun?« Ich rannte zum Pilotensitz und warf einen Blick auf das HUD und den Tracker-Bildschirm. Das Flugzeug befand sich auf direktem Kurs Richtung Iran.

Das wäre nicht weiter schlimm gewesen, wenn die Predator über Bagdad geflogen wäre. Doch sie befand sich nördlich von Basra. Die Grenze war nahe. Das Fluggerät würde in wenigen Augenblicken in den iranischen Luftraum eindringen.

Ich hatte keine Zeit, mich hinzusetzen. Ich drückte den Knopf auf dem Steuerknüppel, der den Autopiloten abschaltete, und leitete vorsichtig einen steilen Kurvenflug zurück Richtung Irak ein. Da das Flugzeugsymbol auf dem Tracker-Monitor schon fast die schwarze Grenzlinie überquert hatte, erhöhte ich die Schräglage auf 60 Grad. Laut Pilotenhandbuch waren 20 Grad das Maximum, doch hier musste eine schnelle Kehrtwende her.

Auf dem HUD war zu sehen, wie die Welt schlingerte, während das Flugzeug versuchte, die von mir vorgegebene Schräglage einzunehmen. Das pinkfarbene Tracker-Symbol zuckte und rotierte. Da die Flugzeugdaten alle paar Sekunden aktualisiert wurden, war die Darstellung des Kurvenflugs auf dem Tracker-Monitor sprunghaft. Die Landschaft glitt zur Seite weg.

Sobald die Nase des Fluggeräts weit genug nach Süden zeigte, verringerte ich die Schräglage langsam und ließ den Kurvenflug auslaufen. Dann schaltete ich den Autopiloten wieder ein, um sicherzustellen, dass wir weiterhin Distanz zwischen uns und den Iran brachten. Als das Flugzeug sicher nach Südwesten flog, nahm ich Platz und setzte mir das Headset auf.

Ich sah eine Chatnachricht vom MC, dem Einsatzkoordinator, Roulette war das Rufzeichen unseres Einsatzes.

ROULETTE_MC> Iran meldet sich über Guard.

Guard war die internationale Notfallfrequenz. Flugabwehreinheiten aus fast jedem Land der Erde nutzten sie, um Flugzeuge zu identifizieren und sie davor zu warnen, in den jeweiligen Luftraum einzudringen. Wer die Anweisungen der Luftabwehr nicht befolgte, konnte abgeschossen werden.

Die haben nicht den Mumm, mich runterzuholen, dachte ich.

Der Sensoroperator wirkte immer noch erschüttert. Er wollte genauso wenig wie ich, dass der Iran in den Krieg verwickelt wurde.

Ich holte tief Luft und lächelte.

»Sie können jetzt Feierabend machen«, sagte ich.

Die Übergabe ging schnell, und mein Sensoroperator, ein mürrischer Feldwebel, der schon seit Bosnien für das Programm tätig war, übernahm den Posten.

Die 15. arbeitete für die Multinationalen Streitkräfte im Irak. Der Führungsstab in Bagdad entschied täglich über die Prioritäten und teilte uns die Anordnungen via E-Mail und mIRC-Chat mit. Ich meldete mich kurz im Chatroom und flog zu den vorgegebenen Koordinaten. Wir verbrachten die meiste Zeit damit, unbedeutende Zeitbombenbauer, Kuriere und den ein oder anderen Anführer einer Rebellenzelle zu verfolgen. Der Job blieb mühselig und langweilig. Das lag vor allem daran, dass die Army den Einsatz im Irak leitete und eigentlich nicht wusste, was sie mit uns anfangen sollte.

Ich öffnete den Chatroom der Mission Roulette.

> *ROULETTE_33> Unterwegs, Höhe 5000 Fuß.*
> *136_MC> Copy, fliegen Sie zum Ziel. Geben Sie die ETA durch, wenn verfügbar.*

Die Einheit war mir unbekannt. »Copy«, kurz »C«, hieß »verstanden«. ETA stand für die geschätzte Ankunftszeit. Ich überschlug, wie weit wir von den Koordinaten entfernt waren. Nicht weit, wir wären bald da. Als wir ankamen, überprüfte der Sensoroperator die Umgebung. Es handelte sich um ein freies Feld und einen einzigen Baum.

ROULETTE_33> Sind da, bitte bestätigen Sie den Ort.
136_MC> Bestätigt.

Der Sensoroperator richtete die Sensoren auf den Baum aus. Auf dem HUD legten sich schwarze Klammern um ihn. Das Zielsystem ruckelte leicht, als die Klammern in den Mittelpunkt des Bildes rückten.

ROULETTE_33> Wie lauten die EEIs?

Die EEIs, die essenziellen Informationselemente, konnten alles umfassen, von einem möglichen Gefahrenpunkt auf dem Boden, der ein Waffenlager oder eine am Straßenrand platzierte Bombe sein konnte, bis zu einem zufälligen Treffen zweier Personen.

136_MC> Beobachten Sie das Ziel.
ROULETTE_33: Wonach suchen wir?

Ich fragte das, weil es unerlässlich war zu wissen, was er wollte.

136_MC> Beobachten Sie einfach das Ziel.

Acht Stunden später war auf unserem HUD immer noch der Baum zu sehen. Von der Army kamen keine weiteren Nachrichten mehr. Ich hörte es zweimal klopfen, als unsere planmäßige Ablösung eintraf. Der Sensoroperator schlug zweimal mit der Hand gegen die Wand der Bodenkontrollstation, und die neue Crew kam herein. Wir nahmen uns ein paar Minuten, um sie über den Einsatz und den Zustand der Predator zu informieren. Als ich aufstand, war ich mir sicher, dass der neue Pilot genau wusste, was zu tun war.

Ich ging zurück zur Einsatzzentrale, um mich abzumelden. Dabei dachte ich darüber nach, wie unterschiedlich das Leben bei den zwei Staffeln war. In der 17. war die Arbeitsmoral bestens, weil der Einsatz einem bedeutsam vorkam.

Die 15. kam sich überflüssig vor.

Die Plackerei der 24-Stunden-Operationen mit geringer oder gar keiner Rückmeldung aus dem Einsatzgebiet forderte mittlerweile ihren Tribut. Die Einsätze waren nie abgeschlossen. Die Predator-Crew hatte keine Ahnung, ob ihre Beteiligung etwas zu einer Operation beitrug. Die Army lobte niemanden dafür, seine Arbeit gemacht zu haben. Die 15. bekam nur dann ein Feedback, wenn sie Fehler gemacht hatte. Schweigen hieß, es war nichts schiefgelaufen.

Unter diesen Bedingungen war es schwierig, die Motivation aufrechtzuerhalten. Die fehlende Kommunikation zwischen den Army-Kommandanten und den Piloten war ein Problem. Unsere Piloten meldeten sich selten direkt bei den Kommandanten am Boden. Der Pilot der 15., der die Schicht vor mir gehabt hatte, sagte mir, ich solle einfach im Chatroom des Tactical Operations Center (TOC) Bescheid geben, dass ich da war. Dann würde das TOC den Kommandanten am Boden darüber informieren, und der würde sich bei uns melden, wenn er uns brauchte. Für uns war das eine träge und unprofessionelle Art, Einsätze durchzuführen. Die Predator-Crews und die Truppen am Boden hatten keinerlei Verhältnis zueinander. Es war, als kämpften wir in zwei verschiedenen Kriegen.

Doch das war keine Entschuldigung für das dilettantische Verhalten, das ich beim ersten Schichtwechsel erlebt hatte. Später am Tag traf ich Mike, als er gerade auf dem Weg vom Container der 15. zum Einsatzraum war. Es war unser erstes Wiedersehen seit der Ausbildung.

»Hey, Mike«, rief ich und lief zu ihm hinüber.

Ich wollte wissen, wie er das Geschehene sah.

»Hey, hey, Squirrel. Wie geht's?«, fragte er breit lächelnd.

»Wir müssen reden«, sagte ich.

Ich erzählte ihm, was passiert war, und nannte dabei sogar den Namen des Piloten. Mikes Leutseligkeit verschwand, und er wurde ernst. Er schüttelte den Kopf, das Lächeln wie von den Lippen gewischt.

»Das ist nicht gut.«

»Ich fliege heute zum ersten Mal mit der 15. Ist so etwas normal hier?«, fragte ich.

Mike seufzte.

»Leider ist es nicht unüblich.«

Er verabscheute Verstöße gegen die Flugdisziplin.

»Dagegen müssen wir vorgehen«, stellte ich fest.

Wir wussten beide, dass ich damit nicht nur den besagten Piloten meinte. Als es damals um das Handbuch ging, hatten Mike und ich uns einer Aufgabe angenommen, die erledigt werden musste. Und jetzt wussten wir, dass die Staffel einen Schuss Professionalität nötig hatte. Momentan war sie völlig verkommen.

Als das Predator-Programm entstand, besetzte die Air Force 85 Prozent der Stellen mit Kampfpiloten und den Rest mit Leuten aus anderen Bereichen der Luftwaffe. Die Kampfflieger nutzten das Programm als Möglichkeit, Ballast abzuwerfen. Jeder Pilot, der etwas verbockt hatte, nicht den Anforderungen entsprach oder einfach nicht gut war, wurde in das Programm abgeschoben. Die Piloten wussten, warum sie da waren. Sie wussten auch, dass die Kampfpiloten sie nicht wieder aufnehmen würden. Das erzeugte so viel Verbitterung, dass sie es aufgaben, sich wie Offiziere zu verhalten. Sie kamen zu spät, lieferten schlechte Arbeit ab und ließen anscheinend Flugzeuge einfach mitten im Flug allein. Die Sensoroperatoren aus den Mannschaftsdienstgraden gerieten angesichts eines solchen Beispiels in eine ähnliche Abwärtsspirale.

Wir hatten uns viel vorgenommen. Es würde dauern, aber es musste getan werden.

Ich wurde zum Verantwortlichen für Standardisierungen und Beurteilungen bei der 17. ernannt. Meine Aufgabe war es, die Vorschriften durchzusetzen und für Flugdisziplin zu sorgen, indem ich meine Piloten Testflüge absolvieren ließ. Außerdem riefen Mike und ich eine Basisinitiative ins Leben, um das Thema in unseren Pilotenkonferenzen zu behandeln. Normalerweise sprachen wir dort nur über neue Software und Sicherheitsaspekte. Doch wir fanden, es war Zeit, auch das fliegerische Können an sich auf den Tisch zu bringen.

Ein paar Wochen später traf ich Mike erneut auf dem Weg zwischen den Gebäuden.

»Squirrel!«, rief er aufgeregt.

»Hey, Mike, was ist los?«

In Mikes Blick lag etwas, das ich schon lange nicht mehr gesehen hatte. Er strahlte Feuer, Entschlossenheit, sogar Stolz aus. Ich kniff die Augen zusammen.

»Was hast du getan?«, fragte ich mit gespieltem Argwohn.

Ich dachte, er hätte einen der Trödler aus dem Programm geworfen. So wie sich einige von ihnen verhielten, konnten die Bodentruppen das von uns erwarten, das wussten wir beide.

»Nicht ich«, sagte er, »sondern Droopy.«

Droopy war F-16-Pilot gewesen, genau wie Mike. Doch während Mike Stärke ausstrahlte, war Droopy das genaue Gegenteil. Die Piloten seiner ersten Viper-Staffel waren auf den Rufnamen gekommen, weil er der Zeichentrickfigur Droopy Dog auch äußerlich ähnlich war.

Mike berichtete, Droopy sei in der Luftnahunterstützung ausgebildet. Bevor er zur Predator kam, war er in diesem Bereich eingesetzt worden und wusste, worauf es für die Bodentruppen ankam. Es war die Hauptaufgabe seiner Einheit gewesen, bevor er zur Predator überwechselte. Es ärgerte ihn maßlos, sich beim TOC zu melden und dann acht Stunden lang herumzusitzen und dem Geschehen zuzuschauen.

Er wollte kämpfen.

An jenem Tag waren in Droopys Abschnitt Truppen angegriffen worden. Daraufhin hatte er eine alte Einsatzkarte hervorgeholt, die er aus seinen Viper-Tagen aufbewahrt hatte. Es war eine Vorlage für die Luftnahunterstützung, auf ein abgewetztes, zehn mal zwanzig Zentimeter großes Stück Pappe gedruckt. Droopy stellte die Karte auf das Schaltpult hinter dem Steuerknüppel und schaltete das Mikrofon ein. Mit seiner besten Kampfpilotenstimme – eine Oktave tiefer, um einschüchternder zu klingen – rief er den JTAC an, Bulldog Two One.

»Bulldog Two One, Roulette Three Three, bereit zur Meldung.«

Der JTAC rechnete vermutlich mit einer weiteren albernen »Wir sind hier«-Meldung von der Predator.

»Hier Bulldog«, sagte er.

»Bulldog, Roulette meldet Flughöhe eins vier null, eine MQ-1, zehn Kilometer südlich Ihrer Position, zwei Stunden Spielzeit, zwei AGM-114, Zielsystem und eigener Laser.«

Damit teilte Droopy dem JTAC seine Höhe (14 000 Fuß), seine Position, seine Bewaffnung (zwei Raketen) und die Spezialausrüstung des Fluggeräts (Zielsystem und Laserzielbeleuchtung) mit.

»Verstanden, Roulette«, sagte Bulldog knapp.

Sein Gegenüber war ein Fachmann, genau wie er selbst.

»Wir haben gerade einen Feindkontakt, ein Teil der Truppe sitzt fest«, sagte Bulldog. »Freigabe durch mich. Melde mich, wenn die 9-Line steht.«

»Feindkontakt« bedeutete, dass sich die US-Soldaten am Boden in einem Feuergefecht befanden. Bulldog hatte nicht vor, auf die Ankunft der Kampfjets zu warten. Er wollte, dass die Predator angriff. Droopy und sein Sensoroperator sahen einander an. Diese Antwort hatten sie nicht erwartet.

Bulldog schwieg einen Augenblick lang.

»Roulette, 9-Line bereit.«

Innerhalb von fünf Minuten feuerte Droopy beide Hellfire-Raketen ab und durchbrach damit den Hinterhalt.

Mike grinste noch immer, nachdem er mir die Geschichte erzählt hatte. Es war ein großer Tag für unser Programm und unsere Gemeinschaft. Ein Raketenabschuss mitten im Gefecht, der Amerikanern das Leben gerettet hatte, war etwas, worauf wir aufbauen konnten, etwas, das die schlechte Arbeitsmoral ins Gegenteil verkehren konnte, wenn wir richtig damit umgingen.

Es war nicht unser erster Abschuss in einem Gefecht. Bei Weitem nicht. Doch es war ein Angriff, bei dem wir als professionelle Bomber aufgetreten waren.

Droopys Aktion änderte die Situation für die Predators sowohl im Irak als auch in Afghanistan. Wir hatten die Zehen ins Becken der klassischen Kampfpiloten getaucht. Die Nachricht, dass die Predators nun von richtigen Piloten geflogen wurden, verbreitete sich schnell unter den JTACs. In den folgenden Wochen verzeichneten unsere Mannschaften einen leichten Anstieg der Raketenangriffe.

Mike und ich wollten sichergehen, dass Droopys Erfolg die Piloten der unbemannten Luftfahrzeuge professioneller machte. Wir wollten, dass sich dieser Standard auf alle Crews übertrug. Ich nutzte jede Gelegenheit, den Raketenabschuss beiläufig in Gesprächen zu erwähnen. Piloten sind von Natur aus Klatschmäuler, vor allem, wenn es um Frauen, Flugzeuge und Angriffstaktiken geht.

Was davon einem Piloten im Zweifelsfall am meisten bedeutet, ist strittig.

Wahrscheinlich die Flugzeuge.

Das Leben bei einer Predator-Staffel unterschied sich sehr stark von dem bei anderen Air-Force-Einheiten. Für die meisten Staffeln war die Bar der Lebensmittelpunkt. Dort saßen die Leute an Tischen, aßen, kümmerten sich um Papierkram oder quatschten einfach miteinander. Alle hatten die gleichen Arbeitszeiten und flogen paarweise.

Bei den meisten Air-Force-Staffeln herrschte tagsüber ein geschäftiges Treiben, während die Mitglieder ihr Training absolvierten. Doch auf dem Predator-Gelände war es ruhig. Wir hatten keine Bar, und die Flugbesprechungsräume und die Büros waren menschenleer. Nur in der Einsatzzentrale war etwas los, doch selbst dort meldeten sich die Piloten nur an und wieder ab. Gesellig war es dort nicht.

Predator-Piloten und Sensoroperatoren arbeiteten in Schichten. Ich erinnere mich noch daran, wie ich einmal auf eine Weihnachtsfeier kam und dort manche Mitglieder der Staffel zum ersten Mal sah. Sie arbeiteten in einer anderen Schicht. Und selbst zu den Leuten, die zur gleichen Zeit wie ich tätig waren, hatte ich kaum enge Beziehungen, da wir selten zusammen flogen. Auch wenn wir nur ein paar Meter voneinander entfernt saßen, konnte es sein, dass ich über dem Irak unterwegs war und der andere Pilot über Afghanistan.

Im Gegensatz zu den Kampffliegern flogen wir nicht paarweise. Es gab keinen Wingman, und wir unterhielten uns nicht über Funk. Unsere Kommunikation beschränkte sich auf den Austausch mit den Leuten am Boden und den Sensoroperatoren im Cockpit.

Und nicht einmal diese Verbindung spielte außerhalb des Cockpits eine Rolle, da ich Offizier war und der Sensoroperator ein

Mannschaftsdienstgrad. Beim Fliegen bemühten wir uns, diese Mauer zwischen uns einzureißen, damit wir ein gutes Team waren, doch ansonsten verlief eine Trennlinie zwischen den Offizieren und den einfachen Soldaten, wie in allen anderen Waffengattungen auch.

Das Fliegen der Predators isolierte uns und unterschied sich dadurch von dem, was ich sonst bei der Air Force erlebt hatte. Aber das hielt Mike und mich nicht von dem Versuch ab, dem Predator-Team die Professionalität anderer Flieger-Gemeinschaften anzuerziehen.

Die 17. war kein leichter Fall. Bei den meisten unserer Operationen waren keine Bodentruppen beteiligt. Es gab keine 9-Lines. Wenn ein Angriff anstand, flogen wir nur im Beobachtungsmodus und mussten deshalb nicht darauf eingestellt sein, als Luftnahunterstützung einzugreifen. Dennoch trichterte ich den Leuten der 17. ein, dass entsprechende Kenntnisse ein Muss waren, sollten sie mit der 15. fliegen oder als Ausbilder zur 11. zurückkehren.

Das betraf auch mich selbst. Nachdem ich von Droopys Einsatz gehört hatte, paukte ich eingehend jeden Aspekt der Luftnahunterstützung. Ich musste bereit sein zu feuern, wenn meine Chance kam. Außerdem musste ich kompetent sein, damit ich die anderen Piloten der Staffel prüfen konnte. Es war meine Aufgabe, dafür zu sorgen, dass die Piloten der 17. die Air-Force-Standards erfüllten, auch wenn unsere alltägliche Arbeit sich von der vieler anderer Piloten unterschied.

Nach Droopys Raketenangriff fegte der Shamal, ein Wind aus Nordwesten, von der Türkei aus über den Irak hinweg. Dabei nahm er kleine Staubpartikel auf und wurde zu einem massiven, alles erdrückenden Sandsturm, der sich über einen Großteil Mesopotamiens legte.

Auf dem Boden bewegte sich nichts mehr. Hubschrauber und Frachtflugzeuge konnten nicht starten. Doch die Predators flogen weiterhin.

Unser Infrarotzielsystem durchdrang die Staubwolke, als sei sie gar nicht vorhanden. Die Bilder waren nicht gerade toll, aber für uns scharf genug, um zu fliegen.

Ich ließ die Predator über einem Haus in Ramadi kreisen, das wir für ein Versteck der Aufständischen hielten. Die zentralirakische Stadt liegt gut 100 Kilometer westlich von Bagdad am Euphrat. Ramadi ist die Hauptstadt und auch die größte Stadt der Al-Anbar-Provinz. Das Haus stand an einer Hauptstraße, über die amerikanische Patrouillen fuhren, was es zu einer idealen Ausgangsposition für Angriffe machte.

Wer auch immer in dem Haus wohnte, hatte sich seit Stunden nicht mehr bewegt. Vielleicht warteten die Bewohner auch darauf, dass sich der Sturm legte. Wir behielten das Haus eine Zeit lang im Auge, doch außer gelegentlich vorbeifahrenden Autos oder Pick-ups war nichts zu sehen. Die Iraker mochten Sandstürme fast genauso wenig wie wir. Der Sand eines Shamals drang in alles ein, selbst in verschlossene Plastiktüten und elektronische Geräte. Bei jedem qualvollen Atemzug hatte man Dreck, Sand und Schlimmeres im Mund. Ich führte gerade einen Funktionscheck am Flugzeug durch, als ein Pick-up vorbeifuhr. Der Ölstand war etwas zu niedrig, doch sonst war alles in Ordnung. Ich warf nur einen flüchtigen Blick auf den Wagen, während ich die Daten in eine Tabelle eintrug.

»Sir«, meldete sich Sarah, meine Sensoroperatorin, »war das ein Technical?«

Technicals waren kleine Wagen, üblicherweise Pick-ups, auf denen Waffen, etwa Maschinengewehre, montiert waren. Sie waren wendig, schnell und gefährlich.

Mit Sarah war ich schon während meiner Ausbildung bei der 11. geflogen. Wir hatten gemeinsam die F-16 ausmanövriert. Es war schön, mit einer Bekannten zu fliegen.

Mein Blick schoss hoch zum HUD. Es war zu spät. Der Pick-up war schon aus unserem Sichtfeld verschwunden. Sarah zoomte heraus, damit sie das Haus im Bild behalten und gleichzeitig nach dem Wagen suchen konnte.

»Bleib auf dem Haus«, sagte ich.

Ich wollte den Pick-up finden, doch unser Ziel war das Gebäude. Einen Augenblick später ging ein Anruf über die sichere Telefonleitung ein. Ich ging ran.

»Roulette.«

»Schauen Sie in den Chat.«

Es war der Kommandant im Einsatzraum. Ich warf einen Blick in den Chatroom unseres Einsatzes. Dort fiel mir eine Nachricht der Flugverkehrskontrolle der Marine ins Auge.

DASC>Roulette, Feindkontakt, Abzug vom Ziel, kommen Sie so schnell wie möglich.

Ich legte auf. Sarah gab die Zielkoordinaten ein und schwenkte das Zielsystem so herum, dass sie die genannte Stelle ins Visier bekam. Der Bilderwirbel auf dem HUD machte mich ganz schwindelig. Ich sah weg und richtete den Blick stattdessen auf irgendeinen Gegenstand im Cockpit, bis das Bild wieder ruhig war.

»Ich schalte auf Normalbild um«, sagte Sarah.

Normalerweise lief die Kamera im Infrarotmodus, doch Sarah wollte sehen, was sich im sichtbaren Spektrum erkennen ließ. Sekunden später sah ich nur noch eine orange schimmernde Masse. Es war unmöglich, ein klares Bild vom Boden zu bekommen.

»Schalte wieder um auf Infrarot«, meldete Sarah.

Ein grießiges Bild zeigte die Brücke und ein paar Wagen, aber nicht viel mehr. Der Sand hatte eine einheitliche Temperatur und blockierte dadurch die Wärmesignaturen der Humvees. Selbst aus geringer Distanz blieb das Bild schlecht.

Das Führungsfahrzeug schien liegen geblieben zu sein. Ein vorbeifahrender Aufständischer hatte das bemerkt, daraufhin mehrere Kämpfer zusammengetrommelt und die Humvees attackiert. Allerdings war bei dem Konvoi zufälligerweise auch ein JTAC dabei, was für die Aufständischen ziemlich ungünstig war. Jetzt erhielten wir per Chat eine Frequenz.

Ich meldete mich so beim JTAC, wie ich es geübt hatte. Insgeheim war es mir ein bisschen peinlich, dass ich nervös war.

»Vengeance Four One, Roulette Three Three, bereit zur Meldung«, sagte ich.

»Daten?«, brüllte der JTAC ins Mikrofon. Das laute Pop-pop-pop des Geschützfeuers klang sehr nah.

Ich ratterte meine Daten herunter und bemühte mich, professionell zu klingen.

»Verstanden, Roulette«, rief der JTAC umgehend zurück. »Beschuss durch Handfeuerwaffen vom anderen Flussufer aus. Richtung nicht bekannt. Defektes Führungsfahrzeug, können die Kolonne im Moment nicht bewegen. Keine eigenen Leute am anderen Flussufer bekannt. Wir sehen etwas südlich der Brücke, möglicherweise Waffenfeuer. Prüfen und melden. Verstanden?«

»Roulette verstanden«, gab ich durch.

Ich sah zu Sarah hinüber.

»Geh nach rechts.«

Die Brücke und die Soldaten verschwanden aus unserem Sichtfeld, als Sarah die Kamera am Fluss entlang in Richtung des Pick-ups schwenkte.

»Halt«, sagte ich.

Im Sandsturm zeichneten sich blockförmige Gebäude ab, während Sarah einer Straße folgte, die parallel zum Fluss verlief. Dort stand der Pick-up. Er war klein, vielleicht ein Ford Ranger mit einer extragroßen Fahrerkabine. Wahrscheinlich war er weiß. Das waren die meisten Wagen hier, bis auf die Taxis, die orangefarbene Seitenwände hatten.

»Ich sehe ein paar Schatten«, sagte Sarah. »Könnten Pax sein.«

Sekunden später entlud sich ein Stakkato von Blitzen neben einem der Schatten. Die heißen Gase von dem brennenden Schießpulver zeichneten sich als tiefschwarze Flecken auf dem grauen Bildschirm ab. Sie stammten aus einer Handfeuerwaffe. Wir hatten den Schützen gefunden.

»Wow«, entfuhr es Sarah.

»Er schießt«, rief ich.

Der JTAC hatte ein ROVER-Empfangsgerät dabei, einen Laptop, über den er die Videobilder unseres Fluggeräts verfolgen konnte. Er sah also, was wir sahen.

»Verstanden«, sagte er. »Ich sehe es. Melden Sie sich, wenn Sie für die 9-Line bereit sind.«

Ich erklärte mich bereit.

»Roulette, das hier wird eine Typ-II-Aktion durch Vengeance Four One«, begann der JTAC.

Typ II hieß, dass der JTAC mich oder das Ziel sehen konnte, aber nicht beides. Wahrscheinlich benutzte er unsere Videobilder, um das Ziel zu identifizieren. Ich kritzelte die Informationen auf mein Whiteboard. Das war leichter, als mich mit der Papierdatenkarte auf den Knien abzumühen.

»Eins, zwei, drei – nicht verfügbar.«

Die ersten drei Zeilen enthielten konkrete Informationen für den Anflug auf ein Ziel, wie Entfernung und Richtung. Bei Angriffen vom Typ II und Typ III ließen wir diese Zeilen aus.

Die vierte Zeile war die Zielhöhe.

»2134 Fuß.«

Zeile fünf beschrieb das Ziel.

»Personen im Freien.«

Der JTAC ging für einen Augenblick offline.

»Bleiben Sie dran für die Koordinaten, ich muss den Akku meines Lasermarkierers wechseln.«

Wir warteten und beobachteten den Feind, während der JTAC den Akku seines Laser-Entfernungsmessers wechselte. Ich fragte mich, wie exakt der Laser im Sandsturm wohl war, und machte mir eine Notiz, meinen Laser vor dem Angriff zu überprüfen.

Als der JTAC wieder da war, fuhr er mit der 9-Line fort und gab die letzten Zeilen am Stück durch.

»Eigener Laser, eigene Leute hundert Meter südlich, keine Bemerkungen oder Einschränkungen.«

Sarah und ich gingen die Checklisten durch. Sarah gab die Koordinaten in den Zielcomputer ein. Das Videobild verschob sich leicht. Die Brücke und der feindliche Pick-up überschnitten sich und waren so grobkörnig dargestellt, dass man sie kaum noch erkennen konnte.

»Bereit, Sarah?«

»Ja«, sagte sie.

Die Kamera blieb auf die gleiche Stelle gerichtet.

»Du bist auf dem Ziel drauf«, sagte ich. »Gib mir Bescheid, wenn die Entfernung zu groß wird.«

Ich hielt die Predator nah am Ziel, da die Sicht sich exponentiell verschlechterte, je weiter wir uns vom Ziel entfernten. Es bestand keinerlei Gefahr, dass die Aufständischen uns abschießen würden, wahrscheinlich hörten sie uns bei ihrem eigenen Kalaschnikow-Feuer nicht einmal. Ich wollte das Ziel im Blick behalten. Wenn wir es im Sturm aus den Augen verloren, müssten wir es uns erneut bestätigen lassen und die 9-Line noch mal durchgehen. Das würde zu lange dauern.

Ich flog ein Stück weit weg, um die Predator in Position zu bringen. Als ich wendete, hatte sich das Bild weiter verschlechtert, sodass die Brücke und der Wagen kaum noch zu erkennen waren.

»Sarah, bist du noch auf dem Ziel drauf?«

»Ja.«

Sie klang angespannt. Ihr Blick war starr auf den Bildschirm vor ihr gerichtet, sie runzelte vor lauter Konzentration die Stirn.

Meine Aufmerksamkeit war auf die Parameter der Hellfire gerichtet. Deren Kurs auf das Ziel wich nur etwa vier Grad vom Kurs des Fluggeräts ab. Das war keine leichte Aufgabe, da die Nase der Predator oft im Wind schwankte.

Es ist sehr schwierig, ein Geschoss aus einem Leichtflugzeug abzufeuern, das von den Luftströmungen hin und her geworfen wird. Hellfire-Raketen waren auf Hubschrauber ausgelegt, die sie nicht im Flug abfeuerten. Sie versteckten sich hinter Hügeln oder Bäumen und hatten, wenn sie plötzlich auftauchten, gerade genug Zeit, eine stabile Lage zu erreichen und aus dem Schwebeflug heraus zu feuern. Die Predator hingegen musste die ganze Zeit in Bewegung bleiben. Der Luftstrom über den Tragflächen hielt sie in der Luft.

Mithilfe der Ruderpedale zwang ich die Nase, auf Kurs zu bleiben. Die Höhe war auf 10 000 Fuß festgesetzt. Das erledigte der Autopilot für mich. Ich achtete auf die Entfernung zum Ziel. Ich musste die Rakete innerhalb eines Fensters von einem Kilometer ausklinken. Sobald ich diese Marke erreicht hatte, blieben mir etwa dreißig Sekunden, um zu feuern, bevor ich zu nahe am Ziel war.

Klinkte ich die Rakete zu früh aus, schaffte sie es nicht bis zum Ziel. Feuerte ich sie aus zu geringer Entfernung ab, bestand die

Gefahr, dass sie das Ziel im Anflug nicht erkannte. Wenn ich das Ziel verfehlte, konnte das herumirrende Geschoss ein Haus treffen.

Es war Präzision gefragt.

Ich sah zum Tracker-Display hinauf, auf dem mein Anflug als blaue Leiter zu einem kleinen roten Fadenkreuz mitten in einem Kreis über dem Ziel dargestellt war. Direkt vor dem Flugzeugsymbol befand sich ein kleiner, grüner Kasten. Das war die voraussichtliche Waffeneinsatzzone, der beste Bereich zum Abschuss.

»Roulette kommt von Südwesten«, meldete ich.

»Roulette, Vengeance Four One, Freigabe zum Abschuss.«

Freigabe zum Abschuss. Ich hatte die Erlaubnis zu feuern. Diese Funkmeldung wies zudem alle anderen an, still zu sein.

»Verstanden, Freigabe zum Abschuss«, wiederholte ich.

Ich sah zu Sarah hinüber. Sie schaute immer noch konzentriert auf den Bildschirm. Ich bewegte das Ruder, um die Nase auszurichten. Eine Grafik auf dem HUD zeigte mir an, wann ich den richtigen Winkel erreicht hatte. Ich wählte die linke Rakete aus.

»Bereit zum Abfeuern der linken Rakete.«

Ich legte den Finger auf den Auslöser.

»In drei, zwei, eins …«

Plötzlich beugte Sarah sich vor und starrte angestrengt auf den Bildschirm.

»ABBRUCH, ABBRUCH, ABBRUCH!«, rief sie.

Ich nahm den Finger im letzten Augenblick vom Auslöser. Ich war auf den Fall eines Abbruchs trainiert. Jeder im Team konnte diese Entscheidung treffen. Wir hatten die Situation bei der 11. bei jedem Ausbildungsflug geübt.

»Was ist los?«, fragte ich und suchte das HUD ab. Dann verstand ich, was ich sah. Der dunkle Fleck, auf den wir gezielt hatten, war der Leit-Humvee. Der Laser des JTAC hatte beim Akkuwechsel die Einstellungen zurückgesetzt und statt der Koordinaten des Rebellen-Pick-ups die eigenen übermittelt. Wir hätten fast eine Rakete auf unsere eigenen Leute abgefeuert.

Der JTAC wollte wissen, warum wir den Angriff abgebrochen hatten. Ich wollte es ihm ungern über Funk mitteilen, doch hier standen Menschenleben auf dem Spiel. Ihm wurde sofort das Kommando entzogen. Als Ersatz musste ein JTAC aus dem TOC online kommen, über den Stand der Dinge informiert werden und erneut die 9-Line durchgeben.

Dieses Mal konnte ich beim Anflug den kleinen Pick-up erkennen. Sarah zoomte heran, sodass er unser gesamtes Sichtfeld ausfüllte. Wir waren beide sorgsam darauf bedacht, das richtige Ziel anzuvisieren.

Ich prüfte das Ergebnis des Laser-Entfernungsmessers. Der Sandsturm konnte den Laser so beeinträchtigen, dass er nicht die korrekte Distanz ermittelte. Ein ungenauer Messwert konnte die Rakete so weit vom Ziel abbringen, dass sie die Lasermarkierung nicht fand.

Der Wert stimmte.

»In drei, zwei, eins …«

Ich drückte den Auslöser. Auf dem HUD breitete sich ein weißer Feuerball aus. Die Klammern, die die Flugbahn der Rakete anzeigten, blinkten ein-, zwei-, dreimal auf und blieben dann wieder über dem Pick-up stehen, als sich die Wolke verflüchtigte. Ich konnte immer noch sehen, wie die Kämpfer neben dem Wagen schossen.

»Roulette, Rifle, 20 Sekunden«, gab ich im Chat ein, den Blick auf die GPS-Uhr gerichtet.

Ich ließ die Predator im Wind gleiten, damit sie ruhig in der Luft lag. Sarah brauchte eine stabile Ausgangsposition, um die Rakete zu leiten. Weit unter uns gingen die Army-Truppen in Deckung.

Sie waren dem Ziel nahe genug, dass sie Splitter abbekommen konnten.

Das Fadenkreuz zuckte, als wir den Pick-up überflogen.

»Auf Kurs, zehn Sekunden«, teilte ich Sarah mit.

Sie holte tief Luft.

Ich richtete meinen Blick wieder auf die Uhr.

»Fünf, vier, drei …«

Ich verstummte. Die Rakete schlug mitten im Pick-up ein. Ein großes Stück vom Motor wirbelte durch die Luft. Der Rest verschwand in einer Rauchwolke. Das Geschoss explodierte mit einer solchen Wucht, dass die Kämpfer komplett ausgelöscht wurden. Ihre Körper waren in der sandigen Dunkelheit nicht mehr zu sehen.

»Laser abschalten, Laser sichern«, sagte ich.

»Guter Treffer, Roulette«, schrieb der JTAC im Chat. »Der Beschuss hat aufgehört.«

An den weiteren Flug habe ich nur verschwommene Erinnerungen. Ich verbrachte den Rest des Tages wie im Rausch. Ich hatte eine Rakete abgefeuert und dadurch amerikanische Truppen am Boden verteidigt. Gab es etwas Nobleres? Ich konnte es mir nicht vorstellen. Außerdem hatte ich mir selbst bewiesen, dass ich fähig war, einen Angriff durchzuführen. Die Situation war nicht einfach gewesen. Abgesehen von dem Sandsturm, der uns die Sicht erschwert hatte, bemerkten wir in letzter Sekunde den Fehler des JTAC und verhinderten den sicheren Tod unserer eigenen Leute.

Sarahs Geistesgegenwart war ein weiterer Beweis für das, was ich eigentlich schon wusste: Die Predator-Flieger hatten das Zeug, im Kampf mitzumischen. Droopys Einsatz war der erste echte Sieg gewesen. Meiner untermauerte ihn, hoffte ich.

Wir waren jetzt mehr als nur Voyeure.

KAPITEL 6

Der Finger Gottes

Der Gebäudekomplex im Irak, der auf meinem HUD rotierte, glich den Bildern aus der Einsatzbesprechung.

Während ich über ihm kreiste, konnte ich mehrere Häuser ausmachen: eines für das Personal, eines zum Arbeiten und ein weiteres als Hauptaufenthaltsort. Die Bauten drängten sich an die Mauer im Norden und Osten des Geländes, sodass Platz für einen geräumigen Hof war. Das Tor befand sich an der südöstlichen Seite. Die hohe Außenmauer schützte vor neugierigen Blicken.

Irgendwann vor Beginn meiner Schicht war die »Person von großem Wert« eingetroffen. Die Lichter in den Gebäuden waren erloschen, was bedeutete, dass unser Ziel entweder schlief oder sich zumindest schon hingelegt hatte. Bis auf zwei Hunde, die auf dem Hof umherrannten, gab es keinerlei Hinweise auf Aktivitäten – weder Wärmeflecken noch Spuren noch Bewegungen. Alles passte, wir konnten angreifen.

Es war das Jahr 2005, und ich hatte mich an den stetigen Rhythmus des Krieges gewöhnt. Die 17. war nun gemeinsam mit der 15. auf der Nellis Air Force Base stationiert. Wir teilten uns das Gelände, aber nicht die Missionen.

Die Predators waren mittlerweile in das Einsatzkonzept integriert. Sowohl in Afghanistan als auch im Irak hatte die Army erkannt, wie hilfreich ein schützender Blick vom Himmel herab war. Die Predators observierten ein Gebäude vor einem Angriff und flogen, wenn er begann, zum nächsten Ziel. Die Teams wollten topaktuelle Informationen, bevor sie attackierten, und eine Predator vor Ort konnte ihnen diese liefern.

Unser Videomaterial tauchte auf den meisten Stützpunkten an beiden Kriegsschauplätzen auf. Die Truppen sahen sich andächtig Missionen an, die wir als öde empfanden. Wir nannten das Material »Pred Porn«, und ich muss gestehen, dass auch ich manchmal davon in den Bann geschlagen wurde. Ich hatte ständig das Gefühl, gleich würde etwas passieren, und die meisten Leute hofften beim Zuschauen, eine Hellfire-Rakete durchs Bild fliegen zu sehen.

Während wir den Gebäudekomplex vom Cockpit aus beobachteten, ging ich den Plan noch einmal durch. Drei UH-60 Black Hawks würden die Kampftruppen auf und vor dem Gelände absetzen. Da aus Platzgründen nur ein Hubschrauber über dem Hof schweben konnte, würden die anderen beiden knapp außerhalb des Geländes landen. Von dort aus sollten die Rangers durch das Haupttor eindringen. Sobald sie drinnen waren, würden sie die Gebäude durchkämmen. Drei Soldatentrupps, drei Gebäude.

Ich überflog die Anweisungen, die der Nachrichtenkoordinator auf einem der Monitore gepostet hatte. Mein Sensoroperator Jack und ich behielten alles aufmerksam im Blick, während wir auf die Ankunft der Kampftruppen warteten.

Jack war ein erfahrener Unteroffizier der Staffel. Ich kannte ihn nicht gut, weil wir zuvor noch nie zusammen geflogen waren. Und anders als bei manchen anderen Einsätzen hatten wir heute gut zu tun, sodass keine Zeit blieb, ihn während des Fluges kennenzulernen. Wir konzentrierten uns beide auf unsere Monitore und auf Anzeichen von Aktivität. Wir nahmen unsere Aufgabe, den Rangers als Augen am Himmel zu dienen, ernst. Einsätze wie diese waren befriedigend, genau wie Raketenangriffe, weil wir sofort eine Rückmeldung erhielten. Wenn die Rangers die Zielperson erwischten, war es, als hätten wir sie selbst geschnappt.

Ich meldete mich beim TOC. Der JTAC für diesen Einsatz war nicht vor Ort am Boden. Wir konnten nur über einen gesicherten Chatroom kommunizieren. Sein Rufzeichen lautete Brigham Two One, im Chat abgekürzt zu BR 21.

ROULETTE_21> BR_21, Sind vor Ort.
BRIGHAM_21> C, Ausschau halten nach Aktivitäten.
ROULETTE_21> C

Ich seufzte. Wir setzten alles daran, die Chatnachrichten möglichst effizient zu formulieren. Die Zeilen des Chats liefen über den Bildschirm wie in dem Film *Matrix*. Man musste genau hinsehen, sonst riskierte man, wichtige Informationen zu verpassen, weil sie schon wieder vom Bildschirm verschwunden waren. Während des Fliegens zu tippen war ätzend. Die Wahrscheinlichkeit, dass ich eine Dummheit mit dem Fluggerät anstellte, während ich auf einer Tastatur herumtippte, war genauso hoch, als würde ich im Auto hinterm Steuer Nachrichten schreiben.

Meine Augen wanderten vom HUD zum Tracker-Display und wieder zum Chatroom. Dann sah ich es.

BRIGHAM_21> Drummer 44 in der Luft, ETA 30 Mikes.

Es ging los. Drummer, die Black-Hawk-Hubschrauber, waren in 30 Minuten da.

ROULETTE 21> C.

Ich konzentrierte mich wieder auf das Gelände. Alles, was uns von nun an auffiel – Bewegungen, Ausreißer, zusätzliche Kämpfer –, stellte für die Truppen, die im Anflug waren, eine wertvolle Information dar.

Eine halbe Stunde später tauchten die Black Hawks unter uns auf. Am Boden wirbelte eine Staubwolke auf, als sie sanken und in der Nähe des Geländes landeten. Eigentlich sollte ein Hubschrauber über dem Gebäudekomplex in der Luft bleiben, während die Soldaten sich in den Hof abseilten, aber diese Aktion war wohl abgeblasen worden. Warum, wusste ich nicht.

Stattdessen kreiste er schützend über dem Grundstück.

Die anderen beiden Helikopter landeten außerhalb der Mauern im Westen und im Süden. Ihre Rotorblätter konnten nicht viel mehr als fünf Meter voneinander entfernt sein. Die Soldaten eilten in geschlossener Formation unter den wirbelnden Blättern hindurch auf ihre jeweilige Sprengstelle zu. Eine Gruppe lief in Richtung Haupttor, die andere steuerte einen kleinen Seiteneingang an. Währenddessen hoben die Hubschrauber wieder ab und flogen davon, blieben aber in der Nähe.

»Achte auf die Türen«, sagte ich.

Jack bewegte das Fadenkreuz in die Mitte des Hofs. So konnten wir die Türen der drei Gebäude sowie die Männer auf dem Weg zu den Toren im Blick behalten.

Innerhalb des Geländes bewegte sich nichts.

»Sprengung«, sagte Jack.

Ich konzentrierte mich auf das Tor.

Jack zoomte heran, als die Soldaten Sprengsätze über dem Schloss anbrachten. Die Explosion erzeugte kleine Lichtblitze. Dann strömten die Rangers in den Hof. Jeder von ihnen wusste genau, was er tat. Die Soldaten hatten klare Aufgaben und bewegten sich rasch auf die ihnen zugeteilten Positionen zu. Ich bewunderte ihre Präzision.

Eine kleine Gruppe trennte sich von den Übrigen, um ein Gebäude zu durchsuchen.

Ich zuckte innerlich zusammen. Vor ein paar Monaten hatte ich zugesehen, wie bei einer ähnlichen Aktion, durchgeführt von konventionellen Truppen, ein mutmaßliches Waffenlager gestürmt wurde. Die Soldaten hatten sich draußen aufgereiht und waren dann langsam ins Gebäude eingerückt. Einen Augenblick später jagte eine riesige Explosion das Haus und die Männer darin in die Luft. Ich hatte nichts tun können, um diese Leute zu retten, und so war es auch jetzt. Im Stillen betete ich für ihre Sicherheit.

Jeder der drei Trupps blieb kurz vor einem der drei Häuser stehen und drang dann Mann für Mann ein. Ich hielt einen Augenblick lang den Atem an, doch nichts geschah. Kein Gefecht, keine Explosion. Im TOC-Chatroom war alles ruhig. Jack hielt das Zielsystem weiter auf das Gelände gerichtet, während wir unsere Kreise zogen. Dank des Autopiloten konnte ich mich auf das Videobild konzentrieren. Jack war ein erfahrener Sensoroperator, doch ein weiteres Paar Augen schadete nie.

Jack entdeckte sie zuerst. Zwei Gestalten – der Kleidung nach zu urteilen Männer – kamen aus dem nördlichsten Gebäude. Sie kletterten aus einem Fenster an der Rückseite und sprangen über den Zaun im Osten.

Meistens war es so, dass die Aufständischen kämpften, während ihre Anführer flohen, wenn sie in Bedrängnis gerieten. Diese beiden rannten davon, was bedeuten konnte, dass einer davon die Zielperson war, die ihre Kämpfer dem Tod auslieferte. Es war feige und erbärmlich.

»Hasen«, sagte Jack, das Fadenkreuz auf die beiden Männer an der Mauer gerichtet.

»Folge ihnen«, wies ich ihn an.

Jack nahm die Kamera aus der fixierten Position und verfolgte die beiden Männer, als sie über das Tor sprangen. Vor dem Hintergrund der kühleren Vegetation um sie herum zeichneten sich die Gestalten tiefschwarz ab. Ich überlegte es mir anders.

»Versuch auch das Gelände im Blick zu behalten.«

Jack zoomte heraus. Das erweiterte Sichtfeld ermöglichte uns, das Gelände auf der einen Seite und die fliehenden schwarzen Punkte auf der anderen Seite zu beobachten. Wir verfolgten die Hasen auf unsere eigene Initiative hin, obwohl unsere Aufgabe eigentlich darin bestand, das Gelände zu überwachen. Normalerweise hätten wir dort verharrt, bis die Truppen den Angriff beendet, jegliches Informationsmaterial wie Dokumente, Karten und Computer eingesammelt und das Gelände verlassen hatten. Doch die Ausreißer waren zu verdächtig, um sie einfach ziehen zu lassen.

Östlich des Geländes lag ein offenes Feld. Wir konnten sehen, dass dort in der nächtlichen Brise Getreide wogte, doch es war nicht erkennbar, um welche Sorte es sich handelte oder wie hoch es stand. Die beiden Gestalten trennten sich zunächst voneinander und trafen etwa 800 Meter von dem Gelände entfernt wieder zusammen. Dann legten sie dieselbe Distanz noch einmal gemeinsam zurück.

Ich schrieb in den Chat:

ROULETTE_21> BR_21, Wir haben zwei Ausreißer östlich des Grundstücks.
BRIGHAM_21> C.

Verfolgte er den Videostream? Normalerweise wurden die auch für die Informationsverwaltung zuständigen JTACs ziemlich wütend, wenn man das Fluggerät eigenmächtig vom Ziel abzog.

ROULETTE_21> Haben wir den Jackpot geknackt?
BRIGHAM_21> Neg, war nicht vor Ort.

Aus der Sichtweise der Army war die Aktion also ein Fehlschlag gewesen. Das war der Augenblick, in dem mir klar wurde, dass wir möglicherweise die Zielperson im Fadenkreuz hatten.

ROULETTE_21> v, Hase im Fadenkreuz, kam aus dem Hauptgebäude.
BRIGHAM_21> Position?

Ich gab ihm die Koordinaten durch und wartete. Endlich kam Brigham wieder online.

BRIGHAM_21> Draufbleiben. Schicke QRF zum Abfangen.

Die Rangers hatten ein paar Kilometer weiter eine Straßensperre errichtet. Die Männer dort bildeten die »Quick Reaction Force« (QRF), die schnelle Eingreiftruppe, und waren für eventuelle Ausreißer vom Hauptzielort zuständig. Das TOC setzte sie über die Situation in Kenntnis, und die Soldaten stiegen in ihre Humvees und fuhren in Richtung Gebäudekomplex. Dann meldete sich das TOC wieder bei uns und bat uns um Unterstützung bei der Lokalisierung der Ausreißer.

Ich erinnerte mich daran, dass ein Pilot – Travis – einmal den Infrarotmarkierer der Predator auf Aufständische gerichtet hatte, damit die Soldaten am Boden sie finden konnten.

Travis führte damals gerade eine Streckenüberprüfung über Bagdad durch. Er suchte die Straßen nach Bomben ab, als Aufständische einen Konvoi überfielen. Die Army-Patrouille meldete, dass sie anscheinend aus Wohnungen in einiger Entfernung beschossen wurde. Dazwischen lag ein offenes Feld mit einem aufgeschütteten Erdwall.

Die Sensoren der Predator entdeckten drei helle Objekte auf der Rückseite des Walls. Dann stand eines der Objekte auf und warf etwas in Richtung der Soldaten. Einen Augenblick später wirbelte eine kleine Explosion Sand und Staub durch die Luft über den Köpfen der Soldaten.

Travis teilte den Leuten am Boden mit, er könne die Zielpersonen sehen, doch den Soldaten war die Sicht auf die Aufständischen immer noch versperrt. Also schaltete Travis' Sensoroperator den Infrarotmarkierer ein und richtete ihn wie eine Taschenlampe auf das Versteck der Angreifer. Doch die Predator flog gerade in einem solchen Winkel über das Feld, dass auch die Soldaten in den Lichtstrahl des Markierers gerieten. Der Bodenkommandant war überzeugt, dass die Predator sie ihm Visier hatte, also wies Travis die Soldaten an, hundert Meter weiter zu fahren. Wer zurückblieb, galt als Ziel.

Als die Soldaten das getan hatten, blieben die kleinen schwarzen Punkte auf dem Erdwall zurück, warfen weiterhin Granaten und feuerten aus ihren Kalaschnikows. Ein paar Minuten später bereitete Travis dem Spuk mithilfe einer Hellfire-Rakete ein Ende.

Wir nannten dieses Vorgehen »Sparkle«, Glitzern. Der Lichtstrahl war mit bloßem Auge nicht zu sehen, doch mit Nachtsichtgeräten wirkte er wie ein Finger Gottes, der anklagend auf die Erde zeigte.

ROULETTE_21> BR_21, Position der QRF?

Auf dem HUD war nichts zu sehen, und wir wollten nicht zu weit herauszoomen, weil wir befürchteten, die Zielpersonen im Bodenecho zu verlieren.

BRIGHAM_21> Fast da, Ziele trotz NSG nicht zu sehen.

Die QRF konnte die Ausreißer durch ihre Nachtsichtgeräte nicht ausmachen.

Die beiden Männer drängten sich auf demselben Fleck zusammen. Vielleicht machten sie eine Verschnaufpause. Da kam mir ein Gedanke. Wenn sie saßen, konnte die Besatzung der Humvees sie durch all das Getreide hindurch möglicherweise nicht sehen.

ROULETTE_21> Wir markieren das Ziel per Sparkle.

»Los geht's, Jack«, sagte ich.

Die Ausreißer bewegten sich nicht. Sie hatten in kurzer Zeit anderthalb Kilometer zurückgelegt und waren völlig fertig. Für sie war der Laser unsichtbar, doch die Soldaten mit den Nachtsichtgeräten, die nach ihnen suchten, konnten ihn sehen. Jack schaltete den Infrarotmarkierer ein und richtete ihn auf die beiden Männer.

BRIGHAM_21> Guter Sparkle. QRF unterwegs.

Die Zeit verging im Schneckentempo, und ich machte mir langsam Sorgen, weil die Soldaten von der Straßensperre die Flüchtigen immer noch nicht aufgespürt hatten. Im Chatroom blieb es still. Ich ging die angezeigten Daten durch, der Infrarotmarkierer lief schon heiß.

Obwohl es sich nur um einen leistungsschwachen Laser handelte, verbrauchte das Gerät dennoch relativ viel Energie. Die Temperatur des Zielsystems stieg, bis sie im Warnbereich angelangt war. Es lag nur an der kalten Winterluft, dass sie noch nicht den roten Abschnitt erreicht hatte. Ich zog die Tastatur in die Mitte meines Arbeitsplatzes und fing an zu tippen.

ROULETTE_21> Bitte bestätigen, dass die QRF Sicht aufs Ziel hat.

Auch ohne unsere Infrarotmarkierung hätten die Nachtsichtgeräte ausreichen müssen, um die zwei Männer im Feld zu entdecken.

BRIGHAM_21> Bestätigt, Beute gesichert.

Ich blickte wieder auf das HUD. Sie hatten nichts gemeldet, und wir hatten keine Bewegung wahrgenommen. Die beiden schwarzen Punkte verharrten an Ort und Stelle. Jack zoomte etwas näher heran. Ich sah die Bewegung zuerst. Sie war kaum sichtbar und wurde dann deutlicher, als ich unsere Soldaten ausmachte, die die Gefangenen umkreisten. Solange das Zielsystem im Infrarotmodus lief, waren sie fast unsichtbar, weil ihre Körperwärme kaum durch die Panzerung drang. Im Gegensatz dazu zeichneten sich die beiden Gefangenen tiefschwarz auf dem Bild ab.

»Jack«, sagte ich, »zoom eine Stufe heraus.«

Das tat er. Direkt außerhalb unseres vorherigen Sichtfeldes parkte eine Reihe hell leuchtender Humvees.

»Laser abschalten.«

Wir kreisten über dem Ziel, bis die Truppen sich zurückzogen. Der Rest des Fluges war ereignisarm, und kurz darauf löste uns die nachfolgende Crew ab.

Als ich nach meiner Schicht das Staffelgelände verließ, bemerkte ich ein Nachrichtenteam, das sich gerade draußen vor der Schleuse zu unserer Einsatzzentrale aufbaute. Ein Presseoffizier stand daneben.

»Warum sind die denn hier?«, frage ich einen Kollegen, der mit mir hinausging.

»Ich weiß es nicht«, meinte er. »Aber gut kann es nicht sein.«

Wir sprachen grundsätzlich nicht mit den Medien über unsere Arbeit. Das »Office of Special Investigations«, die Air-Force-Abteilung für Spionageabwehr, hatte uns darüber informiert, dass al-Qaida auf der Suche nach Mitgliedern des Predator-Programms war.

Briefe, die sichergestellt wurden, nachdem Osama bin Laden 2011 getötet worden war, belegten, wie paranoid er war, was unsere Fähigkeit betraf, die Stammesgebiete in Pakistan zu überwachen und Al-Qaida-Mitglieder zu verfolgen.

»Sie können feststellen, welche Häuser öfter als gewöhnlich von Männern aufgesucht werden«, schrieb Bin Laden 2010 an Atijah Abd al Rahman, der für die Planung der Aktivitäten von al-Qaida zuständig war. »Zudem ist es möglich, dass der Besucher ohne sein Wissen verfolgt wird.«

Er drängte Rahman, die Anführer von al-Qaida aus Waziristan fortzuschaffen. Das beste Versteck sei am Rand von Großstädten. Man möge sich nicht öfter als ein- bis zweimal pro Woche treffen, und die Anführer sollten nur bei schlechtem Wetter aus dem Haus gehen.

»Eine Warnung an die Brüder: Sie sollen nicht auf der Straße zusammenkommen und sich nicht in Autos fortbewegen, da viele von ihnen nach solchen Treffen auf der Straße verfolgt wurden. Sie sollten nur unterwegs sein, wenn die Wolken tief hängen.«

Trotz aller Dementis und Tarnungen war dem Feind klar, dass jemand den Auslöser betätigte. Er fand nur nicht heraus, wer wir waren. Das sollte meiner Meinung nach auch so bleiben. Meine Nachbarn wussten nur, dass ich bei der Air Force war. Selbst wenn sie mich in Uniform sahen, konnten sie daraus nicht ableiten, was genau ich machte, wenn ich weg war. In Las Vegas war es nicht weiter ungewöhnlich, jemandem in Air-Force-Uniform zu begegnen, da sich in der näheren Umgebung zwei Stützpunkte befanden.

Ich verstand auch, wie wichtig Publicity war. Ein Produkt mit guter Presse verkauft sich besser, und jede Waffengattung kämpfte um einen möglichst großen Anteil am Budget. Doch die Reporter sendeten direkt von unserer Eingangstür aus. Ich fragte mich, warum sie das Interview nicht an einem unverfänglicheren Ort durchführten. Vielleicht lag es an meiner nachrichtendienstlichen Ausbildung, doch ich konnte einfach nicht verstehen, warum man Informationen preisgab, wenn es nicht nötig war, auch wenn es sich nur um Basiswissen handelte.

Sie konnten gern das Interview führen. Das Fluggerät erklären. Aber doch nicht direkt vor dem Gebäude, in dem wir arbeiteten!

Der Staffelkommandant der 15. kam durch die Schleuse, in einem grünen Fliegeroverall und mit einem breiten Lächeln auf dem Gesicht. Die Lämpchen leuchteten auf, und der Reporter stellte eine Frage. Wir drehten uns weg, sobald er zum Sprechen ansetzte. Das Einzige, was wir tun konnten, war, dafür zu sorgen, dass wir nicht mit im Bild waren.

Doch als ich zu meinem Auto lief, dachte ich noch einmal an die zwei Ausreißer im Irak. Sie hatten keine Ahnung gehabt, dass wir sie beobachteten, und keine Chance zu entkommen. Umgekehrt wusste ich, dass sie unmöglich wissen konnten, von wo aus die über ihnen kreisende Predator gesteuert wurde. Wir verfügten über mehr Anonymität und Sicherheit als andere Einheiten. Wir standen dem Feind nie von Angesicht zu Angesicht gegenüber, doch als das Licht an der Kamera zu leuchten begann, war ich mir sicher, dass der Feind nun wusste, wo wir lebten und arbeiteten. Es war eine Sache, zu erzählen, dass wir auf der Nellis oder Creech stationiert waren, doch eine andere, klar zu zeigen, wo genau auf dem Stützpunkt wir uns aufhielten. Zum ersten Mal hatte ich das Gefühl, wir könnten selber in Gefahr sein.

KAPITEL 7

Überwachung

Das Motorrad donnerte die Schotterpiste entlang. Das Fadenkreuz auf dem HUD raste quer durch das Terrain, um dranzubleiben. Auf der Maschine befanden sich zwei Männer. Unser Ziel, ein Al-Qaida-Anführer, der sogenannte *Captain*, saß hinter seinem Fahrer. Wie fast alle unsere Zielpersonen trug er die traditionelle Kleidung der Region und hatte einen dichten schwarzen Bart.

Unsere Nachrichtenanalysten glaubten, dass er in der Befehlskette von al-Qaida gerade einen rasanten Aufstieg erlebte. Er hatte die Operationen der Gruppe in den USA und in Großbritannien kontrolliert und war hierhergeflohen, nachdem er es sich mit der örtlichen Verwaltung verdorben hatte.

Die Analysten meinten, er wüsste, wo sich Bin Laden und Aiman Mohammed Rabie al-Sawahiri, al-Qaidas Nummer zwei, versteckten. Wenn Osama bin Laden der Kopf der Schlange war, stellte der *Captain* die Giftzähne dar.

Der Fahrer flitzte durch den Verkehr, während die Zielperson hinten auf dem Motorrad kauerte. Wir gaben regelmäßig Koordinaten an das JOC durch, das sie an die Jungs am Boden weiterleitete. Die Kurven und Windungen der Straße machten es zu einer Herausforderung, das Motorrad nicht aus den Augen zu verlieren.

Wir versuchten schon seit Monaten, den *Captain* mit Osama bin Laden in Verbindung zu bringen.

Die 17. war mittlerweile in voller Stärke auf dem Nellis-Gelände stationiert, und wir machten nun Jagd auf die Al-Qaida-Anführer der mittleren Ebene.

Irgendein hochrangiger Regierungsvertreter hatte verfügt, dass wir nicht länger Bin Laden und al-Sawahiri, einem ägyptischen Arzt, nachspürten. Die beiden waren untergetaucht, was es schwierig machte, Gewährsmänner anzuwerben. Wir hielten Augen und Ohren nach Hinweisen und Informationen offen, doch wir durchkämmten nicht länger die Berge auf der Suche nach den beiden.

Al, einer der Leiter des JOC, veranlasste, dass wir uns dem nächsten Glied in der Befehlskette zuwandten. Das folgende Jahr über jagten wir Helfer mittleren Ranges und sogar den wichtigsten Kurier Bin Ladens, Abu Ahmed al-Kuwaiti. Er war es, der US-Geheimdienstler später zu Bin Ladens Anwesen im pakistanischen Abbottabad führte.

Doch damals waren wir noch Jahre davon entfernt, ihn zu finden. Wir wussten allerdings, dass Al-Qaida-Sympathisanten in den Bergen im Nordosten Afghanistans aktiv waren. Die meisten kämpften dort an der Seite ihrer Taliban-Brüder. Dabei waren die Taliban und al-Qaida eigentlich keine Verbündeten. Diese Allianz war ihnen von den Amerikanern aufgezwungen worden.

Die Jagd begann Monate bevor ich den *Captain* im Fadenkreuz hatte.

Wir versammelten uns im Besprechungszimmer der Staffel, wo uns der Geheimdienst über die Änderungen des Einsatzes in Kenntnis setzte. Landkarten der Zielregion zeigten, dass wir uns nun auf ein anderes Gebiet konzentrieren sollten. Wir flogen in

Richtung Hindukusch, um den *Captain* zu finden und uns von ihm zum nächsthöheren Glied in der Kette führen zu lassen.

Am nächsten Tag saß ich im Cockpit. Schon bei meinem ersten Flug fiel mir auf, wie anders die Gegend hier war. Das Gebirge beeindruckte mich. Tiefe Täler klafften wie offene Wunden in der Landschaft. Auf den terrassenförmigen Abhängen waren ein paar verstreute Siedlungen auszumachen. Erreichen konnte man sie nur über Schotterstraßen, die sich durch die zerklüftete Region schlängelten. Jahrszeitliche Regengüsse und Schneefälle schnitten Gebiete oft wochen- oder monatelang von der Außenwelt ab.

Ich hielt die Augen auf den Boden gerichtet, während wir die Provinz Kunar überflogen. Auf unseren HUDs kamen uns Häuser plötzlich unbehaglich nahe. Die Erde reckte sich uns entgegen, und wir mussten eine Höhe von 25 000 Fuß halten, damit die Menschen am Boden uns nicht bemerkten. Vorsicht war geboten. Das Geräusch der Triebwerke konnte uns verraten.

Das kleine pinkfarbene Predator-Symbol auf dem Tracker-Display verschmolz mit der Zielmarkierung. Die Sonne war schon lange untergegangen, als wir die Region erreichten und mit der Suche begannen. Das kleine Dorf lag weit oben in den Bergen. Ein Al-Qaida-Helfer niedrigen Ranges sollte hier nach Sonnenuntergang mit einem Kurier zusammenkommen. Wir wussten aus Erfahrung, dass diese Treffen normalerweise gegen 22 Uhr stattfanden und um Mitternacht endeten.

Ich verglich das, was ich auf dem HUD sah, mit dem Satellitenfoto. Das Bild war aus etwa 480 Kilometern Höhe aufgenommen worden, also aus der göttlichen Perspektive. Wir flogen am Rand des Dorfes entlang und sahen die Gebäude nur von der Seite.

»Tony«, rief ich ins Mikrofon, sobald ich mir sicher war, wo wir uns befanden. »Wildfire hat das Zielgebiet erreicht.«

»Roger«, kam es umgehend zurück. Tony saß als Verbindungsoffizier für uns im JOC.

Das Bild auf dem HUD schwankte gehörig, als Jantz, der Sensoroperator, das Dorf nach dem Zielgebäude absuchte. Ich setzte zu einem Kreisflug über dem Gebiet an, um ihm zu helfen. Das Foto von oben ließ einiges zu wünschen übrig. Wir hielten beide Ausschau nach charakteristischen Merkmalen wie der Feuerstelle, dem Wassertank, dem Trampelpfad oder dem Pferch.

»Sir, ist es das?«, fragte Jantz.

Ich verglich das Haus mit dem Bild auf meinem zweiten Monitor. Sie schienen übereinzustimmen.

»Sieht so aus«, sagte ich.

Jantz und ich waren im vergangenen Monat oft miteinander geflogen. Da ich in unserer Staffel für die Einhaltung der Standards verantwortlich war, gehörte es zu meinen Aufgaben, alle neuen Piloten und Sensoroperatoren mit einer Willkommensansprache zu begrüßen. Jantz schloss die Ausbildung an einem Freitag ab und kam am Samstag zu uns. Schon am Sonntag flog er seinen ersten richtigen Kampfeinsatz. Unser Bereich ist der einzige der Air Force, in dem man am Tag nach dem Abschluss der Ausbildung in den Kampf darf.

Jantz wollte das Wochenende allerdings gern freihaben. Er hatte es sich nach fünf Monaten Training für den Krieg verdient. Wir brauchten dringend Leute, doch er ließ alle wissen, dass ihm der frühe Einsatz egal war. Schließlich musste ich einen der erfahreneren Sergeants beiseitenehmen und ihn dazu bewegen, Jantz ein paar wohlmeinende Ratschläge zu erteilen.

Da ich an jenem Tag der dienstälteste Pilot war, musste ich mit dem Problemkind fliegen. Es war üblich, einem neuen Crew-Mitglied einen erfahrenen Gegenpart an die Seite zu stellen. So konnte ein neuer Sensoroperator wie Jantz die Tricks und Kniffe von einem der »Alten« lernen. Mir machte es nichts aus, als »Alter« bezeichnet zu werden, da ich mich in der Rolle des Ausbilders wohlfühlte, doch ich war anfangs nicht unbedingt begeistert davon, Jantz zum Partner zu bekommen.

Während des Monats, in dem wir gemeinsam flogen, ließ ich ihn ein paar schwierige Übungsangriffe auf bewegliche Ziele durchführen. Die ersten paar Abschüsse liefen holprig, doch Jantz fand sich schnell in seine Aufgabe ein und entwickelte ein Gespür dafür, wo er war und was getan werden musste, ohne einen Abschuss zu versauen. Er wurde so gut, dass ich ihn an meiner Seite wollte, wenn wir angreifen mussten.

Außerdem war er ein unterhaltsamer Cockpit-Genosse. Unsere Einsätze waren oft ziemlich langweilig, daher hatten wir mittlerweile alle gelernt, uns zu beschäftigen. Wir spielten Galgenraten auf den Whiteboards an den Wänden oder unterhielten uns über Jantz' Kindheit in Oregon oder seine Frau. Er war frisch verheiratet.

Wenn wir flogen, verlor die Hierarchie an Bedeutung. Das fing schon in der Ausbildung an. Wir drängten die Sensoroperatoren zu vergessen, dass die Piloten Offiziere waren. Wir waren einfach nur zwei Crew-Mitglieder, die gemeinsam eine Aufgabe zu erledigen hatten. Ich wollte nicht, dass sich die Sensoroperatoren scheuten, mich darauf hinzuweisen, wenn ich etwas falsch machte. Unser Verhältnis konnte entscheidend sein, vor allem, wenn ein Abschuss bevorstand.

Jantz und ich spielten oft ein Spiel, das auf dem Kleine-Welt-Phänomen beruhte. Sobald wir die Predator über dem Haus positioniert hatten, ging es los. Jantz gab sich größte Mühe, mich zu überrumpeln. Das Spiel war simpel: Er überlegte sich zwei Schauspieler – bei uns musste nicht zwingend einer der beiden Kevin Bacon sein –, und ich stellte mithilfe von maximal sechs Filmrollen eine Verbindung zwischen ihnen her.

»Arnold Schwarzenegger und Alyssa Milano«, sagte Jantz.

Ich hätte fast laut losgelacht.

»*Das Phantom-Kommando*«, antwortete ich.

Es hatte keine Sekunde gedauert, bis mir der Kult-Actionfilm aus dem Jahr 1985 eingefallen war. Schwarzenegger spielte Milanos Vater, der sie aus den Händen von geldgierigen Entführern befreien muss. Die Handlung des Films war weniger wichtig als die Action-Szenen.

»Was für ein Film?«, fragte Jantz.

Er wirkte verwirrt. Er hatte den Film nie gesehen und wusste nicht, dass beide Schauspieler darin mitgespielt hatten. Jantz, der lange nach dem Dreh des Films geboren worden war, hatte keinen blassen Schimmer, dass Milano Kinderdarstellerin gewesen war. Er wollte schon Einspruch erheben, bis er den Titel in seinen Computer eingab.

Jantz schaffte es nie. Anscheinend zahlten sich die ganzen Abende, die ich mit schlechten Filmen aus den Achtzigern verbracht hatte, doch aus.

Durch solche Spiele hielten wir uns geistig wach. Ich konnte den Videostream und den Funkverkehr verfolgen, während wir uns damit die Zeit vertrieben. Da eine Schicht bis zu acht Stunden dauern konnte, brachten wir uns Wasser und Snacks mit in die Bodenkontrollstation, obwohl die Vorschriften das untersagten.

Eines Tages holte ich mir auf dem Weg zur Arbeit in einem Schnellrestaurant etwas zu essen. Da gerade die NBA-Playoffs stattfanden, ließ ich auf einem Monitor das Spiel laufen und stellte mein Essen auf dem Tisch neben der Tastatur ab. Die Predator kreiste im Autopilot-Modus über einem Ziel. Die Funkgeräte schwiegen, und im Chatroom war alles ruhig. Als ich gerade ein paar Happen von meiner Mahlzeit verzehrt hatte, steckte der Kommandant den Kopf durch die Tür der Bodenkontrollstation. Ich sah, wie sein Blick erst auf mein Abendessen und dann auf die Basketballübertragung fiel. Er schüttelte nur den Kopf und schloss die Tür.

Im AWACS und in anderen großen Maschinen der Air Force war es üblich zu essen, doch in den Bodenkontrollstationen galten die Arbeitsschutzregeln. Die dafür verantwortliche staatliche Behörde hatte festgelegt, dass unser Cockpit als Computerarbeitsplatz am Boden galt. Demnach waren Speisen und Getränke im Cockpit verboten.

Was dabei nicht berücksichtigt wurde, war, dass die Angestellten an einem normalen Arbeitsplatz aufstehen und eine Pause machen konnten. Bei uns war das nicht möglich, weil wir konstant die absolute Kontrolle über das Fluggerät behalten mussten. Doch während eines Acht-Stunden-Fluges mussten wir irgendwann etwas essen, genau wie in anderen Cockpits. Auch die ein oder andere leere Flasche wurde während eines Fluges gefüllt.

Es gab aber noch ein weiteres Problem. Ich hatte nicht die Professionalität an den Tag gelegt, die der Kommandant erwartete.

Am nächsten Tag traf ein Memo des Kommandanten ein, in dem wir daran erinnert wurden, in der Bodenkontrollstation nichts zu essen. Das hielt uns nicht davon ab, Snacks und Getränke mitzubringen. Doch ich holte mir vor einer Schicht nie wieder Essen in einem Schnellrestaurant.

Bei diesem Einsatz hatten Jantz und ich keine Zeit für Essen oder Spiele. Berge und Gebirgskämme verdeckten das Ziel aus bestimmten Richtungen. Ich flog den Einsatz per Hand. Ich brauchte die zusätzliche Manövrierfähigkeit, um das Ziel nicht aus den Augen zu verlieren. Zeitweilig musste ich näher heranfliegen, damit ich direkt nach unten blicken und die Straße sehen konnte. Das war nicht möglich, wenn der Autopilot den Querneigungswinkel einschränkte, um einen Strömungsabriss zu verhindern.

Auch der Wind stellte ein Problem dar.

Hier oben im Gebirge brachte der Jahreszeitenwechsel Böen von mehr als 160 Stundenkilometern mit sich. Wenn man nicht aufpasste, konnte der Wind einen kilometerweit vom Ziel abdriften lassen. Durch eine starke Querneigung der Predator versuchte ich, den Effekt des Windes zu minimieren.

Wir bezogen nördlich des Hauses Position, von wo aus wir die gewundene Straße sahen, die ins Dorf führte. Wir mussten diese Zufahrtsstrecke im Auge behalten, wenn wir den Kurier nicht verpassen wollten. Das Haus stand gefährlich nahe am Rand einer Felsterrasse. Die Bereiche des Lehmbaus, die über die Kante hinausragten, wurden von Holzbalken gestützt. Sollte auch nur einer dieser Träger wegbrechen, konnte das katastrophale Auswirkungen haben. Ich stellte mir kurz vor, wie das Haus langsam über die Kante kippte, auf dem Gebäude darunter landete und eine Kettenreaktion auslöste, die das gesamte Dorf zerstörte.

Tony, der Verbindungsoffizier, holte mich aus meinem seltsamen Tagtraum zurück.

»Bleibt genau da«, sagte er. »Die Analysten wollen, dass ihr nach Aktivität Ausschau haltet.«

»Roger«, antwortete ich.

Das Warten war das Schlimmste. Ich sah auf die Uhr. Es war zehn Uhr. Das Treffen sollte bald losgehen, irgendwann in der nächsten halben Stunde. Hier in der Region nahm man es mit der Uhrzeit nicht so genau. Während der folgenden Stunden ähnelte unsere Flugbahn einem gebogenen Wattestäbchen. Das war nicht weiter schwierig, doch es verlangte viel Konzentration, die verschiedenen Winde im Blick zu behalten. Ich war froh, dass das Haus kein bewegliches Ziel war, denn dann wäre es unmöglich gewesen.

Auf dem Grundstück blieb alles dunkel. Der einzige helle Fleck auf dem Infrarotbild war die Feuerstelle gewesen, doch auch der war schon lange mit dem Hintergrund verschmolzen. Eine Zeit lang sahen wir einen Hund über den Hof laufen. Er zog sich eilig ins warme Haus zurück, als die Temperatur rapide sank.

Ich sah erneut auf die Uhr. Mittlerweile war es Mitternacht, und von dem Kurier war immer noch nichts zu sehen. Terroristen änderten ihre Vorgehensweise mit frustrierender Regelmäßigkeit, doch eine Konstante war die Uhrzeit ihrer Treffen. Sie fanden nie nach Mitternacht statt. Der Kurier würde heute nicht kommen.

Er tauchte ein paar Abende später auf, als eine andere Crew das Haus überwachte, und sie folgte ihm zu einem neuen Unterschlupf im Tal. Wir hefteten uns ein paar Wochen lang an seine Fersen und stellten ein komplexes Netzwerk aus Kontakten und möglichen Zielpersonen zusammen. Einmal beobachtete eine Crew den Kurier dabei, wie er mit einem Mann auf einem roten Motorrad sprach.

Aus anderen Quellen war uns bekannt, dass der *Captain* ein solches Motorrad fuhr. Angeblich war es das einzige in der Provinz. Er nutzte es, um damit seine Runden zu drehen. Der *Captain* war ein arroganter Mann, der sich für unantastbar hielt. Er glaubte, die Predators seien weiter im Süden unterwegs und jagten dort Gespenster. Die amerikanische Hauptstreitmacht war viel weiter im Westen mit den Taliban beschäftigt.

Er wähnte sich in Sicherheit.

Bei unseren nächsten Einsätzen stand das Motorrad im Mittelpunkt. Wir konnten den *Captain* noch nicht identifizieren. Die Gesichtserkennung über das Zielsystem war schwierig. Für ein scharfes Bild des Gesichts mussten wir zu nahe heranfliegen, und Geheimhaltung ging vor Bestätigung. Während wir ihn im Auge behielten, zapften die Nachrichtenoffiziere am Boden ihre Informanten an, um zu verifizieren, dass der Mann hinten auf dem Motorrad der *Captain* war. Nach ein paar Tagen war die Bestätigung da.

Dann folgten 60 ätzende Tage, an denen wir ihn durch die ganze Region verfolgten. Wir überwachten, wie er frühmorgens kurz nach Sonnenaufgang seine Runde begann. Er suchte immer die gleichen Häuser auf und blieb nur ein paar Minuten dort, um Nachrichten zu überbringen. Wir zogen unsere Kreise um ihn, immer zum Abschuss bereit, falls die entsprechende Order kam.

Ein paar Wochen nach meinem ersten Einsatz kam ich in die Box und flog die Predator zum Haus des *Captains*. So ging das jetzt schon fast einen Monat, und ich wusste genau, was mich während meiner Schicht erwartete. Gegen sieben Uhr morgens traf der Fahrer auf dem Motorrad ein. Der *Captain* war schon wach. Er stand bei Sonnenaufgang auf und frühstückte, während er wartete. Er war ein sehr akkurater Mensch, der seine Tage immer um die gleiche Uhrzeit begann.

Das Fadenkreuz auf meinem HUD war auf die beiden gerichtet, als sie über die Schotterwege in Richtung der asphaltierten Straße und ihrer täglichen Route preschten. Ihr erstes Ziel war eine Tankstelle, eine ganz gewöhnliche Abfüllstation an einer Ecke, die sich nicht sonderlich von ihren amerikanischen Gegenstücken unterschied, abgesehen davon, dass die Zapfsäulen nicht überdacht waren. Sie war durch ein rundes, orange-weißes Schild gekennzeichnet. Wie viele pakistanische Gebäude war sie von einer Mauer mit zwei Toren umgeben, die zu den Geschäftszeiten offen standen.

Der Zwischenstopp an der Tankstelle dauerte fünf Minuten. Wir flogen einmal im Kreis, während der *Captain* vom Motorrad stieg, ins Büro marschierte und genau fünf Minuten später wieder herauskam. Er tankte nie dort.

Als Nächstes würde er das Haus eines Al-Qaida-Helfers in der Nähe ansteuern. Also drehte ich nach Osten ab, ins Tal hinein. Ich flog tief genug, um den *Captain* im Blick zu behalten, doch ich wusste schon, wohin er unterwegs war. Das Haus war sehr einfach, es hatte ein Tor und einen kleinen Hof. Der *Captain* sprang, wie an der Tankstelle, vom Motorrad und ging direkt hinein, während sich sein Fahrer um die Maschine kümmern durfte.

Ich sah auf die Uhr. Nun würden wir 30 Minuten warten müssen. Ich brachte die Predator in den Kreisflug und lehnte mich zurück. Eine halbe Stunde später saß der *Captain* wieder auf dem Motorrad und fuhr zum letzten Halt des Tages. Dieses dritte Ziel war ein kleiner Schuppen an einer Schotterpiste. Wir konnten auf dem HUD sehen, wie der *Captain* mit einem Notebook in der Hand hinten auf dem Motorrad saß. Ich wusste aus Erfahrung, dass er hier nicht absteigen würde. Stattdessen kam seine Kontaktperson über die unbefestigte Einfahrt zu ihm und nahm einen Beutel mit Dokumenten oder Geld entgegen.

Dann blieb sie am Ende der Einfahrt stehen und sah zu, wie das Motorrad wieder davonraste. So verlief jeder Tag, bis es Zeit zum Abendessen war. Der *Captain* empfing niemanden bei sich zu Hause. Alle seine Pläne gelangten über diese Kuriere und Helfer in die Welt.

Während ich den *Captain* verfolgte, überwachte eine weitere Predator sein Haus. Seine Frau verließ es jeden Vormittag zur gleichen Zeit, um auf dem Markt einzukaufen. Die Kinder, die im Schulalter waren, gingen zur Koranschule am Ende der Straße. Die Frau kehrte ein paar Stunden später mit den Zutaten für das Abendessen zurück. Sie kümmerte sich um die Wäsche und hängte sie gegen Nachmittag zum Trocknen auf. Dann entfachte sie ein Feuer in der Feuerstelle und bereitete in der Küche das Essen zu.

Nach etwa 30 Tagen brauchten wir nur auf die Uhr zu gucken, um sagen zu können, wo sich der *Captain* gerade befand. Im Einsatzraum genügte ein einziger Blick auf das Videomaterial, um seinen Aufenthaltsort zu bestimmen; auf Planquadratangaben konnten wir verzichten. Wir benötigten weder kommentierte Grafiken noch Landkarten, um ein Gespür dafür zu haben, wohin er unterwegs war.

Wir kannten jede seiner Bewegungen.

Nachdem wir ihm 45 Tage gefolgt waren, kannten wir die exakte Uhrzeit, zu der er die Stationen seiner täglichen Route erreichte. Wenn wir ihn beispielsweise durch schlechtes Wetter aus den Augen verloren, verschwendeten wir keine Mühe auf die Suche. Wir rechneten aus, wie lange er weg war, und richteten die Kamera dann auf den Punkt, an dem das kleine Motorrad unweigerlich wieder auftauchte. Wenn das Wetter für eine stundenlange Startverzögerung sorgte, was manchmal vorkam, konnten wir direkt zu einem bestimmten Ort fliegen, wo der *Captain* dann nur Minuten nach uns erschien.

Er konnte nicht furzen, ohne dass wir es erfuhren. 60 Tage lang sahen wir uns immer und immer wieder das Gleiche an. Doch der Einsatz zerrte an unseren Nerven. Es gab keine Abwechslung, keine neuen Ziele und keine Unterbrechung der Routine. Zum ersten Mal im Leben graute es mir vor dem Fliegen. Ich war dabei, ein Zombie zu werden. Es war, als würde man eine endlose Anzahl von Geräten am Fließband fertigen. Ich wusste schon vor dem Betreten der eiskalten Bodenkontrollstation, was ich sehen und tun würde. Entweder verfolgte ich das Motorrad, oder ich kreiste über dem Haus und sah der Frau des *Captains* bei der Hausarbeit zu.

Während dieser 60 Tage verliefen auch die täglichen Besprechungen immer gleich, was die Arbeit noch eintöniger machte. Es war, als hörten wir jeden Tag um die gleiche Uhrzeit dasselbe Lied. Irgendwann war es so weit, dass ich die Anweisungen mitsprechen konnte. Wir saßen auf Stühlen rund um einen Konferenztisch, während die Nachrichtendienstler ihre PowerPoint-Präsentation und Landkarten mit der mutmaßlichen und immer zutreffenden Route des *Captains* zeigten. Am Ende des ersten Monats fügte ein Scherzkeks ein animiertes Icon eines Kerls auf einem Motorrad ein, der auf der Karte herumfuhr. Den Kopf des Mannes zierte ein Foto vom Gesicht des *Captains*. Als ich es zum ersten Mal sah, musste ich lachen. Es war eine nette Unterbrechung der Monotonie der Besprechung.

Doch dann änderte sich etwas.

Die Morgenbesprechung war anders als zuvor. Die alberne Grafik, die die Leute vom Nachrichtendienst eingebaut hatten, war nicht mehr da. Stattdessen fand eine Einsatzkonzeptbesprechung statt. Die Beobachtungsphase war vorbei. Nun wollte das JOC sich den *Captain* schnappen.

Ich spürte, wie die Erregung meinen Körper durchströmte. Endlich handelten wir. Ich war aufmerksam und ganz bei der Sache, als die Nachrichtendienstler den Plan erläuterten. Ein Bodenteam sollte dem *Captain* bei seiner täglichen Tour außerhalb eines Ortes auflauern. Ich kannte das Dorf. Es war in meine geistige Landkarte eingebrannt, da ich wochenlang ständig darüber hinweggeflogen war.

»Squirrel«, sagte der Major vom Nachrichtendienst, »Sie übernehmen die Führung.«

Ich war dafür verantwortlich, dem Captain auf den Fersen zu bleiben und sicherzustellen, dass er am richtigen Ort auftauchte. Wenn er aus irgendeinem Grund die Route änderte, würde ich ihm zum neuen Zielort folgen.

Es war ein merkwürdiges Gefühl, den hoffentlich letzten Einsatz gegen dieses Ziel zu fliegen. Jemandem monatelang zu folgen erzeugt eine gewisse Vertrautheit. Wir hatten so viel Zeit mit der Familie des *Captains* verbracht, dass ich wusste, wie seine Kinder aussahen und welchen Weg sie zur Schule nahmen. Ich wusste, wie seine Frau die Wäsche machte und wo sie einkaufte. Unterschwellig war mir natürlich bewusst, dass der *Captain* ein Terrorist war und darauf sann, Amerikaner umzubringen, doch es war schwierig, ihn und seine Familie nicht als sehr menschlich wahrzunehmen. Er war kein James-Bond-Schurke, der von einem Geheimversteck in den Bergen aus seine finsteren Pläne schmiedete. Doch es war sein Job, Amerikaner zu töten. Tief in mir verspürte ich das Verlangen, es ihm mit gleicher Münze heimzuzahlen. Dieser Kerl war für die Planung von Anschlägen verantwortlich. Er war der Grund dafür, dass wir in Zentralasien waren.

Wenige Stunden nachdem ich die Steuerung der Predator übernommen hatte, flog ich hoch über dem *Captain,* der zwischen Autos hindurchkurvte. Er war wie üblich pünktlich auf der erwarteten Route unterwegs.

»Wildfire Eight One ist am Ziel dran«, meldete ich dem JOC.

»Verstanden«, antwortete Tony.

Während ich träge Schlangenlinien flog, um über dem langsameren Motorrad zu bleiben, wünschte ich mir insgeheim, er würde von der Routine abweichen und eine andere Strecke wählen. Ich hatte bei der Vorbesprechung das Gefühl gehabt, dass es keinen ausgereiften Plan B gab. Wenn der *Captain* entwischte, würde das JOC mir sicher die Freigabe zum Abschuss erteilen.

Wir näherten uns der nächsten Abzweigung, und ich hoffte, er würde geradeaus fahren.

»Er biegt nach rechts ab«, sagte der Sensoroperator ins Mikrofon und gab die Koordinaten durch.

Ich verglich sie mit den Daten auf dem HUD. Der *Captain* lag im Plan.

»Wildfire, Ziel auf der gelben Strecke.«

Gelb war die Farbe der erwarteten Route, wie sie bei der Einsatzkonzeptbesprechung auf der Landkarte eingezeichnet gewesen war. Der *Captain* trug das sackartige Hemd und die weite Hose, die für die Region typisch waren, dazu eine wollene afghanische *Pakul*-Mütze über dem dunklen Haar. Ich konnte die Enden seines Hemdes im Wind flattern sehen, als das Motorrad über die unbefestigte Straße raste. Er fuhr geradewegs in die Falle. Ich verfluchte seine Arroganz und seine Berechenbarkeit. Ich hätte so gern auf ihn geschossen.

Als er die letzte Abzweigung nahm, konnte ich den improvisierten Checkpoint auf dem HUD sehen. Er war in einer einsamen Gegend aufgebaut, weit genug von den Zwischenstopps und Dörfern entfernt, dass niemand den *Captain* vermissen würde, bis es viel zu spät war. Abseits der Straße versteckte sich ein weiteres Team. Die Männer waren als reisende Einheimische verkleidet. Als der *Captain* an ihnen vorbeigefahren war, richteten sie eine Straßensperre ein.

Die schmale Straße bestand aus zwei unmarkierten Spuren aus verwittertem Asphalt. Auf ihr fuhren Autos hin und her, und auf dem Seitenstreifen waren Fahrradfahrer und Leute mit Karren unterwegs. Von der Sperre hinter ihm bemerkte der *Captain* nichts.

»Wildfire, Ziel hat den ersten Checkpoint passiert.«

Es war nur eine Frage von Minuten, bis das Team die Falle zuschnappen ließe. Ich konzentrierte mich auf das HUD und stellte sicher, dass wir das Fadenkreuz weiterhin auf die Zielperson gerichtet hielten. Falls der *Captain* etwas ahnte, ließ er sich nichts anmerken. Direkt vor ihm konnte ich das Team sehen, eng zusammengedrängt auf einem Friedhof. Unsere Männer versteckten sich unter Ganzkörper-Burkas. Auf den ersten Blick wirkten sie wie eine Gruppe Frauen auf dem Weg zum Familiengrab.

Als der *Captain* näher kam, beobachtete ich, wie das Team vom Friedhof stürmte und mit gezogenen Handfeuerwaffen und Maschinenpistolen das Motorrad umzingelte. Der Fahrer wendete und versuchte zu entkommen. Hinten auf dem Motorrad bemühte sich der *Captain*, sein Notebook zu zerstören. Auf dem HUD konnte ich sehen, wie das Unterstützungsteam von der Sperre die Straße abriegelte und auf das Motorrad zulief. Aus mehr als 20 000 Fuß Entfernung wirkte es wie ein Rundown beim Baseball.

Der *Captain* sprang vom Motorrad und flüchtete in ein Weizenfeld. Die zwei Teams rannten hinterher. Ich konnte sehen, wie einige der Männer ihre Verkleidungen abstreiften.

»Bleib auf dem Ziel«, wies ich Jantz an.

Ich gab die Position und die Fluchtrichtung des *Captains* an das JOC durch.

Das Fadenkreuz folgte seiner Spur durch das Feld, bis es ihn, noch immer laufend, erreicht hatte. Er schaffte es quer durch das Feld und stürzte in ein einstöckiges Lehmgebäude.

»Zielperson ist in dem Haus«, meldete ich dem JOC.

Als Antwort hätte ich gern die Freigabe zum Abschuss des Hauses gehabt. Fast hätte ich die Hellfire-Raketen schon mal startklar gemacht, nur für den Fall.

»Bleibt auf dem Haus«, sagte Tony.

»Roger.«

Auf dem Boden umstellten die Teams das Gebäude. Ein Mann kroch zur Tür und warf eine Tränengasgranate hinein. Das Gas quoll aus der Tür und den Fenstern. Sekunden später kam der *Captain* herausgestolpert und ergab sich. Wir blieben noch ein paar Minuten auf Position und drehten dann ab.

Als ich an jenem Abend nach Hause fuhr, war die Verhaftung des *Captains* Thema in den Nachrichten. Als ich den Beitrag hörte, musste ich lächeln. Am nächsten Morgen freute ich mich wieder auf die Arbeit. Die Ergreifung des *Captains* war das Gesprächsthema Nummer eins auf den Fluren. Sie war ein weiterer kleiner Sieg für die Predator. Es war schön zu erleben, dass zwei Monate Arbeit einen Terroristen aus dem Verkehr gezogen hatten. So gern ich auf ihn geschossen hätte, es war noch besser, dass wir den *Captain* lebend geschnappt hatten.

Berichten zufolge redete er bei den Vernehmungen wie ein Wasserfall.

Der Nachrichtendienst hielt eine Nachbesprechung des Einsatzes ab. Diejenigen von uns, die zu der Zeit Dienst gehabt hatten, nahmen teil. Ich saß neben Mongo. Die Besprechung verlief wie erwartet. Die Geheimen gingen noch mal alles durch, das Vorgehen der Predator und der Unterstützungseinheiten, die Ergreifung und schließlich die Ergebnisse.

Wir erfuhren, dass der *Captain* den Vernehmungsbeamten erzählt hatte, er habe uns gesehen und gehört, während wir ihn beobachteten. Anscheinend hatte er jeden Morgen bei seinem Spaziergang am Himmel nach seinen Verfolgern Ausschau gehalten. Im Westen hatten unsere Tragflächen die Sonne reflektiert. Ein heller Lichtblitz zeigte dem *Captain*, dass wir dort waren. Ohne unser Wissen hatten wir seinem Ego geschmeichelt, da er sich für unantastbar hielt.

Diese Enthüllung war ein Schlag ins Gesicht für mich. Wir waren so fest davon überzeugt gewesen, unbemerkt zu bleiben, dass wir uns vom Feind in die Karten hatten schauen lassen. Während wir Spiele spielten, hatte er uns beobachtet und sich in der Aufmerksamkeit gesuhlt, die er bekam. Seine Arroganz wuchs ins Unermessliche, angestachelt durch unsere Fehleinschätzung.

Letzten Endes wusste ich nicht, wer wen beobachtet hatte. Der Feind hatte den Blick erwidert.

»Nicht zu ändern«, sagte ich zu Mongo.

Er stimmte mir zu und meinte: »Es war einfach unmöglich, das Haus von der anderen Seite aus zu überwachen.«

Alle Piloten lernen in der Ausbildung, dass sie nur schwer auszumachen sind, wenn sie mit der Sonne im Rücken fliegen. Daher versuchten wir vormittags immer, östlich der Zielperson zu kreisen, damit sie die Augen zusammenkneifen musste, um uns zu sehen. An der Lautstärke der Predator änderte das nichts, aber dagegen gab es andere Mittel. Doch leider hatte uns der begrenzte Flugraum in diesem Fall dazu gezwungen, uns westlich des Ziels aufzuhalten. So waren wir leicht zu entdecken, auch wenn der Captain uns nicht hören konnte.

»Das dürfte dann wohl das Thema des nächsten Trainingstages werden«, sagte ich.

Jeder Pilot schrieb sich diesen Fehler ins Gedächtnis, da der Captain nur der Anfang war. Wir schworen, dass sein Nachfolger uns nicht so leicht bemerken würde.

KAPITEL 8

Angriff

Die Wettervorhersage für das afghanisch-pakistanische Grenzgebiet sah aus wie einer dieser Tintenkleckstests. Der Winter hatte noch einen Sturm für uns auf Lager, bevor er endlich dem Frühling wich.

Ich hatte meine Samstagsschicht angetreten und wusste, dass ich mich mit einem HUD voller grauer Wolken die nächsten acht Stunden durch Unwetter würde kämpfen müssen. Mit dieser Aussicht stapfte ich hinaus in die warme Sonne, die auf die Nellis Air Force Base schien.

Während ich mit dem Sensoroperator Jantz auf dem Weg zur Bodenkontrollstation war, wünschte ich mir, über dem Ziel genauso gutes Wetter zu haben. Ich klopfte zweimal an die Tür und bekam zwei Klopfzeichen als Antwort. Ich machte die Tür hinter mir zu und wartete, bis sich meine Augen an den abgedunkelten Raum gewöhnt hatten.

Mongo saß im Pilotensitz.

»Squirrel!«, krähte er,

»Hey, Mongo«, begrüßte ich ihn. »Gibt's was Neues?«

Mongo schüttelte den Kopf. Ein kurzer Blick auf den HUD lieferte die Details. Ein grauweißes Einerlei. Es war unmöglich, irgendetwas am Boden zu erkennen.

»Nein«, antwortete er. »Ich habe den ganzen Tag noch nicht bis nach unten gucken können, und das Ziel verhält sich ruhig. Im Chat ist auch nichts los.«

Mich verließ der Mut. Es würde ein weiterer langweiliger Tag werden. Seit unserem letzten Einsatz konzentrierten wir uns auf einen Verbindungsmann, *Facilitator,* Unterstützer, genannt, der ein bekannter Planer und Bombenbauer war. Nachdem wir den *Captain* gefangen genommen hatten, war er der Nächste auf unserer Liste. Wir hatten sechs Wochen damit zugebracht, seine »Lebensgewohnheiten« aufzuzeichnen. Wir flogen Kontrollrunden, wo ihn der Nachrichtendienst zuletzt geortet hatte, und warteten darauf, dass er etwas machte.

Der *Facilitator* war dabei, seinen Aktionsradius auszuweiten, und die Leiter des JOC befürchteten, er könnte bald untertauchen.

Die Spur des *Facilitator* zu verfolgen stellte sich jedoch als schwierigeres Unterfangen heraus.

Sein Haus stand in der Nähe der unwegsamen afghanischen Grenze, vier Flugstunden von unserem Stützpunkt entfernt. Es war unmöglich, ihn 24 Stunden am Tag zu überwachen. Wir hatten nur zwei Bodenkontrollstationen, benötigten aber drei Flugzeuge zur Dauerüberwachung des Ziels. Hierzu hätten wir ein Flugzeug unkontrolliert zum Stützpunkt zurückfliegen lassen müssen. Darauf war jedoch keiner der Piloten scharf, denn wenn der unkontrollierte Flieger abstürzte, würde dies das Ende der militärischen Laufbahn für jemanden bedeuten.

Glücklicherweise befehligte »General« John jetzt das JOC. Seine Lösung sorgte für das richtige Gleichgewicht. Die Staffel nutzte ihre beiden Cockpits, um zum und über das Ziel zu fliegen, und ließ die zurückkehrende Predator allein nach Hause fliegen. Auf diese Weise konnten wir mit dem ersten Bodenkontrollzentrum ein Flugzeug auf das jewelige Ziel ansetzen, das andere Bodenkontrollzentrum hatte das Flugzeug, das zum Ziel unterwegs war, im Visier, und die Crews konnten die dritte Predator mittels Autopilot zur Lande- und Auftankbasis in Kandahar zurückfliegen lassen.

Sobald das JOC und der 17. Stab die Pläne unterzeichnet hatten, richteten wir einen dauerhaften Flugverkehr zum Ziel ein.

Die Aktivitäten des *Facilitator* ließen insgesamt kein bestimmtes Muster erkennen, mit Ausnahme der Zusammentreffen, die er einberief. Am Ende eines jeden Treffens ging er hinaus und rief seine Frau an. Nach dem Telefonat verschwand er dann für die Nacht wieder im Haus, das wir jede Nacht überwachten, bis er am nächsten Tag wieder auftauchte, um weitere Treffen abzuhalten und sonstigen Aktivitäten nachzugehen.

Nach unserer erfolgreichen letzten Mission waren wir hoch motiviert, aber nach 30 Tagen ließ unsere Motivation allmählich nach. *Und täglich grüßt das Murmeltier* lastete wieder schwer auf uns, während wir ihn Tag für Tag überwachten. Die ewig gleiche Routine langweilte und betäubte uns, bis zu dem Samstag, an dem ich in den Pilotensitz kletterte, um meine Schicht anzutreten.

»So, ich übernehme jetzt«, sagte ich zu Mongo und klopfte ihm auf die Schulter.

Wir tauschten unsere Plätze, und ich brauchte fünf Minuten, um ein paar Routinechecks durchzuführen. Mongo und sein Sensoroperator waren schon auf dem Weg nach draußen. Ich warf zufällig einen Blick in den Chatroom, als Mongo den Schalter betätigte, um die Tür zu öffnen.

Raketen zum Abschuss vorbereiten, leuchtete in roten Lettern auf.

»Meine Fresse!«

Mongo und Jantz guckten mich an.

»Was ist los?«, stießen beide gleichzeitig hervor.

»AGM-114 Prelaunch-Checkliste. Los«, ordnete ich an. »Mongo, du bist Sicherheitsbeauftragter.«

Mongo schickte seinen Sensoroperator zurück in die Einsatzzentrale und rollte dann einen Stuhl hinter die Plätze der Crew. Die Sicherheitsbeauftragten hatten in der 17. die Aufgabe, dafür zu sorgen, dass alle Abschüsse streng nach den Einsatzregeln (RoE) erfolgten. Es war nie verkehrt, noch ein zusätzliches Augenpaar zu haben, um zu gewährleisten, dass wir alles korrekt ausführten.

Adrenalin schoss durch meinen Körper, als wir die Checkliste abarbeiteten. Mit einem Blick auf den HUD vergewisserte ich mich, dass wir die andere Predator in der Nähe nicht treffen würden. Die Raketensymbole blinkten grün, das Zeichen, dass sie bereit zum Abfeuern waren. Ich wartete nur noch auf Freigabe und Zielbestätigung.

»Hey, Pusher«, sagte ich ins Mikro.

»Ich höre«, antwortete er.

Pusher war der zum JOC gehörige Verbindungsoffizier. Er war Hubschrauberpilot für Spezialeinsätze und erst kürzlich zum Predator-Programm gestoßen.

»Die Zielperson ist aktiv«, antwortete Pusher. »Sieht so aus, als würde sie Angriffe anordnen. Ich melde mich gleich noch mal.«

Ich kontrollierte den HUD. Eine dichte Wolkendecke erstreckte sich unter dem Flugzeug bis zum Horizont. Am Boden erkannte ich rein gar nichts.

»Verstanden«, antwortete ich. »Aber dir ist schon klar, dass ich im Moment nichts sehen kann, ja?«

»Ja, wir arbeiten dran.«

Das Adrenalin verschwand wieder hinter einem Gefühl der Resignation und Frustration. Eine der wesentlichen Eigenschaften beim Militär ist die Fähigkeit, schnell zu sein und zu warten.

Nachdem wir den Befehl bekommen hatten, unsere Raketen vorzubereiten, warteten wir geschlagene drei Stunden auf den Feuerbefehl. Mongo saß ganz ruhig im hinteren Teil des Kontrollzentrums, während Jantz und ich versuchten, Wolken, Regen und Eis auszuweichen. Wir hatten alle Hände voll damit zu tun, den Flieger überhaupt in der Luft zu halten.

Die schweren, übereinanderliegenden Wolkenschichten deuteten auf Vereisungsgefahr hin. In großer Höhe herrschten stets Minusgrade, selbst wenn das Gelände viel weiter unten aufgetaut war. Wir konnten den Boden immer noch nicht sehen, und ich war mir nicht sicher, wie lange ich noch in der Luft bleiben konnte, bevor die drohende Vereisung uns zur Rückkehr zwingen würde. Die Predator hatte keine Enteisungsfunktion.

Wieder und wieder meldete ich mich bei Pusher, um etwas Neues in Erfahrung zu bringen. Ich wollte vorbereitet sein, wenn der Befehl zum Angriff kam. Ich würde einen Weg durch die Wolken finden müssen, und ich dachte mir, es wäre klug, mit der Suche nach einem Weg zu beginnen, ohne gleichzeitig den Stress zu haben, den Abschuss durchzuführen.

Aber Pusher hatte nichts für mich.

»Ja, Mann, wir sind dran«, sagte er ein ums andere Mal.

Jantz suchte die Wolken ab und entdeckte auf einmal ein Loch. Als wir dort ankamen, hatten wir plötzlich freie Sicht bis zum Boden. In unserem Fadenkreuz lief ein Mann über ein Feld und sprach eindringlich in etwas, das aussah wie ein Telefon. Ich warf einen Blick auf den Tracker über dem HUD, um sicherzugehen, dass die Koordinaten übereinstimmten.

Das musste der *Facilitator* sein. Jantz versuchte, näher heranzuzoomen, aber die Wolkendecke schloss sich wieder, und wir verloren den Sichtkontakt. Das Wetter ließ einfach keinen Luftangriff zu.

»Hey, Squirrel«, sagte Pusher, »wir haben nicht viel Zeit.«

»Ich kann nichts gegen die Wolken machen«, antwortete ich. »Was ist mit der Checkliste?«

Wir hatten immer noch keine Abschusserlaubnis, auch wenn ich weit genug sehen konnte, um zu schießen.

»Ich arbeite dran«, wiederholte Pusher seinen vertrauten Refrain.

Natürlich, dachte ich sarkastisch.

»RoE erledigt, erwarte nur noch die endgültige Freigabe«, meldete sich Pusher eine Minute später. »Du musst unter die Wolkendecke.«

Das kam jetzt überraschend. RoE erledigt bedeutete, dass nur noch das Okay der obersten Entscheidungsinstanz fehlte. Wahrscheinlich wurde in diesem Augenblick ein Telefonat mit dem Weißen Haus geführt, um die Erlaubnis einzuholen.

»Das Wetter steht uns irgendwie im Weg«, erwiderte ich und suchte nach einem weiteren Loch in der Wolkendecke.

»Es geht los«, sagte Pusher, »wir haben die Freigabe bekommen und brauchen dich jetzt unten, bevor er uns entwischt.«

»Verstanden«, antwortete ich.

Ich drückte den Steuerknüppel nach vorn und glitt in die Wolkenbank. Diese Aktion widersprach allem, was ich gelernt hatte, aber das JOC befürchtete, der *Facilitator* könnte untertauchen. Nach sechs langen Wochen war ich bereit, alles zu geben.

Eine dünne Eisschicht legte sich über den Flieger. Die durch den Satelliten verursachte Verzögerung erschwerte das Steuern des Flugzeugs schon genug, aber jetzt reagierte die Maschine noch träger. Ich hoffte, dass die Luft unter den Wolken warm genug war, um das Eis zum Schmelzen zu bringen. Ich konzentrierte mich auf den HUD, und alle im Kontrollzentrum schwiegen. Ich blickte abwechselnd auf die verschiedenen Anzeigen, überprüfte Route und

Höhe. Angespannt wartete ich darauf, dass die Wolkendecke dünner wurde, der Stress machte mir Druck im Kiefer. Ich hatte keine Ahnung, was mich unter der Wolkenbank erwarten würde.

Endlich durchbrach die Predator die Wolken, und auf dem Bildschirm meines HUD tauchte ein Berg auf. Die wild bewachsenen Berghänge verschwanden nach oben hin in den Wolken. Die Vegetation gedieh noch in höheren Lagen, als mir lieb war.

Die Felswände der Schlucht schlossen sich wie eine Fliegenfalle.

»Näher ranzoomen«, bat ich Jantz und hoffte darauf, die Umgebung besser zu erkennen.

Ich warf einen Blick auf meinen Tracker und sah eine freie Stelle zu meiner Rechten. Sofort legte ich die Predator in eine Kurve, um freie Sicht zu haben, während ich nach der besten Route in Richtung Feld suchte. Jantz drehte die Kugel und hielt mit mir nach einem Weg zum Ziel Ausschau. Ich warf wieder einen Blick auf den Tracker.

»Dort«, sagte ich. »Diese Canyonmündung.«

Ein nahe gelegener Canyon folgte einem gewundenen Pfad direkt in das Feld. Es war unsere einzige Chance, aber sobald ich den Canyon hinunterflog, gab es kein Zurück mehr. Es fehlte an Platz, um das Flugzeug zu wenden, und ich konnte nicht wieder in die Wolken steigen, da wegen der drohenden Vereisung die Absturzgefahr zu groß war. Falls wir in den Canyon flogen, mussten wir über das Ziel hinwegfliegen und es abfackeln, wenn wir nicht schossen. Ich hatte nicht vor, sechs Wochen Arbeit zu verschwenden.

»Squirrel, du musst näher an das Ziel ran.«

»Pusher«, antwortete ich, »ich kann nicht. Das Gelände versperrt mir die Sicht. Wenn ich einmal dorthin unterwegs bin, kann ich nicht mehr zurück.«

»Hier werden alle immer nervöser«, sagte Pusher und meinte damit die Einsatzzentrale im JOC. »Du bist an der Grenze des Luftraums.«

Ich wusste, dass er recht hatte. Ich hatte mich ziemlich weit nach Osten manövriert, um durch die dünnstmögliche Wolkendecke zu stoßen.

»Ich sehe, was ich machen kann, aber ich brauche die Erlaubnis, näher ranzufliegen.«

»Flieg näher ran«, lautete seine Order.

In seiner Beharrlichkeit spiegelte sich die Anspannung im JOC bestens wider.

Wolken schossen über den Bildschirm, und ich sah die Vegetation dicht unter mir, als ich wendete, um in Richtung Canyon zu fliegen. In dem Moment, als ich hineinflog, hörte ich, wie sich die Tür zum Bodenkontrollzentrum öffnete, und dann stand Alan, ein erfahrenerer Sensoroperator, hinter mir und Jantz. Der Kommandant unserer Staffel hatte eine Liste mit Schützen, auf der nur die erfahreneren standen. Jantz war immer noch zu neu, um einen so entscheidenden Abschuss durchzuführen.

Dennoch überraschte mich Alans Erscheinen. Ich gab Jantz mit einem Blick zu verstehen, dass er an Ort und Stelle bleiben sollte. Stew, der diensthabende Einsatzleiter, hatte mir gegenüber nichts von einem Wechsel erwähnt. Alan war, glaube ich, ein Typ irgendwo aus dem Mitteleren Westen. Er und sein Bruder waren kurz nach dem 11. September der Air Force beigetreten, und beide waren jetzt Predator-Sensoroperatoren. Alan war nach seiner Ausbildung zur 17. gestoßen und war von Anfang bei der Staffel.

Ich war frustriert. Bei diesem Wetter zu fliegen war schon schwierig genug. Auswechselungen im Team hätten mit mir vorzeitig, noch bevor wir in den Canyon flogen, abgesprochen werden sollen. Die Auswechselung eines Besatzungsmitglieds kurz vor dem Abschuss erhöhte das Risiko eines Fehlschusses.

»Pilot an Einsatzleiter«, rief ich.

»Ich höre«, antwortete Stew mit seiner ruhigen, monotonen Stimme.

»Sir«, sagte ich, »warum wird Jantz ausgewechselt?«

»Weil ich möchte, dass Alan seinen Platz übernimmt«, erklärte Stew.

»Sir«, konterte ich, »Jantz ist bereit zum Abschuss. Wir haben das so gut wie in der Tasche. Ich glaube nicht, dass es eine gute Idee ist, so kurz vor einem Zieleinlauf den Sensoroperator auszuwechseln.«

»Alan soll übernehmen«, sagte Stew.

Damit war die Diskussion beendet. Die Anweisungen des Einsatzleiters waren immer endgültig. In diesem Fall hatten Flugzeugkommandanten nicht das letzte Wort. Ich schaute Jantz dabei zu, wie er sein Headset entstöpselte und aus seinem Sitz kletterte. Ich werde nie vergessen, wie er dabei aussah: In seinem Gesicht spiegelten sich Wut, Enttäuschung und Vertrauensverlust wider.

Ich sah weg und konzentrierte mich wieder auf die Mission. Ich wendete die Predator und wartete darauf, dass Alan bereit war. Niemals würde ich in den Canyon fliegen, ohne dass Alan vollständig eingewiesen war.

Alan war ein nicht sehr großer blonder Junge mit feinen Gesichtszügen. Er wirkte eher wie ein Schüler von der Highschool, weniger wie ein Soldat. Er war immer sehr lernbegierig, und wir redeten oft über Taktiken. Wenn er nicht flog, war er ein ruhiger Zeitgenosse, der wenig Aufmerksamkeit auf sich zog. Dennoch wurde er in der Staffel als einer unserer kompetentesten Sensoroperatoren respektiert.

Alan hatte sich die Videoaufzeichnungen schon in der Einsatzzentrale angesehen, benötigte nur noch Infos zum Ziel sowie einen kurzen Moment, um die Steuerung zu übernehmen. Er gab mir das Okay, und ich steuerte die Predator in die Schlucht. Wir hatten schon elf Kilometer zurückgelegt, als Pusher sich wieder über die Gegensprechanlage meldete.

»Squirrel, du hast grünes Licht für den Abschuss. Verstanden?«

Ich hatte solche Angst, den Eingang zur Schlucht zu verpassen, dass ich nicht antwortete. Mongo hechtete zum Mikro.

»Verstanden, Pusher, zum Abschuss bereit«, meldete er.

Der *Facilitator* telefonierte immer noch. Dieses Telefonat war der Schlüssel zu unserem Erfolg. Denn wenn er auflegte, würde er wieder in den Transporter steigen und im Dorf verschwinden. Wir mussten jetzt angreifen. Mongo klopfte mir auf die Schulter.

»Okay, Squirrel, die Checkliste ist dein.«

»Verstanden«, sagte ich.

Auf einmal wurde ich ganz ruhig. Der Stress, während wir auf die Abschusserlaubnis gewartet hatten, war verflogen. Jetzt musste ich mich nur noch darauf konzentrieren, die Hellfire-Rakete auf das Ziel zu richten. Alan, der neue Sensoroperator, rollte die Kugel, sodass die Rakete genau auf den Mann gerichtet war.

Ich leitete den Kurvenflug ein und flog tiefer in die Schlucht. Wegen des bevorstehenden Abschusses ließ ich mir das Zielsystem auf meinem HUD anzeigen. Zwar konnte ich jetzt nicht mehr sehen, wie das Wetter vor dem Flugzeug war, wusste aber, dass die Wolken niedrig standen. Weiße Wolkenfetzen flogen durch das Bild.

Die meisten Piloten hielten das Durchfliegen einer Schlucht für eine coole Sache, bis sie es dann tatsächlich machen mussten. Die Geschichte der Air Force ist voller Abstürze von Piloten, die zu dicht an Felsen entlangflogen. Vom ersten Tag an werden Piloten gewarnt, nicht durch Schluchten zu fliegen, da man nie weiß, was auf der anderen Seite ist. Diese Schlucht sei in Wirklichkeit nur ein Tal, sagte ich mir immer wieder. Nur so gelang es mir, das klaustrophobische Gefühl abzuschütteln, während wir immer tiefer und tiefer hineinflogen.

Ich konzentrierte mich auf den Tracker und beobachtete die immer enger werdenden Konturen auf dem Diagramm.

Die Felswände wurden immer steiler und standen immer näher beieinander. Mein Blick schweifte zwischen HUD und Tracker hin und her. Gestrüpp flackerte durch das Bild, instinktiv wollte ich höher steigen. Das ging wegen der Wolken jedoch nicht. In dem Moment, als ich dachte, dass die Felswände sich über mir schließen würden, war ich am Ausgang der Schlucht angekommen und flog auf eine Ebene zu. Wir sahen den Transporter, der auf den *Facilitator* wartete. Der telefonierte immer noch und verschwand hinter dem Wagen, als wir aus dem Canyon herausflogen.

Ich drehte nach links ab und flog dabei dicht an den Felsen entlang.

»Was machst du?«, fragte Pusher.

»Ich muss auf die andere Seite«, erklärte ich, »um das Ziel zu sehen.«

»Wir haben keine Zeit.«

Er hatte recht. Es sah aus, als fummelte der *Facilitator* an seinem Telefon herum. Ich machte eine Kehrtwendung und zielte auf den Transporter. Der *Facilitator* ging zurück zur Vorderseite des Wagens. Meine Welt bestand jetzt nur noch aus dem HUD vor mir, durch den ich den Mann anvisierte. Er ging langsamen und entspannten Schrittes und war sich nicht bewusst, dass ich ihm immer näher kam. Die Pixel auf dem Monitor wurden schärfer, sodass ich sogar die Falten in seiner Kleidung erkennen konnte.

»Alan, bist du bereit?«, fragte ich.

»Ja, Sir.«

Uns blieben nur noch Augenblicke, bevor wir in das Startfenster eintraten.

»Noch eine Minute, Laser an.«

Alan drückte ein paar Knöpfe und zielte mit dem Laserstrahl. Ich überprüfte den HUD. In grellroten Lettern leuchtete *Laser feuert* auf. Zufrieden konzentrierte ich mich auf die Zielperson. Nichts am Verhalten des *Facilitator* deutete darauf hin, dass er die Predator gehört hatte. Ich fragte mich, wie das sein konnte, denn eigentlich musste das Schlagen der Propeller im ganzen Tal widerhallen. Er fühlte sich durch das schlechte Wetter dermaßen in Sicherheit, dass er nicht auf seine Umgebung achtete.

»30 Sekunden noch«, sagte ich tonlos. Als ich mir später noch mal die Bänder anhörte, war ich überrascht, wie tot meine Stimme klang.

Pusher schaltete sich über Funk ein.

»Squirrel, beeil dich. Er ist fast weg.«

»Halt die Klappe, Pusher«, antwortete ich.

Das Zielobjekt füllte jetzt unseren Bildschirm aus. Wir hatten fast die Mindestreichweite erreicht, als er auf der Beifahrerseite seines Transporters verschwand. Ich wählte beide Raketen, um die Splitterzone zu maximieren.

»20 Sekunden.«

Ich kontrollierte meine Instrumente. Die Ausrichtung war gut, und ich befand mich immer noch in der Waffeneinsatzzone. Ich drückte einen Knopf und hielt diesen Knopf so lange gedrückt, bis die Anzeige *Beide Raketen startklar* auf dem HUD erschien.

Wolken huschten über meinen Bildschirm. Ich hoffte, dass es unter ihnen nicht regnete. Ich konnte nicht noch tiefer gehen. Während wir auf den *Facilitator* zusteuerten, durchbrach die Predator die Wolkendecke.

»Zehn Sekunden.«

Alan straffte sich auf seinem Sitz. Das Ziel war jetzt so nahe, dass die Kamera hochgradig sensibel auf Bewegung reagierte. Jede

Neuausrichtung war extrem übersteigert. Alan verfolgte den Al-Qaida-Anführer um den Transporter herum und hielt das Fadenkreuz auf ihn gerichtet.

»Drei, zwei, eins …«

Ich drückte ab.

Zwei weiße Blitze explodierten im HUD, als sich die Raketen von den Schienen lösten und auf das Ziel zuschossen.

»Abschuss«, sagte ich, womit die abgefeuerten Raketen gemeint waren.

Das Hellfire-Symbol verschwand vom HUD. Ich verfolgte die Spur der ersten Rakete, die wiederum Alans Lasermarker in den Wolken folgte. Ich machte mit dem Countdown weiter.

»Fünf, vier …«

Ruckartig hob der *Facilitator* den Kopf. Er hielt sein Handy immer noch an sein rechtes Ohr gepresst, hörte jedoch den doppelten Überschallknall der Raketen. Im HUD sah es so aus, als würde er uns direkt angucken. Noch einen kurzen Moment sah er uns durch das Zielsystem an, dann rannte er los.

»Hinterher«, rief ich aus.

Alan drückte den Steuerknüppel nach unten, und das Fadenkreuz der Kamera fing an, sich zu bewegen. Der *Facilitator* rannte zu einer nahe gelegenen Wasserfurche, seine einzige Möglichkeit, Deckung zu finden. Das Fadenkreuz war ihm dicht auf den Fersen. Er machte noch drei Schritte, bevor die erste Rakete ins Sichtfeld der Kamera gelangte und in einem Bogen dem sich bewegenden Laserstrahl folgte.

Einen Sekundenbruchteil, nachdem ich den Abgasstreifen gesehen hatte, detonierte die Rakete in einem grellen Blitz, der unseren Bildschirm weiß färbte. Etwa eine Sekunde später radierte der nächste kaum wahrnehmbare Blitz abermals sämtliche Details auf unserem Bildschirm aus. Der HUD brauchte mit abnehmender

Hitze der Explosion einige Sekunden, um wieder ein klares Bild zu liefern.

»Laser einstellen, Laser sichern«, wies ich Alan an.

Alan stellte den Laser ab und sicherte ihn. Ich machte das gleiche mit der Abschussvorrichtung.

»Okay, Jungs«, hörten wir Pusher. »Wir benötigen die Ziel- und Wirkungsaufklärung.«

Pusher brauchte eine Bestätigung, dass die Raketen den *Facilitator* getötet hatten.

Alan scannte bereits die Trümmer. Es hing immer noch Rauch in der Luft. Vom Transporter waren nur noch ein verkohltes Fahrgestell und der Motorblock übrig. Den Rest hatten die Raketen pulverisiert.

Einige Teile ragten aus dem durch die Explosion verursachten Krater neben dem Transporter wie Richtungsanzeiger hervor. Ich suchte zwischen den Trümmern nach einem Körper.

»Näher heranzoomen«, ordnete ich an. »Such alles nach der Zielperson ab.«

Alan tat wie befohlen. Ungefähr 30 Meter von dem zerstörten Transporter entfernt bemerkte ich etwas Dunkles.

»Was ist das?« Ich zeigte auf den Monitor.

Alan beugte sich vor, um zu sehen, wohin mein Finger deutete.

»Ein Körper?«, fragte er.

Sein Fadenkreuz folgte meinem Finger.

»Jungs, wir müssen die Zielperson finden«, hörten wir Pusher.

»Ich glaube, wir haben ihn«, gab ich zur Antwort. »Er ist jetzt in unserem Fadenkreuz.

»Bist du dir sicher?«

»Ja«, antwortete ich. »Es ist das Einzige in der Umgebung, das warm genug für einen Körper ist.«

Die blinden Augen des *Facilitator* blickten zu uns hoch, als wir genau über ihn hinwegflogen. Sein Körper war bis zur Unkenntlichkeit verbrannt. Der Fahrer, ein Warlord der Region, war so übel zugerichtet, dass die lokalen Behörden ihn nur per Rückschlussverfahren identifizieren konnten.

»Pusher«, meldete ich mich. »Wir steigen wieder auf.«

Ich wollte wieder freie Sicht haben, weg vom Boden.

»Ihr habt die Erlaubnis, zum Stützpunkt zurückzukehren«, meldete Pusher. »Wir müssen den Luftraum freimachen.«

»Verstanden.«

Wir stiegen hoch und kehrten zum Stützpunkt zurück. Das Wetter blieb unvermindert schlecht, sodass wir das Zielsystem rotieren ließen, um sicherzugehen, dass sich keine Stürme um uns herum zusammenbrauten. Bei jeder Rotation stoppten wir auf den leeren Schienen, die ohne die Raketen ganz nackt wirkten.

In gewisser Weise waren wir froh, dass wir die Zielperson beseitigt hatten. Wir hatten eine Chance genutzt, die nur wenigen geboten wurde, und ich konnte mein Versprechen einhalten, in diesem Krieg etwas zu bewirken.

Die Lande-Crew übernahm die Predator, und wir übergaben unsere Plätze. Bevor ich nach Hause fahren konnte, musste ich zur Nachbesprechung einen Zwischenstopp im Büro einlegen. Der Papierkram nach einem Abschuss dauerte immer ein paar Stunden. Während ich arbeitete, schauten einige meiner Staffel-Kameraden vorbei, um sich mit mir über die Mission zu unterhalten. Dadurch wurde der sowieso schon lange Tag noch anstrengender.

Unsere Einsatzcheckliste sah nach einem Raketenabschuss unter anderem ein Gespräch mit unserem Militärgeistlichen vor. Er war im Anschluss an die Nachbesprechung unser Ansprechpartner, falls wir jemanden zum Reden brauchten. Ich begegnete ihm, als ich die Einsatzzentrale verlassen wollte. Ich hatte nicht das Bedürfnis, mit ihm zu reden, schließlich hatte ich so etwas nicht zum ersten Mal gemacht. Für alle Fälle zeigte ich ihm, wo Alan war.

Es war schon dunkel, als ich mit dem Auto in die funkelnde Lichterwelt von Las Vegas zurückkehrte. Meine tägliche Metamorphose auf der Interstate 215 vom Kampfpiloten zum normalen Zivilisten begann, sobald ich das Eingangstor hinter mir gelassen hatte.

Es war jeden Tag das Gleiche. Aufstehen, die morgendliche Routine, dann die lange 45-minütige Fahrt zur Arbeit. Auf dem Weg dorthin verwandelte ich mich in einen Menschen, der in der Lage war, ohne zu zögern und ohne Gewissensbisse einen anderen Menschen zu töten. Der Rückweg nach Hause war schlimmer. Ich musste wieder aus dem Krieg herausfinden. Am einfachsten gelang mir das an Tagen, an denen nichts passiert war.

An den blutgetränkten Tagen fiel es schwerer. Wie oft musste ich mir noch von Sprengfallen (CIEDs) getroffene Konvois anschauen? Einmal hatte ich hilflos dabei zusehen müssen, wie die Taliban der Spionage verdächtigte Personen exekutiert hatten, weil die RoE uns nicht erlaubten, sie zu verteidigen.

Es wurde auch nicht leichter, wenn das Gesicht des Feindes dich in hoher Auflösung anstarrte. Andere Piloten sahen ihre Zielobjekte nie so, wie wir es taten. Die meisten Kampfpiloten warfen während ihres Einsatzes vielleicht mal ein paar Bomben ab, manche nie. Und wenn sie ein Ziel trafen, blieben sie immer noch mehrere Wochen oder Monate auf dem Kriegsschauplatz, um ihre Taten zu verarbeiten.

Außerdem sahen Kampfpiloten selten den ganzen Kampf. Sie erhielten einfach den Anruf und warfen Bomben auf Ziele. Bei ihren Tiefflügen bekamen sie höchstens den Blitz von einem Bomben- oder Raketeneinschlag durch die Cockpitscheibe mit. Die Nähe zu Tod und Brutalität empfanden sie als aufregend, aber was sie durch ihre Zielsystem sahen, war klein und verschwommen, im Gegensatz zu unseren hochauflösenden Zielsystemen, und es erzeugte eine große Distanz zwischen dem Geschehen am Boden und ihnen. Durch unser Zielsystem sahen wir nicht nur alles, was passierte, es hatte auch noch nach dem Abschuss das angerichtete Gemetzel im Visier und brannte die Bilder in unser Gedächtnis. Unser Erleben unterschied sich sehr von dem der Kampfpiloten.

Ich war fast zu Hause angekommen, als es mich wie ein Blitz traf. Ich wartete an einer Ampel auf Grün, und auf einmal wurde mir bewusst, dass ich jemanden getötet hatte. Es war zwar nicht der Erste gewesen, aber diesmal wirkte es aufgrund der Nähe nach. Meine anderen Abschüsse galten der Verteidigung von unter Beschuss stehenden Truppen. Das ergab Sinn für mich, und außerdem handelte es sich um namenlose Kämpfer, Ziele, die ihre Gewehre auf meine Waffenbrüder richteten.

Aber diesmal war es anders gewesen.

Bei diesem Einsatz war es nicht um die Entscheidung gegangen, ob der andere oder ich überlebte. Der *Facilitator* hätte mir niemals Schaden zufügen können. Ich hatte die Macht. Er hatte auch nicht auf US-amerikanische Truppen geschossen, sondern mit seiner Frau telefoniert. Ich kannte seinen Namen. Ich hatte ihn einen Monat lang auf Schritt und Tritt verfolgt.

Der vielleicht größte Irrglaube in Bezug auf die unbemannte Luftfahrt besteht darin, dass das Flugzeug uns eine gewisse Distanz zum Töten ermöglicht, da wir Tausende Kilometer weit entfernt sind. Dabei ist das Gegenteil der Fall. Wir sind zu nahe dran. Wir wissen zu viel, und wenn es zum Abschuss kommt, können wir das Zielobjekt heranzoomen, bis es unseren Bildschirm ausfüllt. Da wir einander nicht gegenüberstehen und unser Leben nicht in Gefahr ist, können wir uns danach nicht sagen, dass entweder wir oder sie hätten dran glauben müssen. Wir mussten uns nicht entscheiden, denn sie hatten keine Chance. Unsere Art zu töten hatte etwas Kaltes, das auch auf uns zurückfiel, denn im Endeffekt gingen die Piloten und Sensoroperatoren mit diesen Bildern im Kopf nach Hause.

Die Tragweite meiner Tat überwältigte mich emotional. Körper und Geist wurden kaum damit fertig. Ich hatte gerade zwei Männern das genommen, was ich ihnen niemals zurückgeben konnte, wie sehr ich mich auch bemühte. Ich hatte ihnen das Leben genommen. Noch schlimmer, ich hatte zwei Geschöpfe Gottes Seiner Welt entrissen.

Welche größere Sünde hätte ich begehen können?

Ich sah mich nach den Autos, die an der Ampel warteten, um. Niemand hier wusste, was ich getan hatte. Die Fahrer fingerten an ihren Handys herum, hörten Radio und warteten ungeduldig darauf, dass die Ampel grün wurde. Sie dachten nur daran, wann es endlich weiterging, aber meine Gedanken drehten sich immer noch um das Ziel.

Ich schnappte nach Luft. Meine Gedanken spielten verrückt.

Was hatte ich getan?

Keiner der anderen Fahrer hatte auch nur die geringste Ahnung, dass sie sich nur wenige Meter von einem Killer entfernt befanden, einem Mann mit frischem Blut an den Händen.

Das Geräusch hochdrehender Motoren, als die Ampel grün wurde, holte mich zurück in die Wirklichkeit. Der Verkehr kam nur schleppend voran. Ich wusste, dass ich diesen Schock schnell überwinden musste. Als ich zu Hause ankam, rief ich einen Kumpel von der Staffel an. Er lud mich zu sich ein, was ich dankend annahm. Ich wollte nicht allein zu Hause sitzen.

Als ich bei ihm ankam, wartete schon ein Drink auf mich. Wir hatten eine wichtige Zielperson erledigt und die Aktivitäten des Feindes mit dieser Aktion zurückgeworfen. Das waren sehr gute Neuigkeiten für die 17. und die Predator-Gemeinschaft im Allgemeinen. Wir erwiesen uns schnell als effektives Instrument zur Terrorbekämpfung.

Aber in meinem Kopf war immer noch das letzte Bild vom *Facilitator*. Dass ich einen Schock erlitten hatte, war nicht ungewöhnlich. Ich war mir sicher, dass das auch anderen Piloten passierte, aber wir redeten nicht darüber.

Ich setzte mich nach draußen auf seinen Balkon, wo ich eine Zigarre und einen frisch gemixten Martini genoss. Las Vegas leuchtete so hell, dass man keine Sterne sah. Wir redeten eine Weile über den Einsatz. Es tat mir gut, die ganze Geschichte zu erzählen. Als mein Kumpel mit neuen Drinks rauskam, brachte ich schließlich einen Toast auf den Mann aus, den ich getötet hatte.

Ich hob mein Glas.

Wir tranken beide auf den Tod eines Feindes.

Diese Mission war zwar beendet, aber es gab immer noch genug Arbeit für mich.

KAPITEL 9

Niemals allein

Das Gelände der Predator-Einsatzzentrale Nord wirkte wie ausgestorben, als ich durch das Sicherheitsdrehkreuz am Eingang ging, um meine Nachtschicht anzutreten.

Um diese Uhrzeit erledigten die Durchgeknallten im Walmart ihre Einkäufe, und die Party auf dem Las Vegas Strip war in vollem Gange. Ich war gegen zehn Uhr abends von zu Hause losgefahren und saß gegen Mitternacht in meinem Pilotensitz. Um acht Uhr am nächsten Morgen würde die Tagesschicht mich ablösen.

Ich lief an dem geräumigen Trailer vorbei, in dem wir unseren Büroraum hatten, und auf die Einsatzzentrale zu. Über die Trailer musste ich jedes Mal lachen. Wir befanden uns neben dem Gebäude, wo die Air Force ihre umfangreichen »Red Flag«-Trainingsübungen abwickelte, und gegenüber den Angreifer-Staffeln auf der anderen Straßenseite, die gegen unsere Kampfstaffeln flogen. Beides waren schöne neue Anlagen.

Wir bekamen Trailer und kein Geld für Nachbesserungen. Die Staffeln der unbemannten Luftfahrt operierten alle aus Trailern heraus, ein Umstand, der auf der Nellis Air Force Base oft zum Thema gemacht wurde. Die Predators waren die rothaarigen Stiefkinder des Stützpunkts, obwohl wir in den Medien wie Cover-Models gehypt wurden.

Das einzige konventionelle Gebäude auf dem Predator-Gelände war die Einsatzzentrale. Die 15. und die 17. teilten sie sich. Ein einziger Flur trennte die beiden Staffeln und ihre unabhängigen Einsatzzentralen voneinander. Ich lief durch die Stahltür der 15. An der Tür hing ein Schild, auf dem »Willkommen im CENTCOM AOR« stand. Wir waren 13 000 Kilometer vom Nahen Osten entfernt. Doch die Staffel wollte, dass ihre Crews sich daran erinnerten, dass sie im Innern des Gebäudes dem Zuständigkeitsbereich des US-Zentralkommandos unterstanden.

Der kürzeste Weg zu meiner Staffel, der 17., war eine Abkürzung durch die Einsatzzentrale der 15. Die Abkürzung sorgte jedoch immer wieder für Streitigkeiten zwischen den Crews. Die 15. war sauer, weil sie keine Erlaubnis hatte, unsere Einsatzzentrale zu betreten, aber wir durften ihre Räumlichkeiten als Durchgang benutzen.

Wir taten das nicht, um sie zu ärgern, sondern um nicht an der einzigen Toilette im Gebäude vorbeigehen zu müssen. Dort stank es immer. Heute nahm ich nicht die Abkürzung, um die Kollegen nicht gegen mich aufzubringen. Im Flur zwischen den beiden Staffeln roch es schlimm nach Kanalisation. Die Herrentoiletten waren wohl wieder mal verstopft. Wenn wir Glück hatten, kümmerte sich bis zum Morgen jemand darum.

Ich öffnete die Tür zur Einsatzzentrale der 17. und blieb verblüfft stehen. Ich hatte eine verschlafene Truppe erwartet. Stattdessen herrschte geschäftiges Treiben. Mongo saß angespannt vor seinem riesigen Steuerpult. Angespannter als normalerweise. Er grinste mich nicht wie sonst mit seinen Zahnlücken an, als ich reinkam. Ich warf einen Blick auf die Bildschirme an der Wand, um zu sehen, was mit unseren Vögeln los war. Beide Maschinen waren am

Boden. Die Wetterkarte zeigte eine starke Gewitterfront, die durch Südafghanistan zog. Ich verstand immer noch nicht, warum Mongo derart unter Strom stand.

»Was ist los?«, fragte ich schließlich.

»Wir haben gerade ein SEAL-Team verloren«, antworte Mongo. »In der nächsten Einsatzbesprechung erfährst du alles.«

Die dummen Sprüche, die ich mir zurechtgelegt hatte, blieben mir im Halse stecken.

Sein abhörsicheres Telefon klingelte, und er ging sofort ran. Mongo war als Einsatzleiter für diese Schicht eingeteilt. Er war dafür zuständig, uns über den neuesten Stand der Missionen aufzuklären, und überwachte alle Flüge der 17. Er löste uns ab, wenn wir eine Toilettenpause brauchten, und arbeitete mit dem JOC zusammen, wenn unser Verbindungsoffizier nicht an dem Einsatz beteiligt war. Es war, als dirigierte er ein Orchester.

Ich suchte meinen Papierkram für den Flug zusammen und ging in den großen Besprechungsraum, um die Informationen für unseren Einsatz zu bekommen. Was auch immer geschehen war, ich würde mich darum kümmern müssen, sobald ich in der Box war. Die Luft im Besprechungsraum war zum Schneiden dick. Niemand riss die üblichen Witze, denn alle wussten, dass etwas Schlimmes geschehen war. Ganz vorn stand der Nachrichtenoffizier, was selten geschah, denn in der Regel eröffnete der diensthabende Einsatzleiter das Briefing. Aber Mongo klebte immer noch an seinem Schaltpult und telefonierte.

»Ein SEAL-Team ist in der Provinz Kunar überfallen worden«, erklärte der Nachrichtenoffizier. »Der Kunde hat uns freigestellt, Unterstützung zu leisten.«

Der Kunde – das Joint Operations Center – machte das ganz richtig. Hochrangige Zielobjekte waren zwar wichtig, doch Hilfe für Amerikaner hatte stets Vorrang.

Vier Mitglieder vom SEAL Team Five waren während eines Überwachungs- und Aufklärungseinsatzes überfallen worden. Das Team war im Vorfeld einer Operation der Marines in den Distrikt Pech der afghanischen Provinz Kunar geschickt worden, um das Gebiet im Vorfeld der Parlamentswahlen in Afghanistan zu sichern.

Die SEALs waren auf der Suche nach Geheimverstecken, in denen sich Ahmad Shah, ein Taliban-Anführer der Region, aufhielt. Sobald die Verstecke identifiziert waren, würden SEALs und Marines ihn gefangen nehmen oder töten.

Das Team hatte an den Hängen des Berges Sawtalo Sar, 32 Kilometer westlich von Asadabad, ihr Lager aufgeschlagen. Dort hatten Ziegenhirten sie entdeckt und verraten, und sie waren aus dem Hinterhalt von Shahs Kämpfern angegriffen worden. Nach dem Überfall auf die SEALs war eine schnelle Eingreiftruppe, die in einer CH-47 zur Hilfe eilte, von den Taliban mit einer Panzerabwehrrakete abgeschossen worden. Acht SEALs und acht Heeresflieger waren bei dem Absturz ums Leben gekommen.

»Ihr Auftrag«, sagte er. »Finden Sie die Überlebenden.«

Ich hob die Hand.

»Was ist mit Combat Search and Rescue?«

Die auf Such- und Rettungsaktionen in Kampfzonen spezialisierten CSAR-Jungs waren normalerweise die Ersten vor Ort. Wobei eine schnelle Eingreiftruppe in der Regel die Vorhut bildete. Wenn wir unseren Kameraden zu Hilfe eilten, wollte ich über die Lage im Bilde sein. Kunar war fast fünf Stunden von unserem Stützpunkt in Kandahar entfernt. Ein Kämpfer aus Bagram konnte in 30 Minuten dort sein.

Der Nachrichtenoffizier war auf diese Frage vorbereitet.

»Die schnelle Eingreiftruppe wurde niedergeschossen«, sagte er. »Den Rest erzählt Ihnen der Kollege vom Wetter.«

Der Overheadprojektor zeigte eine Landkarte von Afghanistan mit einem riesigen roten Klecks. Rot war schlecht.

»Eine Gewitterfront zieht gerade durch das Einsatzgebiet«, sagte der Wetteroffizier. »Nichts fliegt von Bagram.«

Das Radar zeigte eine Unwetterfront, die sich nach Südosten über unseren anderen Hauptstützpunkt in Kandahar hinweg erstreckte. Im Einsatzgebiet gab es nichts, was in diesen Strudel hätte starten können. Ich verstand unsere Rolle immer noch nicht. Die Predator war ein elektrisches Flugzeug. Ihre Bordelektronik war nicht wasserdicht und bei diesem Wetter ungeeignet. Wir gingen schon leichtem Regen aus dem Weg, um einen Kurzschluss in den empfindlichen Schaltkreisen zu vermeiden und die Maschine nicht zu beschädigen. Gewitterstürme waren die Garantie für einen Totalschaden.

»Also, wo kommen wir ins Spiel?«, fragte ich.

»Sie werden ein Loch in der Wetterfront finden und die Überlebenden aufspüren«, sagte der Nachrichtenoffizier.

Ich wollte gerade Einwände erheben, als Mongo reinkam.

»Du wirst trotzdem starten«, sagte er. »Du wirst auf einem Chariot Directs starten. Das CAOC hat das Flugzeug gekauft.«

Wir brauchten ein Flugzeug, um eine Sturmfront zu durchbrechen, ohne das Leben des Piloten und der Crew zu gefährden. SEAL Team Five zu finden war das Ziel, und wir waren entbehrlich.

Mongo klopfte mir liebevoll auf die Schulter.

»Du bist als Erster dran für uns.«

»Großartig«, sagte ich.

Mehr gab es nicht zu sagen.

Die 15. schickte zwei Maschinen in die Luft, während ich meine Vorflugkontrollen in der Box durchführte. Ich beobachtete, wie Pacmans gelbes Icon und Roulettes rotes Icon sich im Norden einen Weg suchten, während ich an Kandahar vorbeiflog. Beide Icons zuckten hin und her, als hätten sie epileptische Anfälle.

Ich legte mir die HUD-Video-Aufzeichnungen der Flugzeuge auf meine seitlichen Monitore, damit ich sehen konnte, was sie sahen. Eine brodelnde Masse grauer Wolken füllte den Bildschirm aus. In dem vergeblichen Versuch, ein Loch in der Wetterfront zu finden, schaltete die Aufzeichnung zwischen Realaufzeichnungen und Bildern der Infrarotwärmekameras hin und her. Zwar konnten Infrarotkameras durch Nebel hindurch ein klares Bild liefern, versagten aber manchmal bei Eis. Die Realaufzeichnungen waren weniger zuverlässig, zeigten jedoch mögliche Abwinde, die das Flugzeug herumschleudern und möglicherweise auseinanderreißen konnten.

Ich hinkte ein paar Minuten hinter Roulette und Pacman her, ihre Aufzeichnungen lieferten mir also eine Vorschau dessen, was mir bevorstand. Beide Crews bemühten sich, ein Loch zu finden. Ich sah auf dem Monitor, wie die Piloten sich durch die Wolken schlängelten und nach einer freien Strecke suchten. Roulette wurde als Erster fündig. Über Funk teilte er der Flugsicherung mit, dass er versuchen wollte, hindurchzufliegen.

Während er abdrehte, um durch das Loch zu schlüpfen, schlossen sich die Wolken wieder um die Predator. Ohne den Vorteil des Wetterradars hatte die Predator keine Chance. Der Pilot war verloren. Das HUD rollte hin und her, als er versuchte, einen Weg aus den Wolken zu finden. Nach ein paar Minuten, in denen nichts als graue Wolken zu sehen waren, begann er auf dem Weg zurückzufliegen, den er gekommen war. Es war der einzige Luftraum, den er kannte.

Die Wolken waren allmählich dünner geworden, als es auf dem Monitor auf einmal hell aufblitzte. Dann erlosch er. *Positionsverlust, Datenverlust* blinkte es auf dem leeren Bildschirm. Die Satellitenverbindung zu dem Flugzeug war nach dem Blitzeinschlag abgebrochen. Nach der Schicht sahen wir uns noch einmal das Video an, und wir hatten das Glück, dass die Kamera einige Beweisbilder von dem blendenden Blitz hatte machen können, bevor die Blitzentladung das Flugzeug buchstäblich grillte.

Roulette gab es nicht mehr.

Jetzt verfolgte ich die Bewegungen des gelben Icons auf dem Monitor. Pacman flog fast denselben Kurs wie Roulette, vermied jedoch die Wolkenbank, die Roulettes Untergang gewesen war, und kämpfte sich in die dünnste Partie der Gewitterfront. Die dünne Linie signalisierte entweder ein Loch in den Wolken, oder das Radar war nicht leistungsstark genug, um durch einen dichten Bereich hindurchzusehen.

Pacman machte Aufnahmen von der Lücke und steuerte auf die dünner werdenden Wolken zu, als die Predator auf einmal vorn hochgerissen wurde. Das Icon hing jetzt ganz oben auf dem HUD. Einige statische Entladungen erhellten den Bildschirm, bevor wieder die befürchtete Meldung *Positionsverlust, Datenverlust* aufblinkte. Der ganze Vorfall dauerte ungefähr sieben Sekunden.

So etwas hatte ich schon einmal erlebt. Wenn eine Predator in der Nähe eines Unwetters flog, bildete sich Eis auf der Maschine. Gerade noch völlig unsichtbar, war es plötzlich da. Eine aufmerksame Crew überprüfte regelmäßig die Wetterlage, um diese potenziell tödliche Substanz zu erkennen. Auf Pacmans »Anstellwinkelgeber«, der zur Berechnung des Tragflächenwinkels diente, musste sich Eis gebildet haben. Wenn die Nase der Predator zu hoch ging, reagierte der Computer auf einen angeblichen Strömungsabriss und passte Fluglagenwinkel und Schubkraft an. Als Pacman in die Wolken abtauchte, hatte das Eis den Anstellwinkel hochgedrückt und einen Strömungsabriss signalisiert. Der Autopilot riss die Nase runter und zerbrach dabei das Eis. Als der Autopilot dann merkte, dass die Maschine im Sturzflieg abschmierte, riss er die Nase wieder hoch. Aufgrund der plötzlichen g-Kräfte brach das Heck ab, und das Flugzeug verschwand.

Zwei abgestürzt, eines blieb noch.

Ich hatte keine bessere Lösung als die beiden anderen Piloten. Aber ihre Misserfolge gaben mir die Möglichkeit zu erkennen, was schiefgelaufen war. Bevor ich in die Wolken abtauchte, überlegte ich genau, welche Strecke ich nehmen würde. Wenn ich abstürzte, wäre ich den SEALs am Boden kaum eine große Hilfe.

Das Unwetter, das Roulette erwischt hatte, hörte so schnell auf, wie es sich zusammengebraut hatte. Ich hielt in der Hoffnung darauf zu, dass das abgeflaute Unwetter ein Loch in der Wolkendecke zurücklassen würde, durch das ich fliegen konnte. Ich flog ungefähr 95 Kilometer weiter westlich von der Stelle, die Roulette und Pacman zum Verhängnis geworden war. Die schwereren Wolken zogen nach Osten. Da war auf dem Wetterradar eine kleine Lücke zu sehen. Ich rief über Funk die Luftraumüberwachung des Marine Corps, die für diesen Luftraum zuständig war, und meldete meinen geplanten Sinkflug an.

»Verstanden«, antwortete der Marine. »Sie sind das Einzige, was hier im Moment fliegt. Das Land gehört Ihnen.«

Ich rief die Kamera in der Nase der Predator auf meinem HUD auf. Die Predator verfügte über eine kleine, nach vorn gerichtete Kamera, die am Rumpf angebracht war. Wir benutzten sie selten, um zu fliegen, weil das Zielsystem über eine bessere Kamera verfügte. Aber jetzt benötigte ich sie, um Kurven einzusehen und freie Stellen zu finden. Zwei Kameras waren besser als eine.

»Katie, Sie scannen meinen Luftraum«, sagte ich. »Ich brauche ein Loch, um hindurchfliegen zu können. Sie helfen mir bei den Wendemanövern und bei der Suche nach einem Riss in der Wolkendecke.«

»Ja, Sir«, antwortete sie.

Katie war eine von mehreren weiblichen Sensoroperatoren der Staffel. Sie war die Sensoroperatorin gewesen, als die Predator über Bagdad abgeschossen wurde. Seitdem war ich nicht mehr viel mit ihr geflogen, da ich in meiner Funktion als Chefpilot meist die frischen Jungs bekam. Es war beruhigend, jemanden mit ihrem Grad an Erfahrung im Cockpit zu haben.

Ich zeigte auf die Wetterkarte, die auf einem seitlich angebrachten Monitor zu sehen war.

»Ich werde auf diese Löcher zuhalten«, erklärte ich. »Sie scannen so viel wie möglich vor uns.«

Wir arbeiteten uns vor in eine Wolkenbank. Eine große Unwetterfront waberte unter der Tragfläche vor mir und blähte sich himmelwärts auf. Wir konnten sie nicht überfliegen, sondern mussten sie umkurven.

»Scan links«, sagte ich.

Trotz der hohen Belastung blieben unsere Stimmen ruhig. In Katies Stimme war keine Spur von Anspannung zu hören. Da wir wussten, wie viel für die Männer am Boden auf dem Spiel stand, hatten wir keine Angst, das Flugzeug hart ranzunehmen. Ich beugte mich vor, als ob das Bild auf dem Monitor dadurch klarer würde. Katie schwenkte die Kamera nach links, aber das Einzige, was wir sahen, war eine massive Wolkenwand.

»Was gibt's rechts zu sehen?«

Die Kamera schwenkte herum. Hier war der Himmel etwas klarer, und vereinzelt waren sogar Sonnenstrahlen auszumachen. Ich drückte den Steuerknüppel nach rechts und folgte der Richtung, in die das Zielsystem zeigte. Das Flugzeug legte sich langsam in die Kurve. Wir hatten etwa eine Minute klare Sicht, bevor sich die Wolken um uns schlossen.

»Scan links.«

Ich kam mir vor wie eine kaputte Schallplatte. Wir flogen einige Minuten im Zickzack zwischen Wolkenbänken hin und her und folgten den Stellen, wo es sich lichtete. Wenn wir nach links abdrehten, steuerten wir auf die Unwetterfront zu. Drehten wir nach rechts ab, flogen wir parallel zu ihnen. Wir mühten uns die Unwetterfront entlang, bis wir schließlich ein Loch in den Wolken fanden. Zwei gewaltige Kumuluswolken schlossen ein Stück blauen Himmel ein. Die Stelle sah der, die Roulette gesehen hatte, sehr ähnlich.

Ich überprüfte die Satellitenaufzeichnungen. Auf der anderen Seite der Wetterfront hätten wir klare Sicht. Wir sahen aber auch, dass wir uns den Bergen näherten, wo Turbulenzen und weitere Gewitter uns erwarteten. Es hieß jetzt oder nie.

Ich wendete das Flugzeug und steuerte das Loch an. Katie und ich beobachteten, wie die Kumuluswolken an uns vorbeizogen. Ich wusste, dass es sich um eine Täuschung der Kamera handelte. Die Wolken waren immer noch vor uns, befanden sich aber außerhalb des 30-Grad-Sichtfeldes der vorn angebrachten Kamera. Ich atmete langsam aus und merkte dabei erst, dass ich die Luft angehalten hatte. Da tauchten vor uns wieder vereinzelte Wolken auf.

»Ach, du Scheiße«, entfuhr es mir.

Ich entfernte mich mit einer Zehn-Grad-Kehrtwende von den Wolken.

»Scan links«, befahl ich.

Äußerlich war ich immer noch ruhig, aber innerlich fing ich an nervös zu werden. Die Kamera schwenkte nach links und zeigte eine Kumuluswolke, die kurz davor war, das Flugzeug zu verschlingen. Sollte sie uns einschließen, war ein drittes Flugzeug verloren. Wir hatten aus meiner Sicht nur eine Überlebenschance: nach rechts abdrehen und Vollgas geben.

»Scan rechts«, sagte ich, während ich die Predator wendete.

Ich wollte sehen, wohin wir flogen. Katie fragte nicht. Sie hatte die gleiche Bedrohung ausfindig gemacht. Die Kamera schwenkte nach rechts. Vor uns türmte sich eine neue Wolkenwand auf. Die eine Wolkenbank hatte sich nicht bewegt, während die andere sich darauf zubewegte und somit drohte, uns einzuschließen. Ich steuerte wieder in Richtung Loch und beschloss, mein Glück damit zu versuchen.

Wolken bauschten sich um beide Seiten des Flugzeugs und griffen nach dem Vogel. Das Loch wurde immer kleiner und schrumpfte ungefähr auf Flugzeuggröße zusammen. Ich zielte mit dem Fadenkreuz auf die Mitte des Lochs und wartete. Die Wolken hüllten die Maschine immer mehr ein und raubten mir die Sicht. Als wir in die Wolken eintauchten, wurde der Bildschirm dunkelgrau. Ich zählte drei Sekunden runter und rechnete schon damit, die gefürchtete *Positionsverlust, Datenverlust*-Meldung zu lesen.

Ich war bei meinem Countdown kaum bei drei angelangt, als das Flugzeug aus den Wolken herausschoss und in strahlendes Sonnenlicht eintauchte. Wir hatten das schlechte Wetter endlich hinter uns gelassen und waren dem Zielgebiet in Kunar erstaunlich nahe. Ich holte tief Luft und warf einen Blick auf den Tracker über dem HUD, um unsere Koordinaten zu erfassen.

Keiner sagte ein Wort. Es gab keinen Grund, uns gegenseitig zu beglückwünschen, denn der wichtigste Teil der Mission war noch nicht erfüllt.

Dennoch tippte ich erleichtert folgende Worte in den Chat:

WF_81> Unwetter hinter uns, steuern Koordinaten an.

Der Einsatzleiter antwortete sofort.

17RS_MCC> C.

Katie gab die Zielkoordinaten ein. Das Zielsystem rotierte hin und her, während sie tippte, und kam schließlich in einem grauen Nichts zum Stehen.

»Ist das Eis auf dem System?«, fragte ich besorgt.

Katie betätigte ihre Instrumente. Die Kamera war im Infrarotmodus und litt unter Kontrastverlust. Das passierte, wenn die Außentemperatur der Luft der Bodentemperatur entsprach. In dieser Suppe würden wir niemanden finden.

»Okay«, sagte ich. »Zoom raus und such nach einem Wärmepunkt«, sagte ich.

Auf der Stelle materialisierte sich ein heller Fleck in einer Ecke des HUD. Katie zentrierte das Bild und zoomte wieder zurück. Trümmerteile der CH-47 der schnellen Eingreiftruppe tauchten in unserem Blickfeld auf. Der Helikopter war in ein bewaldetes Gebiet gestürzt und explodiert. Motoren und Treibstofftank brannten immer noch lichterloh. Die zerfetzten Rotorblätter und umgestürzte Bäume glühten im Schein des Feuers. Undenkbar, dass hier jemand überlebt hatte.

»MC, wir sind an der Absturzstelle«, meldete ich dem Einsatzleiter. »Haben Sie einen Vektor?«

»Steuern Sie die Kammlinie ganz oben auf dem Bildschirm an«, antwortete der Nachrichtenoffizier. »Folgen Sie der Linie ungefähr fünf Meilen. Die führt zu dem Gebiet, wo sie zuletzt gesehen wurden. Sie müssen vier Personen finden.«

Der Nachrichtenoffizier musste nicht ergänzen, »die sich diszipliniert bewegen«. Das verstand sich von selbst. Im Gegensatz zu den Taliban, die kreuz und quer über die Felsen kraxelten, vollführten SEALs stets koordinierte Bewegungen und gaben einander Deckung.

So fiel es uns nicht besonders schwer, Freund von Feind zu unterscheiden.

Katie scannte schweigend die Kammlinie. Sie hatte immer noch mit dem Kontrastverlust zu kämpfen. Katie zeichnete ein Raster um die CH-47 Chinook und überprüfte jede Wasserfurche, jede Spalte, jede Erhebung. Nach unserem letzten Erkenntnisstand war das SEAL-Team noch immer irgendwo unterwegs.

Ich rutschte unruhig auf meinem Sitz hin und her und beugte mich näher zum Bildschirm. Wenn ich das Team am Boden wäre, dann würde ich nicht wollen, dass die Flugsicherung an einem bisschen Kontrastverlust scheitert und mich aufgibt.

»Siehst du etwas?«, fragte ich nur, um das Schweigen zu brechen.

»Negativ«, lautete Katies Antwort.

Ich stellte keine Fragen mehr, aus Angst, meine Konzentration zu verlieren. Wir wollten die Jungs unbedingt finden und hatten keine Ahnung, unter welchen Bedingungen sie sich gerade befanden. Ich wollte sie in Sicherheit bringen. Waren sie verwundet? Tot? Wir hatten weder Kontakt zu ihnen noch zu ihrer Einsatzleitung. Wir wussten es damals noch nicht, aber ihre Einsatzleitung befand sich in der brennenden Chinook an dem Berghang.

Eineinhalb Stunden kämmten wir jeden Zentimeter der Kammlinie und des Tals durch. Nichts bewegte sich. Sogar die Taliban schienen eine Auszeit zu nehmen. Katie scannte langsam jeden Felsen und jeden Baum, und irgendwann fing sie an, sich mit dem Nachrichtenoffizier über Filme zu unterhalten, die sie in diesem Monat gesehen hatten. Ich war so damit beschäftigt, den Bildschirm nach einer Bewegung abzusuchen, dass ich nicht mal die Titel mitbekam, um die es ging. Ihre Unterhaltung drehte sich weniger um Inhalte und diente eher dem Zweck, den Geist zu beschäftigen. Es fiel schwer, bei der Sache zu bleiben, wenn jeder Felsen und jeder Baum gleich aussahen. Mehr als 200 Taliban wurden auf diesem Berg vermutet. Wo zur Hölle steckten sie?

Dann hörte ich es. Eine abgehackte Nachricht über Funk. Die Stimme war leise, flüsterte fast. Den ersten Teil der Nachricht hatte ich nicht gehört, nur das Ende.

»[Abgehackt]… Kommen.«

Irgendjemand versuchte, über Funk jemanden zu erreichen.

Ich legte den Kopf schief und presste den Kopfhörer an mein Ohr. Die Stimme kam über Funk, nicht über die Gegensprechanlage. Ich überprüfte die Frequenz. Es war die Frequenz der CSAR (Combat Search and Rescue). Unsere Funkgeräte waren furchtbar und taugten nicht dazu, mit jemandem zu sprechen, der mehr als acht Kilometer entfernt war, was auch bedeutete, dass die Flugsicherung mich nicht erreichen konnte, auch wenn sie auf dieser Frequenz war.

Ich überprüfte die Uhrzeit. Es war fünf Minuten nach der vollen Stunde, der sonst üblichen Check-in-Zeit. Es musste sich um einen Notruf handeln.

Wieder kam die Nachricht abgehackt rein. Ich verstand nur »kommen«. Aber es war eine Männerstimme, und sie sprach im Flüsterton.

»Seid mal alle ruhig«, schrie ich in das Mikro. »Ich glaube, ich hör da was.«

Katie und der Nachrichtendienstler hörten auf zu reden. Sofort änderte sich der Ton im Einsatzraum. Ich glaubte sein Rufzeichen zu hören, konnte aber nicht bestätigen. Ich versuchte mein Glück und sprach ins Mikro.

»Hier ist Wildfire, bitte wiederholen Sie.«

Nichts.

»Hier ist Wildfire, bitte wiederholen Sie.«

Stille.

Entweder konnte er uns nicht hören, oder er antwortete nicht ohne das Codewort.

»Hier ist Wildfire«, sagte ich, »halten Sie durch. Wir triangulieren Ihre Position. Befreundete Einheiten sind unterwegs. Befreundete Einheiten sind unterwegs.«

Ich handelte gegen jede Funkdisziplin und hielt mich nicht an die CSAR-Standardkommunikation. Aber das war mir egal. Der SEAL musste wissen, dass wir da waren, vorausgesetzt, er konnte uns hören.

Ich markierte die Stelle auf meinem Tracker, um mir zu merken, woher der Funkspruch gekommen war. Ich konnte nicht hundertprozentig bestätigen, dass ich SEAL Team Five gehört hatte, aber ich musste es dokumentieren. Niemand sonst hätte auf dieser Frequenz sein dürfen. Niemand sonst hätte geflüstert. Ich berechnete die Koordinaten und gab sie ans Joint Personnel Recovery Center, die gemeinsame Personenrückführungszentrale, weiter.

Während des restlichen Einsatzes lauschten wir angestrengt auf den Funkverkehr und drehten mehrere Runden an derselben Stelle, in der Hoffnung auf einen weiteren Funkspruch. Wir brauchten weitere Kontakte, um seine Position zu triangulieren. Eine Stunde später war mein Teil der Mission beendet. Die Ablösung kam, wurde von uns eingewiesen und übernahm die Kontrolle.

Die Kollegen in der Einsatzzentrale sahen alles andere als begeistert aus, als ich dort ankam. Die Suche nach den Männern dauerte an, und die Anspannung lag förmlich in der Luft. SEAL Team Five war immer noch irgendwo da draußen. Als ich Feierabend hatte, ging ich zu meinem Auto. Die Sonne war aufgegangen, und ich wusste, dass die meisten in Las Vegas gerade dabei waren, sich den samstagnächtlichen Kater abzuschütteln. Ich fühlte mich ähnlich, jedoch aus anderen Gründen. Ich hätte das SEAL-Team so gern gefunden, aber es war mir nicht gelungen.

Als ich in die Stadt zurückfuhr, hatte ich das Gefühl, das Gewicht des gesamten Einsatzes lastete auf meinen Schultern. Es war schlimmer als die Belastung des Abschusses. Wir waren das einzige Flugzeug gewesen, das es bis zum Ort des Geschehens geschafft hatte, und wir gaben unser Bestes, um sie zu finden. Viel mehr konnten wir nicht tun, aber ich wollte mich nicht aus der Verantwortung entlassen.

Den Rest der Woche verbrachte ich damit, Nachrichtenseiten zu durchforsten und unseren Nachrichtenoffizier regelmäßig nach dem neuesten Stand zu fragen. In meinem Kopf war der Einsatz noch nicht beendet. Am Ende retteten Army Rangers Marcus Luttrell, den einzigen Überlebenden des vierköpfigen Teams. Er hatte sich einige Kilometer entfernt von der Stelle, von wo wir seinen Funkspruch gehört hatten, in einem Dorf versteckt. Ein lokaler Paschtunenstamm hatte Luttrell vor den Taliban beschützt, bis die Rangers ihn fanden.

Es machte uns stolz zu wissen, dass wir das einzige Flugzeug waren, das in der Lage gewesen war, an jenem Tag bis in das Gebiet vorzudringen. Die herausragenden Eigenschaften einer Predator waren an einem derart gefährlichen Ort von Vorteil. Die Air Force würde unter solchen Wetterbedingungen niemals die Sicherheit eines Piloten aus Fleisch und Blut aufs Spiel setzen, zumal in Anbetracht der Gefahr, die von den Taliban ausging. Und obwohl wir zwei Predators verloren hatten, hatte mein Flugzeug die ersten Bilder des Absturzortes geliefert und möglicherweise dank Luttrells Funkspruch seine Position bestätigen können. Ohne diese Informationen hätte die Einleitung des Rettungseinsatzes sehr viel länger gedauert.

Für mich pesönlich war die Mission abgeschlossen, als Luttrell während der Arbeit an seinem Buch *Lone Survivor* unserer Staffel einen Besuch abstattete. Wir hatten unsere Sache gut gemacht.

KAPITEL 10

Auf der Jagd nach den Taliban

Auf meinem HUD waren nur die bewaldeten Berghänge Ostafghanistans zu sehen.

Wir verfolgten die Spur eines Kuriers von Osama bin Laden. Heute Abend beobachteten wir nur, versuchten seine Bewegungen und seine Lebensgewohnheiten zu katalogisieren. Unsere letztendliche Mission lautete weiterhin, Osama bin Laden zu finden und zu eliminieren. Der Kurier war möglicherweise ein wichtiger Schlüssel zum Gelingen dieser Operation.

Unsere Flugroute führte uns an Khost vorbei, einem trostlosen Ort mit bröckelnden Betonbürobauten aus der Sowjetzeit, müllübersäten Gassen und nur wenigen asphaltierten Straßen. Diese Provinz war einer der Orte, wo die Entführer der Flugzeuge, die in das World Trade Center und ins Pentagon geflogen waren, ihr Training absolviert hatten.

Während wir flogen, übte ich simulierte Hellfire-Abschüsse. Wir hatten die Anweisung, keine Einsatzzeit zu vergeuden. Wenn wir uns auf einem langen Überlandflug befanden, mussten wir üben, indem wir uns einen Punkt in der Landschaft aussuchten und einen Abschuss simulierten. Es war nicht viel anders als das, was ich zwei Jahre zuvor mit Wang getan hatte, als ich mit dem Fliegen anfing. Wenn wir unterwegs waren, suchten wir uns eine Stelle aus, beispielsweise die alte Festung neben unserem ehemaligen Flugfeld, und gingen alle vorbereitenden Maßnahmen vor einem Abschuss durch. In unserer Freizeit konnten wir nicht üben, da wir offiziell im Einsatzmodus waren, was nichts anderes hieß, als dass nur Kampfeinsätze durchgeführt wurden.

Sogar Soldaten im Einsatzgebiet übten regelmäßig auf dem Schießplatz.

Wir nicht.

Wir hatten einfach keine Zeit dafür. Während der meisten Schichten flog ich acht Stunden am Stück und verbrachte dann vier Stunden mit zusätzlichen Pflichten. Um ihr Trainingsdefizit wettzumachen, übten die Piloten in der 17. auf jedem Flug das Abfeuern von Hellfire-Raketen. Die Crews der 15. taten es nicht. Die kamen kaum mit ihren Einsätzen nach, weil ihre Stützpunkte inmitten vieler ihrer Zielgebiete lagen.

In der Air Force übertraf der Zuwachs an Piloten unbemannter Luftfahrzeuge die Kapazitäten, für alle regelmäßige Trainingseinheiten zu gewährleisten. Um Maschinen wie die F-16 fliegen zu können, waren Hunderte Stunden Flugtraining daheim erforderlich, bevor man in den Kampf geschickt wurde. Ein junger Wingman durchlief eine mindestens sechsmonatige Ausbildungsphase, bevor er für einen Einsatz in Erwägung gezogen wurde. Die gesamte Staffel begann dann mit dem Abschusstraining, das in einem »Red Flag«-Manöver in der Nellis Air Force Base endete, wo zur Vorbereitung auf spätere Auslandseinsätze in großer Formation exakt die Einsätze geübt wurden, die man später in Übersee durchführte.

Predator-Staffeln hatten diesen Luxus nicht.

Im Laufe der Jahre war die Ausbildungszeit immer mehr gekürzt worden. Piloten machten ihren Abschluss und waren kaum gerüstet für den Kampf, ein starker Kontrast zu dem Programm, das ich vor etwa zwei Jahren durchlaufen hatte. Die Kürzungen wurden damit gerechtfertigt, dass immer mehr Kampfteams benötigt wurden. Der erste Flug einer Crew bei ihrer ständigen Staffel fand über einem echten Ziel mit echten Waffen statt. Erfahrungen wurden buchstäblich auf realen Flügen gemacht.

Die Einsätze der 15. weiteten sich auf sechs bewaffnete Luftraumüberwachungen in Afghanistan und Irak aus. Der Kommandant der 15. lehnte Urlaubsanträge ab und machte das Leben in der Staffel zur Hölle. Es überraschte mich nicht, dass die Piloten der 15. keine neuen Techniken lernen wollten. Die meisten der Jungs sahen aus wie Zombies, mit bleicher Haut und dunklen Ringen unter den Augen. Die Erschöpfung führte dazu, dass die Teams jeglicher Lebensenergie beraubt und schlampig wurden. Die Ermüdung konnte ich verstehen. Die Schlampigkeit jedoch nicht.

Ich war der Chefpilot für die 15. und 17. auf der Nellis. Bis die Staffeln einen von der Air Force Weapons School ausgebildeten Waffenoffizier bekamen, lastete die Aufgabe, unsere Taktiken und Abläufe festzulegen, auf meinen Schultern.

Wir hatten in letzter Zeit ein paar Fehler gemacht, die uns einiges gekostet hatten. Einige unserer Raketen in Afghanistan hatten ihr Ziel verfehlt und waren verloren gegangen. Einer der schlimmsten Fehler war passiert, als der stellvertretende Gruppenkommandant der 57. Staffel nur Sekunden vor dem Aufschlag eine scharfe Kurve flog. Kampfpiloten schlingerten nach einem Abschuss oft aggressiv. Ihre Zielsysteme waren dafür ausgelegt mitzuhalten, jedoch nicht das Zielsystem der Predator. Die Bewegung hatte den Laserstrahl vom Ziel abgebracht und die Rakete war, ohne Schaden anzurichten, etwa 45 Meter neben ihrem Ziel explodiert.

Diese Übungsschüsse verzögerten unsere Überflüge ein wenig, aber nichts war schlimmer als eine Crew, die ihr Ziel verfehlte. Wir konnten es uns nicht leisten, nicht zu treffen, daher war es völlig in Ordnung, ein paar Minuten von der Zielzeit des JOC zu nehmen, wenn sie zum Üben genutzt wurden.

Das Ziel war noch eine Flugstunde entfernt. Ich bereitete mich gerade auf einen weiteren Übungsabschuss vor, als Mongo über Funk reinkam. Er hatte die Staffel vor zwei Wochen verlassen, um als Verbindungsoffizier beim JOC zu arbeiten.

»Hey, Squirrel.«

»Hey, Mongo«, antworte ich. »Lange nicht gesehen. Wie geht's denn so?«

»Ich steh voll auf die Kekse, Mann.«

Ich grinste.

Wir wohnten alle im selben Hotel in der Nähe des JOC-Geländes. Eine der Vergünstigungen war ein großes Tablett mit Keksen, das jeden Abend in der Hotellobby hingestellt wurde. Sie gehörten zu einem Dinner-Büffet, das den Gästen vom Hotel serviert wurde. Viele unserer Jungs nahmen bei diesen Einsätzen zu.

»Was gibt's, Mann?«, fragte ich.

»Eine vorgeschobene Operationsbasis in deiner Nähe wurde gerade getroffen«, informierte mich Mongo. »Es gibt Tote. Ich habe die Angriffspunkte für dich, wenn du so weit bist.«

Die Angriffspunkte wurden nach einem Granat- oder Raketenbeschuss berechnet. Mithilfe des Counterfire-Radarsystems ließ sich der Abschussort anhand der ballistischen Kurve berechnen. Doch die Radare nutzten wenig bei der Verteidigung der Stützpunkte. Über die Absperrung geworfene Granaten explodierten in der Regel, bevor das Lautsprechersystem der Basis den Angriff überhaupt meldete. Die Soldaten scherzten, dass man, wenn die Lautsprecherdurchsage ertönte, in Sicherheit sei.

Die Taliban liebten Granaten und Raketen. Schon eine kleine Gruppe war in der Lage, einen Stützpunkt täglich, wenn nicht stündlich mit Angriffen zu terrorisieren. Der Granatbeschuss und die Raketen mussten keine amerikanischen Soldaten töten. Jeder Angriff stoppte oder verlangsamte Operationen.

Die Taliban feuerten Raketen oft mittels Zeitzünder ab. Manche Zeitzünder bestanden einfach aus einem Eisblock, der zwei Metallplatten voneinander trennte. Wenn der Eisblock in der Sonne schmolz, berührten sich die Metallplatten irgendwann und schlossen den Kreislauf, sodass die Rakete abgefeuert wurde. Für die Granatenangriffe brauchte man ein Team. Meistens bauten drei oder vier Männer einen Granatwerfer auf, feuerten ein paar Granaten ab und zogen sich dann wieder in ihr Dorf zurück.

Alan, mein Sensoroperator, und ich guckten uns an. Noch nie hatte jemand Luftnahunterstützung von uns gefordert. Der Angriff musste schlimm gewesen sein, wenn wir die Anforderung bekamen.

»Was ist mit unserem eigentlichen Ziel?«

Die gleiche Frage musste Mongo vorher schon gestellt haben. Er hatte die Antwort parat.

»Al sagt, das hier hat jetzt Priorität.«

Wenn Al, einer unserer JOC-Leiter, das sagte, dann war das so.

Die Angriffspunkte lagen direkt unter mir. Ich leitete das Wendemanöver ein, während Alan die Koordinaten in das Zielsystem eingab. Die Gebirgskette war einer von mehreren Ausläufern, die bis in das afghanische Tal bei Khost reichten. Die Army hatte die vorgeschobene Operationsbasis Salerno eingerichtet, um den Hauptgrenzübergang zwischen Afghanistan und Pakistan zu überwachen.

»Scan den Höhenkamm«, ordnete ich an.

Alan hatte sein Fadenkreuz schon auf den Berghang gerichtet.

Er brauchte etwa 30 Sekunden, bis er an besagter Stelle war. Dort stach ein flacher Felsvorsprung aus der Anhöhe heraus, auf dem überraschenderweise immer noch die dreiköpfige Granatwerfercrew stand. Ein heller Blitz schoss aus der Röhre.

»Sie haben gerade wieder gefeuert«, stellte Alan fest.

Mir klappte die Kinnlade runter. Dass wir einen Angriff live erlebten, war selten genug.

»Mongo«, meldete ich, »wir haben eine Granatwerfercrew im Visier.«

»Verstanden«, antwortete er.

Es waren drei Kämpfer, sie trugen lange Hemden und Pluderhosen und hatten Tücher um ihre Köpfe gewickelt. Wir sahen deutlich das schwarze Granatwerferrohr und die Bodenplatte auf dem Felsen. Nach dem letzten Angriff packten die Männer zusammen. Einer der Kämpfer schulterte das Rohr, und der andere griff sich die Bodenplatte. Der dritte nahm die übrig gebliebene Munition. Das Trio macht sich auf einem engen Ziegenpfad in östlicher Richtung auf den Weg.

»Hey, Mongo, die Crew ist unterwegs.«

»Folgt ihnen.«

Ich überprüfte FalconView, ein neues Moving-Map-Navigationssystem, das am Georgia Institute of Technology entwickelt worden war und jede befreundete Einheit in Afghanistan verfolgen konnte. Sogar in diesem schwierigen Gelände konnten die Taliban es innerhalb kürzester Zeit in eine sichere Zuflucht schaffen.

»Mongo, die Jungs haben's eilig.«

»Verstanden.«

Ich manövrierte das Flugzeug so, dass ich die Taliban im Blick behielt, ohne direkt über ihnen zu fliegen. Ich hoffte, dass sie nach dem Granatenangriff noch taub waren, weil die Berghänge unser Motorengeräusch sicherlich direkt zu ihnen trug. Über Funk hörte ich es wieder knistern.

»Hey, Squirrel.«

Diesmal war's der Einsatzleiter auf der Nellis.

»Ich höre.«

»Roulette und Pacman sind auf dem Weg zu dir.«

Zwei Flugzeuge der 15. waren in der Nähe.

»Was kann ich machen, damit die das Ziel auch sehen?«

Wir konnten keine Video-Aufzeichnungen mit ihnen teilen, die Koordination würde also schwierig werden.

Der Einsatzleiter wusste, wie.

»Ich habe unsere Standby-Crews rausgeschickt, um sich des Flugzeugs anzunehmen. Unsere Kommunikationstechniker haben die Aufzeichnungen zugänglich gemacht.«

Die Kommunikationstechniker konnten eine Verbindung zur Einsatzzentrale der 17. herstellen, wodurch alle unsere Flugzeuge Zugang zu allen Aufzeichnungen hatten.

Die Kämpfer benutzten einen Trampelpfad, der am Fuß eines Tals entlangführte. Sie wirkten ganz entspannt und waren sich unserer Anwesenheit nicht bewusst. 30 Minuten später trafen die beiden anderen Predators ein. Ich gab ihnen über Funk eine kurze Zieleinweisung, und nutzte ihre Video-Aufzeichnungen, um sie zu leiten. Die drei Kämpfer standen im Begriff zu entkommen.

Warum wurden drei Flugzeuge auf diese Männer angesetzt? Warum waren wir von unserer Jagd nach dem Kurier abgezogen worden? Es handelte sich doch eigentlich um einen Einsatz für die 15., und mir war nicht klar, warum wir nicht mehr hinter Bin Ladens mutmaßlichem Kurier her waren.

Mongo schaltete sich ein, bevor ich fragen konnte.

»An alle Crews, Raketen bereit machen.«

Ich hatte meine Raketen bereit gemacht, als wir zuerst am Ziel eintrafen. Wie sonst hätten wir dem Stützpunkt helfen sollen? Mongo instruierte Skid und Pikachu, die Roulette flogen, als Erste zuzuschlagen. Über FalconView sah ich, dass sie niedrig flogen. Sie konnten schießen und dann seitlich abdrehen, damit das nächsthöhere Flugzeug schießen konnte. Wir werfen üblicherweise nicht Waffen aus größerer Höhe ab, wenn im Luftraum darunter ein Flugzeug unterwegs ist, um die Maschine nicht versehentlich zu treffen. Die Jungs oben mussten warten.

Skid war der uns zugewiesene Waffenoffizier, weil er F-16-Erfahrung hatte. Er wäre unser erster »offizieller« Waffenoffizier gewesen, wenn die Air Force Predator-Piloten erlaubt hätte, die USAF Weapons School zu besuchen.

Pikachu war eine junge Pilotin, blond und mitsamt Absätzen gerade mal 1,50 Meter groß. Ihre Größe und Energie erinnerten alle an das kleine, ballförmige gelbe Pokémon-Monster. Ihr Name war allen ein Begriff. Sie war im siebten Monat schwanger, und dieser Einsatz wäre einer ihrer letzten, bevor sie in Mutterschaftsurlaub ging. Ihr Bauch war so dick, dass sie kaum noch die Steuerelemente erreichen konnte, und ich musste grinsen, wenn ich sie in der Staffel herumwatscheln sah. Es gab wirklich kein anderes Flugzeug mehr, bei dem sie noch an den Instrumenten sitzen konnte, aber ich war froh, dass sie heute bei meinem Einsatz dabei war. Sie hatte ein geschicktes Händchen und ein wachsames Auge. Wir machten gern Witze darüber, dass die Kämpfer, die in Afghanistan umkamen, geschickter kämpfen würden, hätten sie eine Ahnung, dass sie von einer schwangeren Frau getötet wurden.

Skid bereitete seinen Abschuss vor. Das Tal war eng von Bergen umschlossen, und die steilen Berghänge machten einen Abschuss von der Seite unmöglich. Auf dem HUD konnte ich beobachten, wie Skid die Rakete in das Tal manövrierte. Die Hellfire schlug direkt hinter dem Trio ein und riss den Kämpfer zu Boden, der die Platte trug.

»Platsch«, hörte ich Skid über Funk rufen.

Die zwei überlebenden Kämpfer rannten auseinander und flüchteten unter die schützenden Bäume, die auf beiden Seiten des Pfads standen. Auf meinem Monitor sah ich einen in südlicher Richtung im Laubwerk verschwinden. Auf dem seitlichen Monitor zeigten Skids Aufnahmen, wie sein Fadenkreuz dem Mann folgte, der nach Norden rannte.

»Du übernimmst den, der nach Süden abhaut«, befahl ich Alan.

Ich wendete die Predator und begann, in einer entspannten Umlaufbahn über den Bäumen zu kreisen. Das machten wir eine halbe Stunde lang. Es handelte sich weniger um einen Wald als um vereinzelte Baumansammlungen. Schließlich sahen wir ihn aus dem Unterholz hervorkriechen. Alans Fadenkreuz zog rüber zu ihm, sodass ich ihn nun in der Mitte meines HUD hatte. Der zweite Mann tauchte etwa zur gleichen Zeit auf.

»Die Männer flüchten«, meldete Pikachu über Funk.

»Verfolgt sie«, sagte Mongo.

Sie trafen sich bei der Leiche des dritten Mannes. Einer nahm Bodenplatte und Rohr an sich. Der andere hob den gefallenen Kämpfer auf und legte ihn sich umständlich über die Schulter. Langsam liefen sie auf dem Pfad weiter.

»Da ist eine zweite Gruppe«, sagte jemand über Funk.

Kurz darauf entdeckten wir sie auf dem Pfad. Die Flüchtenden liefen auf die neue Gruppe zu und hielten an. Die neuen Kämpfer übernahmen den Granatwerfer und die Bodenplatte. Die anderen trugen ihren toten Kameraden.

»Skid«, war Mongo wieder zu hören. »Verfolgt sie weiter. Für die zweite Gruppe habt ihr die Freigabe zum Angriff.«

Das JOC zeigt heute Nacht seine Zähne, dachte ich. Diese Verfolgung war höchst ungewöhnlich. Ich sagte nichts und überließ es Skid, den Angriff über Funk zu koordinieren. Dabei kreiste ich als oberste Deckung über ihm. Skid zählte den Countdown für den Abschuss.

»Drei, zwei, eins …«

Die Hellfire landete inmitten der Kämpfer. Im HUD war auf einmal nur noch eine weiße Rauchwolke zu sehen. Als sie sich auflöste, sah ich, dass einige überlebt hatten und auseinanderstoben wie von einem Lichtstrahl getroffene Küchenschaben. Zwei Männer hatte es erwischt.

Alle drei Predators fingen wieder an, Runden zu drehen, um die verschiedenen Gruppen von Flüchtenden zu verfolgen. Wie zuvor versteckten die Kämpfer sich mindestens eine halbe Stunde im Gebüsch, bevor sie ihre Verwundeten aufsammelten und weiter den Pfad hinuntereilten.

»Die Zielpersonen stehen jetzt vor einer Hütte«, sagte jemand.

»Verstanden«, bestätigte Mongo.

Auf dem HUD sah ich die kleine Hütte, die sich in eine Felsnische schmiegte. Ein fahler Lichtstrahl fiel durch die Eingangstür und das einzige Fenster auf den Weg. Mehrere Kämpfer, die Gewehre trugen, traten durch die Tür ins Freie. Sie wirkten aufgeregt, ihre Hände bewegten sich so schnell wie ihre Münder. Ich sah, wie einer in die Luft deutete, als redeten sie über die Angriffe.

Die Kämpfer in der Hütte hatten zweifellos die Hellfire-Abschüsse gehört. Das Echo der Explosionen dürfte wie Donner durch das Tal gerollt sein. Ich fragte mich, ob sie wütend waren, weil die Neuankömmlinge bei der Hütte Halt gemacht hatten, aber das spielte eigentlich keine Rolle. Da sie bewaffnet waren, waren sie jetzt ein legitimes Angriffsziel.

Die Taliban hatten großen Einfallsreichtum bewiesen, als es darum ging, unsere Einsatzregeln herauszubekommen. Sie hielten sich in der Nähe von Frauen und Kindern auf und versuchten wann immer möglich, sich mit Zivilisten zu bewegen. Manche trugen Frauenkleider, um sich zu tarnen. Sie wussten, wir würden uns an die Anstandsregeln halten, und sie nutzten sie gegen uns, um ihren Vorteil zu wahren.

Aber ich konnte deutlich sehen, dass die Kämpfer aus der Hütte Kalaschnikows trugen. Einer der Männer stieg in einen HiLux-Pick-up und fuhr zum Einschlagsort der zweiten Hellfire-Rakete.

»Verfolgt den Geländewagen«, sagte Mongo.

Roulette, die von Skid geflogen wurde, hatte keine Hellfire-Raketen mehr, denn die Predator trug nur zwei. Pacman, die andere Predator, war also als Nächste dran. Ich kreiste immer noch ganz oben. Ich würde als Letzter schießen, da ich über Skid und Pacman flog.

Auf meinem HUD verfolgte ich, wie die Taliban ihre Toten auf die Ladefläche des Transporters luden. Sie wollten sie wahrscheinlich irgendwo begraben. Im Islam musste die Beisetzung erfolgen, bevor am Tag nach dem Tod die Sonne aufging. Weil im Transporter nicht genug Platz für alle war, rannten einige hinterher.

»Pacman, du hast grünes Licht«, meldete sich Mongo. »Hauptziel ist der Geländewagen.«

Der fuhr in den ausgetrockneten Furchen des Pfades langsam schaukelnd weiter. Der Pfad verbreiterte sich schließlich zu einer Straße, kaum breiter als der Transporter selbst.

»Pacman, verstanden«, hörte ich über Funk.

Auf dem FalconView-Monitor war zu sehen, dass Roulette sich höher in die Berge schraubte, um die Schusslinie freizugeben. Pacman positionierte sich und bereitete den Abschuss vor. Die erste Hellfire landete vor dem Transporter. Der Wagen wurde durch die Wucht der Detonation auf die Seite geschleudert, Felsbrocken und andere Trümmer prasselten auf ihn nieder.

Zwei Kämpfer taumelten aus dem Wrack heraus, als die zweite Rakete landete.

Sie traf die Kämpfer, die hinter dem Pick-up hergelaufen waren. Sie waren so weit zurückgefallen, dass sie nicht mehr in unserem Blickfeld waren. Wahrscheinlich hatten sie das Ergebnis des ersten

Schusses nicht einmal mitbekommen, bevor sie selbst getroffen wurden.

Alan hielt das Fadenkreuz weiterhin auf den zerstörten Laster gerichtet. Der Schauplatz war von leblosen Körpern übersät – einige wahrscheinlich schon vor dem Angriff tot. Wir hatten keine Ahnung, wie viele Kämpfer sich im Führerhaus befanden. Als wir versuchten, uns ein klareres Bild zu machen, meldete sich Skid über Funk.

»Roulette ist *bingo.*«

Ein Flugzeug war *bingo,* wenn es gerade noch genug Treibstoff hatte, um zurück zum Stützpunkt zu fliegen und mit nur einem Versuch sicher zu landen. Zusätzliche Landungen waren riskant und konnten zum Flammabriss führen.

»Verstanden, Roulette«, sagte Mongo. »Du bist vom Ziel abgezogen.«

Jetzt blieben noch Pacman und ich, um den Kampf zu Ende zu bringen. Meine Predator war die einzige, die noch Waffen hatte, und zwar eine Hellfire-Rakete. Eine MQ-9 Reaper war schon unterwegs. Sie war größer als die Predator und hatte eine größere Tragkraft. Im Gegensatz zur Predator konnte die Reaper vier Hellfire-Raketen und zwei GBU-12-lasergesteuerte Bomben tragen.

»Pacman, bleib an dem Pick-up dran«, sagte Mongo. »Wildfire, du übernimmst die, die zu Fuß unterwegs sind.«

»Verstanden«, sagten wir unisono. Wir waren Wildfire.

Alan richtete das Fadenkreuz wieder auf die Gruppe, die von der zweiten Rakete getroffen worden war. Wir umkreisten das Gelände und richteten die Kamera auf die Straße und die Lichtung. Um die Einschlagstelle herum lagen drei Tote mit verdrehten Gliedmaßen. Die Körper kühlten in der Bergluft schon aus und waren nur noch schwer mit der Infrarotkamera auszumachen. In der Nähe lagen noch zwei Tote nebeneinander am Straßenrand. Wir fixierten die zwei durch das Fadenkreuz.

»Wann hast du das letzte Mal zwei Leichen gesehen, die so gerade liegen?«, fragte Alan.

»Und dann auch noch nebeneinander?«, fügte ich hinzu. »Mongo, Squirrel.«

»Ich höre«, meldete sich der Einsatzleiter.

»Ich glaube, wir haben hier zwei Ziele, die sich tot stellen«, sagte ich. »In der Mitte des Bildschirms.«

Mongo guckte sich schweigend unsere Aufnahme an. Unsere Analysten machten wahrscheinlich das Gleiche.

»Bleibt erst mal dran.«

Pacman meldete sich zu Wort, bevor ich etwas erwidern konnte.

»Der Pick-up ist unterwegs.«

Ein paar der Taliban bei dem Transporter waren noch in der Lage gewesen, ihn wieder aufzurichten. Die Hellfire hatte nicht genug Schaden anrichten können, um ihn fahruntüchtig zu machen. Der Pick-up raste noch schneller als zuvor über die immer breiter werdende Straße, ohne sich um die tiefen Furchen zu kümmern. Auf dem seitlichen Monitor verfolgte ich sein Vorankommen, während wir unsere beiden Simulanten weiter fest im Blick hatten.

Eins musste man diesen »toten Körpern« lassen. Sie waren diszipliniert und warteten lange, ohne sich zu rühren. Ich war mir sicher, dass sie uns nach der Explosion nicht hören konnten. Wahrscheinlich waren ihre Trommelfelle geplatzt. Ich überprüfte unsere Treibstoffanzeige. Wir konnten noch ein paar Stunden die Stellung halten, und ich war bereit, die Situation auszusitzen.

»Wildfire, könntest du bitte die Straße scannen?«, fragte Mongo ein paar Minuten später.

»Aber was ist mit diesen beiden, Mongo?«, fragte ich zurück.

»Sie sind als ›im Kampf gefallen‹ eingestuft worden.«

»Mongo, alles weist daraufhin, dass sie sich tot stellen«, sagte ich. »Ich würde mich gern darum kümmern und dann das nächste Ziel anpeilen.«

Mongo gab meine Bitte an Al weiter.

»Negativ«, sagte er schließlich. »Flieg weiter zu dem getroffenen Geländewagen.«

»Verstanden«, sagte ich.

In gewisser Hinsicht hatten sie recht. Die Männer schienen nicht bewaffnet zu sein. Aber ich wollte nicht, dass sie dachten, sie hätten mich überlistet, indem sie sich tot stellten.

Alan richtete das Fadenkreuz auf die Stelle, wo der Geländewagen gestanden hatte. Wir scannten den gesamten Krater und verfolgten die Spuren bis zu der Stelle, wo der Wagen umgekippt war. Es gab keine Anzeichen von Taliban oder Bewegung.

»Nichts zu sehen«, meldete ich.

»Okay«, antwortetet Mongo. »Dann geh zurück zum ersten Angriffsort und überprüf ihn.«

Etwas sagte mir, dass auch sie eigentlich nicht glaubten, dass die beiden Taliban »im Kampf gefallen« waren. Alan schwenkte das Zielsystem wieder auf die Straßenbiegung. Die drei Taliban auf der Straße lagen immer noch da.

Die zwei Kandidaten neben der Straße waren weg.

Ich kochte vor Wut.

»Ich wusste es«, sagte ich zu Alan. »Wir hätten sie fast gehabt.«

Wir scannten die Baumreihe in unmittelbarer Nähe und suchten das Gelände über mehrere Hundert Meter ab, aber mein Bauchgefühl sagte mir, dass sie weg waren.

Glück gehabt hatten sie, die Schweinehunde.

Ich kontrollierte Pacmans Monitor. Der Geländewagen fuhr in ein kleines Dorf und hielt an einem größeren Gebäudekomplex.

Hohe Mauern umgaben ein mehrstöckiges Haus und trennten es von den viel ärmlicheren einstöckigen Häusern drumherum. Auf dem HUD wirkte das Ganze wie eine Szene aus einem Hollywood-Actionfilm, wo ein stinkreicher Bösewicht eine kleine Stadt beherrscht. Der Pick-up fuhr direkt auf das Gelände, das sich mit bewaffneten Taliban füllte. Eine einsame Gestalt kletterte auf die Ladefläche des Fahrzeugs. Sie gestikulierte wild und sah dabei aus, als spräche sie aufmunternde Worte.

Die Männer drumherum hoben ihre Waffen, und einige feuerten in die Luft.

»Reaper befindet sich im Zielgebiet«, sagte Mongo.

In diesem Fall würde ich den nächsten Schuss der Reaper überlassen müssen, die viel genauer war.

»Squirrel«, sagte Mongo, »zieh deine Bahnen etwas südlicher. Und bereite dich auf die Wirkaufklärung vor.«

»Verstanden«, bestätigte ich.

Wir richteten das Fadenkreuz auf das Bild, das sich uns bot. Wir sahen, wie vom oberen Rand des Monitors die GU-12-Bombe in das Gelände zischte. Sie landete auf der Ladefläche des Pick-ups.

Die Kamera brauchte einige Sekunden, um nach dem Erlöschen des Feuerballs wieder ein klares Bild zu liefern. Dort, wo der Laster gestanden hatte, war jetzt ein Riesenkrater zu sehen. Drumherum lagen Tote und Trümmer in einem Muster, das an eine Windrose erinnerte. Eine der Mauern des Geländes war eingestürzt. Das Haus sah relativ unbeschädigt aus.

Wir sahen uns das Ganze einige Minuten lang an. Nichts rührte sich. Schließlich beendete Mongo den Einsatz.

»Männer, ihr müsst jetzt zu euren zugewiesenen Zielen fliegen. Pacman, du übergibst die Kontrolle wieder an die 15.«

Während ich die Predator wieder auf Kurs zu ihrem ursprünglichen Ziel brachte, gingen mir die zwei Kämpfer, die sich tot gestellt hatten, nicht aus dem Kopf. Wir hatten zwar einen unserer Stützpunkte für eine Weile entlastet, aber der Einsatz hatte etwas Merkwürdiges. Ich verstand immer noch nicht, warum Al uns von unserer geplanten Mission abgezogen hatte, um irgendeine Taliban-Truppe zu jagen.

Die Antwort erhielt ich einige Tage später. Nachrichtenagenturen meldeten, dass ein örtlicher Taliban-Warlord und mehr als 130 seiner Männer bei einem Luftangriff getötet worden waren. Ich informierte mich außerdem bei unseren Nachrichtendienstlern. Die hatten gewusst, dass sich der Warlord in der Gegend aufhielt, und hatten die Kämpfer genutzt, um uns zu ihm zu führen.

Nach dem Luftschlag gingen die Angriffe auf die vorgeschobene Operationsbasis Salerno deutlich zurück, zumindest eine Zeit lang.

KAPITEL 11

Steel Curtain

Die Nachricht der Luftraumüberwachung des Marine Corps poppte in meinem Chatroom auf, als ich gerade über die Al-Anbar-Provinz im Westirak flog.

> *DASC>DR31, neue Koord. Nennung voraussichtlicher Ankunftszeit, wenn möglich.*

Im Chat war ich Dagger Three One beziehungsweise DR31. Meine Zielperson war ein Verbindungsmann mit niedriger Priorität irgendwo in Haditha, aber die Marines brauchten Unterstützung. Sie hatten neue Koordinaten für mich und wollten wissen, wie lange ich bis dorthin brauchen würde.

Ich flog aus Gefälligkeit einen Einsatz für die 3. Special Operations Squadron. Das Air Force Special Operations Command war offiziell in den Bereich der unbemannten Luftfahrt eingestiegen und hatte mich ausgewählt, um bei der Ausbildung seines ersten Kaders zu helfen. Die neue Staffel gehörte vorläufig noch zur 15. Sobald die Einheit die ausreichene Mannstärke hätte, würden die 3. und die 15. getrennt werden und als zwei autonome Staffeln fungieren.

Bis dahin mussten wir aushelfen. Mein Job als Chefpilot bestand darin, das neue Ausbilderkorps der Staffel zu unterrichten. Wenn ich nicht unterrichtete, war ich, sooft es ging, im Kampfeinsatz, um nicht aus der Übung zu kommen. Was mir in den Augen meiner Schülern mehr Glaubwürdigkeit verlieh. Außerdem schloss ich mich der RPA-Gemeinschaft an, um Einsätze zu fliegen. Nach zwei Jahren auf der Nellis bekam ich immer mehr Aufgaben zugewiesen, die mich vom Steuerknüppel fernhielten. Wenn ich also die Gelegenheit bekam zu fliegen, nutzte ich sie.

Mit den meisten unserer Missionen unterstützten wir eine bestimmte Einheit der Army. Wir brauchten die Erlaubnis, die Einheit zu verlassen, um einer anderen zu helfen. Aber im Laufe des Sommers kam es zu einer grundlegenden Änderung der Army-Taktik. Die Führung entschied, dass die Minimierung der Opferzahlen wichtiger sei als offensive Operationen gegen al-Qaida. In der risikoscheuen Atmosphäre des Irak erkannten Army-Befehlshaber das Potenzial der Predator und dass sie ihren Vorteil auf dem Gefechtsfeld maximieren konnte, indem sie topaktuelle Zielaufklärung betrieb. Allerdings benötigten sie dafür die Befehlsgewalt über das Flugzeug, und die Air Force war nicht bereit, ihnen diese abzutreten. Also fingen Armee-Einheiten an, einfachen Einsätzen den Namen von Operationen zu geben, damit sie Luftunterstützung anfordern konnten.

Zu oft kam es vor, dass wir unsere Kreise über Bäumen oder leeren Gebäuden drehten, während die Army-Kompanien Operationen anderswo planten. Zuzugeben, dass sie für den Tag kein Zielobjekt hatten, bedeutete, dass sie ihren Aktivposten verlieren würden. Aus demselben Grund wurden wir nie für Truppen mit Feindberührung abgestellt. Wenn wir freigestellt wurden, konnte das jemanden in Bagdad auf den Gedanken bringen, dass wir nicht genug zu tun hatten.

Die Air Traffic Controllers der Marines zögerten andererseits nicht, uns von einem Ziel abzuziehen, wenn Truppen unter Beschuss standen. Ihnen unterstand in der Al-Anbar-Provinz der gesamte Luftraum unterhalb von 10 000 Fuß. Wenn die Army in diesem Gebiet operierte, wollte sie, dass wir oben und unter ihrer Kontrolle blieben. Wir versuchten niedrig zu fliegen und uns dem zu entziehen. Auf diese Weise hofften wir, für eine interessantere Aufgabe von einem Ziel abgezogen werden.

Ich gab die Koordinaten des Marines-Controllers in FalconView ein. Ein neues Ziel-Icon erschien über al-Qaim, einem kleinen irakischen Dorf nahe der syrischen Grenze. Ich schickte ein Update über den Chat.

DR31> Sind unterwegs, geschätzte Ankunftszeit 30 Minuten.

Al-Qaim befand sich nur 30 Minuten von unserem aktuellen Ziel in Ramadi entfernt. Ich steuerte das Flugzeug nach Westen und beschleunigte. Die Predator flog immer noch niedrig, aber wir konnten vielleicht einige Minuten Flugzeit wettmachen, wenn ich ein paar Knoten drauflegte.

DASC> C, Verbindung aufnehmen mit BRUISER 21 zwecks weiterer Instruktionen.

Zum Ende des Sommers 2005 war die Al-Anbar-Provinz zum Zentrum des Kriegsgeschehens im Irak geworden. Wie Iran unterstützte auch Syrien aktiv den Aufstand. Das Regime schickte zwar keine Truppen, erlaubte aber Tausenden von ausländischen Kämpfern, die Grenze zu überqueren. Junge, idealistische, militante Männer aus der ganzen Region strömten in Scharen in den Irak, um zu kämpfen.

Al-Qaim war eine Brutstätte für terroristische Aktivitäten. Würde man die Kämpfer in der Region als Aufständische bezeichnen, erwiese man echten Aufständischen überall auf der Welt einen Bärendienst. Terroristen hatten die Stadt in ihre Gewalt gebracht. Sie vergewaltigten, folterten und ermordeten die sunnitischen Einwohner, dieselben Menschen, die ihre Anwesenheit einige Tage zuvor noch gutgeheißen hatten.

Als ich mich al-Qaim näherte, nahm ich Verbindung mit Bruiser Two One (BR21) auf. Er befand sich in der taktischen Einsatzzentrale in Falludscha. Aus dieser Entfernung würden sämtliche Kontaktaufnahmen mit dem JTAC über Chatrooms erfolgen.

DR31> Melde mich zur Stelle.
BR21> C, gebt uns Bescheid, wenn ihr die Koordinaten erreicht habt und bereit seid zum AO-Update.

Das AO (Area of Operations)-Update war eine Instruktion über das örtliche Operationsgebiet, für das der JTAC zuständig war.

Wir waren immer noch 15 Minuten vom Zielgebiet entfernt. Auf der FalconView-Karte war ein leuchtend rotes Ziel eingezeichnet, wo die Hauptverbindungsstraße von Ost nach West den Euphrat teilte. Eine andere Straße verlief parallel zur Hauptstraße am anderen Ufer und markierte die Stadtgrenze.

DR31> Bereit für Update.

Es gab keinen Grund mehr zu warten

BR21> Einer unserer Konvois ist unter Beschuss, es gibt viele Opfer. Kein Luftangriff, kein Artilleriefeuer. Stellt euch auf Kleinwaffen und Panzerfäuste ein. Die Koordinaten zeigen befreundete Einheiten an. Ihr seid das dritte unbemannte Flugzeug vor Ort.

Als Dritter und Letzter vor Ort zu sein bedeutete, dass wir nicht das Sagen hatten. Ich wählte unsere Predator-Funkfrequenz, um mich mit den anderen Flugzeugen vor Ort in Verbindung zu setzen. Die eigene Frequenz erlaubte es uns zusammenzuarbeiten, ohne den Funkverkehr der anderen Flugzeuge zu blockieren.

Dragon Four Two meldete sich über Funk.

»Sieht so aus, als wäre ein Siebentonner getroffen worden. Er brennt.«

Ein Siebentonner war ein großer Truppentransporter mit gepanzerten Seitenwänden, welche die hinten sitzenden Soldaten schützen sollten. Er gehörte zu einem Konvoi, der Truppen zurück zur Al Asad Air Base beförderte, während amerikanische Streitkräfte den Beginn der Operation Steel Curtain vorbereiteten. Die Marines waren dabei, al-Qaim zu umstellen. Zivilisten wurden angehalten, die Stadt zu verlassen, während die Marines versuchten, die Ordnung wiederherzustellen. Jeder, der in der Stadt zurückblieb, war ein Ziel.

Ich beschleunigte noch ein wenig, aber aus der kleinen Maschine war nicht viel mehr herauszuholen. Ich senkte die Flugzeugnase etwas und tauschte so ein paar Höhenmeter gegen ein paar mehr Knoten Fluggeschwindigkeit ein.

»Dragon, Dagger kommt von Osten, 7000.«

Ich befand mich auf 7000 Fuß, mehr oder weniger.

»Verstanden, Dagger, wir sind auf 5K, und Mace befindet sich auf 6K.«

Dragon und Mace waren die zwei anderen Crews, die für die 3rd Special Operations Squadron flogen. Sie flogen in 5000 beziehungsweise 6000 Fuß Höhe.

»Ich bleibe auf 7K«, sagte ich.

»Dagger, übernimm das Südufer. Hilf Mace, den ankommenden Beschuss zu lokalisieren.«

»Verstanden.«

Für Brett, meinen Sensoroperator, war es einer seiner ersten Einsätze. Er war vom Air Force Special Operations Command, wo er als eingezogenes Besatzungsmitglied geflogen war, zu unserem Programm gestoßen. Ich wusste nicht mehr, mit welchem Flugzeug. Wir waren noch nie zusammen geflogen, und man hatte uns zu Hilfe gerufen, bevor wir uns richtig kennenlernen konnten. Aber ich war zuversichtich, dass er bereit war, falls wir schießen mussten. Aus meiner Sicht musste man keine Abschussliste haben, wie es in der 17. üblich war. Wer Ausbildung und Abschlussflug bestanden hatte, war für mich in der Lage, bei einem Einsatz seinen Job zu erledigen.

Wir waren etwa 16 Kilometer entfernt. Eine Rauchwolke, die von dem brennenden Siebentonner aufstieg, verursachte einen hässlichen Fleck auf unserem Monitor. Die Auto-Kontrast-Funktion in der Sensorkamera versuchte auszugleichen, schaffte es aber nur, einen Großteil des Bildes zu unterdrücken, als sie den schlimmsten Teil der Erhellung herausfilterte.

Brett justierte das Bild mithilfe der manuellen Steuerung des Sensors nach. Auf dem HUD das brennende Wrack zu betrachten war, als blickte man in die Sonne. Selbst aus knapp 13 Kilometern Entfernung reflektiere etwas in der Kamera das lodernde Feuer und verursachte hin und her huschende Schatten auf dem Bild. Brett versuchte auf die helle Stelle zu halten, aber auch die letzten Details lösten sich auf.

»Zoom mal auf das Flussufer«, schlug ich vor.

Die Kamera funktionierte möglicherweise besser, wenn man sie auf eine andere Stelle richtete. Weiter heranzoomen konnte die Kamera nicht. Die Minimal-Einstellung nannte sich Ultranarrow. Die nächste Einstellung halbierte das Bild digital und vergrößerte eine Hälfte dann auf dem Bildschirm. Es war kein echter Zoom, und wir konnten immer noch nicht viel erkennen, aber ich hoffte, die Auflösung würde besser, sobald wir näher kamen.

»Dagger, Ziel erfasst«, meldete ich.

Ich wiederholte die Meldung im Chatroom

BR21> C.

Als wir näher dran waren, wurde das Bild klarer, und wir konnten endlich einige Details erkennen. Panzerfäuste hatten den vorderen Teil des Transporters getroffen und dabei den Motor zerstört und das Benzin in Brand gesetzt. Weitere Panzerfäuste hatten die schwer gepanzerten Seitenwände um die Ladefläche herum zerstört und 14 Soldaten getötet.

Der Konvoi stand mitten auf der Straße, und Soldaten waren dabei, die Toten zu bergen. Zwei Humvees blockierten die Brücke, während die anderen in der Nähe des brennenden Transporters eine Sicherheitsumfassung bildeten. Ihre Geschütztürme waren auf die Brücke gerichtet. Andere Siebentonner hatten in sicherem Abstand gehalten, und die restlichen Soldaten schwärmten aus.

Am anderen Ufer kauerten etwa 20 Terroristen, feuerten Panzerfäuste ab und deckten die Amerikaner mit Salven aus Kalaschnikows und mit Maschinengewehrfeuer ein. Die amerikanischen Soldaten waren festgenagelt.

Ich war aufgeregt, weil wir in der Lage waren, dem Geschehen eine Wendung zu geben. Den Toten konnten wir zwar nicht mehr helfen, aber denen, die immer noch um ihr Überleben kämpften. Meine Hellfire-Raketen waren bereit, und ich begann, mir ein Abschuss-Szenario zurechtzulegen. Die anderen zwei Predators vor Ort taten sicherlich gerade das Gleiche.

MC80> Ziel in Sicht. Bitte um Freigabe zum Angriff.

Mace Eight Zero war mir zuvorgekommen.

BR21> C. Auf RoE warten.

Bruiser Two One war immer noch mit der Freigabeprozedur zugange und befahl Mace Eight Zero, auf die RoE zu warten. Während wir warteten, hatten die Terroristen auf der anderen Seite des Ufers aufgehört zu feuern und zogen sich, wie auf ein Zeichen, in die Stadt zurück.

Die Sensorkamera drehte sich, und Brett richtete das Fadenkreuz auf eine Gruppe von Terroristen, die sich ihren Weg durch ein Labyrinth von Gassen bahnte. Die Terroristen mieden die verlassene Hauptstraße und hielten sich lieber an die schmalen Durchgänge zwischen den eingeschossigen Flachdachhäusern.

Die verschlungenen Gassen machten es uns nicht leicht, den Feind im Blick zu behalten, während wir kreisten.

Mace und ich flogen tiefer, um sie nicht aus den Augen zu verlieren. Hin und wieder sah ich Mace über meinen Bildschirm flitzen. Ich zuckte jedes Mal zusammen und überprüfte auf meinem seitlichen Monitor, wo genau und wie hoch Dragon und Mace flogen. Mace war immer noch etwa 1000 Fuß unter mir, aufgrund der Bildvergrößerung sah es jedoch so aus, als wäre er in meiner Umlaufbahn.

Die Terroristen liefen hintereinander durch die Gassen.

»Dagger, Mace«, sagte ich über Funk, »ihr übernehmt den Anführer. Ich halte mich an die Nachhut.«

»Verstanden«, antwortete Mace.

Ich erkannte die Stimme wieder. Damals gab es nur eine Handvoll Predator-Pilotinnen, und sie war nicht nur eine sehr erfahrene Sensoroperatorin, sondern von uns dreien, die wir heute flogen, wahrscheinlich auch die gerissenste. Bevor sie sich der Predator-Einheit anschloss, hatte sie Bomber geflogen. Die AC-130 war eine umgerüstete Frachtmaschine mit Gatling Guns und einer M102-Haubitze. Die Kampfbomber flogen nur nachts und lieferten Luftunterstützung vor allem für Spezialeinsatzkräfte. Sie konnten sich länger als ein Jagdflugzeug über dem Ziel halten, und aus kurzer Entfernung war die gewaltige Feuerkraft des Bombers vernichtend. Sie strahlte ein unaufgeregtes Selbstvertrauen aus, das ich bewunderte.

»Passt auf, falls sie sich trennen«, wandte ich mich an Brett.

Mace und ich blieben ihnen dicht auf den Fersen. Bei jeder Biegung waren wir bereit, uns aufzuteilen, aber sie blieben beieinander. Als wir endlich grünes Licht zum Abschuss bekamen, wollten wir ihnen mit zwei Schüssen den Weg versperren – am Anfang und am Ende der Gruppe – und dann auf befreundete Einheiten warten, die sie töten oder gefangen nehmen würden. Wir hatten schon einen voraussichtlichen Flugverlauf ausgearbeitet, als im Chatroom eine Nachricht erschien.

BR21>DN/DR/MC – Verbindung mit Flug KL36 auf Frequenz […] aufnehmen

Bei KL handelte es sich um Klyde, zwei Marine-Corps-Cobra-Kampfhubschrauber. Sie sahen aus wie Libellen mit ausgeprägtem Rumpf und hatten zwei winzige Flügel mit Raketen. Unter der Nase befand sich ein Maschinengewehr. Die Helikopter waren von der Army im Vietnamkrieg eingesetzt worden, jedoch durch Apache-Hubschrauber ersetzt worden Die Marine-Corps-Version, der sogenannte Super Cobra, ähnelte der Vietnam-Variante, war jedoch mit neuester Waffentechnik und Bordelektronik ausgestattet.

Wir wechselten die Frequenz.

»Klyde, Dragon Four Two.« Dragon behielt seine Führungsrolle.

»Dragon«, antwortete Klyde. »Ich höre.«

Dragon gab die aktuellsten Koordinaten der flüchtenden Terroristen durch.

»Habt ihr das Ziel im Blick?«

»Negativ, Häuser versperren die Sicht.«

»Okay«, antwortete Dragon. »Wir geben Bescheid, sobald sie wieder im Freien sind. Ich habe zwei angriffsbereite Raketen.«

»Negativ«, antwortete Klyde. »Das erledigen wir.«

Seine Stimme ließ keine weitere Diskussion zu. Seine Männer waren angegriffen worden. Er wollte es den Terroristen heimzahlen.

Normalerweise arbeiteten die Cobras mit Aufklärern zusammen. Der Aufklärer war meistens ein Leichthubschrauber mit einem glühbirnenförmigen Sensor über dem Rotor. Der Aufklärer konnte sich hinter Bäumen verstecken, und nur noch der Sensor blieb sichtbar. Die Cobras schnellten dann hoch, um eine Rakete abzufeuern, und tauchten wieder ab, während der Aufklärer die Waffe zum Ziel führte. Es war eine alte Taktik aus dem Kalten Krieg, um der Sowjet-Rüstung entgegenzuwirken.

Im Irak funktionierte sie nicht so gut.

Weder die Cobras noch die Aufklärer konnten die Ziele sehen. Sie würden auch nicht näher heranfliegen, um sie besser erkennen zu können, da sie von Panzerfäusten getroffen werden konnten. Die Cobras mussten auf Abstand bleiben.

»Könntet ihr vielleicht für uns lasern?«, fragte Klyde.

Theoretisch konnten wir jede Waffe mit dem Laser steuern. Waffen war es egal, wer einen Laser abfeuerte, Hauptsache die Koordinaten stimmten.

Das Problem war vor ein paar Wochen aufgekommen. Ich hatte gerade meine dreieinhalb Stunden im Cockpit absolviert und hatte Pause, bevor ich als Einsatzleiter eine neue Mission leiten würde. Wegen der Unterbesetzung mussten wir alle Schichten in der Box schieben. Das war nur fair. Die Crews saßen bis zu acht Stunden am Tag im Cockpit. Der MCC ließ sie Pausen machen, ließ sie essen und auf die Toilette gehen.

Als ich gerade losgeflogen war, hatten eine Predator und eine Reaper ein Lager gefunden, in dem sich gemäß einer Quelle ein Warlord mit einem hochrangigen Vermittler traf. Gegenstand dieses Treffens war ein Waffenaustausch und die Koordinierung eines Angriffs auf einen unserer Stützpunkte in Kunar. Unser Auftrag bestand darin, den Treffpunkt zu finden und den Warlord zu eliminieren.

Zwei Zelte sprossen wie merkwürdige Dreiecke aus dem Erdboden. Ein Transporter parkte nördlich des Lagers direkt am Straßenrand. Box, einer unserer vorgesetzten Piloten, stand hinter dem Steuerpult des Einsatzleiters, als ich in die Einsatzzentrale zurückkam. Er guckte abwechselnd auf die Plasmabildschirme und telefonierte.

»Box, was ist los?«, fragte ich.

»Die im Obergeschoss überlegen gerade, wie wir weiter vorgehen sollen.«

Obergeschoss war unser Codewort für das JOC. Es war ein Wortspiel, das sich sowohl auf die Lage im fünften Stock des Gebäudes bezog als auch auf die Tatsache, dass sie unsere Chefs waren.

»Ach ja?«, antwortete ich.

»Sie wollen beide Zelte angreifen, aber für eine Bombe stehen sie zu weit auseinander.«

Offensichtlich frustrierte ihn das.

»Können wir sie nicht nacheinander angreifen?«, fragte ich.

Box schüttelte den Kopf.

»Sie wollen Simultantreffer.«

Beide Ziele waren sehr wichtig. Ein einzelner Treffer würde den anderen Mann wecken oder warnen, und er würde wegrennen. Eine rennende Zielperson in den Bergen und zwischen Bäumen war schwer zu treffen. Alle unsere Gefechte waren Einzelabschüsse. Auch meine zwei auf den *Facilitator* abgefeuerten Raketen waren ein Novum gewesen.

Box sah genervt aus.

»Ich geh mal aufs Klo.«

Was er nicht sagte, war, dass er eine Pause brauchte, um über die Situation nachzudenken. Vielleicht hatte ich den Vorteil, das Problem unvoreingenommen zu sehen, aber die Lösung schien mir klar auf der Hand zu liegen. Ich folgte ihm auf den Flur, wo ich ihn kurz vor der Herrentoilette einholte.

»Box«, rief ich. »Was ist mit Buddy-Lasern?«

Er guckte mich an, als würde mir ein dritter Arm aus der Stirn wachsen. Er schüttelte den Kopf und verschwand auf die Toilette. Ich wartete in der Einsatzzentrale auf ihn. Er stellte mir nur eine Frage:

»Warum?«

Ich blickte auf die Monitore.

»Wir haben das Buddy-Lasern für andere Angreifer trainiert. Das hier ist nicht anders. Die Ziele sind nahe beieinander. Bomben haben unterschiedliche PRF-Codes.«

Die Impulsfolgefrequenz oder PRF war ein Identifizierungsmechanismus in einem Laserstrahl, den sich eine Waffe, die auf diesen Code programmiert war, suchen würde.

»Feuert auf ein Ziel, und die andere Bombe wird immer noch genug Energie haben, um das zweite Ziel zu erreichen.«

Box blickte auf den Monitor.

»Und die Predator lasert sie dorthin.«

»Integrierte Unterstützung«, bestätigte ich.

Box sah skeptisch aus. Wir hatten noch nie zwei Flugzeuge gleichzeitig für einen Angriff benutzt. Bislang hatte immer eine Predator das Lasern für ein bemanntes Flugzeug übernommen, das die Bomben für uns transportierte.

»Und die Crews kennen sich schon damit aus«, fügte ich hinzu.

»Gut«, sagte er nach einer kurzen Denkpause. »Danke, Squirrel.«

Ich blieb, um mir das anzusehen. Box gab den neuen Plan an den Reaper-Piloten weiter. Er wäre derjenige, der beide Bomben abwarf.

Einige Augenblicke lang segelten die Bomben durch das Bild. Ein HUD-Video erstrahlte in einer unglaublichen Explosion. Die Detonation der GBU-12 war so viel stärker als der kleinere »Katzenfurz« der Hellfire.

Die zweite Bombe explodierte nicht. Sie flitzte in das andere HUD-Video und beendete ihren Flug mit einer Staubwolke. Ein Blindgänger. Später bestätigte jedoch eine Bodeneinheit, dass die Bombe den Warlord getroffen und ihn auf der Stelle getötet hatte. Obwohl die Waffe nicht richtig funktioniert hatte, werteten wir den Angriff als Erfolg, da sie ihren Auftrag dennoch erfüllt hatte. Die gegenseitige Laser-Unterstützung funktionierte einwandfrei.

Ein paar Wochen später war ich mir nicht sicher, ob wir die Waffen des Cobra mit dem Laser steuern konnten.

Der neue Waffenoffizier der Staffel war der Meinung, die Hellfire könne nicht von einer anderen Quelle aus lasergesteuert werden. Aber das stimmte nicht ganz, da die Raketen ihre Infrarotsensoren erst nach dem Abschuss aktivierten. Was bedeutete, dass es egal war, wer den Laser abfeuerte.

Mace Eight Zero kam als Erste darauf.

»Hier Mace, bitte um Koordinaten.«

Eine Minute lang erläuterte sie, was sie für die Cobras tun konnte. Ich hörte aufmerksam zu, bereit einzuspringen, wenn nötig. Unsere größte Herausforderung war die Lage der Stadt al-Qaim an der syrischen Grenze.

Syrien konnte man kaum als neutral ansehen, das heißt, wir konnten nicht in den syrischen Luftraum fliegen, was die Winkel einschränkte, die wir nutzen konnten. Die Syrier hatten mehrere SA-6-Luftabwehrraketen nahe der Grenzstadt aufgestellt, für den unwahrscheinlichen Fall, dass wir uns auf ihr Gebiet verirrten.

Die Terroristen waren näher am Stadtzentrum. Wir konnten in einem engen Kreis direkt überfliegen und uns von den syrischen Raketenbatterien fernhalten. Ich hörte Mace zu, die den Hubschrauber instruierte und ihm die Koordinaten für den Abschuss durchgab. Die Hellfire-Rakete hatte mehrere Abschussmodi. Meist nutzten wir den Direktangriffsmodus, bei dem die Rakete unmittelbar auf das Ziel abgefeuert wurde. Die Rakete konnte auch senkrecht nach unten und dann dicht über dem Boden fliegen, um versteckte Ziele zu treffen. Das war ideal, um die Höhlen in Tora Bora zu treffen.

Die ersten zwei Modi waren in diesem Fall sinnlos, und zwar wegen der Häuser. Die Gassen waren zu schmal. Wir konnten nur den »Höhenmodus« nutzen und die Rakete vertikal auf das Ziel abwerfen. Dragon war bereit und gab den Cobras die Koordinaten durch. Ich hatte die Aufzeichnungen der beiden anderen Flugzeuge auf meinen seitlichen Monitoren. Mein Zielsystem war fest auf den letzten Burschen der flüchtenden Schar gerichtet. Die Kämpfer bewegten sich weiterhin im Gänsemarsch hintereinander.

BR21> RoE und CDE erledigt. Zum Abschuss bereit machen.

»Klyde Three Six, Waffe bereit.«

Ich beobachtete Maces Monitor und zählte 30 Sekunden herunter. Die Hellfire-Rakete des Cobra verließ die Schiene und begann zu steigen. Als sie abkippte, folgte sie dem Laserstrahl in die Gasse. Die Rakete landete einen Volltreffer. Als sich Rauch und Staub verflüchtigt hatten, konnte ich zwei unnatürlich verdrehte Leichen auf dem Boden ausmachen. Die Druckwelle, die sich durch die Gasse fortpflanzte, betäubte die Überlebenden. Sie blieben kurz stehen, schüttelten die Köpfe, um wieder klar zu werden, und liefen im Gänsemarsch weiter.

Warum zerstreuten sie sich nicht? Es gab genug Türen, durch die sie in den Häuser hätten verschwinden können. Aber wie Lemminge liefen sie hintereinander weiter.

»Zwei Gefallene, der Rest flüchtet weiter.«

»Verstanden«, sagte Klyde.

BR21> RoE und CDE noch okay. Bereit zum Abschuss.

Der Cobra feuerte eine zweite Rakete ab. Die landete direkt vor den Füßen des ersten Mannes und tötete ihn auf der Stelle. Die überlebenden Männer hielten wieder an wie vorhin, um die Orientierung wiederzufinden, und liefen dann weiter.

»Das kann doch wohl nicht wahr sein«, rief ich aus.

Brett schüttelte den Kopf.

»Das muss man gesehen haben, um es zu glauben.«

Bruiser gab uns grünes Licht, die flüchtenden Männer so lange anzugreifen, bis er uns zurückpfiff. Er würde während der Zeit die

CDE (Collateral Damage Estimates), die Einschätzung der Kollateralschäden vornehmen. Die Cobras feuerten noch sechs Raketen ab, die alle erfolgreich von den Predators lasergelenkt wurden. Nach jedem Angriff schüttelten die Überlebenden den Schock ab und liefen weiter im Gänsemarsch durch die Gassen.

»Mace, Klyde.«

»Ich höre.«

»Wir sind Winchester-Raketen und haben immer noch die 20-mm zur Verfügung.«

Die Hubschrauber hatten zwar keine Raketen mehr, aber noch die 20-mm-Gatling-Guns. Sie konnten sich als nützlich erweisen, aber Irrläufer und Querschläger würden in den Gassen albtraumhafte Kollateralschäden verursachen. Die schweren Salven würden das in dieser Gegend üblicherweise aus Schlackenbeton errichtete Durchschnittshaus wesentlich wirkungsvoller durchschlagen als die Splitter von einer Hellfire.

Dragon gab die Information an das JTAC weiter.

BR21> Mace, ihr übernehmt.

»Verstanden«, antwortete Mace. »Wir übernehmen.«

Sie sprach die Anweisung laut nach, damit auch die Hubschrauber es hören konnten.

Während die Cobras zum Stützpunkt zurückflogen, traten Mace und Dragon in Aktion. In unserer Höhe war es nicht nötig, dass einer für den anderen per Laser die Waffen steuerte. Wir konnten nacheinander feuern und die Flüchtenden punktgenau in die Splitterwolke leiten. Mace und Dragon feuerten abwechselnd auf die immer noch hintereinander laufenden Terroristen. Jeder feuerte seine zwei Raketen ab, jeder Angriff lichtete die Reihen der Männer.

Ich war als Letzter dran.

»Bist du bereit?«, fragte ich Brett.

Er nickte. Wir waren alle Details durchgegangen, während wir Dragon und Mace bei der Arbeit zugesehen hatten. Auf dem Monitor sah man die wenigen übrig gebliebenen Terroristen weiter hintereinander laufen. Mir war immer noch schleierhaft, warum sie nicht in Deckung gingen.

Ich richtete die Nase meiner Predator auf die Gasse und läutete den Endspurt ein. Das Fadenkreuz des Zielsystems deckte sich mit dem Anführer der Gruppe, als wäre es an seiner Weste festgetackert. Sobald die Rakete sich von der Schiene löste, gab es nichts mehr zu tun.

Die Rakete raste direkt auf den führenden Läufer zu. Er suchte Schutz in einem abknickenden Teil der Gasse, die an dieser Stelle im Zickzack verlief wie ein Blitz. Brett korrigierte die Ausrichtung des Fadenkreuzes, um den Mann zu treffen, der auf der anderen Seite wieder auftauchte. Je näher wir herankamen, desto größer erschien er auf dem Bildschirm. Der Countdown lief.

Die Rakete explodierte wie auf Kommando und tötete die letzten flüchtenden Männer. Wir guckten uns das ein paar Minuten lang an, aber keiner stand auf. Falls es Überlebende gab, mussten sie endlich daraus gelernt haben. Wovon ich jedoch nicht ausging. Sie waren zu nahe an der Explosion gewesen, um zu überleben.

Irgendetwas tief in mir, vielleicht das bisschen Menschlichkeit, das den Krieg hasste, bedauerte die unbekannten Männer, die von Angst getrieben weggerannt waren und sehr genau gewusst hatten, dass sie nicht mehr lange leben würden. Ich vermutete, dass sie irgendwo aus dem Ausland kamen, höchstwahrscheinlich Syrien, wo man sie einer Gehirnwäsche unterzogen und ihnen eingetrichtert hatte, dass das Töten von Amerikanern etwas Heiliges sei.

Es war wirklich paradox.

Und wir hatten hier nichts zu suchen. Der Irak behielt sein Öl. Bei all seinem Gepolter war Saddam Hussein eigentlich nur ein regionaler Witz. Niemand nahm ihn ernst, außer sein eigenes Volk. Doch alles, was wir erreichten, war, dass wir sektiererische Gewalt ermöglichten und einen Magneten schufen für all die Möchtegernterroristen des Mittleren Ostens, damit sie dort ihren persönlichen Dschihad ausriefen.

Aber zumindest waren sie jetzt alle hier, anstatt Amerika anzugreifen. Es tröstete mich ein wenig zu wissen, dass, wenn wir schon kämpfen mussten, wir es zumindest nicht vor unserer eigenen Haustür taten. Aber das hier war das reinste Gemetzel. Es gab kein bisschen Platz für Menschlichkeit. Ich hatte keine Freude daran, aber ich konnte auch nicht um die Toten trauern. Der ganze Vorfall war seinem Wesen nach auf demütigende Weise absurd, hatte aber zumindest bewiesen, dass das Buddy-Lasern auf bewegliche Ziele effektiv war. Die Predator wurde immer todbringender, aber das wahre Ausmaß sollte ich erst ein paar Monate später im Irak begreifen.

Nach der Operation Steel Curtain bekamen die Vernehmungsoffiziere vermehrt den Ausdruck »White Devils«, also »Weiße Teufel« zu hören. Die Aufständischen und al-Qaida waren sich einig, dass ihre größte Furcht nicht den Soldaten galt. Sie fürchteten die Predator, den lautlosen Feind, den sie erst wahrnahmen, wenn ihre Kameraden schon in die Luft gesprengt worden waren.

KAPITEL 12

Ich will mit den anderen mithalten

Colonel Michael McKinney saß am Kopf des Konferenztischs, seine Staffelkommandanten saßen aufgereiht zu beiden Seiten. Auf der Leinwand am anderen Ende des Raumes wurde eine Folie mit dem Titel »Anmerkungen des Kommandanten« gezeigt.

Als Befehlshaber der 57th Operations Group auf der Nellis Air Force Base hielt McKinney wöchentliche Stabsbesprechungen für all seine Kommandanten und höheren Offiziere ab. Da ich Chefpilot und in der Gruppe für Qualitätsstandards und Evaluation zuständig war, hatte man mich zu der Einweisung gebeten, um in Ausbildungs- und Prüfungsfragen zu beraten.

Die Besprechungen waren größtenteils langweilig. Die Kommandanten beklagten sich über fehlendes Personal, während ihre Staffeln zugleich mehr Einsätze fliegen mussten. Ich beklagte mich über erodierende Flugstandards bei gleichzeitig exorbitant zunehmenden Einsätzen. McKinney bemühte sich nach besten Kräften, einen Ausgleich zwischen den Bedürfnissen der Air Force und denen seiner Männer zu finden. Es ging hier sicherlich nicht spannender zu als in jeder anderen Mitarbeiterbesprechung eines x-beliebigen amerikanischen Unternehmens.

Ich saß an der Wand und machte mir Notizen, als McKinney die Folie »Anmerkungen des Kommandanten« auflegte, normalerweise die letzte Folie in der Besprechung. Er brachte zum Ende Themen oder Probleme zur Sprache, die ihn betrafen, oder hatte nützliche Tipps für uns. Es war eine Mischung aus aufmunternden Worten und Instruktionen.

»Ich habe gestern einen Anruf vom Marine Corps erhalten«, begann er.

Mir stockte der Atem. Ich wusste genau, was jetzt käme.

»Wie es aussieht, brauchen sie eine Predator-Crew«, fuhr er fort, »für eine Mission, die zurzeit in Planung ist.«

»Für wann suchen sie Leute?«, fragte Chainsaw, der Kommandant der 3rd Special Operations Squadron. Seine Staffel operierte jetzt unabhängig von der 15. sowohl in Afghanistan als auch im Irak.

»Sofort«, antworte Mc Kinney. »Die Marines wissen, dass wir vor dem Einsatz einige Übungsflüge absolvieren müssen. Hört euch bei euren Männern nach Freiwilligen um.«

Daraufhin drehte sich McKinney um und sah mich mit fragendem Stirnrunzeln direkt an. Was das zu bedeuten hatte, war sonnenklar. Er sagte nichts. Aber das war auch nicht nötig.

Ich hatte McKinney schon einige Tage zuvor auf die Veränderungen im Beförderungssystem innerhalb der Air Force angesprochen. Der steigende Bedarf an Bodentruppen im Irak bedeutete längere Einsatzzeiten für die Army. Am Ende des Krieges verbrachten manche Einheiten 15 Monate in Übersee. Man brauchte mehr Soldaten, um die Einsatzzeiten zu reduzieren.

Als Antwort darauf hatten Air Force und Navy mit dem Stellenabbau begonnen, damit die Army wachsen konnte. Offiziere beider Waffengattungen konnten zur Army überwechseln, was aber nur wenige taten, sodass den Waffengattungen keine andere Wahl blieb, als Offiziere gehen zu lassen. Am einfachsten ging das mithilfe von Beförderungen: Aufstieg oder Ausstieg. Veränderte Vorschriften erschwerten den Aufstieg. Um einen höheren Dienstgrad zu bekommen, musste man seit 2001 im Kampfeinsatz gewesen sein.

Die Veränderung überraschte viele Offiziere. Die meisten Kampfeinheiten in Übersee hatten nie im Turnus gewechselt, wodurch die Jobs von Hunderten von Piloten gefährdet waren. Ähnlich erging es denen im Ausbildungskommando sowie fast allen Offizieren in der Predator-Einheit. Wir hatten nur einen kleinen Kader aus Piloten und Sensoroperatoren, die im Einsatzgebiet stationiert waren, um das Fluggerät zu starten und zu landen. Predator-Piloten starteten oder landeten das Fluggerät niemals von den Vereinigten Staaten aus. Wir übernahmen die Steuerung mitten im Flug. Es war nicht nötig, uns im Einsatzgebiet zu stationieren oder uns den typischen Gefahren des Gefechts auszusetzen. Es war billiger, uns auf unserem Heimatstützpunkt zu belassen.

Eigentlich sollte ich später in diesem Jahr bei meinem Beförderungsausschuss wegen meiner Beförderung zum Lieutenant Colonel vorsprechen. Ich hatte alle anderen Voraussetzungen dafür erfüllt und keine Lust, wegen einer Formalie nicht berücksichtigt zu werden. Eines hatte man mir immer wieder eingetrichtert – meine Akte würde den Ausschuss überzeugen, nicht ich selbst. Sollten meine persönlichen Leistungen nicht alle Anforderungen übertreffen, würde man mich nicht befördern. Ich brauchte einen Kampfeinsatz.

Als ich die Air Force Academy verließ, hatte ich zwei Ziele: Ich wollte es zum Lieutenant Colonel bringen und eine Fliegerstaffel im Gefecht befehligen. Meine beste Chance war, eine der Einheiten zu befehligen, die entsandt wurden, um das Fluggerät zu starten und wieder auf den Boden zu holen. Aber erst musste ich befördert werden, also hatte ich McKinney aufgesucht.

Als ich ihm meinen Stationierungswunsch erklärte, nickte er und sagte, er würde sehen, was er tun könne. Es war eine nette, aber höfliche Abfuhr. Normalerweise hatte er mit der Besetzung der Einsatztruppen nichts zu tun, auch bei den Kommandos nicht. Als er uns also vom Ersuchen des Marine Corps erzählte, hatte ich keine Wahl. Ich meldete mich sofort als Freiwilliger, da ich um einen Einsatz gebeten hatte.

Wenn ich ginge, bekäme ich nicht nur Anerkennung als aktiver Kämpfer, sondern ein regulärer Pilot in den Staffeln wäre außerdem nicht gezwungen zu gehen. Ich stand nicht auf dem regulären Flugplan, da ich mich mit größeren Operationsfragen in der Gruppe beschäftigte. Mein Job beinhaltete die Ausbildung und Beurteilung der neuen Fluglehrer und Piloten jeder Staffel. Wenn ich nicht flog, bestand meine Aufgabe darin, einen Standard zu schaffen, auf dessen Grundlage alle Staffeln operierten. In der Luftfahrt gehen Flugstandards Hand in Hand mit der Flugsicherheit, um die Fähigkeiten der Crews zu verbessern und die Möglichkeit von durch Besatzungen verursachten Unfällen zu minimieren. Dieser Job brachte es mit sich, dass ich selbst wesentlich weniger flog, die Kehrseite einer hohen Führungsposition. Da ich nicht viel flog, würde mein Weggang also keine negativen Auswirkungen auf den Flugplan haben.

Einen Monat später saß ich in einem Flugzeug in den Irak. Während einer Zwischenlandung in Ramstein in Deutschland informierten uns die Marines, dass unsere Truppenstärke doch nicht erhöht werden sollte, wie Oberst McKinney mich glauben gemacht hatte. Ich flog dennoch weiter nach Al Anbar im Westen des Irak, um mir ein Bild von der Leistungsfähigkeit der unbemannten Flugzeuge im Einsatzgebiet und insbesondere von der Video-Aufnahmekapazität der Zielsysteme zu machen. Die Aufnahmen hatten einen ziemlichen Eindruck bei der politischen und militärischen Führung hinterlassen. Schon vor Ende 2005 wurden Predators zur Unterstützung von Armee-Einheiten eingesetzt. Die meisten Flugrouten führten über Bagdad, Mosul, Basra und Nasiriya. Ein vom Kongress verabschiedetes Gesetz war nötig, damit künftig auch die Marines unterstützt werden konnten. Während der Operation Steel Curtain hatten wir uns bewährt, und man hatte uns bei der zweiten Schlacht um Falludscha angefordert.

Als die Marines sich damals ein zweites Mal einen Weg durch die engen Gassen und Sackgassen bahnten, schoss ein Scharfschütze auf eine Einheit, die gerade eine Kreuzung überquerte. Der Zug steckte fest und forderte Luftunterstützung an. Zuerst antworteten Marine-F-18-Kampfjets. Der Scharfschütze stand jedoch hinter einem Fenster in der dritten Etage, weshalb die Kampfflieger abwinkten, weil ihre Waffen größere Kollateralschaden hätten verursachen können. Die RoE, also die Einsatzregeln, hatten sich geändert, und wir konnten nicht mehr einfach Bomben auf eine Stadt werfen. Eine Predator, die in der Nähe unterwegs war, nahm die Anforderung entgegen. Der Crew – leider erfuhr ich nie ihre Namen – gelang es, eine Hellfire direkt durch das Fenster zu manövrieren. Der Scharfschützen-Beschuss hörte auf der Stelle auf. Es war ein unmöglicher Treffer, und die Predators genossen von diesem Moment an Legendenstatus bei den Marines.

Ein Ziel konstant und in hoher Auflösung im Visier zu haben war sehr hilfreich im Häuserkampf. Die Marines wollten sicherstellen, dass all ihre Einheiten künftig über diese Kapazität verfügten.

Wir landeten in Bagdad und flogen dann in Black-Hawk-Hubschraubern nach Al Anbar. Wir flogen in niedriger Höhe über die

Stadt und streiften beinahe die Dächer. Die Häuser nahmen wir nur als verschwommene braune Masse wahr. Hin und wieder überflogen wir eine Lücke, wo mal ein Haus gestanden hatte.

Ich war in einem Palast im Camp Fallujah südlich der Stadt Falludscha und in der Nähe des Abu-Ghraib-Gefängnisses untergebracht. Obwohl ich zum Stab der 2nd Marine Expeditionary Force gehörte, reiste ich die meiste Zeit quer durch Al Anbar und arbeitete mit RPA-Einheiten in der Provinz zusammen. Ich musste mir zunächst einen Überblick über ihre Fähigkeiten verschaffen, bevor ich Maßnahmen vorschlagen konnte, um Dinge zu verbessern.

Eine meine ersten Reisen führte mich zur Al Taqaddum Air Base, TQ genannt, die sich südwestlich der Region Falludscha-Ramadi am Ufer des Habbaniyya-Sees befand. Es handelte sich um einen unbedeutenden Luftverkehrsknotenpunkt, der genutzt wurde, um Einheiten der Marines mit Nachschub zu versorgen. C-17- und C-130-Transportmaschinen legten hier in regelmäßigen Abständen Zwischenstopps ein, um Männer und Ausrüstung zu befördern.

Der Flugplatz war vor dem Krieg ein irakischer Bomberstützpunkt gewesen. Alte, mittelschwere Bomber vom Typ IL28 Beagle standen am Ende der Piste herum wie Gespenster des Kalten Krieges. Die nachgerüsteten Düsentriebwerke hatten die Konstruktionen aus dem Zweiten Weltkrieg nicht sonderlich leistungsfähiger gemacht. Sie waren selbst nach Maßstäben des Kalten Krieges museumsreif. Der See selbst war so schön und das Wasser so blau, dass Saddam Hussein ein paar Kilometer die Straße runter vom Stützpunkt entfernt einen Erholungsort für die Baath-Partei hatte bauen lassen.

Dort angekommen, brachten mich die Marines in einer verlassenen Roland-SAM-Batterie unter. Von dem Flugabwehrraketensystem oder seinen Teilen war nichts mehr zu sehen. Es war wahrscheinlich schon vor Jahren zerstört worden. Der Alamo, wie die Marines den Ort nannten, war ein zweistöckiger Komplex mit einem Innenhof, wo der SAM-Träger abgestellt wurde.

Mein Zimmer war ein verlassener Werkzeugschuppen. Jemand hatte vor langer Zeit die Regale von den Wänden gerissen, in denen jetzt nur noch die Löcher von den Verankerungen zu sehen waren. Es gab ein Bett, das aus einem Metallrahmen und einer dreckigen Matratze bestand. Das Bettgestell war umgedreht worden, die Matratze lag oben auf den Fußstützen, vielleicht um sie gegen Ratten zu schützen. Die Marines hatten eine Sperrholzplatte als Tür eingebaut, die sich nicht verriegeln ließ. Wenn der Winterwind durch den Alamo blies, schwang sie hin und her. Ich stellte meinen Rucksack davor, um den nächtlichen Wind abzuhalten.

Es war meine erste Reise in den Irak. Den Großteil des Krieges sah ich von einer Tausende Kilometer entfernten Bodenkontrollstation aus zu. Doch jetzt war ich tatsächlich gefährdet. Ich war vor Ort und Angriffen ausgesetzt. Ich war begeistert.

Aber das hier war eine andere Welt als die Hotels, in denen ich bei früheren Einsätzen gewohnt hatte. Mir wurde bewusst, wie gut ich es gehabt hatte. Und meine Wertschätzung für das, was die Männer hier erlebten, wuchs. Wir sahen sie ja nur bei Einsätzen, aber nach ein paar Tagen vor Ort begriff ich, dass nichts im Einsatzgebiet leicht war.

Die grundlegenden Bedürfnisse waren hier anders. Nachts wurde jegliche Außenbeleuchtung ausgeschaltet, und eine undurchdringliche Schwärze legte sich über das Gebiet. Das Sternenlicht war wenig hilfreich, wenn man mit weit geöffneten Augen versuchte, sich durch das tiefschwarze Labyrinth der Schlafcontainer zu tasten. Mein einziges Licht bestand aus einer kleinen LED-Ansteck-Taschenlampe, die einen schwachen roten Lichtschein spendete.

Ich verbrachte die meiste Zeit bei der Marines-Staffel, die die unbemannte RQ-2 Pioneer flog. Die Pioneer war etwa so lang wie ein Schreibtisch. Der kleine Zweitaktmotor, der eher für einen Rasenmäher geeignet war, war im hinteren Teil zwischen zwei Kielflossen montiert. Ein kleines Zielsystem, nicht größer als eine Grapefruit, war vorn unter der Flugzeugnase angebracht.

Die Marines starteten sie entweder von einem Katapult aus, wie auf einem Flugzeugträger, oder sie hob mithilfe von Raketen ab, die abgeworfen wurden, sobald sie sich in der Luft befand. Die Marines mussten in dieser Hinsicht flexibel sein, da sie nicht wussten, ob sie, wenn sie unterwegs waren, Straßen oder Flugzeugpisten hätten, die lang genug waren, um sie zu betreiben.

Bei jedem Start jaulte der Motor der Pioneer in lautem Protest auf, während sie sich hochwand, um dann einige Male über dem Flugplatz zu kreisen, bevor sie zu ihren Zielen flog. Die Piloten steuerten sie von einer Bodenkontrollstation auf dem Stützpunkt aus.

Die Marines wollten die Pioneer einsetzen wie die Predator, standen aber vor einer Herausforderung. Die Kommandanten wollten ein Ziel immer erst sehen und observieren, bevor sie es angriffen. Die auf diese Weise gewonnenen Informationen waren unerlässlich, um die Opferzahlen so gering wie möglich zu halten. Zu diesem Zweck musste die Pioneer so niedrig fliegen, dass das Motorengeräusch sie verriet. Nichts scheuchte einen Feind mehr auf als ein fliegender Rasenmäher, der stundenlang über seinem Haus kreiste.

Also fand die Staffel eine Alternative.

Die Pioneer flog Konvoi-Geleitschutz und suchte nach Sprengfallen entlang der zwei Hauptkonvoistrecken durch Falludscha und Ramadi, die Route Washington und die Route Michigan. Es waren die gefährlichsten Straßen im Einsatzgebiet.

Der Einsatz brauchte keine Tarnung. Das kleine Flugzeug flog vor einem Konvoi her und überprüfte die Straße auf mögliche Gefahren.

Eines Morgens sah ich mir einen solchen Einsatz an. Ich stand in der Einsatzzentrale und schaute dabei zu, wie eine Crew einen Konvoi-Sicherungseinsatz flog. Die Crew saß in einem Humvee-Aufbau, der als Kontrollstation diente, und steuerte das Flugzeug. Der Transporter mit der Kontrollstation war rückwärts in ein Loch in der Mauer gefahren worden, das der Form des Fahrzeugs angepasst worden war. Auf der Suche nach Bomben entlang der Straße lieferte die Pioneer Aufnahmen der vorbeigleitenden Route Washington. Wie die meisten unserer Einsätze war das Ganze eine langweilige Angelegenheit und verlangte uns unglaublich viel Geduld und Hingabe ab, um konzentriert zu bleiben.

Während ich mir die Aufnahmen ansah, sprach ich mit einem jungen Lieutenant, der schon bald anfing, in einem Schreibtisch nach etwas zu wühlen. Er war groß und schlank, hatte diese typische militärische Kurzhaarfrisur und kramte schließlich eine DVD hervor, auf die mit schwarzem Edding »Greatest Hits« gekritzelt war.

»Sir«, sagte der Lieutenant, »ich habe hier ein Video für Sie.«

Der Lieutenant wusste, warum ich zur Staffel gekommen war. »Greatest Hits« war ein geläufiger Titel für die gesammelten Aufnahmen von Fliegerstaffeln. Normalerweise zeigten die Videos eine Reihe wichtiger Aufnahmen, die die Einheit gemacht hatte. Ich grinste innerlich. Anscheinend hatte sich der Name auch für nicht schießende Staffeln durchgesetzt.

Er ging mit mir zur Einsatzzentrale, legte die DVD in das Laufwerk eines Laptops auf einem Tisch in der Nähe und projizierte die Aufnahmen auf einen der an der Wand angebrachten Monitore.

»Auf dieses hier sind wir besonders stolz«, sagte er.

Das Video flackerte und zeigte Material von einem typischen Straßenscan. Eine geteerte Straße füllte den Bildschirm aus, während das Zielsystem nach verdächtigen Anzeichen für Sprengfallen suchte. Als es über eine vierspurige Kreuzung fuhr, stoppte das Fadenkreuz auf einem Auto, das mit offener Motorhaube in einer Ecke der Kreuzung parkte.

»Wann war das?«, fragte ich.

»Vor ungefähr zwei Monaten«, antwortete der Lieutenant. »Wir scannen die Straßen außerhalb der Stadt und suchen Typen, die Sprengfallen bauen.«

Wenn die Konvois keine Unterstützung benötigten, flogen die Pioneers über Falludschas Außenbezirke und suchten nach Autobomben. Die Herstellung von Bomben erforderte Know-how und Feingefühl. Schon der kleinste Fehler konnte den Bombenbauer töten und mehrere Häuser dem Erdboden gleichmachen. Die Aufständischen bauten Autobomben und schickten anschließend den Fahrer aus Sicherheitsgründen an den Stadtrand, um die Bombe dort durch Anschluss an eine Autobatterie scharf zu machen. Falls sie dabei detonierte, starb nur der Selbstmordattentäter.

Auf dem Video war zu hören, dass die Crew, nachdem sie das Auto mit der geöffneten Motorhaube entdeckt hatte, die schnelle Eingreiftruppe rief, damit sie der Sache auf den Grund ging. Die Pioneer kreiste weiterhin über dem Auto, für den Fall, dass etwas passierte, bevor die schnelle Eingreiftruppe sich ihren Weg durch die Stadt gebahnt hatte. Nach ein paar Schleifen bemerkte der Sensoroperator einen Kopf, der aus dem Fahrerfenster gesteckt wurde. Das Bild war nicht sehr gut, aber es schien, als würde die Person direkt zu ihnen hinaufblicken.

»Was macht er?«, fragte ich.

»Zu diesem Zeitpunkt waren wir uns darüber noch nicht im Klaren«, antwortete der Lieutenant.

Ein Mann stieg langsam aus dem Auto und lief mitten auf die Kreuzung. Er warf die Hände in die Luft und wandte sein Gesicht dem Flugzeug zu. Dabei drehte er sich mit der kreisenden Pioneer, um diese fest im Blick zu behalten.

Man hörte Stimmen, die sich darüber unterhielten, was sie da gerade zu sehen bekamen.

»Ich glaube, er ergibt sich«, sagte eines der Crew-Mitglieder der Pioneer.

»Das glaubst du doch selber nicht«, sagte ein anderer.

»In diesem Moment rief der Pilot den Wachoffizier«, erzählte der Lieutenant.

»Wer war das?«

»Ich war im Dienst«, antwortete der Lieutenant.

Im Video rief jemand von der Pioneer über Funk den Lieutenant.

»Was sollen wir machen?«, kam die Frage von der Pioneer.

»Bleibt an ihm dran«, hörte ich den Lieutenant sagen.

Bald sah ich Humvees die Hauptstraße entlang- und auf das Auto zufahren. Der Mann zögerte nicht einen Moment. Mit erhobenen Armen dreht er sich im Angesicht des Flugzeugs weiter. Die Marines parkten außerhalb des vermuteten Detonationsradius, stiegen aus ihren Fahrzeugen und gingen langsam auf den Mann zu.

Ich beugte mich zum Monitor und wartete auf die kleinste Bewegung, die verriete, dass er eine Sprengkapsel zündete. Immer mehr Marines traten in den Detonationsradius. Mein Herz raste. Ich erwartete jeden Moment, dass die Marines den Iraker töteten, weil er nach einer Waffe oder Sprengkapsel griff. Langsam gingen die Marines auf ihn zu, als spürten sie meine Angst. Die Gefahr war greifbar. Der Mann stand wie angewurzelt und behielt die Hände oben.

Der erste Marine erreichte den Iraker mit einem Dolmetscher im Schlepptau. Der Marine und der Dolmetscher redeten mit dem

Mann, der schließlich wild gestikulierend erklärte, was er hier zu suchen hatte.

Ein anderer Marine ging zum Auto und untersuchte es. Er guckte hinein und blickte unter die Motorhaube.

Über Funkt hörten wir die Meldung:

»Entwarnung.«

Damit endete das Video.

»Also, was war da los?«, fragte ich. Keiner hatte etwas angefasst. Keiner hatte den Kofferraum geöffnet, in dem Sprengkörper hätten versteckt sein können.

»Der Mann hatte wirklich eine Autopanne«, antwortete der Lieutenant. »Nur wenige Iraker besitzen Autos. Sie sind teure Statussymbole. Der Mann wollte verhindern, dass sein Auto durch einen Luftangriff zerstört wurde, und beschloss, sich zu ergeben, damit der Wagen unversehrt blieb. Wir haben ihm schließlich geholfen und einen Abschleppwagen angefordert.«

Ich verstand endlich und nickte.

»Ihr seid wahrscheinlich das erste unbemannte Flugzeug, das einen Gefangenen gemacht hat.«

»Stimmt genau«, sagte der Lieutenant. »Vielleicht war es das erste Mal überhaupt, dass sich jemand einem Flugzeug ergab.«

Da war ich mir nicht so sicher, aber möglich war es.

»Noch etwas?«

»Nur Videos von Angriffen und solches Zeug. Das war unsere große Nummer, die ich zeigen wollte.«

»Alles klar«, sagte ich.

Es war ein schöner Einsatz für die Geschichtsbücher, aber am meisten beeindruckte mich die Tatsache, dass die Marines die negativen Aspekte der Pioneer in etwas Positives verwandelt hatten. Die Iraker wussten, was das Brummen der Pioneer bedeutete, nämlich, dass die Amerikaner sie beobachteten. Und die Marines benutzten genau das zur Abschreckung. Ich war beeindruckt.

»Hey, Sie sollten mit den Shadow-Typen sprechen«, meinte der Lieutenant. »Die haben auch ein paar coole Sachen drauf.«

»Wer?«

Etwa anderthalb Kilometer Luftlinie vom Stützpunkt entfernt lag ein Shadow-Zug der Army. Man hatte diese Männer nach Al Anbar geschickt, um die Marines bei den schlimmsten Kämpfen in und um Falludscha zu unterstützen. Der Zug selbst war zwischen Al Taqaddum und dem Hauptstandort, der vorgeschobenen Operationsbasis Ramadi, aufgeteilt.

Der Shadow-Zug flog die neuere RQ-7 Shadow. In Größe und Form ähnelte sie der Pioneer und war sozusagen ihre aufgerüstete Version.

Obwohl sie also etwas moderner war, blieb sie aufgrund des Motorengeräuschs von ihren Einsatzmöglichkeiten her genauso eingeschränkt wie die Pioneer. Die Army setzte das Flugzeug ein wie die Marines die Pioneer, nur dass es in Ramadi zur Sicherung des Stützpunktes benutzt wurde.

Ich flog noch schnell nach Ramadi, bevor ich ins Camp Fallujah zurückkehrte. Ich trug eine Goretex-Jacke, um gegen den kalten Nachtwind in großer Höhe gewappnet zu sein. Die Marines lachten mich aus, als ich an Bord der CH-47 Chinook ging – bis wir unsere Flughöhe erreicht hatten. Die Seitentüren blieben für die außen angebrachten Raketenhalterungen geöffnet, und dem Hubschrauberpiloten fiel auf, dass der hereinströmende Wind den Hubschrauber ausbremste. Die Crew öffnete die rückwärtige Rampe einen Spaltbreit, damit die hereinströmende Luft einen Weg nach draußen finden konnte. Was zu Minusgraden in der Kabine führte. Ich saß nur zitternd da, während die Marines um mich herum vor Kälte blau anliefen.

Blöde Marines, dachte ich. Improvisieren, anpassen und überwinden. Anders ausgedrückt: Augen zu und durch.

Nach ihren Gesichtsausdrücken zu urteilen, waren sie sich der Ironie durchaus bewusst.

Wir näherten uns der Stadt und dem Fluss. Der Stützpunkt befand sich in einer Biegung des Euphrat, und aus der Luft war zu sehen, wie die Stadt den Stützpunkt von Norden und Osten umfasste. Im Süden und Westen erstreckten sich landwirtschaftliche Flächen. Der Fluss fungierte als natürliche Barriere gegen einen direkten Angriff, während der Süden und der Westen am wenigsten geschützt waren.

Dichter weißer Staub wirbelte durch die Luft, als ich aus dem Hubschrauber stieg. Die winterlichen Shamalwinde bliesen wieder aus westlicher Richtung und schleuderten Schmutz und Schadstoffe in die Luft.

Ein Feldwebel der Army holte mich auf dem Vorfeld ab. Er ging auf die fünfzig zu, war leicht übergewichtig und wirkte insgesamt etwas unleidlich, was wohl daran lag, dass er schon seit Jahrzehnten diesen Job ausübte. Er war Soldat der Nationalgarde von Pennsylvania, so wie der gesamte Kampfverband der Armeebrigade in Ramadi.

»Guten Morgen, Sir«, übertönte er das Motorengeräusch seines Humvees. »Willkommen in der vorgeschobenen Operationsbasis Ramadi.«

Ich wurde auf dem Beifahrersitz des Humvees durchgeschüttelt, während wir über die kaputten Straßen fuhren.

»Im Stützpunkt war in letzter Zeit ziemlich viel los«, erzählte der Feldwebel. »Es gibt vermehrt Aktivitäten und auch mehr Angriffe als sonst. Hin und wieder werden Sie böse Hummeln vorbeifliegen hören. Wenn das passiert, gehen Sie und stellen sich hinter eine Mauer.«

Bei den bösen Hummeln horchte ich auf.

»Sagen Sie das noch mal.«

»Hin und wieder werden die Aufständischen nervös und leeren ein Magazin auf den Stützpunkt«, erklärte der Feldwebel. »In der Regel machen sie das aus sicherer Distanz, wo wir es nicht sehen können. Die Salven verlieren auf solchen Entfernungen viel an Energie. Sobald sie ins Trudeln geraten, hört man nur noch ein Brummen wie von einer dicken Hummel.«

»Ist das gefährlich?«

Ich hatte dieses Phänomen noch nie selbst erlebt. Man hatte schon mal auf mich geschossen. In der Regel war das Geräusch ein von der Überschallgeschwindigkeit ausgelöster Knall, wenn die Kugel abgefeuert wurde. Die »Hummel« war neu für mich.

»Die können einen durchlöchern«, antwortete er. »Ein Glückstreffer könnte einen sogar umbringen. Mauern aus Beton und Sandsäcke reichen zum Schutz aber normalerweise aus.«

»Verstanden.«

Ich stellte meine Taschen in einer Soldatenunterkunft ab, deren Bewohner momentan im Urlaub waren. Geplant war, dass ich den Tag über blieb und mit einem Nachtflug wieder nach Al Taqaddum zurückkehrte. Die Jungs würden nie erfahren, dass ich da gewesen war.

Nachdem ich mein Gepäck verstaut hatte, fuhr ich rüber zum Shadow-Flugplatz. Als ich mich dem Areal näherte, sah ich mehrere übereinandergestapelte Sea-Land-Schiffscontainer mit den Sendeanlagen obendrauf. Das war absolut unüblich, und ich kannte es von der Predator-Einheit nicht. Im unteren Container befand sich die Kontrollstation, von wo aus die Shadow-Jungs ihre Einsätze flogen. Daneben stand ein weiterer Container, der als Büroraum genutzt wurde.

Die jahreszeitlichen Regenfälle verwandelten den Parkbereich in einen regelrechten Sumpf. Überall auf Straßen und Parkplätzen waren riesige Pfützen. Ich parkte unter einer Palme und hoffte auf ein Fleckchen trockenes Land. Ein Army-Captain begrüßte mich, als ich den Motor des Humvees ausstellte. Es war ein junger Bursche, der wahrscheinlich gerade frisch befördert worden war.

»Willkommen beim Shadow-Zug«, begrüßte er mich.

Wir gaben uns die Hand.

Über Holzpaletten stapften wir zu seinem Büro, und auf dem Weg dorthin informierte er mich über den Auftrag der Einheit. Die dreckigen Paletten waren das einzige stabile Fundament in einem See aus Schlamm. Obwohl mich seine Einweisung interessierte, faszinierte mich der Schlamm noch mehr. Wasser und Schlamm schimmerten ölig, und im Sonnenschein wirkte das Ganze wie gebatikt.

»Woher kommen diese Farben?«

Der Captain blickte angewidert auf den Schlamm.

»Diesel.«

»Wie bitte?«

»Als wir den Stützpunkt übernahmen, kippten die Soldaten Diesel auf den Boden, um den Staub zu bändigen. Wenn es jetzt regnet, sickert der Diesel aus dem Erdreich.«

Ich nickte. Diesel war leichter als Wasser und schwebte an die Oberfläche einer Pfütze.

Der Büroraum war mit einer kunterbunten Ansammlung von verschiedenen Stühlen und einem Schreibtisch, der nichts anderes als eine Sperrholzplatte war, vollgestopft. An den Wänden waren Regale angebracht, die nur so überquollen vor Ausrüstungsgegenständen, Ladegeräten und Handbüchern. An einer Wand hing eine Karte der Region. An einer anderen Wand hing eine Karte des Stützpunkts.

Der Captain erklärte, dass die Piloten und Sensoroperatoren in Al Taqaddum das Flugzeug lediglich starteten und landeten. Da eine Steuerung via Satellit hier nicht möglich war, konnten sie das Fluggerät nur auf Sicht fliegen. Die Hauptstreitkraft in Ramadi flog dann den eigentlichen Einsatz.

Genauso machten wir es auf der Nellis auch. Sie flogen zwar nach dem Sicht-Prinzip und wir mit Satellit, aber ansonsten war es das gleiche Operationskonzept.

»Wir fliegen bei Überfällen keine Luftunterstützung mehr.«

»Was machen Sie dann?«

»Die meisten Angriffe auf den Stützpunkt kommen aus der Stadt«, erklärte er. »Das Eingangstor greifen sie nicht mehr an. Meist überfallen sie uns mit Granatwerfern.«

»Das muss ganz schön frustrierend sein«, sagte ich.

Der Captain zuckte mit den Achseln.

Die Aufständischen sind eigentlich ziemlich berechenbar«, sagte er. »Sie haben genau zwölf Angriffspunkte, von denen aus sie zuschlagen.«

»Verstehe.« Ich sah mir die Karte an.

»Das Flugzeug ist zu laut, um es einzusetzen, bevor der Angriff beginnt«, erklärte der Captain. »Das wäre ein sinnloses Unterfangen. Aber der Lärm kann auf andere Weise genutzt werden.«

Der Captain zeigte auf der Karte des Gebietes auf die Orte der Angriffspunkte.

»Wir fliegen jeden Einsatz auf die gleiche Weise«, sagte er. »Das Flugzeug fliegt zu den Koordinaten der Angriffspunkte und beobachtet. Die Aufständischen sind so berechenbar, dass sie sich zuerst dorthin begeben. Sie fahren mit einem HiLux vor und parken mitten auf der Kreuzung. Die anderen Autos halten sich fern von ihnen. Einer der Aufständischen verlässt dann das Auto, läuft etwa eine Minute herum, als würde er horchen. Wenn sie uns nicht hören, greifen sie an.«

»Und wenn sie euch hören?«, fragte ich.

»Dann fahren sie zum nächsten Angriffspunkt«, erwiderte der Captain. »Das machen sie den ganzen Tag, an jeder Position die gleiche Routine.«

»War es bis jetzt effektiv?«, fragte ich.

»Meistens«, lautete seine Antwort. »Die meisten haben wir bis jetzt auf frischer Tat ertappt. Manchmal geht uns einer durch die Lappen. Aber das passiert nicht oft.«

»Sie benutzen das Flugzeug also als territoriale Abwehrwaffe, wie die Marines in Falludscha?«

Der Captain überlegte kurz und antwortete dann: »Ja, ich denke schon.«

Was für eine geniale und erfolgreiche Weise, den Nachteil des Flugzeugs in einen Vorteil zu verwandeln. Mit dieser Art vorausschauenden Denkens wurden meines Erachtens Kriege gewonnen. Die unbemannte Luftfahrt, von den Pioneers bis zu den Shadows, von den Predators bis zu den Reapers, war dabei, eine neue Art des Luftkrieges zu schaffen. Sei es das Brummen des Motors, das als Abschreckung diente, oder das Buddy-Lasern, die gegenseitige Laserunterstützung, es schien, als würde die unbemannte Luftfahrt rasch zu einem festen Bestandteil der amerikanischen Kriegführung. Es war unwahrscheinlich, dass amerikanische Streitkräfte sich je wieder ohne unbemanntes Fluggerät in Gefahrenzonen begeben würden.

An jenem Abend fuhr ich im Konvoi zurück nach TQ, nachdem mein Flug wegen schlechten Wetters abgesagt worden war. Wir fuhren auf der Route Washington um den Habbaniyya-See herum, an irakischen Anwesen und dem Ferienort der Baath-Partei vorbei und durch Al Taqaddum, bevor wir zum Stützpunkt gelangten. Ich saß hinter dem Fahrer des Humvees. An jeder Stelle mit hohem Gras stellte ich mir vor, wie Angreifer hervorpreschten und Panzerfäuste auf uns abfeuerten. Vor Anspannung schwitzte ich so sehr, dass meine Schutzbrille von innen beschlug. Ich fragte mich, ob sich die Männer jedes Mal so fühlten, wenn sie den Stützpunkt verließen. Wie oft tauchten diese Ziele genau vor ihnen auf? Diese Fahrt machte mich ganz schön nervös. Wie schrecklich musste es sein, sich ein Jahr lang jeden Tag so zu fühlen.

Aber die nervenaufreibende Fahrt vermittelte mir letztendlich einen Eindruck davon, wie schlimm der Irak war. Die Route Washington war ein Mikrokosmos des allgegenwärtigen Wahnsinns.

Die Straße schlängelte sich zwischen baufälligen Slums und Bauernhäusern in der Nähe des Stützpunkts in Ramadi hindurch, um dann in eine gut gewartete sechsspurige Überlandstraße zu münden, die an klotzigen Villen der Baath-Elite vorbeiführte. Die sunnitische Minderheit war für die dramatische Einkommenskluft verantwortlich, die dafür sorgte, dass die Mitglieder der herrschenden Partei wohlhabend waren, während der Durchschnittsiraker im Elend lebte. Ich war mir nicht sicher, ob unsere Versuche, eine auf freier Marktwirtschaft basierende Gesellschaft zu errichten, hier Früchte tragen würden. Es herrschte einfach zu viel Hass zwischen Sunniten und Schiiten, als dass ein echter Frieden entstehen könnte.

Als wir endlich das Eingangstor zum Stützpunkt erreicht hatten, war ich erschöpft. Wie ein Zombie lief ich zu meinem Zimmer und brach auf meiner Liege zusammen. Diese Gefühle musste ich mir in Erinnerung rufen, wenn ich das nächste Mal Bodentruppen unterstützte.

Ich verbrachte 60 Tage im Irak und arbeitete an meiner Bewertung. Mein letzter Zwischenstopp, bevor ich das Land verließ, war die Al Asad Air Base. Ich musste mit Bruiser sprechen, dem JTAC, der die Operation Steel Curtain leitete. Ich wollte ihn eingehend zu unseren hiesigen Aktivitäten befragen. Außerdem wollte ich die Perspektive der Männer kennenlernen, die den Kampf aus der Luft kontrollierten.

Der zweitgrößte Luftwaffenstützpunkt im Irak, Al Asad, war der Hauptknotenpunkt der gesamten Al-Anbar-Provinz. Es gab dort ein Hallenbad, einen Base Exchange (eine Art Walmart für Army und Air Force) und verschiedene amerikanische Fast-Food-Ketten. All das stand im krassen Gegensatz zu Falludscha und dem dieselverseuchten Boden von Ramadi.

Ich traf mich mit Bruiser im Erdgeschoss eines alten Bürogebäudes, wo jetzt die Büros des Stabes untergebracht waren. Wir saßen an einem weißen Picknick-Klapptisch und redeten im trüben Schein nackter Glühbirnen. Das Licht wurde dunkler, und Staub rieselte herunter, als Artillerie in der Nähe auf Granatwerfer-Trupps im Einsatzgebiet feuerte.

Mark war Major bei den Marines und sah wesentlich älter aus als ich, obwohl er bestimmt sogar jünger war. Aber er hatte offensichtlich schwer an der Last vor Ort zu tragen, die ihn vorzeitig hatte altern lassen. Er ließ sich in seinen Stuhl fallen, als würde er sich selbst umarmen.

Langsam gingen wir alle Aktionen in al-Quaim durch. Anhand einiger Folien zeigte ich ihm, was wir zielmäßig erreicht hatten. Mark nickte die ganze Zeit über, aber sein Blick wirkte gehetzt.

»Ich habe in diesem Kampf mehr als 1600 Menschen getötet«, sagte er. »Aber es waren alles Bösewichter.«

Er sagte »Bösewichter«, als wollte er für seine Taten freigesprochen werden, als benötigte er die Bestätigung, dass er das Richtige getan hatte. Er hatte sie vielleicht nicht alle eigenhändig getötet, aber er trug die Verantwortung für ihren Tod. Jedes Mal, wenn er auf einen Einsatz zu sprechen kam, murmelte er sein »Bösewichter«-Mantra vor sich hin.

Zum Ende der Besprechung erwähnte ich, was ich getan hatte. Als er erfuhr, dass ich Predators flog, hellte sich sein Blick auf.

»Ehrlich, Mann«, rief er aus, »ich schulde Ihnen ein Bier.«

»Warum?«

»Ihr seid wirklich die Besten«, sagte er lebhaft. »Die Predator hat bei der Operation Steel Curtain mindestens 1400 Menschen getötet.«

Die Zahl erschütterte mich, und ich ließ sie ihn noch mal wiederholen. Ich glaubte nicht, dass wir so viele abgeschossen hatten.

Die Nachricht verbreitete sich während meines restlichen Aufenthalts wie ein Lauffeuer, und unbekannte Typen luden mich ständig zum Bier ein, auch wenn es alkoholfreies war. Ich war völlig überfordert von diesem unerwarteten Ruhm und begann irgendwann abzuwinken und Sachen zu sagen wie: »Es ist unser Job, dafür zu sorgen, dass ihr am Leben bleibt.«

Die Marines grinsten jedes Mal, wenn ich das sagte. Ich hatte das Gefühl, dass ich wenig überzeugend war. Aber ich freute mich zu sehen, dass die Predator bei der Luftsicherung ihre erste Wahl geworden war. Mir war klar, dass das nicht ewig anhalten würde. Aber fürs Erste konnte die Predator sich in ihrer ruhmreichen Viertelstunde sonnen.

Vor dem Verlassen des Stützpunkts besuchten wir noch die ScanEagle-Einheit, um zu sehen, wozu ein kleineres Flugzeug in der Lage war. Die Marines hatten nicht genügend Pioneers, um die gesamte Provinz abzudecken, also zogen sie die kleine ScanEagle hinzu.

Die Staffel belegte eine verwaiste MiG-21-Flugzeugbox am anderen Ende des Rollfeldes. Mit Betonwänden war für jedes der drei Flugzeuge ein eigener Parkplatz geschaffen worden. Nachdem die Männer die MiGs entfernt hatten, hatte die Staffel kleine Quartiere aus Conex-Containern installiert. Es gab einen Wohnbereich, der mittlere Bereich beherbergte die Einsatzzentrale, und am anderen Ende befand sich der Speise- und Gemeinschaftsraum.

Über dem Bunker hatte sich der bärbeißige alte Lieutenant Colonel, der schon bald 28 Jahre beim Marine Corps war, aus Kanthölzern und Sperrholz, die er sich auf der Basis zusammengesucht hatte, eine Hütte gebaut, einschließlich Veranda und Hängematte.

»Der einzige Alterssitz, den ich mir leisten konnte«, sagte der Staffelkommandant und trat gegen die 20 Quadratmeter große, überdachte Veranda.

Wenn die Pioneer ein mittelgroßes unbemanntes Luftfahrzeug war, dann war die ScanEagle grenzwertig klein. Zierlich, wie sie war, besaß sie gar kein Fahrwerk. Die Crews starteten das Flugzeug von einem Katapult aus und holten es zurück, indem sie es gegen ein Drahtseil fliegen ließen, in dem sich an den Tragflächenenden befestigte Haken verfingen.

Die ScanEagles patrouillierten normalerweise das Gebiet zwischen al-Qaim und Haditha. An dem Tag, an dem ich zu Besuch war, hatten sie eine baufällige alte Brücke im Visier. Sowohl die tragenden Teile als auch die Aufbauten waren stark beschädigt.

Die Straße bestand aus Schlaglöchern und Schutt. Um die Brücke herum waren Autospuren im trockenen Wadi zu sehen, was wohl bedeutete, dass die Brücke nicht befahrbar war.

»Diese Brücke liegt aber ziemlich abseits«, erwähnte ich gegenüber dem Sensoroperator. Das Tracker-Display zeigte an, dass die Brücke viele Kilometer vom normalen Verkehr entfernt war.

»Die Aufständischen benutzen sie«, sagte der Pilot.

An der Brücke war niemand zu sehen.

»Jetzt bin ich neugierig. Wie denn?«

»Irgendein Idiot hat sich Anleitungen aus dem Internet runtergeladen, wie man eine Brücke sprengt«, klärte der Pilot mich auf. »Seit Monaten üben die Aufständischen jede Nacht an dieser Brücke.«

»Sie üben?«

Das erklärte die Zerstörungen an der Brücke.

»Sie sind nicht sehr gut darin«, sagte er grinsend.

»Das sehe ich.«

Der Abend kam früh zu dieser Jahreszeit und mit ihm kühle Luft. Lange Schatten legten sich über die Flugzeugboxen, während wir eine halbwegs ordentliche Mahlzeit verzehrten. Das Essen war nicht so schlecht, wie ich befürchtet hatte. Das Eis war besser. Ich fand es seltsam, dass nur wenige Marines in der Kantine aßen.

Nach dem Abendessen fragte ich einen der Marines, wo der Kommandant sei.

»Außerhalb des Geländes, neben den Schlafunterkünften.«

Ich lächelte: »Danke.« Dann drehte ich mich um und wollte weiter.

Der Marine rief mir hinterher: »An Ihrer Stelle wäre ich vorsichtig.«

Ich blieb stehen: »Wie bitte?«

Der Marine zeigte mit dem Kopf zum nahe gelegenen Zaun: »Aufständische haben sich vor ein paar Wochen an den Stützpunkt herangeschlichen«, erklärte er, »sie feuerten im Dunkeln eine Rakete auf unser Gelände ab und zerstörten dabei das Klo.«

»Im Ernst?«

Der Marine zeigte auf ein Gebäude in knapp hundert Meter Entfernung. Dort befand sich der Checkpoint für den Zugang zum Park- und Servicebereich der Flugzeuge.

»Die nigerianischen Wachen, die ihn besetzen, leuchten mit ihrem Scheinwerfer beharrlich in unsere Richtung, um in heranfahrende Autos sehen zu können. Nachts sind wir in der gesamten Umgebung das einzig sichtbare Gebäude.«

»Was war mit der Rakete?«

»Sie schlug neben dem Klo ein. Das jetzt voller Granatsplitter ist. Die Explosion riss alle aus ihren Betten.«

»Echt?«, fragte ich skeptisch.

»Die Jungs essen seit Wochen nicht mehr zu Abend, weil sie das Klo nach Einbruch der Dunkelheit nicht mehr benutzen wollen.«

Ich dachte darüber nach, während ich auf das blaue Dixi-Klo ging. Ich würde mich nie mehr über die Dixi-Klos oder verstopfte Toiletten auf dem Predator-Gelände der Nellis beklagen. Da mussten wir uns wenigstens keine Gedanken über Panzerfäuste machen.

Mein Einsatz hatte meinen Blick auf den Krieg verändert, auf erwartete wie unerwartete Weise. Ich würde auf jeden Fall niemals vergessen, dass es im Irak sogar gefährlich war, aufs Klo zu gehen.

KAPITEL 13

23 Sekunden

»Noch eine Minute.«

Das Fadenkreuz des Zielsystems hatte einen weißen Geländewagen im Visier, der unter Palmen neben einem weißen Haus in Hibhib parkte. Der Wagen war in jeder Hinsicht unauffällig. Es gab keine Beschriftungen, Beulen, farblichen Besonderheiten oder anderen Details, die ihn von anderen Geländewagen in der Stadt Baquba hätten unterscheiden können. Wir erkannten ihn nur, weil wir ihn schon seit etwa 480 Stunden verfolgten.

Der Wagen war nicht unser Ziel. Der Mann, der gerade das Haus verlassen hatte und auf den Beifahrersitz kletterte, hatte höchste Priorität. Es handelte sich um Abu Musab al-Zarqawi, das offizielle Oberhaupt von al-Qaida im Irak.

Al-Zarqawi war Jordanier. Er hatte schon vor dem Einmarsch 2003 militante Zellen im Irak aufgebaut. Während der Besatzung schloss er sich dann dem Aufstand an. Wegen seiner Leistungen erhielt al-Zarqawi den Titel »Emir von al-Qaida im Zweistromland« verliehen. Er wurde der Entführung und Hinrichtung von Nicholas Berg im Mai 2004 bezichtigt und für die Enthauptung Owen Eugene Armstrongs, eines anderen Amerikaners, der im Irak arbeitete, zwei Jahre später verantwortlich gemacht. Al-Zarqawi hatte seine Hände bei mehr als 700 Morden im Irak im Spiel, meist waren es Bombenanschläge, wie der auf das UN-Gebäude in Bagdad im Jahr 2003.

Spätestens 2006 war er der meistgesuchte Terrorist im Irak.

Nach meiner Rückkehr vom Einsatz nahm ich meine Arbeit als Chefpilot wieder auf. Die meiste Zeit verbrachte ich damit, bei der Ausbildung von Piloten für die neuen Staffeln zu helfen, die aufgrund unseres Erfolges aufgestellt wurden, neue Schüler bei der 11. auszubilden und Einsätze zu fliegen. Die Anzahl der Staffeln hatte sich, seit ich vor drei Jahren zur unbemannten Luftfahrt gestoßen war, von drei auf fünf in den Staaten und auf einige mehr auf dem Kriegsschauplatz erhöht.

Für die Predator und Reaper wurden mehr Piloten ausgebildet als für irgendein anderes Flugzeug in der Air Force. Die RPA-Gemeinschaft arbeitete sich vom Keller der Air Force-Flotte langsam nach ganz oben. Im Gegensatz zu der Zeit, als ich dazugestoßen war, wollten Piloten in der Ausbildung heute zur unbemannten Luftfahrt, weil dieses Flugzeug den Krieg an allen Fronten führte.

»Noch 30 Sekunden, Laser an.«

Die Stimme des Piloten kam scheppernd aus dem Lautsprecher. Ich stand hinter dem Kommandanten der 15. Reconnaissance Squadron und verfolgte das Geschehen. Der Flug und die Crew gehörten zur 3rd Special Operations Squadron. Die Task-Force, die im Irak den Auftrag hatte, Al-Qaida-Zellen zu eliminieren, wollte al-Zarqawi nicht gefangen nehmen. Sie wollten, dass er eliminiert wurde.

Durch den Großstadtlärm getarnt, näherte sich die Predator ungehört bis auf Abschussweite. Auf der Straße war nicht viel los, was Kollateralschäden sehr unwahrscheinlich machte. Ein Angriff zum jetzigen Zeitpunkt würde wahrscheinlich nur al-Zarqawi und seinen spirituellen Berater, Scheich Abd al-Rahman, verletzen.

Nach all der Zeit, die ich in seine Verfolgung investiert hatte, musste ich einfach dabei sein, wenn wir ihn erwischten. Die anderen Crews um mich herum dachten wahrscheinlich dasselbe. Als ich im Jahr zuvor den *Facilitator* erwischt hatte, waren mit Sicherheit auch andere Piloten in der Einsatzzentrale gewesen und hatten zugesehen. Die wichtigen Einsätze zogen immer Publikum an.

Nur wenige Flugzeuge ließen ihre Einsätze in der ganzen Welt live übertragen, wie es die Predator machte. »Pred Porn« durchdrang sämtliche Büros, die Zugang zu dem Videomaterial hatten. In gewisser Weise sah die ganze Welt zu.

Ich hatte dennoch gemischte Gefühle bei dem Gedanken, dass al-Zarqawi jetzt getötet werden würde.

Auf der einen Seite war er ein symbolischer Führer der Bewegung. Wenn wir ihn eliminierten, wäre das eine deutliche Nachricht an al-Qaida und ihre Sympathisanten weltweit, dass sie nicht gewinnen konnten. Auf der anderen Seite wäre der Krieg schon vorbei, falls al-Zarqawi der beste und klügste Kopf war, den al-Qaida zu bieten hatte. Während unserer langen Observierung hatte er sich meiner Meinung nach vor allem als Schaumschläger erwiesen. Es gab ein Video von ihm, das ihn unfähig zeigte, mit einer AK-47 zu schießen oder ein SAW-Maschinengewehr zu bedienen. Wir mussten jedes Mal lachen. Eine AK-47 war so konzipiert, dass sogar ein Kind oder ein Idiot damit umgehen konnte. Was sagte das also über ihn aus?

Al-Zarqawis Verfolgung war unsere Hauptmission geworden, als die angespannte Lage in Al Anbar sich besserte. Zwar wüteten noch immer Kämpfe im sogenannten Sunnitischen Dreieck, aber sie waren so weit abgeflaut, dass die Marines die Steuerung der Predators wieder der Army überlassen konnten. Al-Zarqawi war rührig gewesen, während die Koalitionstruppen sich auf Al Anbar konzentriert hatten.

Vor einem Jahr hatte al-Zarqawi den Schiiten im Irak den Krieg erklärt. Mit Selbstmordbombern hatte er Koalitionstruppen und schiitische Milizen angegriffen. Er hatte außerdem mehrere terroristische Trainingscamps innerhalb der Grenzen mehrerer Städte errichtet. Die Einheimischen hatten Angst davor, ihn zu verraten, da er sie bedrohte. Seine Zellen agierten ganz offen, bauten Autobomben, legten Sprengfallen.

Was ihn beunruhigte, war der »White Devil«. Wir waren ein lautloser Mörder, dessen bloße Erwähnung Angst in ihre Reihen trug. Sie verschoben Operationen, wenn sie wussten, dass wir in der Gegend waren.

Nachdem al-Zarqawi aus Falludscha vertrieben worden war, schlug er seine Zelte in der Nähe von Baquba auf. Dort befehligte er den Wiederaufbau einer Organisation, die wir während der Schlacht zerschlagen hatten.

Als wir uns auf die Verfolgungsjagd begaben, war die einzige Information, die der Nachrichtendienst uns liefern konnte, dass er sich irgendwo in dieser Gegend aufhielt. Mehr hatten seine Gewährsleute nicht zu bieten. Also schickten wir unser Flugzeug in der Hoffnung dorthin, Wind von seinem Treiben zu bekommen. Es wurde eine langsame, methodische Verfolgungsjagd, wie die nach Bin Laden in Afghanistan.

Die Bemühungen der Task-Force zur Ergreifung al-Zarqawis intensivierten sich im Februar 2006, als die Vernehmungsoffiziere sich allmählich ein Bild von al-Zarqawis Organisation machten. Sie fing klein an und entführte Funktionäre, die in einem Lager auf dem Stützpunkt gefangen gehalten wurden. Abu Ghraib war für den gemeinen Aufständischen. Wenn man ins »Lager« geschickt wurde, dann hatte man etwas, das die Task-Force wollte. Und die Vernehmungsoffiziere hatten den Ruf, alles aus einem Gefangenen herauszubekommen.

Mein erster Posten in der Air Force war der eines Vernehmungsoffiziers. Genau genommen war ich einer der letzten Air-Force-Vernehmungsoffiziere, bevor das Hauptquartier die Aufgabe 1995 der Army übergab. Ich hatte unsere früheren Operationen in Somalia, Ruanda und Haiti unterstützt. Ende 1994 gewann ich sogar den Exceptional Human Intelligence Collector Award der CIA für meinen Haiti-Einsatz. Mithilfe von Kontaktpersonen deckte mein Team einen geplanten Mordanschlag auf den ehemaligen Präsidenten Jimmy Carter auf. Seitdem wusste ich zu schätzen, was die Vernehmungsoffiziere zum Kampf beitragen konnten, und ich schwor mir, die gewonnenen Informationen zu nutzen, um al-Zarqawi und die anderen Al-Qaida-Führer im Irak zu finden.

Als wir einen Hinweis bekamen, dass Al-Qaida-Kämpfer in der Nähe von Al Kazariya aktiv waren, flogen wir zu dem Dorf und fingen an, die Gegend nach irgendwelchen Anzeichen von Bewegung zu scannen. Ich war an der Reihe, für die 3rd Operations Squadron zu fliegen, und sah auf meinem HUD eine Straße, die wahrscheinlich zum Waffenschmuggel genutzt wurde. Sie verlief von Bagdad aus in nordöstlicher Richtung, durch Baquba und weiter bis zur iranischen Grenze. Es war spät, und die Straße war leer.

Wir hegten den Verdacht, dass Iran al-Qaida und die Aufständischen im Irak mit Waffen und Sprengstoff belieferte. Die Iraner hatten kein echtes Interesse an den Irakern. Ihre Unterstützung war eher ein Angriff auf die Vereinigten Staaten. Ich hatte schon zu viele iranische Hubschrauber gesehen, die von tief auf iranischem Territorium liegenden Stützpunkten aus Nachschub für die Aufständischen in den sumpfigen Ostirak einflogen, um etwas anderes zu glauben. Ich hatte einmal sogar versucht, einen abzuschießen, aber der Drei-Sterne-General, der den Luftkrieg befehligte, pfiff mich zurück.

Mein Sensoroperator scannte die Straße, als wir die Außenbezirke von Al Kazariya erreichten. Ich wechselte so oft zwischen den verschiedenen Staffeln, dass ich keine Ahnung mehr hatte, mit wem ich gerade flog. Auf den meisten Flügen bekam ich einen Namen und ein bisschen Small Talk. Ich war jetzt ein Gast bei den Staffeln, gehörte ihnen nicht mehr an. Ich vermisste es, einer von ihnen zu sein, daher genoss ich die Zeit, die ich am Steuerknüppel bekam, selbst wenn der Einsatz sich nur darum drehte, Lebensgewohnheiten auszukundschaften.

Die Sprechanlage, die mit der taktischen Einsatzzentrale verbunden war, blieb ruhig. Die 3rd Special Operations Squadron war jetzt direkt mit der Task-Force verbunden, so wie die 17. direkt mit ihrem JOC verbunden war. So konnten wir ohne Umwege mit Nachrichtendienst, JTACs und Kommandanten kommunizieren.

Uns fiel beim Scannen der Straße und des Dorfes nichts Besonderes auf. Es gab keine Anzeichen für eine mögliche Sprengfalle. Niemand lief auf der Straße herum. Dies war der Beginn der Jagd, und die Task-Force warf ein weites Netz aus und suchte nach jedem, dem wir die Befehlskette hinauf folgen konnten.

Wir wandten uns der Ansammlung von Häusern zu, wir hielten nach jeder Bewegung Ausschau. Die Häuserblocks waren klein, etwa drei bis vier Häuser pro Straße. Wir konnten den Großteil des Dorfes überblicken und hatten gleichzeitig ein Auge auf die Hauptstraße. Wir richteten das Zielsystem parallel zur Straße aus, und Häuser huschten verschwommen über das HUD. Wir wollten gerade zu einem anderen Sektor überwechseln, um eine neue Suche zu starten, als wir etwas aufleuchten sahen.

»Warten Sie mal, was war das?«, fragte ich.

Der Sensoroperator hielt die Kugel sofort an.

»Was?

»Haben Sie das nicht gesehen?«, fragte ich.

»Was gesehen?

Er sah verwirrt aus. Ich wies auf mein HUD und deutete auf den Blitz.

»Gehen Sie langsam in dieser Richtung zurück. Ich habe etwas aufleuchten sehen. Einen möglichen Gefahrenherd.«

Es hätte alles sein können. Ein Kochfeuer, ein Bursche beim Pinkeln oder bei einer Rauchpause. Aber trotzdem wollte ich der Sache auf den Grund gehen. Der Sensoroperator bewegte die Kugel vorsichtig und machte Pausen, damit wir beide die Möglichkeit hatten, das Bild richtig zu sehen. Nach ungefähr drei Blocks sahen wir ganz am Rand unseres HUD erneut etwas aufblitzen.

»Da oben«, sagte ich.

Das Fadenkreuz bewegte sich nach oben rechts und blieb auf einem Haus mit Innenhof stehen. Der Innenhof war groß genug, um einen primitiven Hindernisparcours zu beherbergen. Kämpfer rannten um die Hindernisse herum. Andere feuerten aus ihren Kalaschnikows. Das Ganze sah aus wie aus einem miesen James-Bond-Streifen aus den 1970er-Jahren.

Einen kurzen Moment saßen wir einfach nur da, überrascht von der Tollkühnheit, ein Trainingscamp anderthalb Blocks von einer Hauptstraße entfernt zu errichten. Sicherheit wurde bei diesen Burschen anscheinend nicht großgeschrieben.

Ich rief den Predator-Verbindungsoffizier an. Er war nicht da. Hatte sich weder zur Toilette abgemeldet noch für einen Schichtwechsel. *Schlechtes Timing*, dachte ich, als ich meine Anfrage im Chat postete.

DN31> Melde feindliche Aktivitäten, bitte um Erlaubnis zum Angriff.

Wir waren da. Wir waren bewaffnet. Eine einzige Hellfire hätte den gesamten Gebäudekomplex zerstören können.

TF145TOC> STBY.

Wir bekamen Befehl, uns bereitzuhalten. Ich war ein wenig ernüchtert, als ich die Raketen zum Abschuss vorbereitete. Ich erwartete nicht zu schießen, aber für den Fall der Fälle war ich bereit. Für diese unterstützte Einheit stellten wir immer noch ein Novum dar, und man war bis dato etwas zögerlich gewesen, uns als Aktivposten bei einem Angriff einzusetzen.

TF145TOC> Bitte auf 5NM Entfernung bleiben.

Fünf nautische Meilen Abstand zu halten bedeutete, dass wir nicht schießen würden.

DN31> C.

Man positionierte uns, um die Anlage zu überwachen. Die Task-Force hatte viele Instrumente zur Verfügung, davon waren die meisten sicherlich sinnvoller als das, was wir zu bieten hatten.

DN31> Fliegen Sicherheitsüberwachung.
TF1445TOC> C.

Aus unserer günstigen Perspektive konnte ich den Eingang zur Straße sowie das gesamte Trainingscamp im Hof überwachen. Ich sah einen Mann über ein Hindernis springen, dann gab er etwa ein halbes Dutzend Salven aus der Hüfte ab und versuchte, einen Dummy mit dem Gewehrkolben zu zerstören. Seine Bewegungen waren derart verkrampft, dass ein Amerikaner ihn schon vor der ersten Hürde niedergeschlagen hätte. Irgendwie tat der Kerl mir leid. Er war voller Tatkraft und Machismo, aber ihm fehlte die dazu passende physische Anlage. Zum Glück würde er bald gefangen genommen werden.

Als er gerade mit dem Dummy fertig war, sah ich um die Männer herum Erdklumpen hochspritzen. Ein Aufständischer brach sofort zusammen.

»Ach, du Scheiße«, platzte mein Sensoroperator heraus.

»Achten Sie auf Ausreißer«, wies ich ihn an.

Der Sensoroperator sammelte sich wieder und begann sofort, den direkten Umkreis zu scannen. Die Rotorblätter eines Apache-Kampfhubschraubers sirrten durch das HUD. Nach den Löchern im Erdboden zu urteilen, wurde der Gebäudekomplex von 20-mm-Salven durchsiebt.

»Da hauen welche nach Süden ab«, rief der Sensoroperator. Einer der Rekruten oder vielleicht einer der Ausbilder rannte schlauerweise um die Ecke des Gebäudes, wo sich schon andere bewaffnete Aufständische versammelt hatten. Sie kauerten sich an die Mauer. Diese Burschen sahen kompetenter und erfahrener aus. Sie gingen davon aus, dass der Hubschrauber sie nicht mehr sehen konnte, hatten aber scheinbar die Unterrichtseinheit über die »White Devils« verpasst.

DN31> Ausreißer nach Süden.

Ein anderer Hubschrauber schoss durch unser HUD. Einen kurzen Moment später traf eine zweite Salve. Im Gegensatz zum ersten Durchlauf, der dem Gebäudekomplex gegolten hatte, konzentrierte sich diese Salve auf die Männer, die sich an der Mauer versteckten. Die 20-mm-Salven meißelten ihre Silhouetten zuerst in die Mauer, bevor sie im Staub zusammenbrachen. Die Kampfhubschrauber flogen noch einige Angriffe, bevor sie sich vom Ziel zurückzogen.

Wir waren noch nicht von dem Ziel abgezogen worden, also observierten wir weiter. Hin und wieder blitzte ein Rotor auf unserem HUD auf. Die Hubschrauber kreisten über der Anlage und suchten nach irgendeiner Bewegung.

Ich frage mich, worauf die warten, dachte ich. Dann rauschte ein Black Hawk über das Ziel hinweg und schwebte über der Straße. Dicke schwarze Taue zum Abseilen fielen von beiden Seiten hinab.

Binnen Sekunden seilte sich ein Spezialeinsatzkommando ab und schwärmte aus. Das Feuer war nicht erwidert worden. Das Team sprengte das Tor zu dem Komplex in die Luft und drang ein. Ein kleiner Humvee-Konvoi kam herangefahren, und ein paar Tote wurden auf die Ladefläche gehievt.

Wir hatten eines von al-Zarqawis Trainingscamps gefunden. Es war, als fügten wir ein Teil in ein Puzzle ein, aber wir waren noch lange nicht fertig damit. Im Laufe der Zeit und mithilfe von Überlebenden dieses und anderer, noch folgender Angriffe gelang es der Task-Force, einige der Mittelsmänner und Anführer gefangen zu nehmen. Die Task-Force machte so lange weiter, bis ein Team von Vernehmungsoffizieren einen von al-Zarqawis Genossen dazu brachte, al-Zarqawi zu verraten.

Scheich Atijah Abd al-Rahman wurde unser Ziel.

Am ersten Abend fand eine Crew den Scheich und verlor ihn sofort wieder, als der Fahrer sich durch den Feierabendverkehr schlängelte. Am zweiten Abend konnten wir den Transporter wieder orten, und der Crew gelang es dranzubleiben. Der Transporter war ein weißer HiLux mit einer Mannschaftskabine. Er war gut in Schuss, aber nicht protzig. Ein zuverlässiges Fahrzeug, das jedem hätte gehören können. Der Transporter fiel im Verkehr in und um Baquba nicht weiter auf.

Wir wurden aufgefordert, auf großer Distanz zum Ziel zu bleiben. Dies minderte unser Risiko, entdeckt zu werden. Es verschlechterte aber auch unsere Sicht, sodass keine Gesichtserkennung mehr möglich war. Die Task-Force musste sich auf andere Quellen verlassen, um sicherzustellen, dass wir tatsächlich Abd al-Rahman verfolgten. Während man also an diesem Problem arbeitete, hatten wir weiterhin den kleinen weißen Pick-up fest im Blick. Tagsüber flogen wir diskret hinter ihm her, wenn er seine Runden drehte. Nachts beobachteten wir sein Haus. Wir dokumentierten jeden, der kam und ging, und analysierten, ob es al-Zarqawi war oder bloß ein Kurier.

Es war früh am Morgen, als ich erstmals Gelegenheit erhielt, Abd al-Rahman zu verfolgen. Der Geländewagen war immer noch sicher neben dem Haus geparkt, als er mit seinem Fahrer in die Kabine stieg. Ich schaltete den Autopiloten aus und flog eine leichte Rechtskurve, um sicherzugehen, dass ich die Kontrolle hatte.

Ich überprüfte die Verfolgerkarte über dem HUD und ließ die Predator neben der Straße gleiten, sodass ich sehen konnte, in welche Richtung er fuhr. Der Motor sprang an, und der Fahrer fädelte sich in den fließenden Verkehr ein. Der Sensoroperator hielt den Transporter in der Mitte des HUD, während ich die Predator wendete, sodass wir den Wagen verfolgen konnten. Er war umringt von Taxen mit orangen und weißen Kotflügeln. Lastwagen rumpelten über die Straße und überholten Eselskarren. Ein weißes Fahrzeug im Irak fügte sich optisch in die Umgebung ein wie ein Kaninchen in einem Schneesturm. Ich presste einen Finger auf das Zielfahrzeug auf dem HUD. Ich bildete mir wohl ein, dass ich ihn nicht aus den Augen verlieren konnte, wenn ich ihn berührte.

Er fuhr ein paar Kilometer, bevor er auf eine unbefestigte Straße abbog. Ich hatte keine Ahnung, wohin er fuhr. Auch wenn es uns bei anderen Zielpersonen schon gelungen war, in seinem Fall war es noch zu früh, um seine gesamten Lebensgewohnheiten zu kennen. Außerdem war er unberechenbarer als andere. Er hatte keine festen Zeiten wie der *Facilitator* oder der *Captain*.

Er war gut.

Ich ließ die Predator ein paar Kilometer weiterfliegen, bevor ich zurückkreiste. Wir verloren ihn nie aus den Augen, und ich achtete darauf, dass wir den Wagen nicht überflogen. Wenn das passierte, würden wir augenblicklich das Limit des Kardangelenks im Innern des Zielsystems überschreiten und es auf den Horizont zurasen lassen.

Diesen Fehler galt es unbedingt zu vermeiden.

Ich kontrollierte die eingeblendeten Bilder. Der Nachrichtendienst hatte ein Foto der Gegend, in der al-Zarqawi sich aufhielt. Darauf waren mit farbigen Linien seine wahrscheinlichen Ziele angezeigt. Jede Farbe stand für eine andere Strecke oder für die Häufigkeit, mit der er sie benutzte. Ich wollte sehen, ob Abd al-Rahman eine bekannte Route benutzen würde.

Ich hatte keine Ahnung, wohin er fuhr, aber ich hatte ihn die ganze Zeit im Visier. Auch als er von Dorf zu Dorf fuhr und Mittelsmänner traf, verloren wir ihn nie aus den Augen. Als es zweimal an der Tür der Bodenkontrollstation klopfte, war ich erleichtert. Mir wurde erst jetzt bewusst, wie angespannt ich gewesen war.

Der Geländewagen von Scheich Abd al-Rahman befand sich auf einer Schnellstraße, als der neue Pilot hereinkam. Unter normalen Umständen wiesen wir die neue Crew kurz ein und tauschten dann die Plätze. Als wir den spirituellen Berater verfolgten, hatten wir den Autopiloten ausgeschaltet, was bedeutete, dass wir die

Hände auf der Steuerung lassen mussten, während wir die Plätze tauschten.

»Bereit?«, fragte ich.

Der neue Pilot nickte. Er quetschte sich in den engen Spalt zwischen Pilotensitz und Computerwand. Dann griff er über meine Schulter nach dem Steuerknüppel. Er musste sich schnell ein Bild davon verschaffen, was ich gerade mit dem Flugzeug machte, und den Druck auf der gefederten Steuerung angleichen. Als er so weit war, schlüpfte ich unter seinem Arm durch und überließ ihm den Sitz.

Ich nahm die Tastatur an mich und legte sie auf den Tisch zwischen Sensoroperator und neuem Piloten. Ich schickte dem Tactical Operations Center (TOC), der taktischen Einsatzzentrale, eine Nachricht über den Chat.

DN31> Neue Crew am Platz.
TF145TOC> C.

Nach einer Weile stellten wir fest, das al-Zarqawi oft mit Abd al-Rahman unterwegs war, und dadurch konnten wir recht zuverlässig al-Zarqawis Lebensgewohnheiten nachzeichnen. Nach zwei Wochen konnten wir – wie damals bei der Verfolgung des *Captain* – mit nur einem Blick auf das HUD feststellen, wo auf der Route er seinen Hauptsitz hatte. Wir hatten dieselben Häuser oft genug gesehen, um jeden seiner Schritte fast auswendig zu kennen. Wir wussten genau, wo er sich in den 480 Stunden bis zur Nacht des 6. Juni aufgehalten hatte, als die Task-Force den Predators endlich die Erlaubnis zum Angriff gab.

Ich verfolgte den Einsatz zusammen mit anderen Piloten der Staffel. Das war unsere Chance, den Spezialeinheiten zu zeigen, wozu wir fähig waren.

»Laser an«, sagte der Sensoroperator.

Ich richtete meine Aufmerksamkeit wieder auf den Plasmabildschirm an der Wand. Der Geländewagen auf dem Bildschirm wurde immer größer. Ich erwartete, jeden Moment *LRD Lase Des* auf dem HUD aufleuchten zu sehen. Die Buchstaben standen für *Laser Range Designator* und bedeuteten, dass der Laser aktiviert war und das Ziel markierte.

Auch im Cockpit sollten eigentlich die Worte *Laser aktiviert* erscheinen.

Aber nichts passierte.

Der Sensoroperator im Cockpit hatte vergessen, den Laser zu laden. Vielleicht hatte der Pilot vergessen, es ihm zu sagen. Beide hätten es auf jeden Fall richtig machen müssen. Das war kein guter Start.

»Der Laser ist nicht einsatzbereit«, sagte der Pilot.

Der Sensoroperator antwortete ganz ruhig: »Ich lade.«

Beide blieben ruhig, waren ganz professionell. Noch war Zeit, alles richtig zu machen.

Dann verschwand das Bild. Grafiken und Bild waren einfach weg. Alles, was blieb, war ein Grau-in-Grau.

»Ach, du Scheiße«, sagte jemand hinter mir.

Sie hatten der Crew die Abschusserlaubnis erteilt, als al-Zarqawi aus Scheich Abd al-Rahmans Haus herausgekommen war. Sie sollten den Wagen treffen, kurz bevor er von der Auffahrt auf die Straße fuhr, und dann war der Bildschirm auf einmal schwarz geworden.

»Was zur Hölle ist hier los?«, brüllte der Einsatzleiter.

Ich schlug die Hände vor dem Gesicht zusammen. Ich wusste genau, was passiert war.

Der Sensoroperator hatte das Zielsystem kalibriert, was vor jedem Abschuss gemacht wurde, um das bestmögliche Bild zu erhalten. Die Nicht-Uniformitätskorrektur schaffte das in weniger als einer halben Minute.

Computer regelten die innere Funktionsweise der Predator, wie bei den meisten anderen modernen Flugzeugen, und die Computer funktionierten nur, wenn die Software gültig war. Die Firma brachte nach der Identifizierung von Störungen oder als Folge von erwünschten Verbesserungen regelmäßig Software-Updates heraus. Das letzte Update hatte eine Fehlerstelle im System hinterlassen, die wir zu umgehen lernten. Eine Funktion war hinzugefügt worden, um die Leertaste der Tastatur als »Hot Key« benutzen zu können; wenn man sie drückte, wiederholte sie den vorherigen Befehl. Wenn also ein Sensoroperator mit dem letzten Befehl den Laser aktiviert hatte und er dann die Leertaste drückte, aktivierte er ihn noch einmal.

Echt simpel. Und das funktionierte nur am Steuerpult des Sensoroperators. Die Piloten hatten diese Möglichkeit nicht.

Als sie den Raketenabschuss auf al-Zarqawi vorbereitet hatten, war der Sensoroperator aus Versehen an die Leertaste gekommen, als er hinüberlangte, um den Laser zu aktivieren. Die Nicht-Uniformitätskorrektur war der letzte Befehl im System gewesen, und das Berühren der Leertaste hatte im System eine 23-sekündige Kalibrierung verursacht, die nicht rückgängig gemacht werden konnte. Der Hersteller war nicht schuld an der Panne, sondern eine nachlässige Handbewegung des Sensoroperators. Die vermeidbar gewesen wäre.

Nach 23 Sekunden tauchte das Haus wie aus einem Nebel auf dem grauen Monitor wieder auf. Der Wagen und al-Zarqawi waren weg.

In der Einsatzzentrale herrschte Totenstille. Ich musste nichts sagen. Jeder wusste instinktiv Bescheid, was geschehen war. Innerlich machte gerade jeder drei Kreuze, dass er nicht auf dem Platz des Sensoroperators saß.

Die militärische Welt war gerade Zeuge geworden, wie diese Crew den wichtigsten Abschuss des Irakkrieges verpatzt hatte.

Zum Glück konnte eine andere Predator die Verfolgung des Geländewagens aufnehmen, und zumindest verloren wir ihn nicht. Aber wir hatten unsere Chance zuzuschlagen verpasst.

Am nächsten Tag, dem 7. Juni, gab die Task-Force erneut grünes Licht zum Angriff. Sie hielten die Predator so weit auf Abstand vom Ziel, dass die Crew kaum das Haus sehen konnte. Diesmal warfen F-16 Fighting Falcons aus Balad GPS-gelenkte Bomben auf das Haus.

Infolge des misslungenen Luftschlages waren alle in der Predator-Einheit hochgradig frustriert. Wir hatten so hart daran gearbeitet, al-Zarqawi zu verfolgen, um dann am Ende nicht mehr mitspielen zu dürfen, was wir einer selbst verursachten Panne zu verdanken hatten. Die verpasste Gelegenheit war ein einfacher Fehler gewesen. Es war nicht Inkompetenz oder Unprofessionalität gewesen, sondern schlicht und ergreifend ein Fehler, der statistisch so wahrscheinlich war wie eine nicht funktionierende Rakete oder eine technische Panne. Leider war das während einer der wichtigsten Missionen in der Geschichte der unbemannten Luftfahrt passiert, und man hatte das Gefühl, die ganze Welt sei Zeuge geworden.

Wir hatten schon früher wichtige Angriffe ausgeführt und Fehler gemacht, aber in diesem Fall war es ein gigantischer Rückschlag. Die Task-Force fuhr die Predator-Angriffe nach dem gescheiterten Einsatz zurück. Man behauptete, die von uns permanent gelieferten Bilder dringender zu benötigten als unser Angriffspotenzial. Aber wir kannten alle den wahren Grund. Trotz aller Fortschritte, die wir gemacht hatten, standen wir jetzt wieder am Anfang und mussten uns beweisen.

Die RPA-Gemeinschaft musste diese ärgerlichen statistischen Anomalien ausschalten, wenn wir wollten, dass man uns das Privileg gewährte, den nächsten entscheidenden Abschuss durchzuführen.

KAPITEL 14

Camp Cupcake

Es war vier Uhr morgens Ortszeit, und der Himmel war immer noch tiefschwarz. Um mich herum funkelten die Lichter der Al Udeid Air Base. So weit vom Kampfgeschehen entfernt gab es keine Verdunklungsvorgaben.

Der Stützpunkt war das vorgeschobene Hauptquartier der Air Forces Central, die für sämtliche US-Streitkräfte im Nahen und Mittleren Osten zuständig war. Der Luftstützpunkt westlich von Doha, Katar, war außerdem Sitz des Hauptquartiers der Air Force, welches das Kommando über den Luftkrieg im Irak und in Afghanistan hatte.

Wir liefen auf dem Parkvorfeld herum, während Bodenpersonal die Frachtkisten aus der C-17 lud. Die Januarhitze und die Luftfeuchtigkeit hatten mich kurz ausgebremst, als ich aus dem trockenen Inneren des Flugzeugs trat. Alle Passagiere, Offiziere wie Soldaten, luden das Gepäck aus den Kisten und reihten es auf dem Rollfeld auf, damit es den katarischen Zoll und anschließend das Patriot Gate passieren konnte.

Das Patriot Gate verdankte seinen Namen den Anschlägen vom 11. September 2001 und war eigentlich bloß ein mit Sperrholzplatten abgetrennter Aufenthaltsbereich, wo eingecheckte Passagiere auf das abschließende Boarding auf dem Weg in den Irak, nach Afghanistan oder wieder nach Hause warteten. Soldaten aus früheren Jahren hatten Botschaften und ihre Namen auf das Sperrholz gekritzelt. Das Gate wurde zu einem lebendigen Denkmal für diejenigen, die auf der Durchreise hier Station gemacht hatten.

Ich war weder auf der Durchreise noch auf dem Weg nach Hause. Ich hatte ausgehandelt, dass ich ein Jahr in Katar verbringen würde, um die Air Force bei der Optimierung ihrer Aufklärungsarbeit zu unterstützen. Wenn ich befördert werden und das Kommando über eine Staffel übernehmen wollte, musste ich die Nellis Air Force Base verlassen. Der eine Einsatz im Irak war nicht ausreichend gewesen, und ich brauchte Zeit beim Stab. Um das Jahr zu bekommen, musste ich drei viermonatige »Touren« in Folge aneinanderreihen, die damals bei der Air Force übliche Dauer eines Einsatzes. Ich musste um die halbe Welt fliegen und in einem Büro arbeiten, um die Anforderungen zu erfüllen, welche die Air Force an einen Berufssoldaten stellte.

Gringo, ein befreundeter Predator-Pilot und ebenfalls Ehemaliger der 17., holte mich am Terminal ab. Ich war seine Ablösung und würde seine Aufgaben übernehmen, damit er nach Hause fahren konnte. Wir warfen meine Taschen auf die Ladefläche seines Pick-ups und fuhren zum Kasernengelände.

»Wir sind jetzt in Ops Town, der ›Einsatzstadt‹«, sagte er. »Von hier aus werden alle fliegenden Einsätze geleitet.«

Ich erinnerte mich vage, die Gebäude gesehen zu haben, als wir im Dunkeln vorbeiflogen. Die meisten Staffeln waren dunkel. Durch die Tür eines Green Beans Coffeeshop fiel ein Lichtstrahl. Die Gäste waren eine Mischung aus Neuankömmlingen und Besatzungen auf dem Weg zur morgendlichen Einsatzbesprechung.

Gringo steuerte seinen Pick-up auf eine Straße, die ins Nirgendwo zu führen schien und sich in der Finsternis verlor.

»Ops Town war der ursprüngliche Stützpunkt, als wir einzogen«, erklärte er. »Die meisten Gebäude sind relativ neu, aber einige, wie der Passagierterminal, waren schon da, als wir hier ankamen. Seitdem ist der Stützpunkt ganz schön gewachsen.«

Wir näherten uns einem stark gepanzerten Tor. Die Metallschranken blieben geschlossen, als wir darauf zufuhren. Auf beiden Seiten befanden sich doppelstöckige, im arabischen Stil gehaltene Türme, auf denen katarische Flaggen in einer leichten Brise flatterten. Gringo bog auf eine Nebenstraße ab und fuhr am Checkpoint vorbei.

»Das ist die Qatari Air Force. Da gehen wir nicht rein.«

»Was fliegen die?«, fragte ich.

»Keine Ahnung«, sagte Gringo, »hab die noch nie irgendwas fliegen sehen.«

Ein heller Fleck am Horizont wurde beim Näherkommen immer größer. Zunächst dachte ich, es wäre die aufkommende Morgendämmerung. Als wir näher dran waren, sah ich jedoch, dass es sich um ein riesiges Camp handelte. Das Coalition Village, auch C-Town genannt, war die Wohnanlage der Amerikaner und anderer alliierter westlicher Streitkräfte. C-Town bestand aus Tausenden von Schlafunterkünften in übergroßen Fertigbauten. In der Mitte des Geländes befand sich ein großes Freiluftzelt (nur ein Dach, keine Seitenwände), das aussah wie einer von Bettie Pages verlorenen Büstenhaltern.

Der BH – diesen Spitznamen hatte das Zelt schnell weg – war das Zentrum des sozialen Lebens für den Stützpunkt Al Udeid. Die Truppenbetreuung zeigte hier Shows, und drumherum gab es ein Fitnesscenter, ein Kino, ein Schwimmbad mit olympischen Ausmaßen, einen Supermarkt und eine kleine Ansammlung von Fast-

Food-Ketten. Die Einrichtung ließ nichts zu wünschen übrig, wenn man im Einsatz war. Kein Vergleich zu meinem Werkzeugschuppen in Falludscha.

Gringo setzte mich an unserer Unterkunft ab, einem vollgestopften Raum mit Holzboden, der von einem Doppelstockbett und zwei Metallschränken beherrscht wurde. Ein paar Tage lang teilten Gringo und ich uns sein Zimmer, bis er nach Hause fuhr. Danach hatte ich es für mich allein. Ich hatte Glück, denn die Jüngeren mussten zu zweit oder zu dritt mit dem gleichen Platz auskommen.

Ich brauchte ein paar Tage, um mich zu akklimatisieren. Viele Briefings waren vonnöten, um mich mit jedem Aufgabengebiet vertraut zu machen. Aber je länger ich hier war, desto mehr hatte ich das Gefühl, dass irgendetwas an dem Stützpunkt nicht stimmte. Genau das sagte ich Gringo bei einem Bier, bevor er endgültig abreiste. Gringo guckte mich einen Moment lang an. Dann deutete er mit dem Kopf in Richtung eines jungen Mannes auf der anderen Seite des BHs.

»Siehst du den?«

Nach seiner Uniform zu urteilen, war der Bursche in der Army. Er humpelte unbeholfen auf Krücken über den weißen Schotter. Er hatte einen Gips am rechten Unterschenkel.

»Ja.«

»Die Army schickt ihre Verwundeten hierher zur Genesung«, erklärte er.

»Ich dachte, die kämen nach Deutschland«, sagte ich.

»Das sind die, die nicht wiederkommen. Der hier wird in ein paar Wochen wieder kämpfen. Die Army hat ihn zum Ausruhen hierhergeschickt, damit er schneller wieder zurück ist.«

»Oh«, sagte ich.

Gringo grinste.

»Diese Jungs nennen das hier Camp Cupcake, Törtchen.«

»Kann ich nachvollziehen«, meinte ich.

»Hier ist alles ganz entspannt«, sagte Gringo. »Naja, zumindest scheint es so.«

Meine Arbeit war nicht entspannt. Ich war in Katar, um 14 Aufklärungsplattformen im CENTCOM-Gebiet zu verwalten. Ich war dafür verantwortlich, dass sie sowohl auf beiden Kriegsschauplätzen als auch in dem neuen Krisengebiet, das sich gerade im Jemen entwickelte, die richtigen Einsätze durchführten. In die täglichen Operationen mischte ich mich eigentlich nicht ein. Meist wälzte ich Akten, da die Plattformen ziemlich eigenständig waren. Aber es schien immer irgendeine Krise zu geben, die ich lösen musste, damit die Flugzeuge weiter fliegen konnten.

Im Frühling war ich vier Monate auf dem Al-Udeid-Stützpunkt. Da auf dem Stützpunkt nichts wuchs, war von einem Jahreszeitenwechsel aber eigentlich nichts zu sehen. Das weiße Bruchgestein blieb genauso tot wie vorher. Dass der Winter dem Frühling wich, bemerkte ich zum ersten Mal an dem morgendlichen Nebel.

Normalerweise ging ich die anderthalb Kilometer von meiner Unterkunft zum Büro zu Fuß. Laufen war Sport. Ich arbeitete 16 Stunden pro Tag, und das hatte in nur zwei Monaten seinen Tribut gefordert. Zugunsten einiger Stunden unruhigen Schlafs hatte ich Trainingseinheiten aus meinem Tagesablauf gestrichen. Dadurch hatte ich zugenommen, und ich fühlte mich nicht wohl. Außerdem vermisste ich das Fliegen. Dinge mit meinen Händen zu erledigen und die Ergebnisse zu sehen hielt mich gesund.

Ich hatte keine natürliche Begabung für die Stabsarbeit. Sie langweilte mich. Ich kam nicht gut zurecht mit den Einschränkungen der Büroarbeit und den damit einhergehenden Verfahrensweisen beim Stab. Und falls ich nicht befördert wurde, wäre diese ganze Quälerei für nichts.

Der Beförderungsausschuss der Air Force veröffentlichte im Frühjahr die Namensliste, während ich noch in Al Udeid war.

Jeder Offizier in meiner Altersgruppe ging in der Woche vor der Bekanntgabe auf dem Zahnfleisch. Die Air Force hatte drei Beförderungsausschüsse. Die ersten zwei zählten meiner Ansicht nach nicht, da durch sie nur ungefähr ein Prozent der Offiziere befördert wurden. Es war der dritte und letzte Ausschuss, wo die meisten von uns erfahren würden, ob sie es schafften.

Ich teilte mir ein Büro mit Muggles, der sein Rufzeichen den Harry-Potter-Büchern verdankte. Wir hatten zur gleichen Zeit in der Akademie die Schulbank gedrückt, weshalb für uns beide derselbe Ausschuss zuständig war. Ich hatte Muggles auch während der Ausbildung nie persönlich kennenlernt, und unsere Wege als Offiziere hatten sich später nie gekreuzt. 15 Jahre später war Muggles fast nicht wiederzuerkennen. Er war so groß wie ich und ein bisschen schwerer. Ich war zwischenzeitlich an den Schläfen ergraut, aber von seinem Haar war nicht mehr viel übrig.

Wir wurden sofort Freunde. Wir tranken zusammen Bier im BH und aßen zusammen zu Abend, wenn wir es irgendwie in unseren 16-Stunden-Tag reinquetschen konnten. An dem Abend bevor die Liste bekannt gegeben wurde, beschlossen wir, uns in der Nähe des Büros herumzutreiben, um zu sehen, ob die Al-Udeid-Führung die Namen vielleicht etwas eher mitgeteilt bekam. Normalerweise übergab die Air Force die Liste den Befehlsstäben. Die Staffelkommandeure benachrichtigten dann die Betroffenen noch am Abend vor der offiziellen Bekanntgabe. Üblicherweise wurden jedoch nur jene benachrichtigt, die es nicht geschafft hatten. Sie wurden mit den gängigen Floskeln abgefertigt und brauchten dann am nächsten Tag nicht zu erscheinen, um nicht auf die Feiernden treffen zu müssen.

Wir waren überzeugt davon, dass wir es geschafft hatten. Dennoch war es nervenaufreibend zu wissen, dass wir beurteilt und unsere Bewertungen gegeneinander abgewogen wurden. Wir konnten nichts anderes tun als warten, was wir im Konferenzraum taten. Wir redeten nicht. Es gab nichts zu sagen, während unser Schicksal auf uns lastete. Ich war einer von zwei Offizieren aus der RPA-Gemeinschaft, die auf dem besten Weg zum Kommandanten waren. Mike war der andere. Sollten wir beide befördert werden, wären wir die erste Piloten der unbemannten Luftfahrt, die ein Kommando übernahmen. Die meisten Posten wurden interessierten Kampfpiloten zugewiesen.

Ich habe keine Ahnung, wie lange wir dort saßen, an unserem Wasser nippten und warteten. Die anderen Mitglieder des Stabes waren längst verschwunden, als mein Chef den Kopf durch die Tür steckte und uns sah. Normalerweise hatte er immer ein breites Lächeln im Gesicht. Dieses Mal runzelte er die Stirn.

»Worauf wartet ihr denn noch?«

»Auf die Veröffentlichung der Beförderungsliste, Sir«, antwortete ich.

Er schaute erst mich, dann Muggles an.

»Hat irgendeiner euch zu sich gerufen?«

»Nein, Sir.«

Er nickte.

»Dann habt ihr es auf die Liste geschafft. Und jetzt verschwindet.«

Tatsächlich wurde die Liste am nächsten Tag veröffentlicht. Ich bestaunte meinen Namen. Dann rechnete ich mir aus, dass ich im Januar zum Lieutenant Colonel befördert werden würde. Mike stand so weit oben auf der Liste, dass er wahrscheinlich schon im Dezember befördert würde. Ich atmete erleichtert auf. Ich war immer noch auf dem besten Weg, Kommandant zu werden, ein Ziel, das ich fest vor Augen hatte, seitdem ich zur Air Force gegangen war. Aber zunächst musste ich ein Jahr beim Stab als Aktenmuffel überstehen.

Es lief nicht gut für mich. Die Army beschwerte sich ständig über die fehlende Luftunterstützung und machte die Aufklärer für die Planungspannen der Army verantwortlich. Ich gab mir die größte Mühe, es jedem recht zu machen. Ich gab mir noch mehr Mühe, mir auf die Zunge zu beißen. Ich konnte nicht jedem die Sterne vom Himmel holen.

Mitte Mai spitzte sich meine Frustration zu. Nach vier Monaten war ich es leid zu hören, wie die Predators für alles, was schieflief, vor allem in der Army, verantwortlich gemacht wurden. Während einer der 14-täglichen Videokonferenzen mit Einheiten im Irak und in Afghanistan unterrichtete uns einer der Nachrichtendienstler über einen Soldaten, der von seiner Einheit getrennt worden und in einer Sturzflut ums Leben gekommen war. Der Nachrichtendienstler, ein Army-Captain, machte die Predator für das Geschehen verantwortlich. Ich überprüfte meine Einsatzprotokolle. Dieser Einheit war gar keine Predator-Unterstützung zugeteilt worden.

Der Captain überhäufte die RPA-Gemeinschaft mit Vorwürfen, und diesmal konnte ich mich einfach nicht mehr zurückhalten. Ich drückte die Mikrotaste.

»Moment mal, bitte.«

Ich blätterte durch meine Unterlagen und fand den Eintrag.

»Captain«, fing ich an, »ich schätze es nicht, dass Sie der Predator die Schuld an Ihren Fehlschlägen geben. Ich kann nicht verstehen, dass Sie sich, wo Sie solches Schindluder mit meinem Aktivposten, der Predator, treiben, weigern, bei ihrem Einsatz die Doktrin zu befolgen. Sie behandeln die Predator wie einen Panzer. Dieses Modell hat 1942 versagt und versagt auch heute wieder. Das ist der Hauptgrund, warum Sie diesen Krieg verlieren.«

Der J-2 Officer der Air Force bei CENTCOM fing auf dem Bildschirm an zu lachen. Mir war nicht ganz klar, ob er über mich oder mit mir lachte. Die Offiziere der Army und des Marine Corps in dem Raum fanden das Ganze weniger komisch. Aber ich ließ mich nicht beirren. Nach meinem ersten Wortschwall war der Schaden sowieso schon angerichtet. Da konnte ich meine Schimpftirade auch zu Ende bringen.

»Ich begrüße die Tatsache, dass die Predator Ihrer Meinung nach von unschätzbarem Wert ist. Was ich nicht verstehen kann, ist, warum Sie Operationen nicht absagen, wenn keine Predator zur Verfügung steht. Zu meiner Zeit als Sandlatscher wurde ich darauf gedrillt, einen auf Worst- und Best-Case-Szenarien basierenden Plan auszuarbeiten. Außerdem machten wir einen Plan auf der Grundlage dessen, was wir tatsächlich erwarteten. Mir scheint, dass Sie in Ihren Planungen alles von der Predator abhängig machen, und sonst nichts.

Und was Ihren Soldaten betrifft, so tut es mir aufrichtig leid, dass er gestorben ist. Aber ich stelle Ihnen eine Frage: Wo war seine Führung? Wo war sein Truppführer? Er hätte keinen seiner Jungs während der Fußstreife aus den Augen verlieren dürfen. Wo war sein Zugführer? Sein Kompaniechef? Nein, Captain, dieser junge Mann ist nicht gestorben, weil eine Predator einer 130 Kilometer entfernten Einheit zugeteilt wurde.«

Zum Glück für den Captain ging die Zeit für die Videokonferenz zu Ende und unterbrach unsere Gesprächsrunde. Er hat mir nie geantwortet, und ich habe keine Ahnung, wie er meine Kritik weggesteckt hat. Ich war schroff gewesen, aber die Predator-Gemeinschaft trug hier sicherlich keine Schuld. Ich blickte noch einen Moment auf den Bildschirm und beruhigte mich langsam wieder. Aber auf der anderen Seite hatte mich diese Angelegenheit richtig aufgeputscht. Das Herz klopfte mir bis zum Hals. In nur wenigen Minuten war ich all den Frust losgeworden, der sich in mir aufgestaut hatte, weil die Army uns immer wieder öffentlich an den Pranger stellte.

Der Captain stand für alles, was in der Army auf taktischer Ebene beim Einsatz der Luftmacht falsch lief. Ich kapierte einfach nicht, warum niemand dort das begriff. Ich fühlte mich im Recht. Aber mit Sicherheit hatte ich mir selbst einen Strick gedreht, als ich das Thema auf diese Weise ansprach. Die Kommandierenden Generäle würden diesen Ausbruch nicht kommentarlos hinnehmen.

Ein paar Tage später erfuhr ich, dass mein Einsatz verkürzt wurde. Ich würde Ende des Monats nach Hause fahren. Niemand von meiner Führung wollte zugeben, dass mein Ausbruch der Grund war. Aber eigentlich spielte es auch keine Rolle.

Der Entzug meiner Aufträge in Al Udeid zwang mich, ein neues Aufgabengebiet zu finden. Es gab eine komische Regel bei der Air Force. Wenn ein Offizier zu lange einem einzigen Posten zugeteilt war, wurde er oder sie an einen anderen Standort versetzt. Ich war fast viereinhalb Jahre in Las Vegas gewesen, als ich früher als geplant aus Katar zurückkam.

Das ging ein Jahr über die Wohlfühlzone der Air Force hinaus.

Ich hatte den einjährigen Einsatz in Al Udeid ausgehandelt, um danach zur Nellis Air Force Base zurückkehren zu können. Ich wollte bei der unbemannten Luftfahrt bleiben. Durch die Verkürzung meines Auftrags wurde mein Plan zunichtegemacht. Also rief ich beim Air Force Personnel Center an und erkundigte mich, was verfügbar war. Ich konnte die Belastungen durch die g-Kräfte nicht mehr aushalten, also nichts Schnelles. Ich hatte eine chronische Nacken- und Rückenschädigung, die ziemlich schmerzhaft war und mich nachts nicht schlafen ließ. Nach ein paar Anfragen sagte man mir, dass eine Kampffliegerstaffel nicht infrage käme.

»Sie sind zu lange nicht mehr geflogen.«

Auch beim Stab waren keine Jobs verfügbar. Die Kampfeinheiten war damals so schwach besetzt, dass die Air Force mich einfach nicht für einen Bürojob gehen lassen wollte. Ich musste zu einer Fliegertruppe gehen.

»Ist eine T-1 frei?«

Ich meinte eine Hawker T-1A Jayhawk, ein Übungsflugzeug, das aus der Beech 400, einem Businessjet, entwickelt worden war. Ich machte mir keine großen Hoffnungen, denn ich hatte das Flugzeug noch nie geflogen. Die Tanker- und Transportgemeinschaft hatte diese Staffel fest im Griff, und die Leistungen waren einfach zu gut, aber ich würde drei flugzeugmäßige Bewertungen für meine Pilotenlizenz bekommen und wertvolle Businessjet-Zeit, wenn ich die Stelle bekommen könnte. Für den Fall, dass meine Karriere an diesem Punkt zum Stillstand kommen sollte, konnte ich mit diesen Zusatzqualifikationen immer noch einen guten Job bei einer Fluggesellschaft ergattern.

»Das Air Combat Command hat eine Stelle, die nicht immer besetzt wird«, sagte der Personalmensch.

»Ich nehm sie.«

Ich wurde der Randolph Air Force Base in San Antonio als Ausbilder für die angehenden T-1-Ausbilder in der 99th Flying Training Squadron zugewiesen. Die 99. war eine der ursprünglichen Tuskegee-Airmen-Staffeln und die einzige immer noch aktive. Es waren die berühmten *Red Tails* aus dem gleichnamigen Film.

Nach vier Jahren in einer Bodenkontrollstation war es ein gutes Gefühl, wieder in einem fliegenden Cockpit zu sitzen.

Auf meinem ersten Flug genoss ich nach Kräften den Ausblick. Die Randolph Air Force Base hatte immer ganz oben auf meiner Wunschliste gestanden. Sie war in den 1930er-Jahren errichtet worden, und der Großteil der ursprünglichen Hangars, Unterkünfte und anderen Gebäude existierte noch. Zwei breite Start- und Landebahnen umschlossen den Stützpunkt. Eine einzige breite Straße führte vom Haupttor auf das Gelände. Als ich an diesem warmen Herbstnachmittag in den Himmel aufstieg, sahen die Straßen des Stützpunkts von oben aus wie ein Dauerlutscher, der von schmutzigen Kinderfingern gehalten wurde.

Nach meinem zweistündigen Flug machte ich mich auf den Weg zum Hauptquartier der Staffel und trat durch die gläserne Schwingtür, die zu unserem Büro führte. Ich fühlte mich gut. Der ganze Stress der Stabsarbeit war verflogen. Falls mein Wutausbruch dazu geführt hatte, dass ich als Ausbilder weiterarbeiten konnte, dann war ich glücklich, denn es gab noch immer kein besseres Gefühl als zu fliegen. Die meisten meiner Ziele hatte ich erreicht. Ich war Kampfeinsätze geflogen und hatte meinen Teil zum Krieg beigetragen.

Der Kommandant stand da und blickte grimmig drein, als ich die nach einem Einsatz erforderlichen Papiere abgab.

»Squirrel, wir müssen reden.«

Er klang nicht sonderlich erfreut.

»Ja, Sir«, sagte ich.

Ich hatte schon eine Ahnung, was kommen würde. Einer der Jungs drüben auf der Creech hatte mich vorgewarnt. Der Kommandant setzte sich auf die Kante seines Schreibtischs.

»Ich muss Sie von der Ausbildungseinheit abziehen.«

Ich sagte nichts. Er überreichte mir einen Brief.

»Die Air Force schickt sie zurück zur Creech.«

Der Vereinigte Generalstab (Joint Staff) hatte einen »pauschalen« Ansturm im Irak angekündigt, um General David Petraeus zu helfen, den Aufstand endlich zu unterdrücken. Ich hatte gehofft, dass ich bei der Ausbildung sicher wäre.

In der Air Force konnte niemand einen Piloten von einem offiziellen Ausbildungskurs abziehen, wenn dieser schon begonnen hatte. Für jeden Kurs wurden Gelder eingeplant, die bei einem vorzeitigen Abbruch vergeudet waren.

»Können wir irgendetwas tun?«, fragte ich schließlich.

»Es tut mir leid, Squirrel, die Anweisung kommt von ganz oben.«

Dem Vier-Sterne-General des Air Education and Training Command hatte man, als er protestierte, gesagt, er solle den Mund halten und die Sache schönreden.

Ich zog aus meinem Haus aus, das ich 30 Tage besessen hatte, und fuhr zurück nach Las Vegas.

Ein paar Wochen später meldete ich mich im neuen Wing Operations Center (WOC) auf der Creech Air Force Base. Der Stützpunkt war, seit ich das letzte Mal dort gewesen war, enorm gewachsen. Anfangs hatten wir uns auf der Nellis Air Force Base Räumlichkeiten geliehen, jetzt gehörte uns die ganze Basis in Indian Springs. In der Nähe des Hangars, in dem ich arbeiten sollte, war ein neues Geschwader-Hauptquartier im Bau. Ich war vorläufig in einem Kämmerchen untergebracht, das mit der Baustelle verbunden war. Das WOC hatte gerade genug Platz für vier Schreibtische, entsprechende Computer und ein paar Plasmabildschirme an den Wänden darüber.

Die Einsatzzentrale war winzig klein, nur unsere Mission war größer denn je. Als WOC-Leiter würde ich im Prinzip den alten Einsatzleiterjob machen, nur in viel größerem Maßstab. Die Zeiten waren vorbei, da nur eine einzige Staffel die konventionellen Linien abgeflogen hatte. Jetzt hatten wir drei Predators, zwei Reapers und eine britische Staffel, die im Einsatzgebiet operierte, und weitere waren unterwegs.

»Das ist dein neuer Job«, sagte Knobber.

Knobber war ein alter F-117-Pilot, der für seine letzte Station beim Militär zur Creech versetzt worden war. Er hatte die Gerissenheit und Aggressivität, die typisch war für Kampfpiloten und perfekt für diesen Job.

»Die Besenkammer ist der Hammer«, sagte ich.
»Das ist nur provisorisch.«
»Wie viele WOC-Leiter gibt es?«, fragte ich.
»Drei. Sie, ich und Alley Cat.«
So was hatte ich mir gedacht. In Wirklichkeit hatte man uns drei dem Stützpunkt als Einsatzposten zugewiesen, was wenig Freizeit bedeutete.
»Und was machen wir jetzt?«
Knobber seufzte.
»Wir beaufsichtigen alles, was fliegt. Wenn nichts los ist, entwickeln wir die Programme, mit denen das WOC arbeitet.«
»Im Ernst? Kann ich wenigstens fliegen?«
Knobber lachte und klopfte mir auf die Schulter.
»Viel Glück damit.«
Der Job war besser als Stabsarbeit, da ich trotzdem mit den Einsätzen zu tun hatte. Ich war jetzt einer der alten Hasen bei der Predator. Die RPA-Gemeinschaft war so schnell gewachsen, dass viele der positiven Veränderungen, auf die Mike und ich hingearbeitet hatten, falsch angewendet wurden. Durch die ständige Übermüdung der Crews litt die Professionalität. Ich wollte versuchen, der Gemeinschaft wieder etwas von der Professionalität beizubringen, die zu vermitteln Mike und ich uns so sehr bemüht hatten. Aber in meinem jetzigen Job hatte ich nicht viel zu sagen.

Bis zum Beginn des Frühjahrs 2008 war ich in eine Arbeitsroutine mit Zwölf-Stunden-Schichten im WOC verfallen. Die Linie abzufliegen war für uns gleichbedeutend mit der Arbeit in einem Salzbergwerk. Die Crews hatten Mühe, die konstante Plackerei sich wiederholender Einsätze, bei denen sie dieselben Ziele sahen und beobachteten, wie amerikanische Soldaten getötet wurden, ohne dass sie etwas dagegen tun konnten, zu bewältigen. Damit nicht genug, wurden die Einsatzregeln ständig geändert, sodass keine Einheit, vor allem die Predator nicht, tatsächlich gegen den Feind kämpfen konnte. Unsere eigene Führung machte uns handlungsunfähig.

Das Winterwetter im Irak und in Afghanistan flaute ab, und die Kämpfer kamen aus ihren Löchern. Die Arbeitsbelastung nahm erheblich zu, auch wenn ich wenig davon erledigen konnte. Ich verbrachte die meiste Zeit meiner Schicht hinter einem Stehpult. Auf einer Monitorwand hatte ich sämtliche Übertragungen und Chatrooms im Blick. Ähnlich wie bei meinem Stabsjob bewältigte ich vor allem Krisen oder beantwortete Fragen. Ich tat mein Bestes, damit Absurdität und Bürokratie nicht bis ins Cockpit vordrangen.

Ein Großteil meiner Schicht war bereits um, als eine meiner Predators mir eine Warnung schickte.

RE27>WOC, Abschuss steht bevor.

Das ist ja eine Seltenheit, dachte ich.

Es war nicht nötig, mir mitzuteilen, dass er schießen würde. Nur sein Vorgesetzter musste das wissen, aber einige Crews hatten im Stress des Kampfeinsatzes schon mal das Bedürfnis, allen das bevorstehende Ereignis anzukündigen. Ich sah mir ihre Aufzeichnungen an. Ein kleines Haus, vor dem ein Auto stand, füllte meinen Bildschirm. Ein paar männliche Personen im wehrfähigen Alter liefen vor dem Haus umher. Sie sahen aus, als diskutierten sie angestrengt.

»Was hat der da in den Händen?«, fragte die Meteorologin.

Sie war eine junge Pilotin, die wenig direkte Erfahrung mit den Einsätzen selbst hatte, abgesehen davon, dass sie Crews vor dem Start über die Wetterlage informierte. Ein heller Fleck glühte in der Hand eines Mannes. Gelegentlich führte er die Hand an den Mund, und der helle Fleck leuchtete dann noch mehr auf.

»Das ist eine Zigarette«, sagte ich.

»Wirklich? Das sieht so hell aus.«

»Verglichen mit allem anderen ist es das auch.«

Raucher sahen nachts oft aus, als hielten sie eine Miniatursonne in Händen.

Da weiter nichts passierte, verfolgte ich den Chat des laufenden Einsatzes. Die Nachrichtendienstler diskutierten über die Ziele und was zu tun war. Sie wollten den Mann töten, der an der Motorhaube des Wagens lehnte. Ich ging alle Schritte durch. Die möglichen Kollateralschäden waren eingeschätzt. Die Checkliste der Einsatzregeln war abgearbeitet. Der JTAC war gerade dabei, vom Kommandanten vor Ort die endgültige Freigabe zum Abschuss einzuholen. Ich verfolgte die über den Chatroom eingehenden Daten.

Die Zielperson rauchte ihre Zigarette auf und zertrat sie mit dem Fuß. Dann stieg sie in den Wagen und fuhr davon. Der Pick-up kurvte zunächst durch ein paar kleinere Straßen, bevor er auf eine vierspurige Schnellstraße abbog.

BY41> Schieß, schieß, schieß jetzt.

Was soll das Ganze?, dachte ich. Das JTAC wollte, dass die Predator schoss, aber ich erinnerte mich nicht, eine 9-Line oder Abschussfreigabe gesehen zu haben. Ich scrollte noch einmal durch den Chatroom. Nichts. Zumindest nichts Geschriebenes. Der Wagen hatte das Zielgebiet schon lange verlassen, was jede vorherige Abschussfreigabe irrelevant machte.

Die ganze Situation stank.

RE27> Komme von Süden, 1 Min.

Der Predator-Pilot brachte sich für den Abschuss in Stellung. Aber nach dem, was ich sah, hatte er kein Recht dazu. Schlimmer noch, diese Crew war überhaupt nicht für den Schuss auf ein bewegliches Ziel ausgebildet. Es war nicht absehbar, was passieren würde oder wer verletzt werden würde, wenn die Rakete ihr Ziel verfehlte.

Mir kam das Jahr 1994 und meine Freundin Laura Piper in den Sinn. Sie war Nachrichtenanalystin für Lufteinsätze und in Ramstein stationiert gewesen. Sie flog in einem Hubschrauber zusammen mit hohen Tieren der NATO, die im Rahmen der Operation Provide Comfort, jener humanitären Mission, die nach dem Golfkrieg Hilfe für kurdische Flüchtlinge leistete, den Norden des Irak inspizierte.

Zwei F-15 Eagles waren für Erkundungsflüge in der Nähe, als von den zwei Black-Hawk-Hubschraubern krächzende Codes kamen, die sie als befreundet identifizieren sollten, aber es waren die falschen Codes. Die Jagdflieger sollten in einer Woche nach Hause zurückkehren und hatten während ihres Einsatzes auf nichts geschossen. Sie sahen nur noch rot, verfolgten die beiden Hubschrauber und schossen sie ab. Die Kampfpiloten erkannten sie trotz der US-Hoheitszeichen in keinem Moment als befreundet. Für sie waren es bloß Ziele.

Ihre Inkompetenz kostete zahlreiche Menschen das Leben, und mich kostete sie eine Freundin.

Ich verzieh der F-15-Gemeinschaft diesen Abschuss nie. Ich verstand nie, wie sie einen grün angemalten Hubschrauber mit einem hellbraunen irakischen verwechseln konnten. Sie handelten unprofessionell und inkompetent und gaben anschließend dem AWACS die Schuld.

In gewisser Weise litt ich unter dem Überlebendensyndrom. Laura und ich hatten uns zu Beginn unserer Laufbahn für den gleichen Vernehmungsjob beworben. Es war ein Kopf-an-Kopf-Rennen gewesen, in der letzten Bewerbungsrunde hatte ich den Job schließlich bekommen. Als Trost bot man ihr einen Job in Europa an. Ich frage mich oft, ob ich in diesem Helikopter gesessen hätte, wenn sie an meiner Stelle den Job als Vernehmungsoffizier bekommen hätte.

Es war, als würde ich gleich am Bildschirm Zeuge einer ähnlichen Katastrophe werden. Ich wusste, dass ich handeln musste.

WOC-D>RE27 ABBRUCH ABBRUCH ABBRUCH
BY41> Nennen Sie Grund.
WOC-D> Ungültige RoE, ungültige Freigabe, der Abschuss ist nicht legal.

Sekunden später rief mich der Pilot auf dem Telefon auf meinem Schreibtisch an. Er schäumte vor Wut und beschimpfte mich, weil ich seinen Abschuss abgeblasen hatte.

»Ich werde nach meiner Schicht da sein«, sagte ich nur.

Ich freute mich auf das Gespräch. Denn ich wurde die Fehlentscheidungen langsam leid. Es ist eine Sache, sich mit Nicht-Fliegern auseinandersetzen zu müssen, die versuchen, Operationen zu leiten, für die ihre Sachkenntnis nicht ausreicht. Aber ich konnte die schlechten Entscheidungen unzureichend ausgebildeter Piloten nicht mehr dulden. Ich hatte erlebt, wie die RPA-Gemeinschaft anfing, Schaden zu nehmen, und etwas musste getan werden.

»Was zum Teufel sollte das?«, schnauzte mich der Pilot im Eingang des WOC an.

Ich hatte den Piloten noch nie zuvor gesehen. Er war einer jener gesichtslosen Reservepiloten, die nur gelegentlich flogen, um ihre Berechtigung nicht zu verlieren. Dass ich zu diesem Zeitpunkt fast ein Jahr von den Staffeln weg gewesen war, war auch nicht hilfreich. Viele der Gesichter kannte ich nicht mehr.

»Ich habe Ihren Arsch gerettet«, sagte ich ruhig.

»Meinen Arsch gerettet?«, wetterte er. »Meinen Abschuss haben Sie mir versaut.«

»Nein, ich habe Sie vor dem Gefängnis bewahrt.«

Er starrte mich an. Ich starrte zurück.

»Es war alles in Ordnung«, sagte er. »Der Abschuss war legal.«

Ich schüttelte den Kopf.

»Nein, war er nicht«, sagte ich tonlos.

Ich zählte an den Fingern ab:

»Erstens wurde keine 9-Line durchgegeben. Die wichtigen Informationen, die benutzt werden, um ein Ziel zu genehmigen, wurden weder vom JTAC durchgegeben noch von Ihnen bestätigt. Zweitens geht ›Schieß, schieß, schieß jetzt‹ wohl kaum als Freigabe durch. Die Chateinträge beweisen ganz eindeutig, dass Sie ohne legale Freigabe schießen wollten. Drittens war die Einschätzung der Kollateralschäden von dem Moment an nicht mehr gültig, als der Wagen losfuhr. Er war mehr als anderthalb Kilometer vom Haus entfernt, bevor Sie eintrafen. Sie hatten keine Ahnung, was sich zwischen Ihnen und dem Ziel befand. Die Rakete hätte alles Mögliche treffen können. Ich glaube nicht, dass das JAG es gut aufgenommen hätte, wenn Ihre Rakete das Haus eines Unschuldigen getroffen hätte.«

Das Judge Advocate General's Office, die Oberste Militärstaatsanwaltschaft, analysierte jeden Abschuss, um sicherzustellen, dass alle Regeln eingehalten wurden. Das JAG hätte den Piloten angeklagt, wenn er versehentlich auf einen Unschuldigen geschossen und ihn getötet hätte.

Der Pilot sah mich eine ganze Weile verärgert an.

»Da werden wir uns wohl nicht einig werden«, sagte er schließlich.

Ich zuckte mit den Schultern.

»Sie können mir widersprechen, so viel Sie wollen«, antwortete ich. »Aber halten Sie sich vor Augen, dass Sie heute Nacht in Ihrem eigenen Bett schlafen werden, nicht im Gefängnis, und das haben Sie mir zu verdanken. Ob Sie mir beipflichten oder nicht, ist mir egal.«

Der Pilot drehte sich auf dem Absatz um und verließ ohne ein weiteres Wort das WOC. Ich bin mir sicher, dass er sich über mich beschwerte, aber seine Staffelführung rief nie an, um meine Seite der Geschichte zu hören. Ihr Schweigen verriet mir, dass sie sich die Chateinträge angesehen hatten und meine Einschätzung teilten. Ich würde nichts mehr durchgehen lassen. Wir waren schlampig geworden, und ich wusste, dass ich daran nur etwas ändern konnte, wenn ich selbst Kommandant einer Staffel wurde.

Ich konnte Laura nicht zurückholen, aber mir gefällt der Gedanke, dass ich an jenem Abend in ihrem Namen ein Leben gerettet habe.

KAPITEL 15

Kommandant

Colonel David Krumm, Kommandant des 49. Geschwaders, streckte mir die Hand entgegen.

»Sie befehligen jetzt die 60.«

Der Stellvertreter des Kommandanten, der Executive Officer, hatte mich angerufen und gewarnt, dass Krumm auf dem Weg in mein Büro sei. Ich hatte keine Ahnung, was er von mir wollte oder warum er mich nicht gebeten hatte, in sein Büro zu kommen. Geschwaderkommandanten kommen eigentlich nicht einfach bei den Staffeln vorbei, um mit dem Einsatzleiter einer Staffel zu plaudern.

Ich war für die Einsatzleitung einer Ausbildungsstaffel zuständig, die die nächste Generation von RPA-Crews auf den Gefechtseinsatz vorbereitete. Die Führungsposition war mir angeboten worden, nachdem ich meine zweite Runde in Creech absolviert und dem Air Education and Training Command beim Aufbau seines RPA-Piloten-Ausbildungsprogrammes geholfen hatte. Ich war bereits seit zwei Jahren dort, als Krumm in meinem Büro erschien.

Ich schüttelte ihm die Hand und wusste nicht, was ich sagen sollte. Ich brachte ein leises »Danke, Sir« heraus. Die Antwort beschwor nicht gerade die Präsenz, die man von einem Kommandanten erwartete. Erschütterung, Freude, Erleichterung und Stolz vereinten sich in mir zu einem einzigen gewaltigen Gefühl, das meine Brust zu sprengen drohte. Aber in erster Linie war ich überrascht. Ich war mir sicher gewesen, dass jener Vorfall in Al Udeid meinem Traum ein jähes Ende bereitet hatte.

Als ich Krumms Hand ergriff, wurde mir langsam bewusst, dass ich mein Ziel erreicht hatte – eine Staffel im Kampfeinsatz zu befehligen. Auf einmal schienen alle Opfer belanglos, die ich gebracht hatte. Nun war ich der erste Kommandant der gerade erst aktivierten 60. Expeditionary Reconnaissance Squadron und erst der zweite RPA-Offizier, der ein Kommando übernahm. Mike leitete seit 2009 die 33rd Special Operations Squadron der Cannon Air Force Base. Er bekam den Job etwa ein Jahr, bevor ich das Kommando der 60. übernahm.

»Die 60. ist nagelneu und wird in Dschibuti eingesetzt«, sagte Krumm. »Ein Advon ist bereits vor Ort.«

Das Advon, eigentlich Advanced Echelon Team. die Vorausabteilung der Staffel, errichtete Hangars, baute die Ausrüstung ein und beseitigte diplomatische und technische Hürden, damit der erste Einsatz geflogen werden konnte.

Außerdem räumte sie einen Haufen afrikanischer Nattern aus dem Weg.

»Sie werden die MQ-1B Predator fliegen«, verkündete Krumm.

Als Ausbilder auf der Holloman Air Force Base in New Mexico hatte ich die neuere MQ-9 Reaper geflogen. Die Reaper löste die Predator langsam ab, der ältere Vogel wurde ausgemustert. Sie war größer als ihre ältere Schwester – ungefähr so groß wie eine A-10 – und hatte eine höhere Nutzlast. Sie hatte Platz für vier Hellfire-Raketen und zwei 500-Pfund-Bomben. Ich war in einer frühen Phase an der Prüfung der Einsatzfähigkeit des Prototypen beteiligt gewesen und arbeitete schon seit einiger Zeit für das Programm. Die Air Force hatte der Staffel das Recht angeboten, das Flugzeug auf einen Namen zu taufen, und ich hatte Vulture, Geier, vorgeschlagen. Maßgebend war für mich der gegenwärtige Brauch bei der Air Force gewesen, Kampfflugzeuge nach Raubvögeln zu benennen, wie die F-15 Eagle oder die F-16 Falcon.

»Ich wage kaum zu fragen«, meinte Box, nachdem ich den Namen vorgeschlagen hatte. »Wieso Vulture?«

Ich lächelte.

»Weil wir unsere Opfer so lange umkreisen, dass sie, statt gefangen genommen zu werden, genauso gut an Altersschwäche sterben können.«

Box verdrehte die Augen und entfernte sich. Am Ende stimmte die Staffel für Raptor und gewann. Der Name war cool und bedrohlich. Ich dachte dabei zwar mehr an den Dinosaurier als an einen Vogel, aber der Name passte. 30 Tage später nahm die Air Force den Namen zurück und gab ihn der neuen F-22. Die MQ-9 war fortan die Reaper.

Nachdem ich so lange Reaper geflogen hatte, brauchte ich ein kleines Auffrischungstraining, bevor ich ins Einsatzgebiet aufbrechen konnte. Die MQ-1B war eine verbesserte Version des Flugzeugs, das ich so viele Jahre lang geflogen hatte, mit neuer Bordelektronik, neuen Datenverbindungen und modernisiertem Zielsystem. Ich brauchte nicht lange, um mich wieder an das alte Mädchen zu gewöhnen.

In meiner Freizeit konzentrierte ich mich darauf, meine Staffelpolitik zu entwickeln. Ich wusste, um als Kommandant eine neue Einheit zu überzeugen, brauchte man ein Programm und Befehlsstrategien. Andernfalls wäre die Staffel wie ein ruderloses Schiff in stürmischer See. Ich musste die Staffel auf den richtigen Kurs bringen, sobald ich ins Land kam.

Ich erfuhr außerdem, dass wir nach Dschibuti geschickt würden, um der Joint Task Force bei der Jagd nach al-Qaida im Jemen zu helfen. Das Pentagon und Geheimdienstler hielten die Gruppe für eine direkte Bedrohung der Vereinigten Staaten. Wir würden für die Bildaufklärung sorgen und Schlagkraft bereitstellen.

Kurz vor meiner Abreise bat mich Colonel Kevin »Fumez« Huyck, der stellvertretende Kommandant des 49. Geschwaders, in sein Büro. Huyck war ein großer, schlaksiger Kampfpilot mit einem Lächeln, das ihm jungenhaften Charme verlieh, und unglaublichem Charisma. Außerdem strahlte er Kompetenz und Führungsqualitäten aus, die unmittelbaren Respekt einflößten. Er wollte mich sprechen, bevor ich zu meinem Einsatz aufbrach. Seit ich im Jahr zuvor unter ihm gedient hatte, war er ein Mentor für mich. Ich spürte, dass er etwas Wichtiges zu sagen hatte, also ließ ich ihn reden, statt mit Höflichkeitsfloskeln oder Arschkriecherei, wie manche Offiziere sie erwarteten, Zeit zu verschwenden.

Ich war kein Schleimer, und Fumez schien auch nicht der Typ zu sein, der so etwas erwartete.

»Squirrel«, sagte er, »auf Sie wartet eine Herausforderung.«

Sein Blick verriet mir, dass er nicht einem neuen Kommandanten Ratschläge erteilte. Es war eine Warnung. Ich schwieg.

»Es gibt ein Führungsproblem in Ihrer Staffel«, fuhr er fort. »Ich weiß nicht, worin es besteht, aber einige Leute im Einsatzgebiet sind deswegen unzufrieden.«

Ich nickte. So etwas wollte ich eigentlich nicht hören. Meine Gedanken überschlugen sich, als ich überlegte, was in so kurzer Zeit schon schiefgegangen sein konnte. War es ein unfähiger Advon-Befehlshaber? Die Flugdisziplin? Oder gab es Machtkämpfe zwischen den Soldaten im Einsatz und dem Bodenpersonal? Das Problem konnte alles Mögliche sein.

Es ließ sich nicht ändern, dass ich wegen meines Trainings erst so spät ankam.

»Damit müssen Sie sich in den nächsten paar Monaten auseinandersetzen.«

Mehr sagte er nicht dazu. Auf dem Flug nach Dschibuti ließ ich mir das Ganze durch den Kopf gehen. Fumez war nicht der Typ, der konkrete Lösungen vorschlug. Als Kommandant war es meine Aufgabe, das Problem auszumachen und eine Lösung zu finden – wofür war ich sonst Kommandant? Ich hatte den Verdacht, dass das Problem etwas damit zu tun hatte, dass auf der Creech Einsätze nicht so geflogen wurden, wie wir es auf der Holloman lehrten.

Auf der Holloman flogen wir nach den Richtlinien der Air Force. Die Piloten auf der Creech wurden dagegen mit nicht genehmigten abgekürzten Checklisten in den Einsatz geschickt. Die 30-seitige Standard-Checkliste wurde auf ein einzelnes Blatt Papier reduziert, das als »Schwindler«-Checkliste bekannt war. Die Schrift war so klein, dass man sie kaum entziffern konnte und leicht einen Schritt übersah. Wir hatten zwei Vögel innerhalb einer Woche verloren, weil die Piloten vergessen hatten, die Flugsteuerung einzuschalten. Sie hatten einen Schritt übersehen, einen Schritt, der in der genehmigten Checkliste klar erläutert war. Ich hatte vor, die »Schwindler«-Checklisten aus der 60. zu verbannen. Mike sagte mir, dass sie gar nicht so viel Zeit einsparten und lediglich Katastrophen Tür und Tor öffneten. Ich vertraute auf sein Urteil, denn ich hatte selbst noch keine gesehen.

Das sollte der erste Schritt sein, aber auf dem Weg von der Holloman nach Dschibuti fiel mir noch mehr ein. In Rota, Spanien, wurden wir vom Wetter und von Wartungsarbeiten ein paar Tage aufgehalten. Ich nutzte die Zeit, um mich mental für meine ersten Tage als Kommandant bereit zu machen.

Nach einer dreitägigen Reise landete die Boeing 767, eine Chartermaschine, die mich und weitere Piloten sowie Soldaten, Matrosen und Marines beförderte, endlich in Dschibuti.

Als ich auf dem zivilen Teil des Flughafens aus der Maschine stieg, traf mich die Luftfeuchtigkeit wie eine Wand. Ich fühlte mich an die Sommer in Mississippi erinnert. In der Hitze regte sich kein Lüftchen, die Feuchtigkeit lastete auf meiner Brust wie eine schwere Decke. Wir hatten ursprünglich am Vormittag ankommen sollen, doch jetzt war es spätabends. Ich wollte plötzlich gar nicht mehr wissen, wie man sich hier tagsüber fühlte.

Dschibuti ist ein kleiner Wüstenstaat an der Spitze Ostafrikas, wo der Golf von Aden auf den Indischen Ozean trifft. Das Land war einmal voller Leben, doch das Klima hat alles in Sand und Wüste verwandelt. Jetzt wachsen dort nur noch Akazien und Sträucher. Das Land gilt als das heißeste der Welt und hat das ganze Jahr über die höchste Durchschnittstemperatur. Doch seine Lage in der Nähe von Somalia und gegenüber dem Jemen auf der anderen Seite des Roten Meeres machte es zum perfekten Ort zur Stationierung von Truppen, die Zugang zu ostafrikanischen Staaten brauchten.

Ich passierte den Zoll und betrat die Haupthalle. Mosaikkacheln zierten den Boden wie feinster Marmor. Die ansonsten muffige und altertümliche französische Architektur erhielt durch ein paar Bögen ein einzigartiges arabisches Flair. Die Dschibutier waren mager und erinnerten an Marathonläufer. Nach einem flüchtigen Blick auf unsere zahllosen Taschen und Pelican-Koffer hießen sie uns im Land willkommen.

Vor dem Terminal warteten Amerikaner in Zivil mit mehreren Kleinbussen auf uns. Wir quetschten uns mit mehr als 20 Mann in Sitze, die für deutlich weniger ausgelegt waren. Im Gang stehen konnte man auch nicht, weil dort Klappsitze den Weg versperrten. Die Busse mussten an der Begrenzung des Flugplatzes entlangfahren, wobei wir an primitiven Holzhütten vorbeikamen, bevor wir das Eingangstor zum hell erleuchteten Camp Lemonnier erreichten.

Die Sicherheitskontrollen waren beinahe so lasch wie zu Friedenszeiten, als ein Bus nach dem anderen durch das Tor rollte. Damit hatte ich nicht gerechnet. Natürlich überprüfte der Sicherheitsdienst die Identität jedes Einzelnen, aber ihre entspannte Haltung beruhigte mich nicht. Die Busse setzten uns an einem Gebäude ab, das gelegentlich als Kino diente, wo wir uns eintrugen und anschließend zu unseren Einheiten entlassen wurden. In der Luft hing ein erbärmlicher Mief, den ich beinahe schmecken konnte. Hoffentlich war das nicht normal.

Jason, ein Major, der die Einheit bis zu meiner Ankunft übergangsweise geführt hatte, wartete draußen neben einem weißen Pick-up mit erweiterter Fahrerkabine. Es war ein HiLux, wie man ihn so oder ähnlich überall im Mittleren Osten herumfahren sah. Wie ich war auch Jason ein erfahrener Predator-Pilot. Er hatte bei früheren Einsätzen als Start- und Landepilot gearbeitet, bevor er schließlich in das Advon-Team der 60. berufen wurde.

»Squirrel«, rief er mir zu.

»Jason«, erwiderte ich und schüttelte ihm kräftiger die Hand, als ich es mir zugetraut hätte. Die dreitägige Reise war anstrengend gewesen.

»Willkommen in Dschibuti.«

»Vielen Dank«, sagte ich.

Das klang wahrscheinlich nicht sehr überzeugend.

Ein paar Wartungstechniker warfen mein Zeug zusammen mit den Taschen der Wartungsleute, die mit mir angereist waren, hinten auf den Pick-up. Wir stiegen ein und fuhren los. Hinter uns sammelten sich noch viele weitere Neuankömmlinge, die auf der Suche nach den Kameraden ihrer Einheit waren.

Jason nutzte die Fahrt, um mir den Stützpunkt zu zeigen.

»Jetzt sind wir auf der Hauptbasis« erklärte er. »Das Lager gehört der Navy. Die meisten ihrer Büros und der HOA-Stab, das heißt Horn von Afrika, sind auf dem alten Stützpunkt bei den Franzosen.«

Ich blickte hinüber in die Richtung, in die er zeigte.

Die französischen Truppen arbeiteten in alten Kolonialgebäuden, die nicht gut in Schuss waren. Einzig der Officer's Club, eine Art Vereinshaus für Typen mit höherem Rang als ich, war in gutem Zustand. Die Wände im Hauptraum waren mit Bildern von Großtaten und Helden der französischen Marine geschmückt. Die einzigen befestigten Straßen befanden sich innerhalb des alten französischen Sektors.

Der Schotter knirschte unter den Reifen, als Jason den Hauptstützpunkt hinter sich ließ. Der Rest der weitläufigen Basis war durch Wege verbunden, die nicht viel breiter als eine einzelne Fahrspur waren. Sie waren nicht gerade angelegt, sondern schlängelten sich mal hier, mal dort entlang und verbreiterten sich gelegentlich zu Straßen. Die einzigen direkten Verbindungen waren Fußwege.

»Das große Gebäude dort drüben«, sagte Jason und zeigte auf ein braunes Fertighaus, »ist die Kantine. Sie sollten eigentlich eine größere bauen. Haben auch schon vor einem Jahr angefangen.«

Er lachte.

»Die örtliche Baufirma hat den Beton mit Salzwasser angerührt«, erzählte Jason weiter. »Nach einem Monat zerbröselte das Fundament.«

»Schön«, sagte ich.

»Wenn du Glück hast, steht die neue Kantine, bevor du wieder wegmusst«, meinte er. »Die Navy ist nicht so schnell bei der Auftragsvergabe.«

»Die Navy führt den Stützpunkt?«, fragte ich.

»Ja«, sagte er. »Sie stellen das Unterstützungspersonal. Kleine Warnung: Wenn du willst, dass etwas erledigt wird, frag nicht die Navy.«

Wir kamen an riesigen Generatoren zur Rechten vorbei, die so groß waren wie Sattelzüge.

»Das ist die Stromversorgung der Basis. Wir haben hier überall 220 Volt, auch in den Zimmern. Weil wir nicht an die Versorgung angeschlossen werden konnten, hat die Staffel immer noch 115 Volt.«

»Wieso das denn?«, wollte ich wissen.

»In der Nähe des Lagers gibt es keine Verteilerstationen«, sagte Jason. »Die Dschibutier verlangen fast 1500 Dollar pro Fuß für den Graben, den wir brauchen. Also machen wir es selbst. Der Dieselvertrag ist viel billiger.«

Ich nickte.

Die zig Dutzend Generatoren stießen riesige schwarze Rauchsäulen aus, die in der Nacht verschwanden. Ich fragte mich, wo der Rauch hinzog und wie viel ich davon würde einatmen müssen.

Jason bog erneut ab und fuhr einen kleinen Hang hinunter.

»Ist das die Sporthalle?«, fragte ich und zeigte auf einen weiteren braunen Fertigbau. Bis jetzt war der Stützpunkt viel angenehmer als alle anderen, auf denen ich bisher eingesetzt gewesen war, Al Udeid eingeschlossen.

»Nee«, meinte Jason. »Das ist 11 Degrees North. Die Bar.«

»Die Bar?«

»Ein kombinierter Club für Offiziere und Mannschaftsdienstgrade«, erklärte er. »Keine Angst, du wirst oft genug dort sein. Die Frauen ziehen Party-Outfits und hohe Schuhe an, damit sie sich wie zu Hause fühlen.«

Die Bar war nach der geografischen Lage Dschibutis benannt. Das Land liegt nördlich des Äquators auf 11°36'. Ich stellte mir eine

Menge Disziplinprobleme vor angesichts einer Bar mit leichtem Zugang zu Alkohol. Eine Mentalität wie in den Staaten würde im Kampfeinsatz nur zum Konflikt führen. Jason deutete in eine andere Richtung.

»Dort drüben sind die Quartiere.«

Das Land fiel zum Meer hin leicht ab. Aus Conex-Containern errichtete Kasernenunterkünfte erstreckten sich in ordentlichen Reihen beinahe über die gesamte Länge des Stützpunktes. Jeder Conex bestand aus zwei Räumen. Der Platz war begrenzt für die mehr als 5000 im Camp stationierten Soldaten, Matrosen, Fliegern, Marines und Vertragsarbeiter.

»Da sind wir«, sagte er.

Er lenkte den Pick-up um die Ecke und auf einen langen, geraden Weg. Ein hell erleuchtetes Gelände wurde sichtbar. Über dem Zaun ragten zwei gewaltige Türme mit schlanken Sendemasten obendrauf in die Höhe. Das Ganze sah aus wie ein Zweimaster, der durch die afrikanische Wüste segelte.

»Das ist Disneyland.«

»Was?«, fragte ich.

»Disneyland«, erklärte Jason. »Wenn die Leute ein ummauertes Gelände mit Gerüst sehen, denken sie an Fahrgeschäfte. Es sieht aus wie ein Vergnügungspark.«

Das fand ich ganz passend. Unsere Fahrgeschäfte waren nur nicht besonders aufregend, und der Eintrittspreis war sehr hoch. Außerdem waren die Mäuse hier wahrscheinlich echt, genauso wie die Bösewichter.

Jason parkte direkt neben einem Conex am Rand des Geländes.

»Das ist deiner«, meinte er. »Ich habe eine Kommandantenunterkunft für dich, aber ich muss erst noch fertig packen, bevor du einziehen kannst. Bis dahin bleibst du erst mal hier, während du dich eingewöhnst.«

Ich sah auf den Schlüsselanhänger und lächelte. Da stand »F-117«. F-117 war die Bezeichnung für den ausgemusterten Tarnkappenbomber der Air Force. Es war nur komisch, weil ich erschöpft war.

Als ich aus dem Pick-up stieg, kam mir die Luft dort unten bei den Quartieren noch schlimmer vor.

»Was riecht hier so?«, fragte ich.

»Müllverbrennung.«

Jason zeigte nach Süden.

»Die Müllkippe von Dschibuti ist gleich hinter dem Zaun. Nach Einbruch der Dunkelheit verbrennen die da alles. Du wirst dich dran gewöhnen.«

Sein Gesichtsausdruck verriet mir, dass ich das vergessen konnte.

»Leg dich erst mal hin«, meinte Jason. »Schlaf, so lange du willst, keine Hektik. Komm danach einfach rüber und frag nach mir.«

Er deutete auf eine weiße gepanzerte Baracke außerhalb eines der Tore, die als Zugangskontrollpunkte dienten.

Ich nickte.

»Danke, Jason.«

Ich warf meine Sachen in eine Zimmerecke und ließ mich auf eines der beiden Betten fallen. Auspacken konnte ich später noch. Ich schlief sofort ein.

Ich erwachte ein paar Stunden später. Ich konnte tagsüber nie richtig schlafen, egal wie müde ich war. Meine biologische Uhr wusste immer, dass die Sonne schien, und hielt mich wach. Es klappte nicht mal mit Verdunkelungsvorhängen.

Ich ging duschen und machte mich bereit für meinen ersten Tag in Afrika.

Jason erwartete mich am Tor und führte mich auf das Gelände. Die 60. Expeditionary Reconnaissance Squadron befand sich am

Ende des Park- und Wartungsbereichs der Flugzeuge. Die Staffel lebte und arbeitete in zehn hellbraunen Zelten, die aussahen wie kleine Nissenhütten. In jedem Zelt war ein Teil der Staffel untergebracht – Operationen, Wartung und Sicherheitskräfte.

»Wir sind im ersten Zelt«, sagte Jason.

Er führte mich an mehreren Reihen von Dieselgeneratoren vorbei. Sie liefen schwerfällig und auf Hochbetrieb, sicher über 80 Dezibel laut, während sie sich abmühten, die Zelte und Hangars mit Strom zu versorgen.

Das erste Zelt war in zwei Bereiche unterteilt. In der vorderen Hälfte standen vier Schreibtische, an denen das Einsatzpersonal saß. An einer Wand befanden sich große Plasmabildschirme und eine Reihe Computer, die dasselbe anzeigten wie die Monitore der Bodenkontrollstation draußen. Die andere Hälfte des Zeltes enthielt eine Couch, ein HiFi-Center, Schränke und eine Pritsche. Zum HiFi-Center gehörten eine Xbox und ein DVD-Player.

An der Decke lief ein langes Rohr entlang, das aus demselben Material bestand wie die Zeltplane. Kleine Lüfter beförderten kühle Luft aus den Klimaanlagen draußen ins Zeltinnere. Eine schmierige schwarze Schicht bedeckte das dunkle Material und sammelte sich in den Dichtungsklappen der Velcro-Rohre. Zuerst hielt ich es für Schimmel. Dann wurde mir klar, dass es Dieselrückstände waren. Die Klimaanlagen befanden sich direkt neben den Generatoren und saugten deren Abgase ein, die sie dann direkt in die Arbeitsräume pumpten. Ich bekam Kopfschmerzen.

Ich ging nach draußen und sah, dass die Bodenkontrollstation in der Nähe des Einsatzzeltes untergebracht war.

»Das ist die Box«, sagte Jason. »Eine duale Bodenkontrollstation.«

Es sah aus wie ein normaler Conex-Container, aber statt eines Cockpits gab es zwei. Jason führte mich an der Zeltstadt vorbei auf die beiden großen Hangars zu. Bei einem wurde das Klapptor von Ketten offen gehalten.

»Was ist hier passiert?«, wollte ich wissen.

»Es gab ein heftiges Gewitter«, erklärte Jason. »Es kam ohne Vorankündigung und hat den Mechanismus zerstört. Wir können es nicht mehr herunterlassen, also haben wir es festgebunden, um die Konstruktion zu entlasten.«

Im Hangar standen lauter kleinere Metallcontainer, die in den Frachtraum eines Flugzeugs passten.

»Da tun wir das Material rein, bis das Tor repariert ist«, sagte er.

Vor uns erstreckte sich das Flugvorfeld, das aus AM-2-Matten bestand. AM-2 sind Matten aus Aluminium, die mit gummierter grüner Farbe überzogen sind und so eine rutschfeste Oberfläche bieten. Das Vorfeld war groß genug für die beiden großen Hangars und unsere acht Predator-Maschinen. Normalerweise waren nur sechs auf einmal darin. Am anderen Ende des Vorfeldes stand ein weiteres Zelt, das Sonnendach genannt wurde. Es hatte keine Türen und diente als Vorbereitungsstation, bevor die Predator startete.

»Ihr startet sie von hier aus?«, fragte ich.

Jason schüttelte den Kopf.

»Nein, dazu sind wir hier zu nah an den Unterkünften. Wir starten vom Parkfeld, das ist ungefähr 400 Meter in diese Richtung.«

Er deutete zum Meer. Wir gingen hinaus auf das Vorfeld. Das Wartungsteam hatte eine hufeisenförmige Umgrenzung aus Frachtcontainern aufgebaut. In der Mitte wartete eine Predator mit zwei Raketen an den Startschienen.

»Die werden wir in Kürze starten«, sagte Jason.

»Was soll das Versteckspiel?«

Jason zuckte mit den Schultern.

»Damit die Einheimischen uns nicht auf dem Vorfeld sehen.«

»Als würden sie uns nicht beim Starten sehen.«

»Genau«, sagte Jason.

Den Rest des Tages verbrachte ich damit, mein Quartier in der Nähe des Einsatzzeltes zu beziehen und mich einzurichten.

Am nächsten Tag stellte mich Jason dem Stab des Lagers vor. Unsere erste Station war der N3-Einsatz-Offizier, der mein Verbindungsoffizier und meine wichtigste Stütze sein würde.

Worm, ein Helikopterpilot der Navy, war ein kleiner, dicker Mann mit Schweinsnase, dessen Eigenheiten mich an Leo Getz aus *Lethal Weapon* erinnerten. Er war Lieutenant Commander, benahm sich aber wie ein Admiral. Wir waren gerade fertig mit Händeschütteln, da fing Worm auch schon an, sich über das Tor auszulassen. Ich sah Jason an. Er grinste. Der Botschafter wollte ein Tor, damit die Predators vom zivilen Vorfeld aus nicht zu sehen waren. Jasons Boss Stern hatte anfangs das Advon-Team geführt. Er hatte verlangt, dass Worm ein 100 000 Dollar teures Schiebetor baute, um unser Vorfeld vom Rollfeld abzuschirmen. Stern war vor meiner Ankunft abgereist und hatte mir den wütenden Worm und das Fiasko mit dem Tor hinterlassen. Später sollte ich erfahren, dass Stern auf dem gesamten Stützpunkt herumgelaufen und allerlei Unterstützung gefordert hatte und dabei einigen Leuten auf den Schlips getreten war. Er hatte mein Führungsproblem verursacht.

Ich konnte mich noch gut an die Stabsarbeit und die lächerlichen Kleinkriege erinnern, die sie erzeugte. Ich vermutete, dass Worm das Tor eher aus Prinzip nicht bauen lassen wollte und weniger aus Gründen der Logik. Es war sein Lager und somit seine Entscheidung. Aber ich hatte für so etwas keine Zeit. Wir hatten nur 60 Tage, um die Predator, ein technisch anspruchsvolles System, an einen neuen, noch nicht modernisierten Standort zu verlegen und komplett einsatzfähig zu machen. Da hatte Stern eben auf den ein oder anderen Schlips treten müssen, um sein Ziel zu erreichen.

»Vergessen Sie den automatischen Mechanismus«, schlug ich vor. »Die Pioniere auf dem Stützpunkt können doch irgendwas fabrizieren, was der Absicht des Botschafters entspricht, oder?«

Worm entspannte sich sichtlich, er hatte wohl eine Auseinandersetzung mit mir erwartet. Ich hoffte, dass das Treffen einige Gemüter im Lager besänftigen würde, denn mir war bereits die teilweise angespannte Stimmung im Camp aufgefallen. Ich hatte eine Staffel zu führen, und so ein Hickhack lenkte mich nur von meiner Mission ab.

Ich hielt eine Zeremonie zur Amtsübernahme ab. Das war am 1. Weihnachtstag 2010. Wir versammelten uns auf den AM-2-Matten direkt vor einem der Hangars. Eine Predator stand hinter der kleinen Fliegerformation vom Wartungstrupp.

Normalerweise erforderte die Ablösung des Kommandanten einer Einheit eine förmliche Zeremonie vor der gesamten Staffel. Dabei wurden der Abgang des alten Kommandanten und die Ankunft des neuen bildlich dargestellt. Aber eine Einheit, die rund um die Uhr Kampfeinsätze flog, konnte sich diesen Luxus nicht leisten. Eine der Crews startete gerade den nächsten Einsatz, und der größte Teil des Wartungstrupps war zur Unterstützung auf dem Vorfeld. Die Sicherheitskräfte waren gerade stark genug besetzt, um das Gelände zu bewachen, und waren nicht abkömmlich. Neben dem Wartungstrupp nahm nur das mobile Team an der Versammlung teil.

Jason richtete ein paar Abschiedsworte an die Soldaten, die ihm geholfen hatten, die 60. in Dschibuti aufzustellen. Normalerweise gab der scheidende Kommandant im Rahmen der Zeremonie die Flagge der Einheit als symbolische Wachablösung an seinen Nachfolger weiter. Unsere Einheit war so neu – sie war seit Vietnam nicht mehr aktiv gewesen –, dass es keine Flagge zum Weitergeben gab. Stattdessen salutierten wir einfach voreinander.

»Ich nehme das Kommando an«, sagte ich, nachdem ich salutiert hatte.

Nun war ich offiziell erster Kommandant der Einheit und wandte mich meinen Soldaten zu. Die meisten kamen von der Holloman. Das waren meine Leute, mit denen ich die letzten paar Jahre zusammengearbeitet hatte. Jon, mein Wartungschef und einer der älteren Unteroffiziere der Staffel, hatte mir jedoch erzählt, dass die Jungs nicht so recht wussten, was sie davon halten sollten, einen Piloten als Kommandanten zu haben.

Jon und ich hatten uns auf dem Flug hierher kennengelernt. Er kam auch von der Holloman Air Force Base. Jon hatte bereits eine lange Karriere bei der Wartung von Kampffliegern wie der F-16 hinter sich, bevor er zur Predator wechselte. Wir unterhielten uns ausführlich darüber, wie wir ein Gleichgewicht in der Staffel herstellen konnten, sodass alle ihre Teile – Operationen, Wartung und Sicherheitskräfte – das Gefühl hatten, zum Kampf beizutragen. Er half mir zu verstehen, dass man die Sorgen der Wartungstechniker beschwichtigen müsse, indem man sicherstellte, dass sie ein gleichwertiger Teil des Teams waren, nicht bloß die Burschen, die dafür sorgten, dass der Pilot in der Luft blieb, damit er die Lorbeeren einheimsen konnte.

Bei der Air Force waren Fliegerstaffeln und Wartungsstaffeln normalerweise gesonderte Einheiten. Die Piloten und die Wartungstechniker lernten einander selten kennen. Das sorgte für Spannungen, weil die Piloten keine Ahnung hatten, was die Wartungstechniker eigentlich machten, und umgekehrt. Daraus entstanden wiederum Probleme, weil die Piloten nicht wussten, wie viel Arbeit notwendig war, um ein Flugzeug einsatzbereit zu halten, und die Wartungsteams ihrerseits nie die Schwierigkeiten von Flug und Gefecht erlebten.

»Es ist mir eine Ehre, hier vor Ihnen zu stehen«, begann ich. »Ich sehe Menschen, mit denen ich schon jahrelang zusammengearbeitet habe. Und doch habe ich Sie nie richtig kennengelernt. Ich möchte, dass Sie wissen, dass wir eine Familie sind, wir alle. Die Flieger, die Wartungstechniker und die Sicherheitskräfte, sie alle gehören zu dieser großartigen Staffel. Wenn wir nun also unsere Aufgabe hier beginnen, dann seien Sie sich bewusst, dass es eine wichtige Mission ist, eine, die der Präsident genau im Auge hat. Deshalb müssen wir jederzeit hundertprozentig bei der Sache sein. Wir sind hier nicht auf der Creech. Wir nehmen hier nicht den einfachsten Weg. Wir benutzen keine ›Schwindler‹-Checklisten. Wir befolgen die technischen Anweisungen haargenau. Wenn wir das tun, werden wir auch erfolgreich sein, daran hege ich nicht den geringsten Zweifel.«

Später ließ ich mich noch im 11 Degrees North, dem Clubhaus des Stützpunktes, sehen, um zu feiern. Tische und Stühle füllten einen basketballplatzgroßen Bereich vor einer Bühne, die von der Truppenbetreuung genutzt wurde. Draußen gab es noch mehr Sitzplätze und eine offene Fläche mit einer aufblasbaren Leinwand, auf der Filme gezeigt wurden. In einer Ecke befand sich eine Bar, die sowohl die Gäste im Innen- als auch im Außenbereich bediente. Ich setzte mich an die Theke und trank einen mittelmäßigen französischen Wein, der in einer Einwegplastikflasche serviert wurde. Ich war nicht ungesellig. Die Staffel flog rund um die Uhr Einsätze. Alle mussten arbeiten. Ich noch nicht. Ich fing erst am nächsten Morgen an. Außerdem war ich jetzt Kommandant. So etwas wie Freunde konnte ich mir nicht leisten. Ich konnte auch nicht mit den Jungs herumhängen. Ich musste mich daran gewöhnen, hier draußen allein zu sein.

Ich nippte an dem Wein und genoss den Augenblick. Ich hatte es zum Kommandanten gebracht. Aber ich hatte immerhin noch ein Jahr vor mir und eine Mission zu erfüllen. Ich trank aus und machte mich auf den Weg zurück in mein Quartier. Nach einer schnellen Dusche schaltete ich die Leselampe ein und studierte die hiesigen Abläufe.

Bald würde ich anfangen zu fliegen.

KAPITEL 16

Verluste

Ich aktivierte mein Mikro.

»Chief, Flugzeug mit Strom versorgen.«

»Strom wird eingeschaltet«, antwortete der Cheftechniker per Funk.

Draußen öffnete der Cheftechniker eine Klappe in der Seitenwand und schloss das Flugzeug an ein Bodenstromaggregat an. Dann legte er einen Schalter um, um den Stromkreis zu schließen.

Ich zählte bis zehn, bis das Head-up-Display anging. Das Bild rauschte, dann sah ich das Vorfeld und die Telemetriewerte. Vor uns erstreckte sich der Golf von Aden. Das Wasser leuchtete saphirblau, die etwa einen halben Meter hohen, sanften Wellen funkelten im Morgenlicht. Akazien und zottelige Büsche versperrten mir die Sicht auf den schlammigen Strand.

Das Wartungsteam stand in sicherer Entfernung, während die Predator zum Leben erwachte. Der Hauptcomputer des Flugzeugs, das vorrangige Steuermodul, sendete Testsignale an die Predator, während er die interne Checkliste abarbeitete. Der Strom aktivierte nach und nach die verschiedenen Komponenten des Fluggerätes.

»Maschine läuft.«

Ich ging die Checkliste zusammen mit Han, meinem Sensoroperator, durch. Er war ein junger Flieger, der gerade seinen ersten Einsatz für die Air Force beendete. Sein Name kam von der Figur aus *Star Wars*. Aber nicht, weil er so cool war, sondern weil sein echter Name ähnlich lautete. Als er zur Staffel kam, blieb uns keine andere Wahl.

Dies hier war einer meiner ersten Flüge als Kommandant der Staffel. Nachdem ich die ersten paar Wochen mit der Einarbeitung in den Job und dem Lösen verschiedener Probleme auf dem Stützpunkt verbracht hatte, konnte ich endlich fliegen. Im Cockpit war ich einfach nur einer der Piloten und musste mir über nichts anderes Gedanken machen als über den Flieger und den Einsatz. Ich wollte häufig fliegen, weil ich nur dabei den Belastungen ein wenig entfliehen konnte, welche die Funktion des Kommandanten mit sich brachte.

Han und ich überprüften alles, um sicherzugehen, dass die Maschine startklar war. Dazu mussten einige Komponenten ein-, andere ausgeschaltet sein. Wenn man mit der falschen Komponente anfing, konnte das einen Sensor ruinieren oder den Motor abwürgen.

Zufrieden aktivierte ich mein Funkgerät.

»Chief, fertig zum Starten des Motors.«

»Verstanden.«

Ein Wartungstechniker ging zu einem Bedienungsfeld an der Seite des Flugzeugs. Er drückte ein paar Knöpfe und wartete. Die Maschine wackelte, als sich der Propeller erst einmal drehte, dann noch einmal und schließlich zu rotieren begann. Der Motor sprang hustend an. Ich stellte den Propellerhebel ein, bis die beste Drehzahl erreicht war, um das Öl zu erwärmen.

Han schaltete sein Mikro ein.

»Chief, Freigabe zur Aktivierung des Zielsystems?«

Wir warteten einen Moment, bis der Chief sich wieder meldete.

»Augen sind sicher, Freigabe zum Anwerfen der Kugel.«

Der Hochleistungslaser des Zielsystems konnte bei der Aktivierung möglicherweise aufblitzen. Ich hatte zwar nie gehört, dass das tatsächlich passiert war, aber wenn doch, würde es jedem die Augen verbrennen, der sich in der Nähe aufhielt. Deshalb verließen alle Wartungstechniker den Radius des Lasers, als Han das System kalibrierte.

Ich überwachte den Motor. Das war der längste Abschnitt des Startvorgangs. Wir konnten erst losrollen, wenn der Motor aufgewärmt war. Ich war wachsam, während die Predator mit der Hecknummer 193 auf dem Vorfeld brummte. Gabby, wie die Wartungscrew sie getauft hatte, war ein Problemkind.

Bei den Wartungstechnikern hatte es ebenso wie bei den Piloten Tradition, den Flugzeugen Namen zu geben. Unsere Cheftechniker benannten jede Predator nach einer wichtigen Frau in ihrem Leben. Ich erkundigte mich nach dem Namen Gabby. Es stellte sich heraus, dass sie nach dem Wartungssymbol GAB (ground abort, Abbruch am Boden) benannt war. Anscheinend flog Gabby nicht gern. Ich flog lieber mit Audrey. Sie war nach der berühmten Schauspielerin Audrey Hepburn benannt und bewegte sich mit ähnlicher Eleganz.

Die meisten unserer Probleme resultierten daraus, dass die Predator nicht wetterfest war. Die Flugzeuge waren während eines Einsatzes den ganzen Tag unterwegs und kamen am Ende ihrer Mission beim Sinkflug mit der feuchten Luft in Berührung. Dabei kondensierte das Wasser auf den extrem gekühlten Instrumenten. Dann wurde die Maschine im Wartungsbereich aufgetankt und ein paar Stunden später wieder gestartet. Das Wasser, das sich dann immer noch im Instrumentenschacht befand, gefror, wenn das Flugzeug in große Höhen aufstieg.

Auf 20 000 Fuß konnte das Thermometer auf 30 oder 40 Grad unter Null fallen. Die Crews im Cockpit bekamen falsche Warnmeldungen, dass Öl oder Treibstoff austräten. Nachdem die Piloten das Flugzeug zurück zum Stützpunkt gebracht hatten, stellte sich dann heraus, dass das sich ausdehnende Eis für die fehlerhaften Messwerte des Sensors verantwortlich war. Wir versuchten vergeblich, den Crews das Problem zu erklären. Letzten Endes mussten wir das Flugzeug landen, dasselbe Instrument neu kalibrieren und die Maschine erneut starten.

So wurde wertvolle Zeit vergeudet. Aber uns blieb nichts anderes übrig. Die Einsatzcrews trugen die Verantwortung und liefen Gefahr, dass ihnen die Flügel gestutzt wurden, wenn sie eine Warnmeldung ignorierten.

Ich prüfte die Messgeräte und schloss die Checkliste ab. Ich lud unseren Flugplan, testete die Flugsteuerung und bereitete das Losrollen vor. Die Flugsteuerung war der wichtigste Bestandteil der Vorflugkontrolle. Wenn sie nicht funktionierte, würde die Maschine nicht fliegen.

»Chief«, gab ich durch, »Hände und Füße weg, Keile entfernen und bereit machen zum Losrollen.«

Die Wartungstechniker zogen die Sicherungsstifte heraus, die das Fahrwerk hielten, und entsicherten die Raketen. Einer stand dabei direkt am Zielsystem und hatte die Hand an einem Notfalltrennschalter. Wenn irgendetwas passieren sollte, würde er das Flugzeug komplett abschalten.

Han und ich nahmen die Hände von der Steuerung, damit wir nicht aus Versehen das Seitenruder oder die Flügelklappen bewegten. Es konnte einem mehr den Tag versauen als eine Ladeklappe, die man gegen den Kopf bekam. Das Zielsystem blieb fixiert und hatte den Wartungstechniker im Visier, während die anderen arbeiteten. Der Sensor in der Kugel war so empfindlich, dass wir sehen konnten, wie das warme Blut in den Adern seiner Arme pulsierte.

»Die Kugel ist nicht schlecht«, bemerkte ich.

»Das ist eine der besten, die wir haben«, sagte Han.

Die Wartungscrew entfernte sich vom Flugzeug.

»Sir, Stifte und Keile sind entfernt, Sie können jetzt losrollen«, meldete der Cheftechniker über Funk.

Die Stifte sicherten die Raketen, die Keile blockierten die Räder, damit das Flugzeug nicht von allein losrollte.

»Danke, Chief«, sagte ich und ließ die Bremse los.

Die Maschine watschelte in Richtung Startbahn. Die Steuerung reagierte sehr empfindlich, das Flugzeug bewegte sich auf dem Rollfeld immer wieder nach links und rechts, leichter Wind und Unebenheiten im Boden brachten es vom Kurs ab. Es war ein ganz schöner Kampf, den Flieger gerade zu halten.

»Tower, Bong Sieben Null startklar«, rief ich.

Die Antwort kam mit starkem französisch-arabischen Akzent.

»Bong Sieben Null, bitte kurz warten.«

Der Tower wollte, dass ich in meiner Position verharrte.

»Blicken Sie nach links«, sagte ich.

Han richtete das Zielsystem auf den Anfang der Start- und Landebahn Null Neun. Ein paar Kilometer weiter draußen tauchte eine Douglas DC-9 auf, richtete sich an der Piste aus und begann den Landeanflug.

»Scheint, als hätten Passagierflugzeuge hier Priorität.«

»Vor allem das da«, meinte Han. »Das ist der Elf-Uhr-Vogel von Ethiopian Airlines. Der hat die tägliche Lieferung Khat an Bord.«

Ich runzelte die Stirn.

»Hier gibt es nur eine Freizeitbeschäftigung«, erklärte Han. »Khat. Und die einzige legale Möglichkeit, es zu importieren, ist mit diesem Flugzeug.«

Khat war ein Rauschmittel in Blattform. Wenn man die Blätter zerkaute, setzten sie ähnlich abhängig machende Wirkungen frei wie viele Opiate. Zu den Nebenwirkungen gehörten braun verfärbte Zähne und allgemeine Trägheit. In dem Land ging gar nichts ohne diese Lieferung. Nur so konnten die Dschibutier die Nachmittagshitze ertragen.

Das Flugzeug setzte auf und rollte zur anderen Seite des Flugfeldes.

»Bong Sieben Null, Windstille, Startfreigabe erteilt.«

»Bong, Startfreigabe erhalten«, antwortete ich und drückte den Steuerknüppel nach vorn.

Das kleine Flugzeug rollte die Startbahn entlang. Wir legten fast anderthalb Kilometer auf der Startbahn zurück, bis sich die Räder von der Rollbahn hoben. Beinahe hätte ich abgebrochen, weil es mir merkwürdig vorkam. Auf der Creech brauchten wir nur die Hälfte der Strecke zum Abheben, und das in größerer Höhe. Schließlich begann die Predator zu steigen. Unser einziger diesbezüglicher Anhaltspunkt war das plötzliche Ausbleiben von Vibrationen auf dem HUD. Der Höhenmesser kletterte langsam nach oben, und wir überquerten die Küstenlinie.

Die Luftfeuchtigkeit war Gift für unseren Auftrieb. Die Hitze war zwar auch ein Problem, aber durch die Feuchtigkeit vor und nach den Nachmittagsgewittern entstanden Bedingungen, unter denen die Predators noch nie geflogen waren. Sie wurden in San Diego gebaut, in Las Vegas geflogen und schließlich im Irak und in Afghanistan eingesetzt. Diese Orte hatten alle eines gemeinsam: Sie waren trocken. Zwar konnte im Irak und in Afghanistan die Luftfeuchtigkeit auch einmal höher sein, aber sie erreichte nie dieses Niveau.

Han überprüfte den Laser, um sicherzugehen, dass er einwandfrei funktionierte, dann flogen wir aufs Meer hinaus. Unsere Kollegen auf der Cannon Air Force Base meldeten über den Chatroom, dass sie bereit waren, das Flugzeug zu übernehmen. Han schwenkte die Kamera, um den Flieger zu checken. Wir sahen, dass das Fahrwerk ordnungsgemäß in den Rumpf eingezogen war.

Dann schwenkte die Kamera nach vorn. Unter uns war der rostige Rumpf eines Schiffswracks zu sehen. Weiter hinten erhob sich irgendein Hügel am Horizont.

»Der Berg dort liegt in Somalia«, sagte Han. »Wir sind nur ungefähr 16 Kilometer davon entfernt. Der Stützpunkt befindet sich unmittelbar südlich der Stadt Dschibuti, dem einzigen Tiefseehafen in diesem Teil Afrikas. Alle unsere Hilfen für das Landesinnere kommen hier an.«

Dschibuti-Stadt erstreckte sich im Norden bis ans Ende einer kleinen, spitzen Halbinsel. Im Westen lagen die großen Kais und Kräne des Hafens. Im Osten der Stadt befanden sich die Strände, Hotels und Botschaften. Han richtete die Kamera auf den Golf von Aden. Unsere Arbeit erledigten wir komplett über Wasser.

Präsident Obama hatte unsere Bemühungen von der Suche nach Osama bin Laden auf den Jemen und ein neues Ziel verlagert: Anwar al-Awlaki.

Die Predators sollten ihn aufspüren.

Anwar al-Awlaki wurde 1971 in Las Cruces, New Mexico, geboren. Er lebte in den USA, bis seine Familie in den Jemen zog, als er sieben Jahre alt war. Im Jahr 1991 kehrte er zurück, um die Colorado State University zu besuchen. Später machte er seinen Master in Erziehungswissenschaften an der San Diego State University und promovierte an der George Washington University im Fach Personalwesen.

Er selbst stellte sich als gemäßigt dar, gab dem National Public Radio Interviews und nahm nach den Angriffen vom 11. September an einem Frühstück im Pentagon teil. Doch das FBI begann ihn zu beobachten, nachdem die Behörde erfahren hatte, dass er mit dreien der Flugzeugentführer in Kontakt gestanden hatte.

Al-Awlaki verließ die Vereinigten Staaten 2002 und zog nach London. Dort fing er an, über den amerikanischen Krieg gegen den Islam zu predigen. Zwei Jahre später kehrte er London den Rücken und lehrte und predigte fortan in Moscheen im Süden des Jemen. Im Jahr 2006 wurde al-Awlaki verhaftet und zu 18 Monaten Gefängnis verurteilt – wegen Entführung und Beteiligung an Plänen von al-Qaida, einen US-Militärattaché zu entführen. Nachdem sein Stamm eingegriffen hatte, wurde er 2007 entlassen. Doch inzwischen stachelten seine flammenden Predigten in englischer Sprache Terroristen in den USA und Großbritannien an.

Im November 2009 tötete Major Nidal Malik Hasan, ein Militärpsychiater, 13 Menschen bei einer Schießerei in Fort Hood. Er hatte mit al-Awlaki in E-Mail-Kontakt gestanden. Nach dem Massaker pries al-Awlaki Hasan.

»Nidal Hasan ist ein Held«, schrieb er in einem vielfach verbreiteten Blog. »Er ist ein Mann mit Gewissen, der nicht mit dem Widerspruch leben konnte, Muslim zu sein und in einer Armee zu dienen, die gegen sein eigenes Volk kämpft.«

Geheimdienstler überwachten al-Awlakis Kommunikation, die offenbarte, dass der Geistliche eine immer größere Rolle bei al-Qaida auf der Arabischen Halbinsel spielte. Am 1. Weihnachtstag 2010 brachte ein 23-jähriger Nigerianer namens Umar Farouk Abdulmutallab eine Bombe an Bord eines Passagierflugzeugs nach Detroit. Er hatte sie in seiner Unterwäsche versteckt.

Al-Awlaki hatte ihn inspiriert.

Bei seiner Befragung gab Abdulmutallab an, al-Awlaki habe bei der Planung des Anschlags geholfen. In den Augen der amerikanischen Behörden war der in den USA geborene Prediger mehr als ein begabter Propagandist. Er war ein Terrorist.

Die Task-Force folgte der Spur seines Netzwerkes durch den ganzen Jemen. Dafür mussten wir so viele Einsätze wie irgendwie möglich fliegen.

Der Wartungsabteilung hatte dabei den Löwenanteil der Aufgabe zu bewältigen. Die Flugzeuge der Staffel kamen aus dem Irak und Afghanistan. Alle waren alt und abgenutzt. Wir bekamen die Vögel, die anscheinend nie richtig flogen, und die Hangarhüter, die andere Stützpunkte nie richtig reparieren konnten. Ich hegte deswegen keinen Groll gegen die anderen Staffeln. Wahrscheinlich hätte ich dasselbe getan, wenn mir aufgetragen worden wäre, ein Flugzeug herzugeben.

Als die Einsätze begannen, arbeiteten die Wartungstechniker rund um die Uhr, um die Maschinen wieder flottzumachen. Und mein Team machte jeden Flieger so schnell wie möglich startklar. Wir bekamen zwar nicht den Lohn, auch die Kampfeinsätze der Mission fliegen zu können, aber ohne meine Wartungsleute und Crews hätten es die Predators niemals in den Himmel über dem Jemen geschafft. Ich hatte die protzige Seite des Jobs bereits kennengelernt. Nun steckte ich meine ganze Energie in die Arbeit hinter den Kulissen, damit die Piloten ihre Schuldigkeit tun konnten.

Die Mission wurde zur Qual. Nach einem Monat in Dschibuti war meine innere Uhr im Eimer.

Ich saß in der DFAC oder Dining Facility, der Kantine. Neben mir stand ein Tablett mit Essen, aber ich hatte nichts angerührt. So wie es aussah, war es wohl das Abendessen. Wie die anderen bei der Staffel ging ich zur Arbeit, wenn es etwas zu tun gab. Und irgendwie gab es immer etwas zu tun. An einen regelmäßigen Tagesablauf war einfach nicht zu denken.

Ich saß also am Tisch und genoss die Ruhe, nicht das Essen, als Ziggy vorbeiging. Er wollte eine Bestellung abholen.

»Sir«, sagte er, als wir uns an der Tür begrüßten.

Ziggy war Lieutenant und hatte gerade seine Pilotenausbildung abgeschlossen. Bei seinem ersten Einsatz hatte er trotz seiner Unerfahrenheit großes Geschick bewiesen.

»Wie läuft es mit dem Start?«, wollte ich wissen.

Er sollte später am Abend einen Einsatz fliegen.

»Nach Plan«, sagte er. »Ich wollte nur was zu essen holen, bevor die Kantine schließt.«

Ich nickte.

»Wird ’ne anstrengende Nacht.«

»Ach ja?«, fragte ich.

»Bong muss wegen einer Motorstörung zurück zur Basis«, erklärte Ziggy.

Ich starrte ihn an.

»Im Ernst?«

Ziggy sah mich an und zuckte die Schultern.

»Das Flugzeug ist zu weit draußen«, sagte er. »Die Crew hat die gleichen Probleme gemeldet wie schon in den letzten Tagen. Nichts Besonderes.«

»Trotzdem kommen sie früher zurück«, entgegnete ich.

»Sie glauben, es ist schlimmer«, sagte er.

In den letzten paar Nächten hatte das Flugzeug leicht unregelmäßige Drehzahl- und Öldruckwerte geliefert. Jedoch wurden keine Grenzwerte überschritten, und es gab auch keine Probleme. Die Crew schob das Ganze auf Turbulenzen und die Ausgleichsversuche des Motors. Aber irgendetwas stimmte mit dem Motor nicht.

Ich sah auf die Uhr. Mein Arbeitstag war laut Bestimmungen der Air Force auf zwölf Stunden begrenzt. Mir blieben noch ein paar Stunden, also beschloss ich, den Flieger zu landen.

»In Ordnung«, sagte ich. »Kümmern Sie sich um den Start, ich hole Bong zurück.«

Auf dem Rückweg zur Staffel fragte ich mich, wie viel Kummer mir die Task-Force wohl bereiten würde, weil schon wieder ein Einsatz verfrüht endete. Ich hoffte, dass die Jungs von der Wartung herausfanden, was mit dem Vogel nicht stimmte. Beim letzten Mal hatten sie nichts entdeckt, obwohl sie den ganzen Motor auseinandernahmen und wieder zusammenbauten. Ziggy stieg in das Cockpit, das wir »Steelers« nannten, ich nahm das andere, das »Pirates« hieß.

Stern, der ehemalige Leiter des Advon-Teams, der aus Pittsburgh stammte, hatte die Namen ausgesucht. Wir programmierten die Namen unserer Bodenkontrollstationen in Skynet ein, dem Computerprogramm, mit dem wir die Flugzeuge beobachteten und Einsätze planten. Es war nach dem Netzwerk aus den *Terminator*-Filmen benannt. Als es in Betrieb genommen wurde, hatte ich gerade Dienst im WOC und freute mich, meinen Pilotenkollegen mitteilen zu können: »Skynet ist aktiv.« Den Witz konnte ich nicht oft genug machen. Jede Bodenstation bekam eine Reihe von Frequenzen zugewiesen. Zufällig mochte ich die Steelers und war Fan des Teams aus Pittsburgh, und wir waren die Pirates. Ich beließ es bei den Namen. Davon abgesehen, hatte ich auch wenig Lust, Skynet neu zu programmieren.

Vielleicht hätte es sich gewehrt.

Es dauerte nur ein paar Minuten, den Computer so einzustellen, dass wir das Flugzeug sehen konnten. Wir richteten den Empfänger auf das Meer und warteten. Aus dem weißen Rauschen trat ein körniges Bild hervor. Der Empfänger erkannte das Signal und drehte sich so, dass er in Richtung des Flugzeugs zeigte. Das Bild wurde sofort schärfer.

»Warum zum Teufel sind die auf Kurs?«, fragte mein Sensoroperator.

Die Crew der 3rd Special Operations Squadron war auf der geplanten Route zurückgeflogen. Bei einer Motorstörung hätten sie eigentlich auf direktem Weg zurückfliegen sollen. Die planmäßige Strecke erhöhte die Flugzeit um 30 Minuten, weil sie wegen Luftraumbeschränkungen einen Umweg enthielt. Wir begannen mit der Übergabeprozedur und waren gerade dabei, die Steuerung des Flugzeugs zu übernehmen, als der Sensoroperator den Höhenmesser bemerkte.

»Sir, das Flugzeug befindet sich im Sinkflug«, sagte der Sensoroperator.

Normalerweise blieb die Maschine während der Prozedur in derselben Höhe. Diese jedoch nicht. Ich sah auf die Motoranzeige. Mehrere der Anzeigen waren im roten Bereich.

Rot war nicht gut.

Die Drehzahl fiel auf null, als der Motor ausging. Das Flugzeug hatte noch 80 Kilometer vor sich. Ich rechnete es mir im Kopf aus. Die Predator konnte aus dieser Entfernung unmöglich zurück an Land segeln.

»Wir haben gerade ein Flugzeug verloren«, sagte ich.

Vor der Nordküste segelte Nummer 228 durch die Luft, aber nur noch ein paar Minuten lang. Wir konnten nichts tun, um sie zu retten. Sie konnte nirgendwo landen, außer auf einem Felsenstrand. Die einzige Chance war, sie auf dem Wasser notzulanden und darauf zu hoffen, sie bergen zu können, bevor sie sank. Theoretisch konnte die Predator schwimmen. Durch die Luft in den Treibstofftanks war sie schwimmfähig. Andererseits würde aber auch jede Menge Wasser in das unversiegelte Flugzeug gelangen. Das Resultat war unklar, vor allem, weil noch nie jemand versucht hatte, eine Predator zu notwassern.

Das Flugzeug blieb genau waagerecht, als es sich auf das Wasser zubewegte. Die kleine Maschine hüpfte über zwei Wellen, die dritte platschte über die Nase. Wir sahen ein paar Sekunden lang zu, wie das Flugzeug auf dem Wasser auf und ab wippte, dann fielen die Sender aus.

Ich schaltete das Funkgerät auf die Startfrequenz.

»Chief, Pirates«, rief ich über Funk.

»Sprechen Sie, Sir.«

»Zwo Zwo Acht ist abgestürzt.«

Einen Augenblick lang war Ruhe auf der Funkfrequenz. Die Jungs auf dem Vorfeld wollten wahrscheinlich nicht, dass ich Zeuge ihrer Ausdrucksweise wurde.

»Verstanden, Sir«, sagte er schließlich.

Ich schickte meinen Sensoroperator los, um den Sicherheitsbeauftragten der Air Force auf dem Stützpunkt zu suchen. Er musste die Untersuchung durch einen Sicherheitsausschuss einleiten. Ich war der einzige zugelassene Ausschussvorsitzende auf dem Stützpunkt, aber das Berufsethos verbot mir, den Unfall zu untersuchen, weil meine Staffel involviert war. Also stellte ich alle Wartungs- und Einsatzunterlagen zusammen, die der Sicherheitsausschuss brauchen würde, und wartete.

Ein Rettungshubschrauber flog schnell hinaus aufs Meer, um die Predator zu bergen. Sie suchten über eine Stunde lang nach einem grauen Objekt, das auf dem dunklen Wasser trieb. Es gelang ihnen zwar, ein Floß und Rettungsfallschirmspringer herabzulassen, um das mit Wasser vollgelaufene Fluggerät zu sichern, als sie es fanden, aber Flugzeug Nummer 228 konnte nicht länger warten. Die Helikopter-Crew sah hilflos zu, wie die Maschine in den Wellen versank, als die Schwimmer sie erreichten.

Ich verließ die Bodenstation und setzte mich sofort an meinen Schreibtisch. Statt zwölf Stunden hatte mein Tag am Ende fast 36, weil ich meine Zeit damit verbrachte, Fragen aus meinem Hauptquartier, von der Task-Force und von der Botschaft zu beantworten.

Es war unser erster Verlust, und plötzlich wollte jede Zentrale in der Region Informationen.

Ein Major der Task-Force war am hartnäckigsten. Jedes Mal, wenn ich aufgelegt hatte, fand er einen neuen Grund, um anzurufen. Ich wusste, dass seine Vorgesetzten ihn unter Druck setzten, aber ich hatte keine Antworten. Irgendwann verlor ich die Geduld.

»Major«, blaffte ich ihn an, »das war nicht Ihr Flugzeug. Es ist mir egal, was Sie für Informationen haben wollen oder wer danach fragt. Ich werde sie übermitteln, sobald ich Zeit habe, und keine Sekunde früher. Jetzt muss ich mit meiner Führung sprechen.«

Damit legte ich auf.

Binnen einer Woche benannte das Air Force Safety Center einen A-10-Piloten zum Vorsitzenden des offiziellen Sicherheitsuntersuchungsausschusses. Er rief an, um sich mit mir abzustimmen.

»Squirrel«, sagte er. »Hier ist I.V.«

»Schön, Sie kennenzulernen«, sagte ich. »Ich habe alle Ihre Unterlagen zusammen.«

»Gut«, antwortete er. »Schicken Sie alles zur Creech. Ich werde den Ausschuss von dort aus leiten.«

»Alles klar, die Sachen gehen heute noch raus.«

Ich hörte Fahrgeräusche über das Telefon.

»Sitzen Sie gerade hinter dem Steuer?«

»Ja, ich bin noch unterwegs«, sagte er. »In ein paar Tagen werde ich dort sein und mir dann alles ansehen. Bestätigen Sie bitte, dass Sie das Wrack nicht bergen konnten.«

»Konnten wir nicht.«

»Schade«, meinte er. »Das wird nicht einfach, wenn wir nur die Protokolle haben.«

Die Datenprotokolle der Bodenstation waren quasi die Blackbox des Flugzeugs. Wir hatten zwei Protokolle von der Creech und aus Dschibuti, die den Motorausfall aufgezeichnet hatten. Daraus konnten wir genau erkennen, welches Teil versagt hatte.

»Wann kommt jemand hierher?«

»Oh, das haben wir nicht vor«, sagte er.

Ich kniff die Augen zusammen.

»Vielleicht sollten Sie das aber«, meinte ich. »Sie können sich einen besseren Eindruck von den Flugzeugen und unseren Bedingungen hier verschaffen, wenn Sie alles aus erster Hand sehen.«

»Da haben Sie sicher recht, aber wir können das auch von der Creech aus erledigen.«

Als ich auflegte, sagte ich mir, dass ich den Fortgang der Untersuchung genau beobachten sollte. Ich hatte kein gutes Gefühl bei der Sache, was sich wenig später als begründet herausstellte.

Es regte mich auf, dass I.V. bei Gesprächen mit meinem Wartungschef über jüngere Offiziere schimpfte. Ich wusste, dass der Fall eine Bewährungsprobe darstellte. Ich wollte bestimmt keinen Unfall, aber ich wollte der Welt auch zeigen, dass der Wartungstrupp der Holloman so gut war, wie wir immer behaupteten.

Bei einer der Befragungen sprach die Wartungscrew das Problem mit dem Motor an, der in Nummer 228 eingebaut war. Am Telefon hörte der Chief den Vertreter des Herstellers sagen »Unsere Motoren sind völlig in Ordnung. Die Wartung ist schuld.«

Daraus zog I.V. voreilig den Schluss, dass es unsere Schuld war..

»Wissen Sie, irgendwas haben Ihre Jungs da falsch gemacht«, sagte er zu mir, als wir später über den Vorfall sprachen.

Es kam mir vor, als würde da im Schnellverfahren ein Urteil gefällt.

Als ein paar Tage später das Telefon klingelte, wusste ich, dass das nichts Gutes zu bedeuten hatte. Es war ungefähr zwei Stunden, bevor ich hätte aufstehen müssen, um meine Schicht anzutreten.

»Colonel McCurley«, meldete ich mich und rieb mir den Schlaf aus den Augen.

Obwohl ich schon fast einen Monat in Dschibuti war, hatte ich mich immer noch nicht an die Zeitverschiebung gewöhnt.

»Sir«, sagte Ziggy. »Wir haben gerade noch ein Flugzeug verloren.«

Ich seufzte, zog meine Uniform an und lief die anderthalb Kilometer zum Gelände.

»Was ist passiert?«, fragte ich, als ich das Einsatzzelt betrat.

»Wir sind gelandet, und ich konnte die Maschine nicht anhalten«, erklärte Ziggy. »Sie ist durch den Zaun am Wasser gekracht.«

»Okay.«

Ziggy saß am Schreibtisch. Er blickte zum Rest der Crew, der damit beschäftigt war, Unterlagen zusammenzusuchen.

»Kann ich irgendetwas tun?«

»Nein«, erwiderte ich. »Bleiben Sie einfach hier. Fassen Sie lieber nichts an.«

Ich wollte Anschuldigungen vermeiden, die Unglückscrew habe Unterlagen manipuliert. Ich sah, dass das Einsatzteam alles im Griff hatte, also ging ich nach draußen und schnappte mir den ersten Wartungstechniker, den ich fand.

»Ist der Chef an der Absturzstelle?«

»Ja, Sir.«

»Okay, ich fahre hin.«

Kurz darauf traf ich am Ende der Piste ein. Der Leiter des Flugplatzes, ein Lieutenant der Navy, gestikulierte wild und brüllte ein paar meiner Soldaten an. Einer von ihnen war Jon.

Hinter der Wartungscrew lag die Predator auf einer Erdböschung, knapp 20 Meter hinter dem platt gedrückten Zaun. Das Flugzeug war zwischen zwei verstärkten Zaunpfählen hindurchgesegelt, welche die Tragflächen abgerissen hatten. Ein Gabelstapler fuhr in Position, um das kaputte Fluggerät auf einen Tieflader zu heben.

Der Lieutenant beschimpfte gerade Jon, als ich dazukam.

»Wie ist die Lage?«, fragte ich Jon, ohne den Lieutenant zu beachten.

Jon wandte sich mir zu. Der Lieutenant lief rot an.

»Sir, wir wollen die Maschine gerade anheben.«

»Sehr gut«, sagte ich. »Ich will mir das Ganze aber erst mal ansehen.«

Ich drehte mich zu dem Lieutenant um.

»Kommen Sie mit.«

Das war keine Einladung. Es war ein Befehl. Ich führte ihn außer Hörweite zu seinem Pick-up.

»Sie sind etwas streng mit den Jungs, nicht wahr?«

»Sir«, antwortete er, »der Flugplatz ist seit einer Stunde gesperrt. Eine Passagiermaschine musste umgeleitet werden. Man macht mir gehörig Dampf, die Situation zu bereinigen.«

Er hatte die Frechheit, einen Senior Sergeant derart unfein herunterzuputzen, und ließ es sich dennoch nicht nehmen, mir ordentlich in den Arsch zu kriechen. Wie erbärmlich.

»Wissen Sie«, erwiderte ich, »wir hatten vor ein paar Monaten eine Bauchlandung.«

Bei einem unserer Flugzeuge war ein Fahrwerk im Fahrwerksschacht stecken geblieben. Die Crew musste die Predator herunterbringen, indem sie sie auf ihrem Bauch über die Landebahn rutschen ließ.

»Ja, Sir.«

»Da haben die Jungs dort nur 20 Minuten gebraucht, bis die Landebahn wieder frei war.«

»Darüber weiß ich nichts, Sir.«

»Waren Sie nicht hier?«, fragte ich.

»Nein, Sir«, sagte der Lieutenant. »Da war ich gerade auf Heimaturlaub.«

»Ach so«, sagte ich. »Ich verstehe. Sie halten hier den Betrieb auf. Warum warten Sie nicht einfach hier und lassen die Experten ihre Arbeit machen.«

Ich drehte mich um und ging zurück zu Jon. Der Lieutenant hatte keine Chance, noch etwas zu sagen. Ich fertigte eine schematische Skizze des Unfalls an. Das machte normalerweise die Unfalluntersuchung, aber wir hatten keine Zeit, auf ein Team zu warten, das sich das Wrack ansah. Ich machte die Zeichnung aus Höflichkeit, weil wir die Piste schnell räumen mussten. Ich bemerkte, dass die Army und ein Soldat von meinen Sicherheitskräften hinter dem Zaun einen Schutzkreis gebildet hatten. Ein leichter Wind wehte über das Flugzeug und meinem Soldaten direkt ins Gesicht.

»Hey, Jon«, sagte ich.

»Ja, Sir.«

»Stellen Sie den Mann woandershin. Ich will nicht, dass er Kohlefasern einatmet.«

»Ja, Sir.« Jon schickte ihn auf die andere Seite des Flugzeugs.

Die Kohlefaserbeschichtung der Predator war hochgradig krebserregend, wenn sie in ihre kleinsten Teile zerfiel. So lange nach dem Unfall sollte eigentlich keine Gefahr mehr bestehen, doch ich wollte keine unnötigen Risiken eingehen.

Als ich mit der Skizze fertig war, ließ ich Jon und die Wartungscrew das Flugzeug abtransportieren. Der Lieutenant schäumte neben seinem Pick-up, tat aber nichts. Unsere Wartungstechniker hatten die Landebahn 15 Minuten nach meiner Ankunft wieder freigeräumt. Sie hatten mich lediglich gebraucht, um das einfältige Hindernis zu beseitigen.

Ich nahm Jon zur Seite, bevor ich mich auf den Weg machte.

»Ich werde zum Lager zurückfahren und sehen, wie sie dort mit der Auswertung vorankommen«, sagte ich zu ihm.

Jon beäugte den Lieutenant.

»Was ist mit ihm?«

»Er sollte Sie in Ruhe lassen«, sagte ich. »Wenn nicht, rufen Sie mich. Ich werde ihm den Kopf zurechtrücken, und diesmal werde ich nicht so nett sein.«

»Alles klar, Sir.«

Auf der Rückfahrt zum Lager ließ ich mir meine ersten Wochen als Kommandant durch den Kopf gehen. Jetzt hatte ich es schon mit zwei gleichzeitig arbeitenden Sicherheitsausschüssen zu tun, und ich musste ein Ersatzflugzeug bestellen, um meine Verluste zu kompensieren. Außerdem musste ich sicherstellen, dass wir alle Ersatzteile hatten, um die verbliebenen Predators in der Luft zu halten. Der Job kam mir mehr wie Stabsarbeit als wie ein Kommando vor.

Ich war wieder mal als Feuerwehrmann unterwegs.

KAPITEL 17

Schöne Bescherung

Jon wirkte nervös, als er vor meinem Schreibtisch stand. Zwei Cheftechniker versteckten sich ein wenig hinter ihm.

»Sir, wir haben ein Problem«, sagte er.

Noch einen Schlag konnte ich nicht gebrauchen, nicht heute.

Die Task-Force verlangte mehr Einsatz von uns, und ich bemühte mich nach Kräften, der Forderung nachzukommen. Man hatte Hinweise auf wichtige Terrorhelfer und brauchte zusätzliche Predators, um sie aufzuspüren. Ich konnte schlecht Nein sagen, niemand sagte Nein zur Task-Force. Aber mein »Ja« war mit einem großen »Aber« verbunden. Ich konnte die Staffel mehr Einsätze fliegen lassen. Aber das hätte seinen Preis. Nach unseren früheren Verlusten fehlten mir einige Flugzeuge, und ich schaffte es kaum, die verbliebenen flugfähig zu halten. Ich brauchte Ersatzmaschinen, und eine davon sollte an diesem Tag eintreffen. Wenn wir mehr Einsätze flogen, bedeutete dies, dass die Staffel keine anderen Missionen mehr übernehmen konnte. Wir hatten alle Hände voll damit zu tun, al-Awlaki zu erwischen.

Jons Anwesenheit beunruhigte mich.

»Was ist los?«, fragte ich.

»Vielleicht sollten Sie sich das lieber selbst ansehen«, sagte er.

Ich stand auf und folgte ihm nach draußen. Jon führte mich zum Versorgungshangar. Eine Gruppe Wartungstechniker hatte sich am Eingang versammelt. Auf einer Seite befanden sich die Reste von Nummer 126. Nachdem sie in die Böschung gekracht war, hatten wir sie verpackt und wollten sie zur Untersuchung zurück in die Staaten schicken.

Drinnen im Hangar umstanden die Männer den Sarg, wie der riesige Container scherzhaft genannt wurde, der einem Pelican-Koffer ähnelte und der die Predators beim Transport schützte. Dies war unser neuer Vogel, der von der Kandahar Air Base mit einer C-130 Hercules, einem Transportflugzeug, hergebracht worden war.

Der Deckel war geschlossen, aber ich sah, dass die Verriegelung bereits geöffnet war.

»Also, was haben wir hier?«

Jon gab einem der Soldaten ein Zeichen. Dieser hob den Deckel mit einem kleinen Kran an. Ich rechnete damit, die graue Oberfläche eines neuen Flugzeugs zu erblicken, doch als sich der Deckel öffnete, kamen nur Plastik und Papier zum Vorschein. Die weiße Styroporform, in die der Rumpf der Predator genau passte, war zwar da, aber nicht das Flugzeug.

Ich konnte nicht anders und fing an zu lachen.

»Das ist jetzt nicht wahr.«

»Sir«, begann Jon.

Ich hielt mir die Hand vor den Mund, während ich immer noch über die absurde Situation lachte, und winkte ab. Kandahar hatte mir einen leeren Container geschickt.

Jon wusste nicht, was er sagen sollte. Seinem Gesichtsausdruck nach zu urteilen, glaubte er jedoch, ich hätte nun endgültig den Verstand verloren.

Das hatte ich nicht. Mir war nur klar geworden, dass ich die Geschichte von Yossarian aus *Catch 22* noch einmal erlebte.

Im Einsatzzelt überprüfte ich per Skynet, wo sich Nummer 203 befand, und rief dann NASA an, den Kommandanten der Staffel in Kandahar.

»NASA«, begann ich, als er sich meldete.

»Hey, Squirrel«, sagte er. »Wie sieht's aus?«

»Ganz gut«, sagte ich. »Danke für den neuen Vogel.«

»Kein Problem«, meinte er. »Ich hoffe, er ist gut angekommen.«

»Nein, nicht ganz.«

»Wie bitte?«

»Wir haben nur den Sarg für Nummer 203 bekommen.«

NASA schwieg einen Augenblick. Ich hörte, wie er etwas in seinen Computer tippte.

»Nummer Zwo Null Drei fliegt hier gerade«, sagte NASA.

Laut Skynet war das Flugzeug irgendwo in Afghanistan unterwegs.

»Ich weiß.«

»Okay, ich werde mich drum kümmern«, sagte er und legte auf.

NASA rief mich zurück und erklärte mir, was passiert war. Der leere Behälter war versehentlich bei den vollen aufbewahrt worden. Als der Befehl vom CENTCOM kam, Nummer 203 zu uns zu schicken, wurde der Behälter einfach aus dem Lager geholt und verschickt. Keiner wog ihn. Ein Frachtflugzeug flog eine leere Kiste 3000 Kilometer vergebens. Zu allem Übel nahm der Behälter im Frachtraum auch noch den Platz von mindestens zwei Paletten ein. Wegen userer leeren Paletten fehlte jemand anderem jetzt eine dringend benötigte Frachtlieferung.

Der Logistiker, der dafür verantwortlich gewesen war, uns den Vogel zu schicken, wurde sofort gefeuert. Aber uns fehlte immer noch ein Flugzeug, und das zu einer Zeit, wo die Task-Force uns brauchte. Ich musste trotzdem immer mehr Einsätze auf die Beine stellen und hatte nicht genügend Flugzeuge oder Ersatzteile, um das zu bewerkstelligen.

Wenn das Wetter gerade nicht für Chaos sorgte, dann war es der Mangel an Ersatzteilen. Irgendein Planer bei der Air Force hatte beschlossen, dass es billiger war, uns die benötigten Teile mit zivilen Frachtflugzeugen zu schicken und nicht mit Militärtransportern.

Unser Problem war, dass wir in der Versorgungskette gut zwei oder drei Wochen hinter den Staffeln in Afghanistan rangierten. Es dauerte einfach länger, bis wir etwas bekamen, deshalb lieferten diese Momentaufnahmen auch kaum ein aussagekräftiges Bild von unserem Bedarf. Wir kamen so schon kaum noch zurecht, als ein Zivilflugzeug unseren Monatsvorrat in Belgien verschlampte. Hinzu kamen die unvermeidlichen Verzögerungen beim dschibutischen Zoll.

Wenigstens lief es bei der Jagd nach al-Awlaki besser. Die Task-Force war einem Helfer auf den Fersen, der uns zu dem amerikanischen Terroristen führen konnte. Sie verlangten drei Lufteinsätze, sodass immer wenigstens ein Flugzeug den Mann im Visier hatte. Ich rief Jon in mein Büro. Er sah erschöpft aus, hatte es aber bis jetzt geschafft, die Predators in der Luft zu halten und al-Awlakis Spuren zu folgen.

»Wir werden die kaputten Flugzeuge ausschlachten, damit die anderen in der Luft bleiben können«, erklärte ich ihm.

Das war eine drastische Maßnahme, aber die einzige Möglichkeit, wie wir weitermachen konnten. Ich trug Jon und der Wartungscrew auf, die schlechtesten Maschinen der Staffel auseinanderzubauen, um an Teile für die restlichen zu kommen. Am Ende nahmen wir fünf der sieben Flugzeuge der Staffel auseinander.

Während Jon damit beschäftigt war, die Flugzeuge in ihre Einzelteile zu zerlegen, sprach ich mit der Task-Force. Ich konnte unmöglich weiterhin drei Einsätze fliegen. Ich musste auf zwei reduzieren. Meine Argumentation war einfach. Wollte die Task-Force lieber mehr potenziell unzuverlässige Lufteinsätze oder nur die planmäßigen?

Sie entschieden sich für die erfolgversprechendere Variante.

Mein Wartungsteam von der Holloman hatte die Staffel in weniger als zwei Monaten wieder auf Vordermann gebracht. Die Operationen liefen ziemlich reibungslos. Die Task-Force erkannte die Resultate an und war bereit, uns etwas Spielraum zu gewähren. Es kam mir auch zugute, dass ich bereit war, so viel Druck zu machen, wie sie wollten. Mein Hauptziel war die Erfüllung der Mission, und durch das Streichen des dritten Fluges konnte mir das gelingen.

Einer der Vertreter des JOC meldete sich, nachdem ich ihnen die Veränderungen mitgeteilt hatte.

»Wie können wir helfen?«

»Schon gut«, sagte ich.

»Wir können ein paar Anrufe machen, mal sehen, was wir erreichen«, sagte der JOC-Vertreter. »Wir können auch ein Flugzeug schicken.«

Ich wusste es zu schätzen, dass die Task-Force helfen wollte.

»Danke«, erwiderte ich. »Ich muss das über meine Kanäle managen.«

»Okay«, sagte er. »Sagen Sie Bescheid, wenn es passt.«

»Alles klar.«

Ich hatte damit gerechnet, dass die Task-Force sich aufregen und über meinen Kopf hinweg den dritten Lufteinsatz erzwingen würde. Aber das Team im Camp Lemonnier verstand meine Lage und unterstützte mich bei dem Versuch, weiter flugbereit zu bleiben.

Alles wäre in Ordnung, solange nicht irgendetwas anderes kaputtging.

Ich saß gerade an meinem Schreibtisch im Einsatzzelt, als der Geruch von menschlichen Fäkalien und Chemikalien in das Zelt zog. Zuerst roch ich nicht viel, doch dann öffnete Aaron, der Chef der Sicherheitskräfte, die Tür. Er war blass und sah aus, als sei ihm schlecht. Einen Augenblick später traf mich die hereinströmende Luft wie ein Schlag ins Gesicht.

»Oh, mein Gott, was ist das?«, fragte ich.

»Der Güllewagen hat die Scheiße auf den Weg gekippt.«

Unser Lager war so weit vom Hauptgelände entfernt, dass wir weder Strom noch richtige Klos hatten. Das Stromproblem lösten wir mit eigenen Generatoren, auch wenn ich davon Dauerhusten bekam.

Was das Toilettenproblem betraf, so sollte eine Reihe Dixi-Klos hinter dem Zaun Abhilfe schaffen. Der Wind blies die Wohlgerüche über unsere Zelte.

Eine Vertragsfirma aus Dschibuti war vor Ort gewesen, um die Dixis zu leeren. Sie hatten die Schläuche von ihrem Tanklaster in die Häuschen gelegt und angefangen zu pumpen. Als sie etwa zur Hälfte fertig waren, schlug der Tanklaster plötzlich leck. Menschliche Ausscheidungen strömten auf den Weg vor unserem Gelände.

Die Wirkung ließ nicht lange auf sich warten.

Ich griff nach einem Tuch und hielt es mir vors Gesicht. Hauptsache, der Gestank wurde etwas gefiltert. Unsere dienstälteste Sensoroperatorin griff sich eine Dose Raumspray, die sie im Navy Exchange gekauft hatte. Sie versprühte beinahe den gesamten Inhalt der Dose im Raum. Mir brannten die Augen, als ich die Tröpfchen ins Gesicht bekam.

Es half nichts.

»Oh Gott, jetzt riecht es nach Scheiße und Erdbeeren!«, rief Aaron und ging aus dem Einsatzzelt.

Ich lachte durch mein Tuch hindurch. Die Sicherheitskräfte waren eine meiner Lieblingsabteilungen in der Staffel. Ich bewunderte ihre Hingabe und Professionalität. Die Jungs arbeiteten hart und bewachten ununterbrochen die Flugzeuge und das Gelände. Das taten sie, ohne je Fragen zu stellen oder besondere Vergünstigungen zu verlangen. Der Parkbereich der Flugzeuge war nicht mehr als ein Zelt ohne Seitenwände. Die Wachen standen bei brütender Hitze mit voller Ausrüstung auf ihrem Posten, und das ohne Klimaanlage.

Sie beschwerten sich nie.

Bei den Staffeln der Air Force sind die Einsatz- und die Sicherheitskräfte nicht zusammen in einer Einheit. Deshalb war es mir wichtig, den Soldaten meiner Sicherheitskräfte das Gefühl zu geben, dass sie ebenfalls zur Staffel gehörten. Aaron hatte vorher noch nie mit Piloten zu tun gehabt, außer beim Bewachen der Flugzeuge oder beim Ausstellen von Strafzetteln. Er kannte unsere Kultur nicht. Und anscheinend war die Welt der Piloten um einiges anders als die der Sicherheitskräfte. Er fand, dass die Kollegen aus seiner Sparte nicht so viel Humor hatten wie wir Piloten.

Seitdem er im Einsatzzelt arbeitete und die gesamte Abteilung beaufsichtigte, hatte er sich schnell in die Pilotenkultur eingelebt. Am meisten faszinierte ihn aber unsere Angewohnheit, uns gegenseitig Namen zu geben. Ihm gefielen die Idee mit den taktischen Rufzeichen und die Kameradschaft, die damit einherging. Die Sicherheitskräfte riefen einander nur beim Nachnamen.

Eines Tages bat er uns, ihm auch einen Namen zu geben.

Ich hatte eigentlich nicht vor, während meiner Zeit in Dschibuti eine Taufzeremonie abzuhalten. Die meisten Piloten brachten ihren Namen von ihren eigenen Staffeln mit. Das hieß nicht, dass sie nach einem denkwürdigen Vorkommnis im Einsatz nicht umbenannt werden konnten. Immerhin zog ich in Betracht, Ziggy von nun an »Punchline« oder »Puncher« zu nennen, weil er Nummer 126 durch den Zaun gejagt hatte.

Andererseits war die Zeremonie eine Gelegenheit, die Staffel näher zusammenzubringen und etwas Dampf abzulassen. Wir waren mit den Einsätzen zu sehr eingespannt, um in Ruhe im 11 Degrees North zu feiern. Stattdessen beschlossen wir, eine Pause in einem Coffee-Shop einzulegen und für Aaron eine abgewandelte Taufzeremonie durchzuführen.

»Also«, sagte ich nach einer kurzen Ansprache. »Wir haben uns lange und gründlich den Kopf zerbrochen, was ein guter Name für Sie wäre.«

Aaron hörte gespannt zu.

»Wir konnten uns einfach auf keinen Spitznamen einigen, deshalb haben wir uns für DEVA entschieden.«

Aarons Reaktion war pure Verwirrung. Er war keine Primadonna, wie der Name vermuten ließ. Er verstand den Bezug nicht.

»Wir wollten einen Namen, der Ihren Job und Ihre Persönlichkeit widerspiegelt.«

Jetzt nahm sein Gesicht einen skeptischen Ausdruck an.

»Wir finden, DEVA passt.«

»Was zum Teufel soll das bedeuten?«, fragte er.

»Donut-Eating Vigilance Acessory, Donutessender Selbstschutz-Gehilfe«

Etwas Besseres war uns nicht eingefallen. Sicherheitskräfte sind teils Polizisten – in den USA bewachen sie Stützpunkte der Air Force – und teils Infanterie, weil sie die Flugplätze in der Heimat und im Ausland schützen. Mit diesem Spitznamen konnten wir den Doppelcharakter des Jobs perfekt rüberbringen. Zuerst war er fassungslos, aber als wir ihm die Bedeutung erklärten, fand er es lustig und nahm die Identität gern an.

Endlich traf unser Ersatzflugzeug für den leeren Sarg von Nummer 203 aus Kandahar ein. Diesmal war ich dabei, als die Wartungscrew die Kiste öffnete. Es war Nummer 249. Angesichts dessen teilte ich dem Wartungstrupp umgehend mit, dass dies unser Staffelflugzeug werden würde.

Auf der Holloman, wo die meisten unserer Soldaten herkamen, war das 49. Geschwader stationiert. Da schien es mir einfach sinnvoll, dass Nummer 249 unsere Heimeinheit repräsentieren sollte.

Air-Force-Staffeln in aller Welt wiesen Flugzeuge oftmals einzelnen Flugzeugführern oder Cheftechnikern zu. Unsere Cheftechniker hatten »ihre« Flugzeuge, unsere Piloten jedoch nicht. Ich beschloss, dass Nummer 249 eine neue Tradition begründen sollte. Ich entschied mich, sie Kate zu nennen und sie als meine Maschine zu beanspruchen. Ich ließ die anderen bestimmen, welches Flugzeug »ihres« war. Das Ganze war natürlich keine große Sache, aber wenigstens konnten sich die Jüngeren freuen, dass ihnen eine Ehre zuteilwurde, die normalerweise den Altgedienten in einer Einheit vorbehalten war.

Natürlich versagten die Kameras von Nummer 249 bei ihrem ersten Start. Es war zu spät für einen Abbruch, und ich musste sie in die Luft bringen, ohne etwas sehen zu können. Wir flogen ein paar Stunden herum und warteten darauf, dass die Sonne aufging. Erst dann konnten wir das Flugzeug mithilfe der winzigen Bugkamera landen.

Ich hoffte, ihre Leistungen würden sich fortan verbessern.

Nach ein paar problemfreien Tagen rief Worm an, der für die Operationen des Stützpunkts zuständige Helikopterpilot der Navy, und setzte der Glückssträhne ein Ende. Ich hatte ihm bis dahin aus dem Weg gehen können.

»Hier spricht Worm«, sagte er, als ich ans Telefon ging.

»Ja«, antwortete ich tonlos.

Zu dem Zeitpunkt hatte ich nicht mehr viel Freundlichkeit für ihn übrig. Er verabscheute die Air Force. Nach unserer ersten Begegnung wegen des Tores hatte er angerufen, um sich zu beschweren, dass unser Sonnendach, welches das Team am Grill bei einer Grillparty vor der Sonne schützen sollte, zu lange aufgestellt gewesen sei. Das Grillfest war noch im vollen Gange, als er anrief. Außerdem fuhr er gern auf dem Gelände herum, um meine Wartungscrew mit zu viel Material auf dem Vorfeld oder bei irgendeinem anderen Fehlverhalten zu erwischen. Wenn etwas nicht in Ordnung war, machte er den Wartungs-Lieutenant zur Schnecke.

Jon hatte sich bei mir darüber beschwert.

Daraufhin hatte ich Worm auf sein Verhalten angesprochen. Er saß gemütlich hinter seinem Schreibtisch und weigerte sich, vor jemandem mit höherem Dienstgrad von seinem Platz aufzustehen.

»Ich weiß, dass das hier eigentlich ein gemischter Stützpunkt sein soll, aber solange ich hier bin, wird es in Wirklichkeit nur ein Navy-Stützpunkt sein«, verkündete er.

Mit »gemischter Stützpunkt« war ein gemeinsamer Stützpunkt gemeint, auf dem alle Waffengattungen gleichwertig waren. Er ging mir auf die Nerven. Er schaffte es nicht, seinen Job zu machen, wenn ich etwas von ihm verlangte, aber er hatte mehr als genug Zeit, meine Soldaten zu schikanieren. Als ich den Hörer abnahm, rechnete ich damit, dass er sich wegen einer weiteren gefühlten Ordnungswidrigkeit beschweren würde. Stattdessen wollte er uns komplett fertigmachen.

»Admiral Mullen möchte Ihr Lager besuchen«, sagte Worm.

Admiral Michael Mullen war damals Vorsitzender der Vereinigten Stabschefs. Obwohl er sich gerade auf dem Stützpunkt befand, war eigentlich nicht vorgesehen, dass er meine Staffel besuchte. Er hätte seine Pläne kaum zu einem unpassenderen Zeitpunkt ändern können. Wir waren nicht bereit dafür, Besuch zu empfangen. Schon gar nicht vom großen Chef.

»Wann?«

»Er ist gerade auf dem Weg.«

Am selbstgefälligen Ton seiner Stimme erkannte ich, dass Worm von Anfang an gewusst hatte, dass ich auf dem Programm stand. Oder dass er es zumindest schon vor einer Weile erfahren hatte und gewartet hatte, bis es zu spät war, sich vorzubereiten. Ich blickte auf den Ablaufplan auf dem Whiteboard. Meine letzten beiden Flugzeuge befanden sich bereits in der Luft. Übrig waren nur noch die fünf ausgeschlachteten Vögel. Einer stand ohne Motor unter dem Sonnendach und wurde Tests unterzogen. Er kam immer noch nicht mit der neuesten Software von General Atomics zurecht. Sie lief einfach nicht auf den älteren Flugzeugen, und wir konnten nichts daran ändern. Es kam ohnehin nicht groß darauf an. Der Propeller war kaputt, und wir hatten keinen mehr im Materiallager.

Die anderen Flugzeuge lagen auseinandergenommen in unseren beiden Hangars und auf den AM-2-Matten aus Metall. Von einem hatten wir die Tragflächen abmontiert. Die Satellitensysteme und die Bordelektronik waren bei allen vieren ausgebaut worden. Man sah deutlich die klaffenden Löcher, wo einmal die Flugschreiber und die entscheidenden Instrumente gewesen waren. Meine Staffel sah aus wie ein Friedhof, nicht wie eine einsatzbereite Einheit.

Knapp eine Stunde später kam ein weißer Mazda-Kleinbus die Hauptrollbahn entlanggerast. Zwei schwarze Geländewagen folgten dicht dahinter. Die Fahrzeuge hielten am Rand unseres Vorfeldes, und drei Männer näherten sich unserem Wachhäuschen.

Konteradmiral Brian Losey, Oberbefehlshaber der US-Streitkräfte am Horn von Afrika, und Botschafter James Swan begleiteten Mullen. Ich bedeutete den beiden Sicherheitskräften, die Wache schoben, die Männer auf unser Vorfeld zu lassen. Der Rest von Mullens Gefolgschaft vertrat sich in der Nähe des Kleinbusses die Beine.

Der Besuch bei der Staffel war ein ganz normales Treffen. Mullen lief in meinen Abteilungen herum und ließ Kommandomünzen in ausgestreckte Hände fallen. Ich ging neben ihm. Bei unserem Gespräch drosch ich alle Phrasen, die mir zu diesem Zweck beigebracht worden waren.

Alles liefe wunderbar. Die Unterstützung der Basis sei einwandfrei. Wir hätten keinen Grund zur Beschwerde.

Das war natürlich alles Blödsinn. Er wusste das, und ich wusste es auch.

Am Ende kam Mullen an dem Sonnendach an und sah das Hinterteil der kaputten Maschine mit dem entfernten Propeller. Er wirkte nicht gerade erfreut.

Ich bekam ein klaustrophobisches Gefühl, obwohl wir draußen auf dem Vorfeld standen. Mullen verzog keine Miene, als ich ihn kurz über unsere Erfolge informierte und dabei die Versorgungsprobleme mit keinem Wort erwähnte.

Ein alter Spruch beim Militär lautete: Mache niemals einen Vier-Sterne-General zu deinem Sachbearbeiter. Das bedeutete, man umging nicht einfach den Dienstweg und breitete seine schmutzige Wäsche vor den hohen Tieren aus. Die würden dann nämlich andere Generäle anrufen, um die Sache in Ordnung zu bringen. Nach einem solchen Telefonat würde die Sache auf einen selbst zurückfallen. Kein General lässt sich gerne durch den Anruf eines Kollegen, der Missstände in seiner Einheit anprangert, in eine peinliche Lage bringen.

Ich wusste nicht, was Mullen dachte. Sein Gesichtsausdruck gab keinen Hinweis darauf, wie er meinen Vortrag fand. Schließlich blieb er vor meinen Cheftechnikern stehen.

»Was ist Ihre größte Herausforderung?«

Jim, einer meiner besten Cheftechniker, hatte gerade Schicht. Er war ein cleverer Bursche, jung und dynamisch. Er vollbrachte oft

Wunder an den ramponierten Flugzeugen. Aber er sprach nicht oft mit Flaggoffizieren, geschweige denn mit dem Vorsitzenden der Vereinigten Stabschefs. Er sah mich an, als sollte ich die Frage beantworten.

Ich setzte an.

»Sir, die …«

Mullen unterbrach mich.

»Nicht Sie«, sagte er mit schneidender Stimme. »Ich will es von ihm hören.«

Er nickte in Richtung des Cheftechnikers.

Jim sah mich an. Ich nickte. Mir graute vor dem, was nun kommen würde.

»Der Nachschub, Sir.«

Er sagte es mit einem breiten, fröhlichen Grinsen. Er konnte nicht anders. Er grinste immer. Mullen drehte sich wieder zu mir um, sein Blick bohrte sich in meine Brust.

»Erklären Sie's.«

»Sir, wir befinden uns am Ende einer langen und unausgereiften Versorgungskette«, sagte ich. »Lieferungen hierher brauchen länger als nach Afghanistan. Wir haben gerade erst angefangen, die Probleme zu erkennen und zu untersuchen …«

Mullens Blick bohrte sich nun in meinen.

»Das kaufe ich Ihnen nicht ab«, erwiderte er. »Ich komme aus der Logistik, und das glaube ich nicht.«

Er ging nicht so weit, mich einen Lügner zu nennen. So viel Würde ließ er mir vor meiner Truppe. Mir wurde etwas flau im Magen. Ich stand vor einem moralischen Dilemma. Sollte ich mit einer weiteren hohlen Phrase antworten oder das tatsächliche Problem erläutern? Ich beschloss, mit der ganzen Wahrheit herauszurücken.

»Sir«, begann ich. »Ich habe nur noch zwei Flugzeuge, und beide sind gerade in der Luft. Wir bekommen einfach keine Ersatzteile.«

Er musterte mich.

»Sie haben eine Verfügbarkeitsrate von 94 Prozent gemeldet«, sagte Mullen.

Verfügbar hieß komplett einsatzbereit. Die fünf Gerippe um mich herum bewiesen, dass die Zahl nicht stimmte.

»Gibt es eine Unterbrechung des Nachschubs?«, wollte Mullen wissen.

»Nein, Sir«, sagte ich. »Normalerweise sieht es hier anders aus. Aber wir hatten es gerade mit einer Verkettung unglücklicher Umstände zu tun, wo die Versorgungskette nicht mehr hinterherkam. Was Sie hier sehen, ist während der letzten paar Tage passiert. Das ist nicht der Normalzustand.«

Ich beschloss, mein Glück herauszufordern.

»Das System, unsere Versorgungsgüter mit zivilen Maschinen zu transportieren, funktioniert hier draußen nicht«, sagte ich. »Die Paletten verschwinden immer wieder auf dem Transportweg. Wenn nicht, bleiben sie im Zollhangar auf der anderen Seite des Flugplatzes hängen.«

Der Botschafter hielt den Blick gesenkt.

»Einfach ausgedrückt, Sir«, fuhr ich fort, »ich bin so weit gegangen, wie ich kann, ohne dass etwas aus dem Ruder läuft.«

Ich hielt inne und wartete auf Mullens Reaktion. Er sah mich einen Augenblick lang aufmerksam an, dann wandte er sich an den Botschafter.

»Können Sie sich darum kümmern?«

»Wird gemacht«, antwortete der Botschafter. Er würdigte mich keines Blickes.

Ein paar Tage später erhielt General Norton Allan Schwartz, der Stabschef der Air Force, eine E-Mail, die mein Versorgungsproblem schilderte. Das wusste ich, weil Mullen mich ins CC gesetzt hatte. Am Ende des Monats hatten meine Wartungstechniker die benötigten Ersatzteile, und wir konnten die Einsätze fliegen, die die Task-Force wollte.

Endlich hatten wir genügend Predators, um auf die Jagd zu gehen.

KAPITEL 18

East Africa Air Pirates

Das sechs Meter lange Fischerboot schob sich durch das dunkle Wasser.

Weißer Schaum wogte am Bug empor, als es über die beinahe meterhohen Wellen hüpfte. In meinem Kopf hörte ich das schrille Aufheulen des Motors, als ich zusah, wie es in Höchstgeschwindigkeit über den Monitor raste.

Die Predator hatte alles von weit oben im Blick. Weil er schneller war als das Boot, flog der Pilot in sicherer Entfernung gemütliche Kreise. Bei der Geschwindigkeit des Schiffes und in der Dunkelheit der Nacht war es unwahrscheinlich, dass die Somalier die Predator sehen konnten, deren Positionslichter ausgeschaltet waren.

Im Boot saß ein Bombenbauer, der für seine Arbeit mit verschiedenen kriminellen Gruppierungen zwischen dem Jemen und Somalia hin- und herfuhr. Er war kein wahrer Gläubiger, sondern eher ein Söldner. Als solcher ging er einfach dorthin, wo das Geld lockte, und zu der Zeit gab es am Horn von Afrika gut bezahlte Jobs. Die al-Shabaab war eine dschihadistische Gruppe, die später mit dem Netzwerk von al-Qaida in Verbindung gebracht werden sollte und ihre Aktivitäten von Äthiopien nach Somalia verlagerte.

Der Bombenbauer war auf dem Weg nach Süden, um sich der Gruppe anzuschließen.

Die Bedingungen waren nahezu ideal, als das Boot in Richtung Jemen raste. Der Nachthimmel war klar, und es herrschte Windstille. Die Mondsichel bot kaum Beleuchtung. Das Boot fuhr schnurstracks auf Berbera zu. Die Küstenstadt war eine Brutstätte für Piraterie im Golf von Aden. Dort konnte die Zielperson in der Menge untertauchen und verschwinden. Dabei waren die Piraten nicht unbedingt ihre Verbündeten. Sie ließen sich gern dafür bezahlen, dass sie dem Mann sicheres Geleit boten.

Hinter dem Horizont wartete die USS New Orleans. Dort konnte man die Videobilder der Predator ebenfalls auf dem Monitor verfolgen. An Bord bereitete sich ein Team der SEALs darauf vor, zu Wasser gelassen zu werden und den Bombenleger zu schnappen. Laut Plan sollte die Zielperson einfach verschwinden. Die Task-Force erklärte mir nicht, warum man ihn beseitigen wollte. Das war auch nicht nötig. Wie alle anderen Rädchen im Getriebe erhielt auch ich nur die Informationen, die ich brauchte, um meinen Teil der Mission zu erfüllen. Mein Job war es, eine Predator in die Luft zu schicken, damit die Task-Force ihr Ziel im Auge behalten konnte.

Ich befand mich in der gemeinsamen Einsatzzentrale und beobachtete, wie die Predator das Boot verfolgte. Dies war eine unserer ersten großen Missionen für die Spezialeinsatz-Task-Force in Dschibuti. Meine Piloten hatten die Predator Stunden zuvor gestartet, und jetzt flogen Piloten der Cannon Air Force Base den Einsatz. Ich wusste, wie sie sich fühlten, aber ich fühlte mich auch als Besitzer der Maschine. Ich wollte dabei sein, wenn sie die Mission ausführte.

Das Fischerboot blieb eine Stunde lang auf dem gleichen Kurs. Wir sahen die Besatzung, die sich an Bord bewegte. Die Wärme ihrer Körper war vor dem Hintergrund des kühleren Bootes und des Meeres gut zu erkennen. Sie waren entspannt. Die Crew, die Bong flog – so das Rufzeichen der Predator –, stellte eine Verbindung über das sichere Netzwerk her.

»Zehn Minuten.«

In der Einsatzzentrale zeigte ein kleines Symbol auf der Karte die Position des SEAL-Teams an. Die Männer befanden sich in zwei Feststrumpfschlauchbooten (RIBs) kurz hinter dem Horizont. Die RIBs mit den Einsatzkräften an Bord teilten sich auf und näherten sich dem Boot von zwei Seiten, wie eine Kneifzange. Die drei Boote kollidierten mit einem dumpfen Schlag. Ich sah, wie einer der Soldaten nach dem Dollbord griff, um das Schiff zu stabilisieren. Ein Team begab sich zum Steuerruder, das andere verschwand unter Deck. Nur Augenblicke später kamen die Soldaten mit mehreren Körpern zurück, die mit Kabelbindern gefesselt waren.

»Alles klar«, kam es krächzend aus dem Netz. »Wir haben den Jackpot.«

Der Bombenbauer war geschnappt.

Die Besatzung musste im Heck des Bootes auf die Knie gehen und die Hände hinter dem Kopf verschränken. Die Predator sah noch eine Weile zu, wie die SEALs den Job zu Ende brachten. Als die RIBs in Richtung der USS New Orleans davonfuhren, schwenkte die Kamera der Predator aufs offene Meer, und die Maschine wendete, um zum Stützpunkt zurückzukehren.

In dieser Nacht verließ ich die Einsatzzentrale und dachte darüber nach, dass wir mit diesen Flugzeugen noch so viel mehr anfangen konnten. Im Irak oder in Afghanistan hatten wir nie die Möglichkeit gehabt, Operationen zur See auszukundschaften. Bisher hatten sich die meisten unserer Einsätze gegen Landziele gerichtet. Den Häuserkampf und selbst das Aufspüren von Zielen in abgelegenen Bergregionen beherrschten wir perfekt. Doch niemand hatte geglaubt, dass wir die Flugzeuge auch gegen maritime Ziele einsetzen konnten.

Piraten waren nicht das einzige Problem. Auch Schmuggler nutzten die Wasserwege, um unentdeckt zu bleiben. Wir konnten die Flüsse überwachen. Aber auch das offene Meer? Der Krieg gegen al-Qaida, der sich bis auf die Arabische Halbinsel und nach Afrika ausdehnte, sollte ein neues Testgelände werden. Es war eine Gelegenheit, unser Repertoire an Missionen weiter zu vergrößern.

Nach dem Einsatz war es die Aufgabe meiner Staffel, die Predator nach Hause zu fliegen. Es war der am wenigsten aufregende Teil der Mission, aber der nervenaufreibendste. Wir mussten das launische Flugzeug nicht nur landen, wir mussten es auch noch auf einem Verkehrsflughafen tun.

Ein paar Wochen nachdem der Bombenbauer verschwunden war, flog ich Gordon nach einer langen Mission, bei der wir versucht hatten, einen Teil von al-Awlakis Terrorzelle zu verfolgen, nach Hause.

Wir kreisten über dem Golf von Tadjoura, ungefähr 30 Kilometer nördlich des Flughafens. Er lag abseits der Flugroute anderer Flugzeuge in der Region, sodass die Piloten auf der Cannon die Kontrolle an meine Staffel in Dschibuti abgeben konnten. Ich hatte gerade die Steuerung der Predator übernommen, als sich der Fluglotse des Flughafens über das Netz meldete.

»Gordon Vier Null, bitte Position auf 15 000 wegen Abflugverkehr halten«, sagte der Lotse.

»Gordon, halte Position auf 15 000«, antwortete ich.

Es ärgerte mich ein bisschen, dass ich in Position bleiben sollte. Hätten sie uns sinken und ein Landemanöver einleiten lassen, wären wir keinem startenden Flieger im Weg gewesen. Aber es war ihr Flughafen.

»Werfen Sie einen Blick auf den Flugplatz«, sagte ich.

Der Sensoroperator bewegte die Kamera. Unten leuchtete die Stadt in der Nacht. Es dauerte eine Weile, den Flugplatz in dem blendenden Durcheinander auszumachen. Ich hörte den Fluglotsen über Funk.

»Air France, Startfreigabe erteilt, drehen Sie nach links auf 360 Grad, steigen Sie auf 20 000 und folgen Sie der geplanten Flugroute.«

Das war der wöchentliche Air-France-A340 von Dschibuti nach Paris über Dschidda, Saudi-Arabien. Etwas an der Freigabe sorgte dafür, dass sich mir die Nackenhaare sträubten. Ein kurzer Blick auf das Tracker-Display zeigte mir, dass die Flugbahn unseren Kurs kreuzen würde. Die Passagiermaschine mit 400 Sitzplätzen war zwar für eine andere Flughöhe freigegeben als unsere, aber sie musste noch steigen. Wenn sie an unserer Position vorbeikam, würde sie sich in einer ähnlichen Höhe befinden wie wir.

»Verdammt!«, sagte ich.

»Was denn?«, rief der Sensoroperator.

»Dschibuti schickt den Linienflieger genau in unsere Richtung«, sagte ich. »Behalten Sie dieses Flugzeug im Auge.«

Auf dem HUD sah ich, wie der große A340 die Startbahn entlangrumpelte, abhob und die Küstenlinie überquerte. Dann drehte er ab und flog direkt auf uns zu. Der Air-France-Jet war südlich von mir. Ich drehte das Flugzeug herum und flog nach Westen. Ich gab Gas und hoffte, etwas an Fluggeschwindigkeit zulegen zu können.

»Sir, er kommt immer noch auf uns zu.«

Ich schüttelte den Kopf und sagte mir, dass wir nicht das erste ferngesteuerte Luftfahrzeug wären, das eine Passagiermaschine zum Absturz brachte. Sosehr ich mich auch bemühte, aber wir erreichten einfach nicht die Geschwindigkeit, die wir brauchten, um auszuweichen.

Ich zog die Nase nach unten. Der Riesenjet glitt auf dem HUD ein Stück nach links. Die Faustregel besagt, dass alles, was unbeweglich aussieht, obwohl es fliegt, mit einem zusammenstoßen wird. Wenn es sich nicht bewegte, dann befand sich das Flugzeug auf Kollisionskurs. Wenn es sich bewegte, dann führte der Vektor an einem vorbei.

»Sir!«, rief der Sensoroperator.

Auf dem HUD drehten sich die Tragflächen des Air-France-Jets so ein, dass er direkt auf uns zeigte. Er war immer noch unter uns, befand sich aber im Steigflug.

»Gordon Vier Null, Position melden.«

Die Aufforderung sagte mir, dass die Lotsen den Konflikt nun auch bemerkt hatten.

»Sir, wir fliegen nach Westen, um dem Verkehr auszuweichen.«

Die Tragflächen des Airbus drehten sich nun in die entgegengesetzte Richtung, um von uns aus nach links zu steuern. Die Piloten hatten mich ebenfalls gehört.

»Gordon, bleiben Sie in Position.«

Das hatte ich nicht vor. Wenn wir auf der Stelle verharrten, wären wir weiterhin in der Nähe der Flugbahn des Jets. Ich flog weiter nach Westen. Die Air-France-Maschine flog nach Osten. Ein paar Minuten später sahen wir den Airbus in der Dunkelheit der ostafrikanischen Nacht an uns vorbeiziehen. Wir verpassten einander um etwa 800 Meter. In der Luftfahrt ist das viel zu nahe.

Zum ersten Mal seit gefühlt mehreren Minuten atmete ich auf.

Bei der Staffel lief es endlich rund. Wir waren auf der Jagd nach al-Awlaki und seinem Netzwerk. Meine Versorgungskette funktionierte wieder. Das Wartungsteam brachte die Flugzeuge zum Schnurren, und die Piloten hatten alles im Griff. Wir konnten die Ansprüche der Task-Force erfüllen.

Außerdem wurde die Staffel langsam zu einem richtigen Team. Meiner Meinung nach fehlte uns jetzt nur noch eine richtige Identität. Wir brauchten etwas, das eine Familie aus uns machte, und nachdem ich die Abfangmission beobachtet hatte, ging mir das Wort Piraten nicht mehr aus dem Kopf.

Das Originalabzeichen der Staffel war eine Sternschnuppe, die die Erdumlaufbahn verließ, mit sechs Sternen auf jeder Seite des Abzeichens. Es war ein Spiel mit den Zahlen sechs (Sterne) und null (Erde und Rand des Abzeichens). Aber es sprach mich nicht besonders an.

Unser Advance-Team hatte den Stern durch eine angreifende Schlange ersetzt, weil erst einmal ein Natternnest entfernt werden musste, bevor die Bauarbeiten an unserem Flugvorfeld und den Zelten weitergehen konnten. Sie hatten das Abzeichen von einer örtlichen Firma abändern lassen, aber ich fand die Schlange nicht charakteristisch genug. Ich wollte etwas, das zu unserer Mission, dem Ort und den Ereignissen rund um den Einsatz passte.

Meine Gedanken wanderten zu den Büchern, die ich über Vietnam und die Yankee Air Pirates gelesen hatte. So hatte die nordvietnamesische Propaganda die United States Air Force bezeichnet. Natürlich verstanden die Piloten den Namen als Ehrenabzeichen, so wie das Marine Corps die Bezeichnung »Devil Dogs« übernahm, als die Deutschen ihn benutzten, nachdem sie im Ersten Weltkrieg gegen Marines gekämpft hatten. Bei den »White Devils« war das ganz ähnlich.

Die Piloten in Vietnam entwarfen sich ein Logo aus einer Piratenflagge, auf der neben dem Totenkopf mit den gekreuzten Knochen »Yankee Air Pirate« stand. So etwas Geschichtsträchtiges wünschte ich mir auch für die 60. Doch wir waren keine Yankees, wir waren die East Africa Air Pirates. Ich glaubte nicht, dass die ursprünglichen Yankee Air Pirates Einwände hätten, wenn man bedachte, was unsere Beute war.

Ich ließ T-Shirts und Abzeichen ähnlich denen der Yankee Air Pirates anfertigen. Das neue Abzeichen war der Renner, alle trugen es mit Stolz. Als die Sommerhitze jedoch zunahm, reichte das Herumalbern mit Abzeichen nicht mehr aus, um die Moral der Truppe aufrechtzuerhalten. Die Temperaturen stiegen jeden Tag auf beinahe 40 Grad, und die Luftfeuchtigkeit konnte Steine schmelzen. Auf dem Vorfeld waren es gut und gern 20 Grad mehr. Unter diesen Bedingungen Wache zu stehen oder an Flugzeugen zu arbeiten war grausam. Ich brauchte aber eine Truppe, die zufrieden war – oder zumindest nicht sauer, damit sie kontinuierlich Höchstleistungen brachte.

Ich sah das perfekte Gegenstück, als eine Fliegereinheit der Marines eine Totenkopfflagge an einer 2,50 Meter hohen PVC-Stange hisste. Die Staffel, die Marine Aerial Refueler Transport Squadron 352, flog KC-130-Hercules-Tankflugzeuge. Ihre Einsätze waren Betankungen in der Luft und am Boden. Sie war als »Raiders« bekannt und in Kalifornien stationiert.

Die Flagge war mit Fallschirmleine an einer Zeltstrebe neben der Holztreppe befestigt, die zur Eingangstür führte. Für mich war die Flagge ein Affront – immerhin gab es nur eine »Piraten«-Einheit auf der Basis.

Bei der Air Force traten verschiedene Staffeln gern in sogenannten *Spirit Missions*, einem Krieg der Streiche, gegeneinander an. Meistens wurden dabei wichtige Besitztümer einer Staffel entwendet und anschließend Lösegeld gefordert. Geeignete Ziele waren Maskottchen, wie Tiere, Rüstungen oder Flaggen. Auf der Holloman gerieten zwei Fliegerstaffeln einmal beinahe in eine Schlägerei, als eine Predator-Staffel die Flagge der Reaper-Staffel stahl, sie mit nach White Sands nahm und dort Fotos davon mit dem Flugzeug schoss. Eines der Bilder wurde ohne Daten verschickt, um Lösegeld zu fordern. Ohne die Daten würde die Reaper-Staffel die

Flagge niemals finden. Die Reaper-Staffel bezahlte das Lösegeld in Form mehrerer Flaschen Whiskey, mit denen der Vorrat im Heritage Room der Predator-Staffel aufgefüllt wurde.

Mein Ziel war es, die neuen Nachbarn kennenzulernen, und eine Spirit Mission war lustiger als ein Begrüßungskorb. Außerdem konnten wir gar keinen Korb auftreiben. Es war Zeit für unseren ersten Anti-Piraten-Einsatz.

Ich ging in die Einsatzzentrale und sah einen jungen Piloten, einen Lieutenant, am Schreibtisch sitzen. Teflon war einer der Piloten, die direkt von der Fliegerausbildung der Air Force kamen. Seine Kumpels bekamen die B52- oder F16-Bomber, er bekam Predators. Er war hoch motiviert, und ich sah ihn oft an, wie ich einen Fünfjährigen angesehen hätte, und fragte mich, wo er seine Energie hernahm. So viel Elan besaß ich schon lange nicht mehr.

»LT«, sagte ich.

»Ja, Sir«, antwortete er und stand auf.

Ich gab vor, eine große Karte von Afrika neben dem Einsatzschreibtisch zu studieren.

»Die Flagge vor dem Lager.«

»Ja, Sir.«

»Sie gefällt mir nicht.« Ich starrte auf einen Punkt auf der Karte. »Sie muss runter.«

»Ich werde mich darum kümmern, Sir.«

Ich nickte und verließ das Einsatzzelt.

Beim Schichtwechsel schnappte Teflon sich Ponis, ebenfalls Lieutenant, und ging mit ihm hinüber zum Raiders-Zelt. Sie fummelten eine Weile an der Flagge herum, bekamen sie aber nicht von der Stange. Ich konnte nur enttäuscht den Kopf schütteln, als sie mir von ihrem Versagen berichteten. Die beste Luftwaffe der Welt hatte vor der Dunkelheit kapitulieren müssen.

Lieutenants.

Am nächsten Tag machten sich die beiden auf den Weg, als es noch hell genug war. Sie gingen zur Treppe, kletterten auf das Geländer und machten sich mit einem Messer an der Leine zu schaffen. Zufällig hielten gerade ein paar Marines-Unteroffiziere in einem Gator, einem kleinen Nutzfahrzeug von der Größe eines Golfmobils, vor dem Zelt. Es war Abendessenszeit. Alle auf dem Stützpunkt waren entweder auf dem Weg zur Kantine oder kamen von dort zurück.

»Hey, was macht ihr da?«, fragte einer der Marines.

Die Lieutenants erstarrten. Teflon schaltete schnell. Er sah, dass die Flagge fast von der Stange gelöst war. An dem Tag war es ziemlich windig.

»Der Wind hat eure Flagge abgerissen«, sagte Teflon. »Wir machen sie nur wieder dran.«

Die Unteroffiziere entspannten sich.

»Ach so, danke, Leute.« Sie gingen ins Zelt, ohne sich noch einmal umzusehen.

Die LTs konnten ihr Glück kaum fassen. Die Marines waren ihnen tatsächlich auf den Leim gegangen. Nun wollten die Piloten keine Zeit verschwenden und riskieren, doch noch erwischt zu werden, wenn die Marines ihren Irrtum bemerkten.

Teflon schnitt das letzte Stück Leine durch, sprang die Treppe hinab und brachte sich in unserem Lager in Sicherheit. In der nächsten Woche ließ ich die Totenkopfflagge von einem Turm wehen. In 15 Metern Höhe war die Flagge beinahe überall auf dem Stützpunkt zu sehen. Ich rechnete damit, dass der Kommandant der Raiders anrief und mich bat, ihm seine Flagge zurückzugeben, aber er rief nie an.

Schließlich kam nach einer Woche ein Hauptfeldwebel der Marines zum Lager und bat um die Flagge. Die Wachen überprüften die Zugangsliste und entschuldigten sich. Der Hauptfeldwebel stand nicht auf der Liste und durfte unser Gelände nicht betreten. Ein paar Tage später kam er mit ein paar Freunden wieder. Er wurde abermals weggeschickt, aber er ging nicht mit leeren Händen. Ich schickte ihrem Kommandanten eine Lösegeldforderung.

Teflon und Ponis hatten den Brief entworfen und auf falsches Pergament geschrieben, als sei es die Botschaft eines Schiffskapitäns an einen anderen. Darin erklärte ich, dass nur die 60. Staffel einen Piratennamen haben dürfe. Auf dem Stützpunkt sei kein Platz für sonstige Rüpel, Taugenichtse, Räuber, Freibeuter, Plünderer, Söldner, Haudegen, Banditen, Briganten und natürlich Piraten. Um die Herausgabe ihres Feldzeichens (ihrer Flagge) zu gewährleisten, müssten sie einen gemeinsamen Grillabend veranstalten, bei dem die beiden Staffeln einander kennenlernen konnten.

Am nächsten Tag kamen die Marines mit Verstärkung. Diesmal waren sie es, die nicht mit leeren Händen kamen.

Der Feldwebel und seine Leute schnappten sich wahllos irgendeinen Air-Force-Offizier und fixierten ihn mit Klebeband auf einer Sanitätsbahre. Dabei spielte es keine Rolle, dass der Mann gar nicht zu meiner Staffel gehörte. Die Marines präsentierten den Gefesselten und verlangten mich zu sprechen. Einen Kameraden im Stich zu lassen widerspricht jedem Prinzip der Air Force. Das wusste der Feldwebel natürlich.

Seine Aktion war ein kluger Schachzug.

Ich hatte zu dem Zeitpunkt keine Schicht, also nahm Crash, mein neuer Einsatzleiter, die Forderung entgegen. Er war gelernter C-17-Pilot, klein und schlank und Brillenträger. Er war der Motor, der die Staffel am Laufen hielt. Er sagte nie, dass etwas unmöglich sei. Crash besaß ebenso viel Enthusiasmus wie professionelles Geschick im Cockpit. Er wechselte sich mit mir bei den Zwölf-Stunden-Schichten ab, damit immer eine erfahrene Führungsperson im Einsatz war, egal was passierte.

Crash bat den Feldwebel und seine Mannschaft ins Lager. Wir tauschten die Flagge gegen den Soldaten ein und versorgten sie sogar noch mit Erfrischungen. Während der gesamten Zeit, die der Feldwebel und Crash miteinander sprachen, blieb der unglückselige Air-Force-Soldat an die Trage gefesselt. Wir erfuhren seinen Namen nicht, er machte sich sofort aus dem Staub, als Crash ihn endlich befreite.

Die Raiders zogen sich in ihre Zelte zurück. Sie kamen nie zu einem unserer Grillabende.

Kurz nach unserer Spirit Mission nahmen somalische Piraten vor der Küste Omans vier weitere amerikanische Geiseln. Die Piraten kaperten die Quest – eine 18 Meter lange Jacht, die Scott und Jean Adam aus Kalifornien gehörte. Zwei weitere Amerikaner, Phyllis Macay und Bob Riggle, waren ebenfalls an Bord. Die Adams segelten seit 2004 mit einer Jacht voller Bibeln um die Welt. Sie wollten eine Abkürzung durch den Indischen Ozean nehmen, um etwas Zeit zu sparen, und segelten direkt in das Haupteinsatzgebiet der Piraten.

Die USS Enterprise Strike Group befand sich zur gleichen Zeit auf dem Weg vom Roten Meer zu ihrem Stationierungsort im Persischen Golf. Die Gruppe reagierte sofort auf die Geiselnahme und umzingelte die Quest.

Im Camp Lemonnier verfolgte ich die ununterbrochene Berichterstattung auf mehreren großen Bildschirmen, die über den Tischen der Kantine an der Wand befestigt waren. Ich sah nicht gern zu, wenn Amerikaner angegriffen wurden, und ich versagte nicht gern, wenn es darum ging, unsere Bürger zu verteidigen. Das war das Wichtigste, was ich tat. Die Situation machte mich richtig aggressiv. Da ich den nächsten Schritt vorausahnte, trank ich meine Limonade aus und machte mich auf den Weg zur Task-Force, um mit Frog zu sprechen.

Frog war Major bei der 3rd Special Operations Squadron. Er war der neue Verbindungsoffizier zwischen der Task-Force und den Staffeln. Er wirkte gehetzt, als ich eintraf. Er machte den Job seit fast einem Monat, und die langen Tage sah man ihm bereits an. Er war der einzige Predator-Verbindungsoffizier, deshalb musste er jede Frage beantworten, egal, wann sie gestellt wurde. Er hatte zwar ein Zimmer in der Nähe der Einsatzzentrale, wo er sich hinlegen konnte, aber den Ringen unter seinen Augen nach zu urteilen machte er nicht oft Gebrauch davon.

Im Raum herrschte geschäftiges Treiben. Ein Monitor zeigte Livebilder einer Dau, die in Höchstgeschwindigkeit über das Meer jagte. Die weiße Farbe des Rumpfs blätterte ab, und Rostschlieren liefen an den Seiten herunter. Die Kamera war nicht die einer Predator. Ich kannte die Aufnahme nicht, deshalb konnte ich nicht sagen, welches Flugzeug das Schiff beobachtete.

»Guckt ihr euch die Piratensache an?«

Die Frage war überflüssig. Ich sah, dass er völlig in das Geschehen vertieft war.

»Ja«, antwortete Frog. Er wirkte abgelenkt, weil er versuchte, sich auf den Einsatz zu konzentrieren und gleichzeitig mit mir zu sprechen.

»Ist das das Mutterschiff?«

»Ja«, sagte Frog. »Das ist es.«

Ein Mutterschiff war normalerweise ein umfunktionierter mittelgroßer Frachter. Auf der Jagd ließen die Piraten mehrere kleinere Boote zu Wasser, eigentlich nichts anderes als Fischerboote, die Schiffe vor der Küste angreifen sollten. Eine Bootsbesatzung reichte aus, um ein Handelsschiff zu übernehmen. Wenn ein Schiff gesichtet wurde, griff ein kleines Boot an, kaperte das Schiff und rief Hilfe herbei. Dann fuhr das Mutterschiff zum Ort des Geschehens und brachte mögliche Geiseln nach Somalia.

»Zuallererst würde ich dieses Mutterschiff ausschalten«, meinte ich.

Frog blickte nicht einmal hoch zu dem Monitor.

»Welches Schiff?«

Ich blickte auf den Bildschirm – das Schiff war verschwunden. Alles, was übrig war, waren ein paar Wellen, die sich in konzentrischen Kreisen ausdehnten. Ich konnte nicht einmal irgendwelche Trümmer erkennen. Ich hatte keine Ahnung, was mit der Dau passiert war. In einer Sekunde war sie in der Mitte des Monitors, und als ich das nächste Mal hinsah, war da nur noch Ozean. Ich fragte nicht weiter nach.

»Ich wollte eigentlich einen Luftangriff vorschlagen«, sagte ich. »Da wart ihr wohl schneller.«

»Hmmm«, murmelte er.

»Können wir sonst was tun?«

Ich meinte die 60. Frog sah mich an.

»Die Anfrage ist gerade auf dem Dienstweg«, sagte er. »Können Sie die Quest im Auge behalten?«

Ich dachte einen Augenblick darüber nach. »Dafür bräuchten wir ziemlich viele Flugzeuge«, sagte ich.

Ich kannte die Ausgangsposition von den Karten, die die Kabelnachrichtennetze gezeigt hatten. Wenn die Meldungen nautisch auch nur annähernd richtig waren, hatten meine Flugzeuge nicht die Reichweite für eine derartige Überwachung.

»Dafür bräuchte ich …«

»Mehr Einsätze, als Sie fliegen können«, beendete Frog meinen Gedanken. »Ich habe es mal durchgerechnet. Selbst bei maximaler Aufstockung gäbe es da noch eine Lücke. Mehr können wir auch nicht verlangen, weil wir nicht genug Bodenkontrollstationen haben, um noch mehr Einsätze zu fliegen.«

Ich sah mir das Blatt mit den Berechnungen an, das er mir reichte. Er hatte keinen Fehler gemacht. Aber er hatte eine Variable vergessen.

»Das lässt sich nicht länger als einen Tag lang aufrechterhalten«, sagte ich. »Die Flugzeit ist zu lang.«

Er nickte.

»Das ist uns auch klar. Aber wir haben keine andere Lösung.«

»Was würde uns verstärken?«

»Eine P-3?«

Die P-3 war ein Seepatrouillenflugzeug, das U-Boote jagte. Die viermotorige Propellermaschine besaß eine große MAD-Vorrichtung, die wie der Stachel einer Biene aus dem Heck ragte. Dieser Magnetic Anomaly Detector konnte Veränderungen im Magnetfeld der Erde messen, die durch U-Boote verursacht wurden. Das Flugzeug hatte zwar eine ziemliche Reichweite, aber ich bezweifelte, dass die Crews so weit weg von zu Hause derart lange Flugzeiten hatten. Unsere Crews waren leicht zu führen, schließlich waren sie in der Heimat. Die eingesetzten P-3-Crews hätten für die Mission täglich ihren Schichtplan ändern müssen. Tatsächlich hätte das 20-Stunden-Tage mit anschließender Ruhezeit bedeutet, und am nächsten Tag hätten sie dann vier Stunden früher als zuvor erneut starten müssen. Diese Belastung konnte der menschliche Körper nicht verkraften. Nicht in der Luftfahrt.

Ich dachte einen Augenblick nach, dann fiel es mir wie Schuppen von den Augen.

»Es gibt da etwas, das wir schon mal gemacht haben.«

»Was?«

»Schon mal was von Heel-to-Toe gehört?«

Frog runzelte die Stirn.

»Nein.«

Ich nahm seinen Notizblock und fing an zu zeichnen.

»Okay, ich fliege also mein normales Kontingent an Einsätzen. Auf diese Entfernung kann man bei jedem ein paar Stunden in der Luft bleiben.«

Ich zeichnete eine Linie für jedes Flugzeug und markierte die Überschneidungen der Flugzeiten, die ausreichten, um an ein anderes Flugzeug zu übergeben.

»Wenn wir so fliegen, haben wir bei der P-3 noch eine Lücke von etwa sechs Stunden. Hab ich recht?«

»So weit kann ich folgen«, sagte Frog.

»Okay«, fuhr ich fort. »Jetzt wird noch ein weiterer Flug dazukommen.«

»Dafür haben wir kein Cockpit.«

»Das braucht man auch nicht«, sagte ich. »Die heimkehrenden Vögel fliegen mit Verbindungsunterbrechung zurück.«

Verbindungsunterbrechung bedeutete, dass niemand das Flugzeug überwachte oder es überhaupt sah, während es selbstständig durch den internationalen Luftraum zurück nach Dschibuti flog. Es wäre das einzige Mal, dass die Maschine flöge, ohne dass wir die vollständige Kontrolle hätten.

»Das haben wir bei der 17. in Afghanistan bei einigen Zielen oben im Nordosten so gemacht«, erzählte ich. »Wir konnten sie von Kandahar aus nicht erreichen und ständig im Auge behalten. Also benutzten wir ein Programm, welches das Flugzeug verfolgte und die Daten an den Befehlshaber des Einsatzes sendete. Wenn etwas passierte, übernahm jedes Mal eine Crew die Kontrolle über das Flugzeug und regelte, was zu regeln war.«

»Klingt riskant.«

»Das ist es auch, aber wir haben es schon einmal gemacht«, entgegnete ich. »Entweder wir machen so was in der Art, oder wir brauchen noch ein Flugzeug zur Verstärkung. Wir können die P-3-Crews ja nicht umbringen.«

»Kriegen Sie das wirklich hin?«, fragte Frog.

Ich überlegte. Eigentlich war die Antwort Nein, aber das hätte die Task-Force ohnehin nicht akzeptiert.

»Ja, aber das wird was kosten«, sagte ich. »Ich habe fast keine Ersatzteile mehr. Wir können das ein paar Tage machen, aber dann geht nichts mehr, gar nichts. Dann gibt es gar keine Einsätze mehr, bis Nachschub kommt.«

Frog schwieg ein paar Sekunden lang und ließ sich das Ganze durch den Kopf gehen.

»Da muss ich bei der 3. nachfragen«, sagte er. »So was haben wir noch nie gemacht.«

Ich ging die anderthalb Kilometer zurück zur Staffel zu Fuß. Hatte ich das Richtige getan? Die Heel-to-Toe-Methode hatte sich in der Vergangenheit bewährt. Sie barg aber auch ein hohes Risiko für das Fluggerät. Es gab keine Garantie, dass eine Crew ein defektes Flugzeug erreichte, um es vor dem Absturz zu bewahren. Niemand würde auf kreuzenden Luftverkehr reagieren können. Kein Mensch wollte für den Absturz einer Passagiermaschine verantwortlich sein. Lediglich der Umstand, dass die Predator weit unterhalb der meisten Verkehrsflugzeuge flog, machte die Sache etwas besser. Es gäbe nicht viel, womit die Predator zusammenstoßen konnte.

Crash sah mich und kam herüber.

»So spät noch auf?«

»Ich erwarte einen Anruf«, antwortete ich.

Ich wusste, dass sich die 3. bald melden würde, um den Plan in die Tat umzusetzen. Es gab keine andere Handlungsoption. Als ich in mein Büro kam, blickte ich auf mein abhörsicheres Telefon. Ich hatte bereits einen entgangenen Anruf. Er war vom Air Force Central Command (AFCENT), das alle Fluggeräte der Air Force im Mittleren Osten überwachte. Ich seufzte und rief zurück. Ich hoffte, es sei nur der tägliche Anruf, um irgendetwas zu koordinieren, oder dergleichen. Sie riefen immer direkt nach meiner Schicht an.

»Hey, Prozac«, sagte ich.

Prozac war ebenfalls Predator-Pilot und in den Stab berufen worden.

»Du weißt, worum es geht?«

»Klar, schieß los.«

»CENTCOM gibt gerade die EXORD heraus«, sagte er.

Eine EXORD war eine Execution Order oder ein Ausführungsbefehl für einen Einsatz. Eine PLANORD oder Plan Order ordnete die Planung eines Einsatzes an, und eine WARNORD oder Warning Order warnte einen, dass man gleich loslegen musste. Die EXORD war quasi der Startschuss.

»Ihr müsst bis auf Weiteres vier Lufteinsätze fliegen, um das amerikanische Segelboot zu unterstützen.«

»Verstanden«, sagte ich.

Ich umriss kurz die Einschränkungen.

»Verstanden«, sagte Prozac. »Der Befehl wird trotzdem erteilt.«

»Verstanden.«

Crash wartete neben meinem Schreibtisch. Er war gerade zu seiner Schicht erschienen und bekam das Ende des Gesprächs mit.

»Das AFCENT?«, fragte er, als ich auflegte.

»Du wirst begeistert sein.«

Am nächsten Tag waren alle vier Flieger in der Luft. Wenn ich nicht im Einsatzzelt war, saß ich drüben bei Frog und sah mir die Videobilder an. Das Segelboot trieb mit der Strömung. Ab und zu sahen wir einen Piraten an Deck.

Wir hielten die Komplettüberwachung drei Tage lang aufrecht, am dritten Tag kam Jon, um mich zu sprechen. Unsere Fähigkeit, die vier Maschinen in der Luft zu halten, sei begrenzt, erklärte er. Ich befürchtete, dass wir die ständige Überwachung der Quest vielleicht schon am nächsten Tag nicht mehr gewährleisten konnten.

Beim Abendessen versuchte ich zu ergründen, wie man das Problem umgehen könnte. Da sah ich die Eilmeldung. Ich ließ mein Tablett stehen und ging schnurstracks zum JOC und zu Frogs Posten.

Die Piraten standen gerade in Verhandlung mit dem FBI, als einer von ihnen eine Panzerfaust auf einen der Zerstörer abfeuerte, die in der Nähe patrouillierten. Das Geschoss ging daneben. Auf dem Monitor beobachtete ich, wie ein Zerstörer der Navy Kurs auf das kleine Segelboot nahm. Dann sah ich die Meldung »Schüsse gefallen« im Chat. SEALs waren in Schlauchbooten auf dem Weg zur Quest. Ich sah zu, wie sie von den RIBs auf das Boot kletterten. Zwei Piraten wurden getötet, die anderen 13 ergaben sich.

Alle vier Amerikaner, Phyllis Macay, Robert Riggle sowie die Eigentümer Jean und Scott Adam, wurden unter Deck gefunden. Sie waren schwer verletzt. Sanitäter versuchten sie zu retten, doch jede Hilfe kam zu spät. Es war alles schiefgegangen.

Die Niederlage machte uns fertig. Mein ganzer Körper war taub, es war die völlige Empfindungslosigkeit, die mit der schlimmsten Hiobsbotschaft einhergeht. Mein Verstand sagte mir zwar, dass wir nichts hätten tun können, um zu helfen oder das Ganze zu verhindern. Aber es fiel auf unsere eigentliche Mission zurück. Wir hatten es nicht geschafft, Amerikaner zu beschützen. Ich verließ das JOC und ging zurück zu meinem Lager. Die Last der Niederlage wog wesentlich schwerer als der Stress der Mission. Jetzt erschienen mir die Probleme mit der Versorgung und der Einsatzfähigkeit der Predators beinahe als banal.

Am nächsten Tag widmeten wir uns wieder unserer ursprünglichen Mission, al-Awlaki aufzuspüren. Wir reduzierten unsere Aktivitäten auf zwei Luftüberwachungseinsätze, um dem Wartungstrupp Zeit zu geben aufzuholen. Die Task-Force war ungewohnt still und verlangte auch nicht mehr von uns.

KAPITEL 19

Die Schlinge zieht sich zu

Ich machte mich auf den Weg zur Task-Force, um mich beim Verbindungsoffizier zu melden.

»Wir haben eine Spur«, eröffnete mir Frog.

Damit hatte ich nicht gerechnet.

»Wir sind nahe dran«, erklärte Frog. »Das Problem ist nur, dass die Typen, die wir kriegen wollen, sich in der unkontrollierten Region verstecken.«

Unkontrollierte Region nannten wir die von al-Qaida dominierten Gebiete im Jemen. Das jemenitische Militär bekämpfte im Norden entlang der saudischen Grenze tatkräftig die Huthi-Rebellen und östlich von Sanaa, der Landeshauptstadt, al-Qaida. Stadt für Stadt verdrängte al-Qaida langsam die Regierungsgewalt und führte die Scharia ein, das islamische Recht. Für Muslime war es das unfehlbare Gesetz Gottes, das von Verbrechen bis hin zu moralischen Entscheidungen bezüglich Sex, Ernährung und Benehmen alles regelte. Dabei wurden diese uralten Gesetze der Bevölkerung in den meisten Fällen durch Drohungen und Einschüchterungen aufgezwungen.

Es war nicht sonderlich hilfreich, dass der Jemen keine US-Soldaten im Land duldete. Wir wollten von Zeit zu Zeit wichtige Führungspersönlichkeiten ausschalten. Eine Gefangennahme war im Krieg gegen den Terror immer noch die beste Option. Ein lebendiger Gefangener konnte Echtzeitinformationen liefern. Ohne die Möglichkeit von Kommandoaktionen waren wir allein auf Luftschläge angewiesen.

»Was ist das Problem?«, wollte ich wissen.

»Naser al-Shadadi.«

Al-Shadadi war ein hochrangiger Verbündeter, der sehr wichtig für Aktionen von al-Qaida auf der Arabischen Halbinsel war. Er organisierte die Anschläge auf Außenposten der Regierung in der gesamten Region. Außerdem schützte er al-Awlaki.

»Wir kriegen kein Team ins Land, um ihn auszuschalten«, sagte Frog. »Bislang ist unsere einzige Chance, ihn zu neutralisieren, ihn bei einer Zusammenkunft abzuknipsen. Das Problem ist, dass er in der Stadt operiert. Bei einem Luftschlag sind die Kollateralschäden zu hoch.«

Meine Flugzeuge hatten schon einige Male auf al-Shadadi geschossen, ein Angriff war kurz vor Admiral Mullens Besuch erfolgt. Jedes Mal war al-Shadadi in offenem Gelände gewesen und traf sich entweder mit Informanten oder war auf der Durchreise. Nach jedem Fehlschlag verspottete er die Crews über Funk.

»Daneben«, funkte er dann, weil er wusste, dass wir seine Kommunikation abhörten. »Ich lebe noch.«

Wir alle wollten ihn erwischen.

»Wann ist er denn in offenem Gelände unterwegs?« fragte ich.

»Nur, wenn er von Stadt zu Stadt fährt«, sagte Frog. »Und er fährt schnell.«

»Ich habe eine Idee«, meinte ich.

»Was denn?«

»Ein Schuss auf ein bewegliches Ziel.«

Frog dachte einen Moment darüber nach.

»Für so was sind sie nicht ausgebildet.«

Er hatte recht. Wie die anderen konventionellen Staffeln lehnte auch die 3rd Special Operations Squadron die von der 17. eingeführten hoch entwickelten Techniken ab. Es war nicht so, dass die Techniken schwierig waren; es war nur zeitaufwendig, sie zu erlernen. Die meisten Einheiten verbrachten einen Großteil mit der Zielbeobachtung und hatten so gut wie keine Zeit für Trainingsmaßnahmen.

»Ich rede nicht von den hoch entwickelten Techniken.«

Zu den auf der neuen Predator Weapons School unterrichteten hoch entwickelten Techniken gehörten komplizierte Computerprogramme, die verschiedene Variablen, wie Geschwindigkeit des Ziels, Abfangwinkel, Timing und mehr, mit einberechneten. Nur wenige Crews wurden nach diesem Standard ausgebildet. Als ich bei der 17. war, dachten wir uns eine einfache Abschussmethode aus.

»Warten Sie, ich zeige es Ihnen.«

Ich borgte mir Frogs Notizblock und kritzelte ein grobes Bild darauf.

»Hier, so müsste man es machen.«

Ich zeichnete die Straße und das Auto. Der Stift stellte die Predator dar.

»Der Angreifer kommt von der Seite und fliegt nach dem Raketenabschuss hinter oder neben dem Ziel.«

Ich zeichnete ein paar Fadenkreuze direkt vor das Auto. Im Grunde musste der Sensoroperator das Auto nur ein wenig führen. Kurz bevor die Rakete einschlug, müsste er den Knüppel etwas locker lassen, und der Laser würde wieder direkt auf das Ziel zeigen.

»Wenn man den Laser hierhin richtet, fährt das Auto direkt in die Splitterzone.«

Frog betrachtete meine Skizze.

»Frog, das kriegt jede Crew hin«, sagte ich. »Sie können auf dem Weg ins Zielgebiet üben. Sie suchen sich irgendein Auto und fliegen Testdurchgänge. Das machen sie bei der 17. so, und deshalb schießen sie auch nicht daneben.«

Frog nickte. Als Absolvent der Weapons School verstand er, was hinter meinem Vorschlag steckte und wie einfach die Taktik war. Wir brauchten gar keine hoch entwickelten Techniken. Wir brauchten nur die richtige Technik, um unser Ziel zu erreichen.

»Ich werde das mit dem Leiter des JOC besprechen.«

Ich musste lächeln. Der Leiter des JOC war ein ziemlich aggressiver Typ, ihm würde die Taktik gefallen.

»Nicht vergessen, wenn ein bewegliches Ziel die einzige Option ist«, sagte ich und tippte auf die Skizze, »dann muss man es so machen.«

Ich hoffte darauf, dass eines meiner Flugzeuge die Chance bekäme zu schießen. Hin und wieder kehrte eine Predator ohne ihre Raketen zurück. Das stärkte den Kampfgeist, denn ein Abschuss war ein konkreter Beleg für meine Soldaten, dass wir im Krieg etwas bewirkten. Die Staffel hielt den Stress einer permanenten Überwachung besser durch, wenn alle wussten, dass es etwas brachte.

Wir starteten.

Wir landeten.

Wir flogen noch mehr Luftüberwachungseinsätze.

Dennoch kamen wir uns monatelang vor wie in dem Film *Und täglich grüßt das Murmeltier*, während uns die drückende Hitze, die erstickende Luftfeuchtigkeit und die beißenden, giftigen Dämpfe der Müllverbrennungsanlage plagten. Häufige Grillabende der Staffel oder humanitäre Abstecher in örtliche Waisenhäuser konnten mit der Hitze und den langen Arbeitstagen nicht mehr konkurrieren. Die Staffel war stolz darauf, dass die Predators ständig in der Luft und auf der Jagd waren. Aber die Männer brauchten auch dieses greifbare Feedback. Sie brauchten eine Bestätigung ihrer Anstrengungen. Und da gab es nichts Besseres als leere Startschienen unter den Tragflächen.

Ein paar Tage nach meinem Besuch bei Frog wollte die Task-Force, dass unsere Fluggeräte in Alarmbereitschaft versetzt wurden. Ich war zurückhaltend, was das anging. Man plante einen Start pro Tag, und die Außentemperaturen auf den Vorfeldern mit Beton- oder Metalluntergrund stiegen auf 60 Grad. Bei solchen Temperaturen würde sich die Bordelektronik binnen Minuten nach der Aktivierung überhitzen. Was noch schlimmer war: Der Kleber, der die Karbonfaserverbundstoffe in den Tragflächen zusammenhielt, konnte schmelzen, was zum Strukturversagen beim Flug führen konnte.

Ich wollte nicht noch ein Flugzeug verlieren.

Leider verloren wir im Mai zwei weitere Maschinen. Kate, Nummer 249, startete nach einem Software-Update selbstständig. Sie war auf dem Vorfeld geparkt, als der Motor ansprang. Die Wartungstechniker schalteten ihn ab, waren aber ratlos, weil Zündung und Treibstoffleitung deaktiviert waren. Eigentlich war es technisch unmöglich, dass das Flugzeug ohne Strom und Treibstoff startete. Ein Defekt im Software-Update war die einzig mögliche Erklärung.

Der Fehler wurde allerdings nie gefunden.

Seit dem Vorfall misstrauten wir Kate und behielten das Flugzeug im Auge. Es war irgendwie unheimlich, es mit einer Predator zu tun zu haben, die sich schon einmal selbst gestartet hatte. Die ganze Sache erinnerte zu sehr an die *Terminator*-Filme. Irgendjemand fing an, sie Christine zu nennen, nach dem Horrorfilm.

Später stürzte Kate dann ab, während Teflon am Steuer saß. Eine dichte Wolkendecke schränkte die Sicht stark ein. Teflon flog nach

Instrumenten, aber der Navigationssensor zeigte eine um mehrere Hundert Fuß zu hohe Höhe an. Sein erster Anhaltspunkt für ein Problem war, als ein Baum über den Bildschirm huschte. Er konnte nichts mehr tun, und Kate, unser Staffelflugzeug, bohrte sich in die Erde wie ein Rasendartpfeil.

Obwohl sie völlig zerstört war, lief der Motor von Nummer 249 immer noch, als die Notfallhelfer eine Stunde später eintrafen.

Nummer 173 verloren wir, als die Flugsteuerung ausfiel. Wir riefen wegen des Problems bei General Atomics an, erhielten aber keine neuen Informationen. Jon und seine Leute ersetzten die Steuerelemente, aber ein paar Wochen später reagierten sie unberechenbar und fielen erneut aus. Nummer 173 geriet beim Endanflug außer Kontrolle und flog direkt ins Wasser. Es sah aus, als würde eine Ente mit einem Schuss vom Himmel geholt. Die Predator klatschte etwa anderthalb Kilometer vor der Küste ins Meer. Der Motor löste sich, hüpfte übers Wasser und landete näher an der Küste. Rettungstaucher der Navy vom Stützpunkt bargen die großen Teile des Wracks. Die kleineren wurden im Laufe der nächsten paar Monate an Land gespült.

Außerdem musste ich mich mit der Lagerung der Hellfire-Raketen während der Alarmbereitschaft der Predators befassen. Laut Vorschrift der Navy durften die Raketen nicht einfach auf dem Vorfeld herumstehen. Mir graute davor, ins N3-Büro zu gehen und um eine Sondererlaubnis zu bitten. Worm war endlich abgezogen worden, den neuen Lieutenant Commander kannte ich jedoch noch nicht. Ich wusste nicht, ob es im Stil von Worm weitergehen würde.

»Ich bin Cruiser«, sagte der neue Lieutenant, als ich mich in seinem Büro vorstellte.

Sein Büro war eher klein und befand sich in einem alten französischen Gebäude. Der Putz an den Wänden musste dringend erneuert werden. Der kalte Keramikfliesenboden war mit einer rutschigen Schicht aus Staub, Schmutz und feinen Putzpartikeln bedeckt. Als er aufstand, bemerkte ich, dass er einen hellbraunen Fliegeranzug trug.

»Was haben Sie geflogen?«, fragte ich.

»F-18s.«

Cruiser war Flugzeugträgerpilot mit Flugerfahrung im Irak und in Afghanistan. Er wusste, was es bedeutete, wenn ein Schiff sich in Alarmbereitschaft befand. Er verstand, was auf dem Spiel stand. Ich entspannte mich.

»Ich könnte etwas Hilfe gebrauchen.«

»Was ist denn los?«

Er war auf der Hut. Ich fragte mich, was Worm ihm über uns erzählt hatte.

»Ich muss Raketen auf dem Vorfeld abstellen.«

»Das geht nicht«, sagte er.

Mit dieser Antwort hatte ich gerechnet. Garantiert hatte Worm den Brunnen vergiftet. Aber ich setzte auf Cruisers Verständnis für Kampfeinsätze und Alarmbereitschaft.

»Hören Sie, ich habe drei Vögel in Alarmbereitschaft«, erklärte ich. »Die müssen starten, sobald sich der Auftraggeber meldet. Das geht nicht, wenn die Raketen im ASP sind.«

Der ASP war der Ammo Supply Point, der Munitionsversorgungspunkt, ein Munitionslager außerhalb des Stützpunkts. Die für die Bewaffnung zuständige Crew musste sich vom Stützpunkt abmelden, dann die Sicherheitskontrolle passieren und die Jungs im ASP bitten, die Waffen auszuhändigen, und dann die ganze Prozedur noch einmal in umgekehrter Reihenfolge durchlaufen, um zurück zum Park- und Servicebereich zu gelangen. An einem guten Tag dauerte das mindestens eine halbe Stunde. Aber wir mussten sofort los, wenn die Task-Force es verlangte.

Cruiser musterte mich, während er über das Gesuch nachdachte.

»Okay.«

Okay? Ernsthaft?

»Danke, Cruiser«, sagte ich. »Ich schulde Ihnen ein Bier.«

»Doch Sie können sie nicht da draußen lagern.«

»Weiß ich«, sagte ich. »Nur während der Alarmbereitschaft.«

Er nickte.

Zufrieden ging ich zurück zum Lager. Cruiser hatte Ahnung davon, wie Kampfeinsätze geführt werden sollten. Es war mein erster Sieg über die Bürokratie, und eine große Last fiel von den Schultern der Staffel. Die Task-Force erhielt immer mehr Hinweise zu al-Awlaki, und ich war zuversichtlich, dass wir bereit sein würden, wenn der Anruf kam.

Der Anruf kam noch am selben Tag. Die Crews eilten zum Flugzeug und arbeiteten schnell, um gegen die morgendliche Hitze anzukommen. Ich versuchte, zum JOC zu gelangen, um den Einsatz verfolgen zu können, aber ich schaffte es nicht. Stunden später kehrten die Predators ohne Raketen zurück. Ich fragte bei Frog nach, aber es gab keine guten Neuigkeiten.

»Cannon hat danebengeschossen«, erzählte er. »Sie haben es geschafft, das Auto anzuhalten und die meisten Insassen zu töten. Die Leit-Crew hat das Fahrzeug aber knapp verfehlt. Das Fadenkreuz zeigte auf einen tiefen Graben neben der Straße. Die Explosion erschreckte den Fahrer so sehr, dass er einen Unfall baute. Das war es aber auch schon.«

Ich seufzte.

Frog sagte, sie hätten kurz nach dem Angriff das altbekannte »Ihr könnt mich nicht töten« über Funk gehört. Al-Shadadi hatte den Angriff überlebt. Er war der Einzige, dem das jemals gelungen ist. Man könnte 100 Raketen auf 101 Terroristen feuern, und der Typ wäre derjenige, der einem jedes Mal durch die Lappen ginge.

Die Task-Force war bei Fehlern immer noch so unversöhnlich wie bei dem berüchtigten »23-Sekunden«-Vorfall, als wir al-Zarqawi verfehlt hatten.

Ein paar Tage später startete ein bemanntes Flugzeug der Task-Force erneut einen Angriff. Ich wusste nicht, wer den Einsatz flog, und die Task-Force hätte es mir sicher auch nicht verraten. Das Flugzeug feuerte eine Griffin-Rakete ab, die kleiner ist als eine Hellfire, aber eine ähnliche Schlagkraft hat. Der Schuss ging aus demselben Grund daneben. Ich fühlte mich in gewisser Weise bestätigt in meiner Auffassung, dass unser Fehlschlag nicht dem fehlenden Talent der RPA-Piloten geschuldet war. Die Taktik war für alle eine Herausforderung.

Nach dem gescheiterten Griffin-Angriff tauchte al-Shadadi unter.

Ein paar Monate später erschien er wieder auf der Bildfläche. Diesmal schoss die 3. nicht daneben. Der Sensoroperator führte das Auto mit dem Fadenkreuz bis kurz vor dem Einschlag und lockerte dann seinen Griff. Der Laserspot schwenkte auf die Motorhaube des Wagens. Einen Augenblick später traf die Rakete den Zylinderblock und machte das Auto fahruntüchtig. Die Überlebenden stürzten davon. Sie kamen alle nicht weit. Diesmal erhielt al-Shadadi nicht die Gelegenheit, uns zu verhöhnen.

Am nächsten Tag besuchte ich die Einsatzzentrale.

»Der Schuss saß«, sagte Frog.

Ich nickte.

»Das ist alles, was wir tun mussten.«

»Beim nächsten Ziel muss es aber besser laufen«, meinte Frog.

Ich sah ihn an. »Welches ist es denn?«

»Wir haben eine Spur zu Nummer eins«, sagte er.

Nummer eins war al-Awlaki. Damit war das eigentliche Ziel unserer Mission endlich aufgetaucht. Ich hatte keine Ahnung, wie man ihn aufgespürt hatte. Das war auch nicht wichtig. Ich wusste nur eines – wir mussten bereit sein. Doch gerade als ich das Gefühl hatte, die Staffel käme voran, bekamen wir es mit einer neuen Herausforderung zu tun.

Das Wetter änderte sich wieder einmal. Wir hatten immer noch mit der Hitze zu kämpfen, aber die nun dazukommenden Sommergewitter stellten uns vor unerwartete Probleme. In der Nähe des Äquators saugten Konvektionsströmungen Feuchtigkeit aus dem Roten Meer und dem Golf von Aden und bildeten riesige Gewitterzellen über den Ebenen Äthiopiens. Die Gewitter dehnten sich schnell auf die Größe Iowas aus und türmten sich beinahe 20 000 Meter hoch auf, fast doppelt so hoch wie amerikanische Gewitter. Das Gewitter schleuderte Hagelkörner mehr als 30 Kilometer weit durch die Luft. Die Eiskörner in Erbsengröße trafen die Predators und zerfetzten ihre empfindliche Außenhaut.

Am Boden machte uns der Regen zu schaffen. Regengüsse verwandelten die ausgedörrte Landschaft in einen überfluteten Sumpf. Die festgedrückte Erde, die so lange keine Feuchtigkeit abbekommen hatte, konnte den Regen nicht absorbieren, sodass viele Straßen unterspült wurden. Jeder Flecken Erde, der nicht von Schotter bedeckt war, sog sich langsam voll und weichte zu einem Schlammloch auf.

Und dann waren da noch die Winde.

Einige Hundert Kilometer entfernt entlud sich eine riesige Gewitterzelle über Äthiopien. Die ausströmende Energie wurde in den Bergen wie durch einen Trichter gepresst und verstärkte sich zu höllischen Sturmböen, die auf Dschibuti zurasten. Eine Wand aus Windstößen fegte mit 70 Kilometern pro Stunde von Süden her mit aller Gewalt über das Lager.

Gordon näherte sich, um planmäßig zu landen. Die Treibstofftanks waren beinahe komplett leer, denn die Task-Force bestand darauf, so viel Zeit in der Luft herauszuholen wie möglich. Ich trat aus dem Einsatzzelt hinaus in den Sog. Die Wartungstechniker, die nicht auf dem Vorfeld waren, versuchten angestrengt, die Hangartore zu schließen. Das Zelt der Sicherheitskräfte zerrte an seiner Verzurrung. Einer der Männer hämmerte auf einen Hering ein, die anderen beschwerten ihn mit Sandsäcken. Ich eilte hinüber zur Bodenkontrollstation. Ich wusste, dass sie Gordon herunterholen wollten.

Der Pilot der Nachtschicht, MaDrawers, saß auf seinem Platz. Er war ein weiterer junger Lieutenant, der eine Laufbahn als Kampfpilot hinter sich hatte, bevor er zu den Predators versetzt wurde. Er war pakistanischer Abstammung, was ihm seinen Spitznamen eingebracht hatte, der aus der TV-Show *Saturday Night Live* geklaut war, wo es zu Zeiten des Golfkrieges die Figur I-Zheet M'Drurz gegeben hatte.

Er hatte bereits die Kontrolle über Gordon übernommen und kreiste um die nördliche Halteposition.

»Wie viel Sprit haben Sie noch?«

»Die Mindestmenge«, sagte er.

Das Flugzeug hatte also gerade noch so viel Treibstoff, um ein paar Landeversuche zu unternehmen und dann zu landen oder notzuwassern.

»Und wie ist die Wetterlage?«

Ich hatte eine Ahnung, aber ich wollte wissen, was die Meteorologen im Tower sagten. MaDrawers rief von einem Telefon in der Bodenstation aus den Wetterdienst an.

»2100 aufgelockert, 5000 bedeckt«, sagte er, als er aufgelegt hatte. »Aufgelockerte Bewölkung in 2100 Fuß über Grund und dichte Wolkendecke in 5000 Fuß.«

»Und die Winde?«, fragte ich.

Er sah mich mit ausdruckslosem Blick an.

»Rufen Sie noch mal an.«

Er sprach ein paar Minuten lang am Telefon, dann legte er auf.

»28 km/h.«

»Was ist die vorherrschende Windrichtung?«

Wieder ein ausdrucksloser Blick.

»Rufen Sie noch mal an.«

Er rief zum dritten Mal den Tower an.

»Wechselhaft, aber überwiegend aus Süden.«

»Okay«, sagte ich. »Kommt Ihnen der Wind draußen wie 28 km/h vor?«

»Nein, Sir.«

Ich sah ihn an. Er verstand den Wink und rief die Wetterstelle der Task-Force an. Die Jungs hatten bessere meteorologische Sensoren als die dschibutische Flugsicherung.

»Und, welche Winde haben wir?«, fragte ich.

»Die Wetterstelle der Task-Force meldet 74 km/h aus Süden«, sagte er.

»Und wie lange wird das anhalten?«

»Ein paar Stunden«, meinte er.

Das war problematisch. Die maximale Windstärke, bei der wir landen konnten, lag bei 50 km/h, egal aus welcher Richtung. Der maximale Seitenwind für unser derzeitiges Gewicht lag bei ungefähr 30 km/h, aber Gordon hatte nicht mehr genügend Treibstoff, um zu warten.

»Ich übernehme das Flugzeug«, sagte ich.

»Sir, ich kriege das hin.«

»Sind Sie schon mal bei so starkem Seitenwind gelandet?«

»Nein, Sir.«

»Dann mache ich das.«

Ich bedeutete ihm, den Platz freizumachen. Mehr als 4000 Flugstunden und 15 Jahre Erfahrung in der Luftfahrt hatten mich gelehrt, bei derartigem Seitenwind zu landen. Eine solche Landung hatte ich schon einmal mit einer E-3 meistern müssen, einer zum Radarträger umgebauten Boeing 707. Selbst damals hätten wir trotz einer sehr erfahrenen Crew bei der Landung beinahe ein Triebwerk vom Flugzeug abgerissen.

MaDrawers stieg aus dem Sitz. Er sah aus, als hätte ich seine Katze getreten.

»Keine Sorge«, sagte ich. »Ich vertraue Ihnen, aber ich werde Sie nicht bei solchen Bedingungen landen lassen. Wenn was passiert, können wir sagen, dass der erfahrenste Pilot am Steuer saß. Das geht dann auf meine Kappe.« Er hatte es verdient, das zu hören. MaDrawers war ein ausgezeichneter Pilot, und ich hatte großes Vertrauen in seine Flugfähigkeiten. Dass ich für ihn einsprang, war nicht das Gleiche wie damals, als ich Jantz aus dem Sessel gezogen hatte, bevor wir einen Schuss abfeuerten. Ich hoffte, ihn vor einer unangenehmen Situation bewahren zu können, einer, die ich bewältigen konnte – mehr oder weniger.

Ich setzte mich auf seinen Platz und übernahm sofort das Steuer.

»Tower, Gordon Vier Null, bereit zum Anflug. Erbitte Landebahn Zwo Sieben.«

Die französisch-arabische Stimme meldete sich.

»Gordon, es herrscht Windstille. Sinken Sie auf 1000 Fuß, Freigabe für Sichtanflug auf Landebahn Null Neun.«

Ich lachte in mich hinein. Der Wind heulte noch immer rund um die Bodenstation. Er übertönte sogar den Lärm der Klimaanlage. Ich nahm die Freigabe nicht an. Ich wollte keine Bruchlandung auf der zivilen Seite des Flughafens oder gar in einem Wohngebiet riskieren. Ich wollte über dem Wasser bleiben und am militärischen Ende des Flugfeldes landen.

»Gordon Vier Null, erbitte Landebahn Zwo Sieben.«

Kurz darauf ließ mir der Lotse meinen Willen. Ich war das einzige Flugzeug im Luftraum, da konnte er mir ausnahmsweise jeden Wunsch erfüllen.

Ich ging in den Sinkflug und bahnte mir meinen Weg über den dunklen Golf von Aden. Ich wendete, um meinen Landeanflug zu starten. Die Lichter des Stützpunktes und der Stadt drehten sich in mein Sichtfeld und glitten dann zur Seite.

Das Tracker-Display zeigte, dass die Predator praktisch seitwärts nach Norden flog, obwohl ihre Nase nach Westen zeigte.

Tolle Windstille, dachte ich.

Das kleine rosa Symbol für das Flugzeug bewegte sich langsam wieder auf den Zielkurs. Ich drehte ein wenig, um mit Schwung zurück zum Stützpunkt zu kommen. Das »S«-Symbol drehte sich über dem Kurs, bis ich den Wind einschätzen konnte. Genau wie ein Schiff musste ein Flugzeug in den Wind zeigen, um einer querenden Kraft entgegenzuwirken und einen Kurs zu halten.

Unsere Geschwindigkeit über Grund lag bei höchstens 20 Knoten. Der größte Teil unserer Motorleistung ging dafür drauf, uns gegen den Wind zu behaupten. Ich musste weiter Gas geben, um auf meinem Gleitweg zu bleiben, sonst würde ich zu schnell absinken. Ich wusste, dass ich in der Nähe der Landebahn war, als unser Parkvorfeld in Sicht kam. Es befand sich am Ende der Landebahn und ein ganzes Stück seitlich davon. Bei einem normalen Anflug wäre der Parkbereich von dieser Position aus niemals zu sehen gewesen. Heute Abend jedoch blickte ich direkt auf meine erschrockenen Wartungstechniker, als das Flugzeug seitwärts im 45-Grad-Winkel auf die Landebahn zuflog.

»Sie haben noch etwa zehn Fuß, Sir.«

Die Lichter am Rand der Landebahn waren zu erkennen. Ich sah den Boden auf uns zurasen.

Es war so weit.

Ich trat das Seitenruder, damit die Nase sich drehte und in Richtung Landebahn ausrichtete. Die Tragflächen rollte ich nach links in Richtung des Windes, damit ihre Kraft den verlorenen Schub gegen den Wind etwas ausgleichen konnte. Die weißen Streifen der Mittellinie wurden sichtbar. Die Räder hüpften ein paarmal auf und ab, dann rollte das Flugzeug ruhiger über die Landebahn. Ich stieß den Steuerknüppel auf die andere Seite, damit sich der linke Flügel nicht hob, und drückte die Nase nach unten, womit ich riskierte, dass das Bugfahrwerk zersprang – eine todsichere Art, das Flugzeug zu zerstören.

Das Fluggerät verlangsamte auf Rollgeschwindigkeit und gab mir so die Möglichkeit, mich etwas zu entspannen. Die Rollbahn befand sich hinter dem Zaun des Parkbereichs und war einigermaßen sicher vor den Windböen. Trotzdem bockte der kleine Vogel auf dem gesamten Weg zum Vorfeld und wollte umkippen. Ich musste quasi weiterfliegen, indem ich die Flugsteuerung ständig anpasste, um dem Wind entgegenzuwirken, bis die Wartungstechniker die Maschine festbinden konnten.

Etwas später schaute Jon im Einsatzzelt vorbei.

»Sir, wir haben nicht geglaubt, dass Sie landen können, als wir das Flugzeug auf uns zukommen sahen.«

Ich auch nicht, dachte ich.

»Habe ich irgendwas gestreift?«, fragte ich.

»Überhaupt nichts, Sir.«

Am nächsten Abend herrschten die gleichen Wetterbedingungen. Diesmal brachten wir das Flugzeug mit mehr Treibstoff zurück. Ich ließ MaDrawers die Landung versuchen. Er probierte es dreimal. Dreimal vergaß er, die Tragflächen richtig auszurichten, und wurde über das Mirage-2000-Feld der französischen Luftwaffe gedrückt. Ich ließ ihn durchstarten, wieder aufsteigen und es noch einmal versuchen. Nach dem dritten Mal ließ ich es einen anderen Piloten probieren. Der Wind flaute auf ein weniger schwieriges Maß ab, und er kriegte es hin.

Die Landungen waren knifflig, aber das war die Jagd nach al-Awlaki auch. Die Lebensgewohnheiten einer Zielperson auszukundschaften war mühsam. Bei al-Awlaki war es aber noch schwieriger, weil er wusste, wie die USA Terroristen ausspähten. Predators wurden in den Nachrichten gezeigt, und es war allgemein bekannt, dass wir Handysignale orten konnten.

In der Anfangsphase der Jagd nach al-Awlaki hatte sich die Task-Force auf die Predator verlassen. Es zeigte sich aber sehr schnell, dass wir die notwendige Überwachung nicht leisten konnten. Das Africa Command (AFRICOM), das die US-Streitkräfte auf dem Kontinent leitete, beschloss, Reapers in die Region zu entsenden, um die Operation zu unterstützen.

Seit die Reaper bei der Jagd nach al-Awlaki dabei war, verlangte die Task-Force, dass meine Wartungstechniker Bomben aufluden und die Flugzeuge direkt wieder starteten. Das Problem war, dass es im Camp Lemonnier zu wenig Platz gab. Alles, was im Camp bereitgestellt wurde, bliebe über Nacht auf dem Vorfeld stehen, und wir hatten einfach nicht genug Platz für die Reapers.

Um eine Lösung für das Problem zu finden, schickte die AFRICOM Air Expeditionary Group Mike als Koordinator vorbei, der inzwischen stellvertretender Gruppenkommandant war. Ich hatte Mike jahrelang nicht gesehen. Nach unserer Zeit auf der Creech war er von Job zu Job gewechselt, bis er schließlich als erster RPA-Pilot Kommandant einer Staffel wurde. Mike hatte nur kurz als Staffelkommandant gedient, als man ihn einsetzte, um diese neue Gruppe für AFRICOM auf die Beine zu stellen. Er musste einen Teil seiner Fliegerstaffel nach Camp Lemonnier verlegen, um den vorgeschobenen Bereitstellungsraum einzurichten. Letzten Endes verfolgten wir dasselbe Ziel.

Ich traf ihn vor unseren beiden Hangars.

»Squirrel«, rief er und stieg aus einem Gator.

Statt das Tor zu passieren, war er durch den Park- und Servicebereich gefahren, um ins Lager zu gelangen.

»Mike«, antwortete ich. »Willkommen in Dschibuti.«

Wir gaben uns die Hand, und er sah sich um.

»Hübsch hast du es hier«, meinte er.

»Komm, lass uns aus der Hitze verschwinden«, sagte ich und führte ihn zum Einsatzzelt. »Na, was ist es für ein Gefühl, mal wieder der zweitbeste Predator-Pilot auf dem Stützpunkt zu sein?«

»Hahaha«, lachte er und schlug mir gegen den Arm. »Ich fliege gar keine Preds mehr.«

»Ha«, lachte ich zurück. »Das sind doch alles Preds.«

Tatsächlich lautete die offizielle Bezeichnung von General Atomics für die MQ-9 Predator B. Nur die Air Force nannte sie Reaper.

Mike lachte.

Während der nächsten Woche diskutierten wir darüber, wie sein Umzug ablaufen sollte. Dabei saßen wir auf einer Mauer aus T-Betonelementen, die mein Lager umgrenzten. Sie sahen aus wie große, 2,50 Meter hohe Ts, die auf dem Kopf standen.

Eines Abends saßen Mike und ich auf der Mauer und unterhielten uns, wie wir es schon seit Tagen taten. Wir beobachteten abwechselnd den Betrieb auf dem Parkvorfeld und ein vereinzeltes Flugzeug auf der Piste.

»Irgendwie müssen wir hier unterkommen«, sagte er.

»Ich brauche den Platz aber für meine ganzen Flugzeuge«, erwiderte ich. »Außerdem werdet ihr den Stützpunkt eh nur als Seerosenblatt benutzen.«

Mike sah mich aufmerksam an.

»Du weißt, dass das hier nicht das Endspiel ist.«

Ich seufzte. Das war mir klar. So lief das bei Spezialeinsätzen. Immer nur nehmen, nicht geben.

»Ja, ihr werdet einen Weg finden, dauerhaft hierzubleiben.«

»Wir müssen eine Lösung finden«, sagte er.

Ich sah hinauf in den Nachthimmel. Helle Sterne blitzten durch den Schein der Straßenlampen des Camps. Auf dem Stützpunkt würde es niemals dunkel genug sein, um die Milchstraße zu sehen, wie ich es mir eigentlich von dieser Reise erhofft hatte. Wenigstens sorgte der leichte Südwind für eine einigermaßen frische Brise. Die Müllverbrennungsanlage arbeitete an diesem Abend nicht.

»Ich weiß.«

»Wir sollten das Ganze auf dem Golfplatz besprechen.«

Ich lachte. Der nationale Golfplatz befand sich ein paar Kilometer weiter die Straße entlang. Die Caddies hatten ein viereckiges Stück Kunstrasen dabei. Das legten sie dann so hin, dass man abschlagen konnte. Es gab kein Grün und auch kein Fairway, nur Steine und noch mehr Steine. Die Flaggstöcke waren das einzige Indiz, dass man in die richtige Richtung spielte.

Ich konnte mich gegen den Umzug wehren und gewinnen, aber das würde mein politisches Kapital beträchtlich reduzieren. Vor der Task-Force würde ich das Gesicht verlieren. So blieb mir praktisch nur noch eine Möglichkeit.

»Ich kann dir einen halben Hangar geben«, bot ich an.

»Danke«, sagte er. Es war ehrlich gemeint.

»Es ist nicht zu ändern«, sagte ich. Wir wussten beide, dass ich über den Tisch gezogen wurde.

Ich sah einer meiner Predators nach, als sie losrollte und abhob. Ihr leises Brummen war einen Augenblick lang das einzige Geräusch in Afrika.

»Nein, ich meine es ernst«, beharrte er. »Danke.«

»Pass auf«, sagte ich. »Du musst wissen, dass wir, wenn wir wegen schlechten Wetters zurückfliegen müssen, nirgendwo anders hinkönnen. Ich brauche den Platz, wenn alle unsere Vögel einsatzbereit sind.«

Meine Flugzeuge passten nicht alle in einen einzigen Hangar.

»Ich weiß«, sagte Mike.

»Es darf keine MQ-9 im Hangar stehen, wenn so was passiert.«

Die Reaper nahm so viel Platz ein wie drei Predators.

»In so einem Fall werden wir sie ausfliegen«, versicherte Mike. »Wir können auch bei Unwetter noch fliegen.«

Kein Flugzeug in unseren Hangars würde bei Unwetter starten. Das wussten wir beide. Trotzdem wusste ich die Geste zu schätzen. Ich wechselte schnell das Thema.

»Hast du gehört, dass wir eine Sicherheitsauszeichnung bekommen haben?«

»Echt?«, fragte Mike. »Glückwunsch.«

Das war eine ziemliche Leistung, wenn man an unsere Anfänge dachte. Wir waren seit beinahe vier Monaten unfallfrei. Die Flugdisziplin war auf einem so hohen Niveau, dass meine jungen und unerfahrenen Lieutenants mittlerweile Fluggeräte sicher auf den Boden brachten, die früher nicht zu landen gewesen wären. Meine Piloten rehabilitierten sich. Ich war sehr stolz auf das, was aus ihnen geworden war.

Mike und ich standen auf der Begrenzung und beobachteten den Flugplatz. Ich kenne keinen Piloten, der nicht stundenlang einen Flugplatz betrachten könnte. Das kommt direkt nach »Pred Porn«. Von hier oben konnte ich zusehen, wie unsere Maschinen über dem Feld kreisten, während sie versuchten, ihre Flughöhe zu erreichen, und dann nach Norden zu den Zielgebieten abdrehten. Aus dem Augenwinkel sah ich die blinkenden Stroboskoplichter einer

Predator, die im Sinkflug die einzige Landebahn des internationalen Flughafens Dschibuti-Ambouli ansteuerte. Sie flog in die falsche Richtung. Eigentlich sollte sie nach Norden unterwegs sein.

Der Motor hörte sich auch nicht gut an.

»Du musst mich entschuldigen, Mike«, sagte ich. »Ich glaube, wir verlieren gerade ein Flugzeug.«

»Geh schon«, antwortete Mike sofort. Er erkannte die Anzeichen ebenfalls.

Ich stürzte in die Bodenkontrollstation. Ponis saß im Pilotensessel. Er hockte wie erstarrt vor der Steuerung, sein Sensoroperator wusste auch nicht, was er tun sollte.

»Was ist los, Ponis?«, fragte ich.

»Der Motor löst sich in seine Bestandteile auf«, sagte er. »Ich versuche zu landen.«

Ich blickte auf das Tracker-Display. Er würde es nicht bis zur Landebahn schaffen.

»Drehen Sie ab zum Flugplatz«, befahl ich.

»Ich weiß nicht, wo der ist.«

Das Wichtigste beim Fliegen eines einmotorigen Flugzeuges war es, die Position der nächstgelegenen Landebahn zu kennen. Wir trainieren Piloten darauf, genau zu wissen, wo ein Landeplatz ist, und bei Motorproblemen sofort dorthin zu fliegen. Aber angesichts eines möglichen dritten Unfalls verlor er einfach den Überblick und wusste nicht mehr, wo er war.

Sein erster Vorfall war eine Predator gewesen, die sich bei einem Flug über dem Irak in ihre Bestandteile auflöste. Das Flugzeug war verloren, bevor er überhaupt reagieren konnte. Der zweite war Nummer 173 gewesen, damals hatte er keine Kontrolle über das Flugzeug gehabt, als es sich auf den Rücken drehte. Aber jetzt hatte er die Maschine völlig unter Kontrolle. Das Flugzeug und die Landebahn waren auf dem Tracker deutlich zu erkennen. Er konnte nur keinen klaren Gedanken fassen und sich darauf konzentrieren. Stattdessen konnte er nur noch geradeaus auf das HUD starren.

Es blieb keine Zeit, ihn aus dem Sessel zu zerren und selbst zu übernehmen. Ich beugte mich nach vorn, damit ich direkt in sein Ohr sprechen konnte.

Ich wurde ganz ruhig, wie ich es wurde, wenn ich tötete.

»Drehen Sie nach rechts«, sagte ich.

Mit mechanischen Bewegungen leitete er die Drehung ein. Die Nase suchte, bis die bekannte Landschaft um den Flugplatz sichtbar wurde.

»Stopp, jetzt weiter geradeaus«, sagte ich.

Er rollte wieder in die Waagerechte. Ich benutzte die gleichen Kommandos, die er gehört hatte, als er Landungen mit dem Anflugradar in der T-38 geübt hatte, einem Überschall-Jet-Trainer. Ich setzte darauf, dass die bekannte Sprache seine Betäubung durchbrechen konnte.

»Visieren Sie das Ende der Landebahn an.«

Er drehte ein wenig. Ein Hangar der dschibutischen Luftwaffe erschien auf der Bildfläche. Der Hangar beherbergte die Privatmaschine des Präsidenten. Ich überprüfte unseren Gleitweg, und es sah aus, als könnten wir den Hangar treffen.

»Jetzt ein bisschen das linke Seitenruder treten.«

Das Pedal quietschte, als er es nach unten drückte. Das Flugzeug schlug eine Linksrichtung ein. Dabei hob sich die rechte Tragfläche.

»Das reicht.«

Der Hangar wurde sehr schnell immer größer. Ich hielt den Atem an und hoffte, dass die Predator noch genug Auftrieb hatte, um es über das Gebäude zu schaffen. Der Hangar füllte den kompletten Bildschirm aus, dann verschwand er. Das Video lief weiter, also waren wir noch immer in der Luft.

»Kehren Sie zu Feld eins zurück.«

»Feld eins« war das erste Stück Landebahn, auf dem man landen konnte. Ponis leitete die Drehung ein. Die Predator befand sich etwa sechs Meter über dem Boden. Wenn sie noch tiefer sank, riskierte er, die rechte Tragfläche in den Boden zu stoßen, und das Flugzeug würde auf der Landebahn Rad schlagen.

»Ausrollen«, befahl ich.

»Aber …«

»Ausrollen«, wiederholte ich ruhig. »Nutzen Sie das Seitenruder zum Ausgleichen.«

Die Pedale des Seitenruders protestierten mit einem lauten metallischen Kreischen, als Ponis kräftig drauftrat. Normalerweise übertönten die Geräusche im Cockpit die Bewegung der Feder, welche die Ruderpedale mittig ausrichtete. Aber jetzt klang es wie Fingernägel an einer Tafel.

Die Nase zog etwas nach rechts und rollte langsam wieder in die Waagerechte.

Die Seitenmarkierung der Landebahn befand sich genau unter uns. Unser linkes Rad trennten nur anderthalb Meter von der pockennarbigen Erde. Ponis blieb auf dem Ruderpedal, und die Nase zog noch etwas nach rechts, schob sich weiter zurück zur Mitte der Landebahn.

»Und jetzt abfangen.«

Andernfalls würde das Bugrad zuerst aufkommen und unter der Belastung der harten Landung abbrechen. Ponis zog den Steuerknüppel etwas zurück, und die Nase hob sich. Sekunden später knallte das Flugzeug auf die Landebahn und bekam einen Rechtsdrall.

Der Aufprall fegte die letzten Spinnweben aus Ponis' Kopf. Er richtete das Ruder mittig aus und verhinderte, dass das Flugzeug über den Rand der Landebahn schoss. Der Motor lief noch lange genug, um die Maschine zurück zum Lager rollen zu lassen. Das Letzte, was die Dschibutier wollten, war, dass wir schon wieder ihre einzige Piste blockierten.

Ich klopfte Ponis auf die Schulter.

»Gut gemacht«, sagte ich. Das war ehrlich gemeint.

Die Wartungstechniker fanden später Metallsplitter im Ölfilter. Die Kolben im Motorblock waren in kleine Teile zersprungen. Wie durch ein Wunder war der Motor noch so lange weitergelaufen, dass Ponis sicher landen konnte.

Ich schlug ihn für eine Sicherheitsauszeichnung vor. Statt einen Totalverlust verkraften zu müssen, mussten wir lediglich den Motor austauschen. Wir konnten kein Fluggerät entbehren. Hätte Ponis versagt, hätten wir unser Einsatztempo nicht aufrechterhalten können, und al-Awlaki wäre uns möglicherweise entwischt.

Wir waren nahe dran. Während der nächsten zwei Monate schalteten wir mit jedem Luftschlag seine unmittelbaren Untergebenen und deren Nachfolger aus. In der Staffel kursierten schon böse Witze. Jemand hatte ein Stellenangebot im Einsatzzelt aufgehängt: »*Facilitator/Unterstützer* gesucht. Lange Arbeitszeiten, viel Außendienst, Stelle gerade frei geworden.«

Nach einer weiteren erfolgreichen Mission fasste es einer der Waffenbelader perfekt zusammen.

»Eines Tages wird denen bei al-Qaida klar werden, dass sie sich freiwillig für Jobs mit einer Lebensdauer von zwei Wochen melden.«

Er hatte recht.

In etwa diesem Tempo schickten wir al-Qaida Kündigungen zu. Trotzdem fehlte uns noch Ziel Nummer eins.

Im August wendete sich das Blatt. Von einem Gewährsmann erfuhren wir, dass al-Awlaki mit zwei Geländewagen unterwegs war.

Die meisten Terroristen nutzten nur ein Fahrzeug, aber seine persönlichen Bodyguards und Gehilfen fuhren in einem zweiten.

Al-Awlaki war ein vorsichtiger Mann. Er war das weltweite Gesicht der Al-Qaida-Propaganda. Sein Tod wäre ein schwerer Schlag für die Glaubwürdigkeit seines englischsprachigen Magazins *Inspire*, aber ebenso für die Rekrutierungsversuche im Westen. Der zusätzliche Sicherheitsdienst sollte al-Awlaki vor einem Überraschungsangriff schützen. Unser Gewährsmann sagte, dass al-Awlaki damit rechne, gefangen genommen und vor ein US-Gericht gestellt zu werden.

Letztendlich sollte ihm diese Vorsichtsmaßnahme das Genick brechen.

Die Predators und Reapers, die die Überwachung für die Task-Force übernahmen, trafen an seinem vermuteten Aufenthaltsort zusammen. Wir wussten, dass sein Wirkungsbereich in der Gegend um al-Dschauf lag, aber jetzt hielten die Piloten Ausschau nach den beiden Geländewagen.

Im Sommer stiegen die Temperaturen auch in dieser Höhenlage stark an. Die Tagesaktivitäten in der Region nahmen nach Mittag ab und wurden erst wieder aufgenommen, wenn die Hitze des Tages nachließ. Al-Awlaki fuhr nachmittags zu seinen Treffen, wenn nur wenige Menschen unterwegs waren. Während einer dieser verkehrsschwachen Zeiten entdeckten wir ihn.

Ein Konvoi aus zwei Allradfahrzeugen, beides erweiterte King Cabs, arbeitete sich von Dorf zu Dorf vor. Auf den Landstraßen fuhren die Fahrzeuge schnell, in den Orten vorsichtig. Gelegentlich hielten sie vor einem Haus an. Manchmal stiegen die Insassen aus und gingen in ein Gebäude. Oder die Bewohner kamen auf einen Plausch zu den Fahrzeugen.

Wir hatten jedes Mal Schwierigkeiten, al-Awlaki zweifelsfrei zu identifizieren. Wir flogen in einiger Entfernung, um nicht entdeckt zu werden. Das beeinträchtigte unsere Optik so weit, dass die Gesichter auf den wenigen Aufnahmen, die wir bekamen, nicht eindeutig zu erkennen waren. Die Zielperson hatte zwar die richtige Größe, aber mit seinem Bart sah der Mann aus wie alle anderen in der Region.

Das reichte nicht – bis ein zweiter Gewährsmann den Konvoi aus zwei Geländewagen mit einem Datum und einer Uhrzeit für ein Treffen bestätigte. Wir bezogen unsere Position über dem Haus und warteten. Die Fahrzeuge erschienen zum verabredeten Zeitpunkt. Es waren die Geländewagen, die wir beobachtet hatten.

Die Schlinge zog sich zu.

KAPITEL 20

Al-Awlaki

Mitte September war die Task-Force bereit, gegen al-Awlaki vorzugehen.

Man hatte auf die richtigen Hinweise reagiert und direkte Aktionen eingeleitet. In diesem Fall waren genügend Informationen über seine Lebensgewohnheiten zusammengetragen worden, um al-Awlaki in dem Konvoi zweifelsfrei zu identifizieren. Wie zuvor versetzten wir die Flugzeuge in Alarmbereitschaft. Die Reaper und eine Predator würden gemeinsam über dem Ziel kreisen. Das würde ausreichen, um die lückenlose Überwachung zu gewährleisten, während die anderen beiden Maschinen startklar und mit kompletter Raketenladung bereitstanden. Ein drittes Flugzeug wartete als Reserve unter dem Sonnendach.

Wir begannen die Dauerüberwachung in der Nähe von al-Dschauf. Al-Awlaki würde leicht zu identifizieren sein. Der amerikanische Terrorist saß stets auf dem Beifahrersitz. Die anderen Insassen verrieten ihn durch ihre Körpersprache. Abgesehen davon waren sie mit Kalaschnikows bewaffnet.

Al-Awlaki nicht.

Im zweiten Wagen saßen weitere Sicherheitskräfte. Üblicherweise stiegen sie bei jedem Halt aus dem Fahrzeug und kundschafteten gemeinsam die Umgebung des Treffpunktes aus oder brachten sich unauffällig in Position, um Wege im Auge zu behalten, auf denen sich jemand nähern könnte.

Wir mussten zusätzliche Raketen auf dem Vorfeld bereithalten. Ich sagte Cruiser deswegen Bescheid.

»Cruiser«, sagte ich, »ich muss mal wieder aufstocken.«

Er lächelte.

»Das kommt anscheinend öfter vor.«

Seit meiner Ankunft hatten wir an 170 Tagen aufgestockt.

»Ja«, fuhr ich fort. »Diesmal ist es wichtig.«

»Ist es das nicht immer?«, fragte er.

Er hatte recht. Bei der Task-Force wurde alles als wichtig oder kritisch angekündigt. Routine gab es gar nicht.

»Aber diesmal besonders«, sagte ich. »Können Sie uns helfen?«

Er musterte mich einen Augenblick.

»Was brauchen Sie?«

Ich merkte, dass er auf der Hut war.

»Wir halten drei in Alarmbereitschaft«, erklärte ich. »Ich brauche für alle drei Raketen auf dem Vorfeld.«

»Sie wissen, dass nur zwei erlaubt sind.«

Ich bestand darauf. Laut Air Force durfte ich etwa 150 Raketen haben. Die Einschränkungen kamen immer nur von der Navy.

»Das verstehe ich ja«, sagte ich. »Aber zum ASP zu gehen dauert zu lange. Wenn es irgendeine Verzögerung gibt, schließt sich das Zeitfenster.«

Cruiser sah mich wortlos an. Ich ließ nicht locker.

»Ich brauche sechs Raketen.«

Cruiser sah nach unten auf seinen Block, während er meine Liste notierte. Er betrachtete sie kurz, nickte, als würde er eine Entscheidung treffen, und blickte wieder hoch zu mir.

»Alles klar.«

Als Nächstes ging ich im Wartungszelt vorbei. Es war wesentlich kühler als das Einsatzzelt, denn dort war die Klimaanlage ausgefallen. Eine Wartungstechnikerin saß in der fast 50 Grad heißen Sonne und versuchte sie wieder flottzumachen. Im Laufe des Sommers hatte sie bereits die Hälfte der Klimaanlagen der Staffel repariert.

Die alten Geräte aus den Zeiten des Golfkrieges tuckerten lautstark. Ein Rohr aus Zeltleinwand wand sich von der Decke herab und zielte auf eine Reihe Sprechfunkgeräte. Der Luftzug, der mir an der Tür entgegenschlug, war, verglichen mit der Außentemperatur, wirklich arktisch kühl.

Ich ging zur Statustafel im hinteren Bereich des Zeltes. Es handelte sich um ein großes, trocken abwischbares Whiteboard, auf dem die Hecknummern der sieben Flugzeuge und ihr Wartungsstatus verzeichnet waren.

»'57 Chevy«, »Marissa« und »Kate II« waren einsatzbereit.

Z-man blickte von seinem Schreibtisch hoch. Er war ein hitziger Stabsfeldwebel von der Holloman. Während Jon alle Wartungstechniker beaufsichtigte, arbeitete Z-man nach wie vor Seite an Seite mit den anderen Schraubern an den Flugzeugen. Ich hatte inzwischen großen Respekt vor seiner Arbeitsmoral und seiner angeborenen Fähigkeit, das ganze Team zusammenzuhalten. Es tat mir leid zu hören, dass er bei seiner Rückkehr nach Hause in einer Woche in den Ruhestand gehen würde.

»Sir, seit wann sind Sie denn hier?«

Anscheinend hörte die Wartungscrew mich nie in ihr Zelt kommen. Ihr Arbeitsbereich war nicht lauter als andere, trotzdem bemerkten sie einen immer erst in letzter Sekunde. Die anderen Techniker standen sofort auf. Ich bedeutete ihnen, sich wieder hinzusetzen. Ich war nicht gekommen, um ihre Arbeit zu unterbrechen.

»Ich trainiere nur meine HUMINT-Fähigkeiten, Z.«

Er erhob sich und stellte sich neben mich vor die Tafel.

»Immer noch alles im grünen Bereich, Sir«, sagte er. »Gibt es irgendwelche Hinweise?«

»Sie haben zumindest nichts gesagt.«

»Wir mussten die Vögel wegschaffen.«

Ich bemerkte, dass unsere drei alarmbereiten Flugzeuge nicht mehr auf dem Vorfeld standen.

»Das heißt?«

»Die Hitze ist einfach zu extrem«, erklärte er. »Wir können sie einen Teil des Tages auf dem Vorfeld lassen, aber nachmittags wird es kochend heiß. Dann bringen wir sie zurück in den Hangar, damit sie nicht in der Sonne stehen müssen.«

»Okay.«

Das war eine vernünftige Vorgehensweise. Wenn der Befehl kam, konnten die Techniker sie in den Parkbereich rollen, mit Waffen bestücken und starten. Bis dahin warteten die Predators in den kühleren Zelten.

»Wir würden sie gern da drin lassen«, sagte Z.

»Um wie viel würde das den Start verzögern?«

Z-Man dachte über seine Antwort nach.

»Maximal 30 Minuten beim ersten«, sagte er. »Bei den anderen gar nicht.«

Das Zielgebiet lag mindestens drei Stunden entfernt. Ein Startbeschluss würde lange vor einem Angriff erfolgen. Meiner Meinung nach war das wahrscheinlichste Szenario, dass die Task-Force wenigstens eine Stunde vor einem möglichen Angriff Fluggeräte über dem Zielobjekt haben wollte. Außerdem hätten wir ohnehin mindestens ein weiteres Flugzeug vor Ort, das die durch eine Startverzögerung verursachte Lücke überbrücken könnte.

»Okay.«

»Soll ich es der Task-Force melden?«

»Nein«, sagte ich. »Je weniger sie wissen, desto weniger können sie uns hinterher vorwerfen.«

Auf 30 Minuten würde es am Ende nicht ankommen.

Da wir nur eine begrenzte Anzahl an Lufteinsätzen flogen, hatten wir immer genug Crews zur Verfügung, um die Maschinen sofort zu starten, wenn die Anforderung hereinkam. Ich wusste, dass die Task-Force nervös wäre, wenn es so weit war. Ein paar Wochen zuvor hatte man den geplanten Ablauf eines Einsatzes in seiner Startphase sechsmal geändert.

Ich ordnete sicherheitshalber an, dass ein dritter Vogel alarmbereit sein sollte. Damit wären wir vorbereitet, falls die Task-Force während des Starts irgendetwas ändern sollte.

Wir waren bereit.

Die Piloten liefen in der Crew-Lounge des Einsatzzeltes herum und warteten. Erst beeilen und dann abwarten war das Gebot der Stunde, seit die Task-Force Jagd auf al-Awlaki machte. Statt zu arbeiten, sahen sie sich in der Einsatzzentrale Filme an oder spielten Videospiele. Die Benachrichtigung würde per Telefonanruf erfolgen, deshalb blieben wir in der Nähe. Hin und wieder checkte Jose, einer der Sensoroperatoren, die Chatrooms auf ein Update.

Jose war mexikanischer Abstammung. Er war begeisterter Bodybuilder und hatte kräftige Arme und eine breite Brust. Wenn er nicht gerade arbeitete oder trainierte, machte er irgendetwas Dummes. Er war ein cleverer Kerl, der jedoch ab und zu einen kleinen Aussetzer hatte. Deshalb spielten wir ihm gern mal einen Streich.

Man konnte zum Beispiel immer darauf bauen, dass er seinen Dienstausweis verlegte. Das war schon fast zur Gewohnheit geworden, was natürlich ungünstig war, denn ohne den Ausweis kam man nicht in die Kantine oder in die Sporthalle und konnte auch keine Computer bedienen.

»Hey, wo ist mein Ausweis?«, rief Jose, als er hinüberging, um im Chatroom nach Updates zu sehen.

Die anderen achteten nicht auf ihn, alle saßen vor der Xbox und waren in eine Folge von *The Walking Dead* vertieft.

»Hallo?«, sagte er.

Niemand reagierte. Irgendjemand kicherte. Jose schnaubte, ging zurück in den Computerraum und wühlte in den Papieren auf einem der Schreibtische herum. Ich hörte, wie er einen weiteren Schreibtisch absuchte.

»Im Ernst, Leute, ich brauche den Ausweis«, sagte Jose.

»Ist es nicht langsam mal *Zeit,* das Ding besser im Auge zu behalten?«, rief jemand aus der Crew-Lounge.

Jose hielt inne und blickte bedächtig zur Tür des Zeltes. Über der Zelttür, an der höchsten Stelle unter der gewölbten Decke, hing eine kleine, von schwarzen Dieselrückständen verkrustete Uhr. Sie war irgendwann einmal heruntergefallen. Dabei war das Glas zerbrochen, und durch die dabei entstandene Öffnung konnten wir seinen Ausweis schieben.

»Na ganz toll, Leute.«

Der Ausweis steckte unten in der Uhr und verdeckte die Sechs. Die Uhr hing zu weit oben, um ohne Hilfe heranzukommen. Die Bürostühle hatten Rollen und waren kein sicherer Untersatz. Jose suchte nach der Stehleiter hinter dem großen hölzernen Ständer er mit den Computern und Internetservern für die Bodenkontrollstation und die Staffel.

Sie war nicht da.

Er eilte aus dem Einsatzzelt und schnurstracks zum Wartungstrupp. Die hatten bestimmt alle möglichen Leitern.

»Tut mir leid«, meinte der Materialwart, der auf seinem Laptop durch eine Liste scrollte. »Alle Leitern sind vergeben. Ich weiß nicht, wann sie wieder da sind.«

»Wer hat sie denn genommen?«

Der Techniker nannte ihm den Namen.

»Der hat nicht mal Dienst«, sagte der Sensoroperator. »Sollte er sie nicht vor Ende seiner Schicht wieder abgeben?«

»Ja«, sagte der Techniker. »Schon komisch.«

»Können Sie mir suchen helfen?«

»Tut mir leid, ich darf das Zelt nicht verlassen«, sagte er. »Ich muss das Material die ganze Zeit bewachen.«

Der Techniker verzog keine Miene.

Ärgerlich stürmte der Sensoroperator aus dem Zelt. Jose brauchte fast eine Stunde, um einen Stuhl ohne Rollen aufzutreiben. Wir sahen alle zu, wie er auf den Stuhl kletterte und nach der Uhr griff. Er wischte mit den Fingern über das Ziffernblatt.

Jemand unterdrückte ein Lachen.

Es dauerte einige Minuten, bis Jose die Uhr abmontiert hatte. Dann saß er auf dem Stuhl und fummelte an dem Glas herum. Als er seinen Ausweis endlich befreit hatte, brach die ganze Einsatzzentrale in Gelächter aus.

Sobald er den Ausweis wiederhatte, begannen wir den nächsten Streich zu planen. Wir diskutierten darüber, ihn in einen Eisklotz einzufrieren oder einen Einsatz fliegen zu lassen, indem wir ihn in eine Predator legten.

Wir wussten einfach, dass sich bei dem Burschen früher oder später die nächste Gelegenheit ergäbe.

Schließlich klingelte das Telefon in der Einsatzzentrale der Staffel, und ich nahm sofort ab. Es war die direkte Privatleitung zum JOC.

»Squirrel hier«, sagte ich.

»Starten.«

Es war der Predator-Verbindungsoffizier.

»Wie viele?«, fragte ich.

»Alle drei.«

Es klickte, und die Leitung war tot.

Alle drei Fluggeräte bedeutete, dass wir al-Awlaki hatten. Mehr konnte mir der Verbindungsoffizier über das Telefon nicht mitteilen. Die Leitung war nicht sicher genug, um Zielinformationen weiterzugeben. Aber eines war mir klar, als ich auflegte.

Heute gingen die Piraten auf die Jagd.

Wir würden das Ziel genauso verfolgen, wie deutsche U-Boote im Zweiten Weltkrieg alliierte Geleitzüge verfolgt hatten. Massiert angreifen. Angreifen wie ein Wolfsrudel.

»Werfen Sie die Bodenstation an«, sagte ich zu dem wachhabenden Piloten, als ich die Einsatzzentrale verließ.

An diesem Tag hatte ich zwei Crews im Dienst. MaDrawers sollte ersetzt werden, und sein Nachfolger hatte bereits die Nachtschicht übernommen. Er lief los, um zu helfen. Ich schaute im Wartungszelt vorbei. Z-man wusste schon Bescheid.

»Wir schieben jetzt die erste raus«, sagte Z-man.

»Kann ich irgendwie helfen?«

Während wir redeten, schoben mehrere Techniker den ersten Vogel aus dem Hangar. Mit ihrer vollen Treibstoffladung kroch die Maschine beinahe und zog ihr Heck nach. Das Flugzeug sah aus, als wollte es unbedingt starten.

»Ich könnte mit anschieben«, sagte ich.

»Das geht nicht, Sir«, antwortete er. »Das können wir nicht zulassen.«

Ich nickte. Die Wartungsrichtlinien waren ziemlich konkret. Nur zugelassenes Personal durfte das Fluggerät am Boden bewegen. So gern ich auch geholfen hätte, es ging nicht.

»Na gut, wie viel Zeit brauchen Sie?«, fragte ich.

Z-man hatte die Antwort parat.

»30 Minuten für die erste, dann wieder jeweils 30 Minuten.«

»Okay«, sagte ich. »Die Crews werden bereit sein.«

Zwei Cheftechniker brachten das erste Flugzeug direkt vor dem Hangar in Position. Ein Techniker hob mit einem kleinen Gabelstapler eine Palette mit Werkzeugen an und fuhr rückwärts an die Predator. Die Cheftechniker brachten eine Abschleppstange an, und der erste Vogel begann seine 400 Meter lange Reise zum Startfeld.

Während das Flugzeug auf den Eingang des Geländes zurollte, rannten die Cheftechniker in den Hangar und schoben die zweite Predator nach draußen in die Sonne. Ein zweites Zugfahrzeug wartete schon auf sie. Als Nächstes bot die Reaper-Staffel ihren Schlepper an. Ihr einziges Flugzeug befand sich bereits in der Luft, also hatten sie nicht viel zu tun.

Binnen Minuten wurden unsere Predators in einer Reihe zum Vorfeld gezogen. Wartungstechniker der Navy, die an P-3s arbeiteten, und Soldaten, die auf dem Rollfeld zugange waren, sahen dem Aufzug von der Seite aus schweigend zu. Predators vollführten normalerweise keine »Elefantenparade«. Das taten Bomber. Diese »Paraden« waren im Zweiten Weltkrieg üblich gewesen, als man zahlreiche Bomber auf einmal losrollen und starten ließ.

Predators flogen eigentlich allein los, deshalb war es außergewöhnlich, drei auf einmal rausrollen zu sehen.

Die Waffenbelader warteten auf dem Vorfeld. Sie fuhren der Kolonne in einem Laster voraus und hielten neben einem metallenen Sea-Land-Container, wo die Raketen vor der Sonne geschützt aufbewahrt wurden. In dem Moment, als die Crew-Chiefs die Predators mit Keilen festsetzten, begannen sie die 50 Kilo schweren Hellfire-Raketen aufzuladen.

Die Chiefs gingen ihre Checklisten durch und meldeten, dass alles bereit war. Die 13 000 Kilometer entfernten Crews in den USA kletterten in ihre Cockpits. Sie saßen in den klimatisierten Unterkünften auf der Cannon Air Force Base in New Mexico an ihren Steuerpulten. Ich kannte das Gefühl. Ein Teil von mir wollte auch zu den Crews auf der Jagd gehören, aber wenn die Predators gar nicht erst von der Piste abhoben, würde ihnen nicht viel Ruhm zuteilwerden.

Während die Bordelektronik der Flugzeuge langsam hochfuhr, sah ich auf das Thermometer neben dem Einsatzzelt. Die Außentemperatur lag bei 35 Grad.

Wir befanden uns im »Hitzefenster«, dem Zeitraum, in dem die Umgebungstemperatur die empfindliche Elektronik der Predator zum Überhitzen bringen konnte. Die Temperaturen würden von nun an stark ansteigen, denn die Sonne näherte sich ihrem Zenit. Ich hoffte, dass das Vorfeld durch den leichten Wind ausreichend gekühlt wurde.

Die Flugzeuge rollten einzeln los. Ich hatte nicht genügend Wartungstechniker oder Cockpits, um sie alle gleichzeitig zu starten. Die ersten beiden Flugzeuge rollten im Abstand einiger Minuten los. Die Crew war noch dabei, das dritte Fluggerät zu beladen, als ich das bekannte Surren des Rotax-Motors der ersten Predator hörte.

Ich stand auf einem T-Betonteil und sah zu, wie das kleine graue Flugzeug losrollte. Anfangs langsam, beschleunigte die Maschine, war aber immer noch nicht wirklich schnell. Die Predator sah zwar aus, als bewegte sie sich mit hoher Geschwindigkeit, aber sie brauchte trotzdem noch gut eine Minute, bis sie an mir vorbei war. Das Flugzeug erhob sich beinahe zögerlich in die Luft. Es schwebte Zentimeter über der Startbahn, und der Motor mühte sich ab, um die Geschwindigkeit zu steigern.

Über dem Wasser traf das Flugzeug auf kühlere Luft und konnte etwas besser steigen. Das Fahrwerk fuhr langsam ein, während die Predator nach Süden abdrehte, um die Platzrunde des Flughafens zu verlassen. Ich sah zu, bis der letzte Vogel in der Ferne verschwunden war. Die Sonne brannte erbarmungslos. Die Temperatur hatte inzwischen die 40 Grad überschritten. Ich ging nach drinnen, um mich abzukühlen, während die Flugzeuge den Golf von Aden überflogen und über al-Dschauf auf die Reaper trafen. Ich notierte mir die Zeit und nahm mir vor, die Mission vom JOC aus zu beobachten.

Ich verfolgte den Verlauf des Einsatzes auf den sechs 50-Zoll-Plasmabildschirmen, welche die Wände rings um das Podium des Kommandanten säumten.

»Ist er das?«, fragte ich den Predator-Verbindungsoffizier.

»Uns wurde bestätigt, dass er vor fünf Stunden aktiv war«, sagte Frog, ohne den Blick von den Monitoren mit dem Videomaterial der Predators abzuwenden. »Wir warten noch darauf, dass er sich jetzt zeigt.«

Auf dem Bildschirm sah ich, dass die Übertragung nach al-Dschauf schaltete, einem kleinen Dorf in der Nähe von Sanaa, der Hauptstadt des Jemen. Das Flugzeug, das die Kommunikation überwachte, empfing al-Awlakis Signal und stellte fest, dass er unterwegs war. Zwei Pick-ups hielten vor einem Haus in dem Dorf. Es waren weiße Toyota HiLux, offene Geländewagen mit großen Fahrerkabinen, wie Tacomas, die etwa fünf Personen Platz boten.

»Das Ziel ist aktiv«, sagte einer der Army-Offiziere in der Einsatzzentrale. »Wir sehen Hinweise, dass er unterwegs ist.«

Der Offizier nannte die Koordinaten, und ich checkte das Videomaterial der Predators. Die beiden Pick-ups befanden sich ganz in der Nähe der Koordinaten. Die Predators waren nahe genug dran, um sie als »erfasst« zu betrachten.

Plötzlich stürmten acht Gestalten aus einem Haus in der Nähe und stiegen schnell in die Fahrzeuge. Die Türen hatten sich kaum geschlossen, als der Fahrer losfuhr. Das zweite Fahrzeug folgte kurz darauf.

»Dranbleiben«, sagte der JOC-Kommandant.

Gordon übernahm die Führung und folgte al-Awlaki aus dem Dorf hinaus und auf eine Schnellstraße. Die schnurgerade Straße war der folgerichtigste Punkt für einen Abschuss. Die Fahrzeuge würden auf einer berechenbaren Strecke mit gleichbleibender Geschwindigkeit unterwegs sein. Es gab nur wenige Hügelkämme, die einer Rakete oder dem Ziellaser im Weg sein konnten.

Wir warteten alle auf grünes Licht. Endlich nickte der Leiter des JOC, und der JTAC übermittelte die 9-Line. Gordon war bereit zu schießen.

»Verstanden, Abschussfreigabe erhalten«, sagte der Pilot auf der Cannon.

Es vergingen 30 Sekunden. Die beiden HiLux-Geländewagen im Sichtfeld der Kamera wurden immer größer.

»Laser an«, sagte Gordon.

Ein schwarzes Symbol mit der Beschriftung »LRD Lase Des« blinkte auf dem Bildschirm. Der vordere Pick-up, der al-Awlaki beförderte, füllte jetzt den ganzen Bildschirm aus. Das Bild zuckte, denn die Nähe machte die Steuerelemente überempfindlich.

Das zweite Fahrzeug war nicht mehr zu sehen.

»In drei, zwei, eins …«

Das bekannte Doppelklicken überlagerte den Ton, als das Feuersignal das Satellitensignal unterbrach. Kurz darauf war auf dem HUD nichts mehr zu sehen, als der blendend weiße Blitz des Abgasschweifs der Rakete das empfindliche Infrarotbild verblassen ließ.

Die Predator drehte sofort nach rechts ab. Auf dem Computermonitor rotierte das kleine blaue Symbol für Gordon, bis es sich parallel zur Straße befand. In der Vergrößerung sah es aus, als befände sich das Flugzeug direkt über der Straße.

Meine Gedanken schweiften zu meiner Skizze eines Angriffs auf ein bewegliches Ziel. Bis jetzt richtete sich die Crew genau danach. Die Predator flog parallel zu den Pick-ups, damit der Sensoroperator das Ziel weiter mit dem Laser erfassen konnte. Das Fadenkreuz des Sensors bewegte sich nach dem Zurückrollen vom Ziel weg, positionierte sich dann aber schnell etwa 20 Meter vor al-Awlakis Pick-up. Die Fahrzeuge kamen weder ins Schlingern, noch änderten sie auch nur ihre Geschwindigkeit. Al-Awlaki setzte seinen Weg fort, als sei er sich der Bedrohung nicht bewusst.

Ich ging meine mentale Checkliste im Kopf durch, als säße ich am Steuerknüppel. Ich wusste, dass die kurze Zwei-Sekunden-Zündung des Hellfire-Motors die Rakete auf fast Mach 1,4 beschleunigte, was einen Überschallknall erzeugte. Die starke Beschleunigung setzte die Rakete etwa dem Zehnfachen der Erdanziehungskraft aus. Wenn der Sensor der Rakete genügend g-Kräfte maß, wurde der Sprengkopf scharfgemacht. Das Infrarotauge öffnete sich und suchte nach dem Laserspot.

Ich wusste, dass die Rakete mithilfe ihrer Flossen dafür sorgte, dass die reflektierte Laserenergie in ihrem Sichtfeld blieb. Sie optimierte ständig ihren Kurs, damit der Laserspot in der Mitte des Suchkopfglases blieb.

»Zehn Sekunden«, sagte der Pilot.

Die Predator schwebte neben al-Awlakis Pick-up her. Hätte er nach oben geschaut, wäre es absolut möglich gewesen, dass er das Flugzeug gesehen hätte, als der Pilot das Seitenruder etwas losließ, um die Nase vom Ziel abzuziehen. An diesem Punkt bedeutete Entfernung mehr Stabilität für den Sensor. In zu großer Nähe würde das Fadenkreuz wackeln. Ein paar Kilometer weiter weg wäre der Winkel nicht so steil, und das Fadenkreuz bliebe stabil.

Nach fünf Sekunden verlangsamte die Rakete auf weniger als Schallgeschwindigkeit, was einen zweiten Überschallknall auslöste. Die Druckwelle breitete sich in alle Richtungen aus, am lautesten in die Flugrichtung der Rakete. Das Dröhnen schwappte auch über die beiden Pick-ups hinweg. Es war allerdings nicht besonders laut und schwer zu hören, wenn das Radio lief oder der Wind durch ein offenes Fenster in den Wagen pfiff. Die Pick-ups rasten weiter geradeaus.

»Fünf, vier, drei …«

Der Sensoroperator lockerte seinen Griff ein klein wenig. Das Fadenkreuz bewegte sich auf das vordere Fahrzeug zu. Der Pilot hielt inne, damit der Sensor sein Fadenkreuz anvisieren konnte. Ein schwarzer Streifen schoss von oben ins Bild, raste nach unten und schlug in die Motorhaube des Pick-ups ein. Er traf genau dort, wo der Sensoroperator das Fadenkreuz platziert hatte.

Qualm quoll pilzförmig aus der Haube, und Trümmerteile flogen aus dem Motor in alle Richtungen. Das Fahrzeug geriet ins Schleudern, rutschte zur Seite und kam schließlich zum Stehen. Der Wagen mit dem Sicherheitsteam bremste hektisch und versuchte auszuweichen, um nicht in das erste Fahrzeug zu krachen. Bong folgte in einiger Entfernung. Er näherte sich und feuerte, nachdem er vom JTAC der Task-Force die Freigabe erhalten hatte, eine Rakete in die Motorhaube des zweiten Pick-ups.

Monatelange Verfolgungsarbeit endete innerhalb von Sekunden. Es gab kaum eine Reaktion in der Einsatzzentrale. Kein Jubel. Kein gegenseitiges Abklatschen. Dafür war die Task-Force zu professionell. Frog und ich gaben uns die Hand. Er lächelte. Wir waren ein

Team. Wir hatten einen Sieg errungen, was die qualmenden Fahrzeuge auf dem Monitor ganz klar zeigten.

Zwei der Predators traten den Rückflug nach Dschibuti an. Die dritte blieb noch eine Weile vor Ort, um nach Überlebenden Ausschau zu halten. Es gab kein Team am Boden, das den Abschuss bestätigen konnte. Wir mussten auf andere Quellen warten. Bei seiner nächsten Verabredung würde man ihn vermissen und einen Suchtrupp losschicken.

Die Bestätigung, dass al-Awlaki tot war, kam nach ein paar Stunden.

Abdullah al-Jumaili, ein Stammesscheich aus der Provinz al-Dschauf, erzählte später der *New York Times*, dass der Pick-up beinahe völlig zerstört und die Leichen kaum zu erkennen gewesen seien. Er war sich »hundertprozentig sicher«, dass al-Awlaki getötet worden sei. Außerdem bekamen wir den Nachrichtenverkehr des Feindes über seinen Tod fast so schnell mit, wie CNN den Luftschlag meldete.

»Der Tod Awlakis ist ein schwerer Schlag für den aktivsten Verbündeten von al-Qaida«, sagte Präsident Obama ein paar Tage später.

Ich ging zurück zu meinem Lager und stieg auf die Betonabsperrung, um den Anflug von Bong, dem ersten Flugzeug, zu beobachten. Colonel Jay Bickley, mein Gruppenkommandant, machte gerade einen Rundgang über den Stützpunkt und schloss sich mir an.

»Die Mission heute war ein Erfolg«, sagte ich zu ihm.

Ich sah zu, wie der Funkmast den Himmel absuchte. Er verharrte in der Position, aus der er das Flugzeug am besten anfunken konnte, während es herumschwenkte, um den Endanflug einzuleiten.

»Da kommt sie, Sir«, sagte ich.

»Wo denn?«

In der Ferne tauchte ein Fleck aus dem Spätnachmittagsdunst auf. Zuerst war es nur ein Punkt, dann wurden die Tragflächen erkennbar. Erst im Abstand von fast zwei Kilometern konnten wir das Objekt als eine Predator identifizieren.

Wir hörten nichts.

Das kleine Flugzeug glitt auf die Landebahn zu, wurde abgefangen und setzte, begleitet von zwei kleinen weißen Gummigaswolken, auf. Der Vogel, der keine Raketen mehr an Bord hatte, rollte an uns vorbei auf die Rollbahn zu, die zum Parkbereich führte.

»Das war alles?«, fragte Bickley.

»Im Cockpit ist es aufregender.«

Wir gingen zur Bodenkontrollstation, um den letzten Vogel nach Hause zu holen. Ich setzte mich an den Steuerknüppel, und Bickley nahm hinter mir auf einem Bürostuhl Platz. Unter uns glitt der Golf von Aden vorbei. Wir flogen über die nördliche Küstenlinie von Dschibuti und befanden uns anschließend über dem Golf von Tadjoura. Meine Flugroute führte mich in einem Bogen in den Westen von Dschibuti, wo ich in Richtung Ozean landen würde.

Die Sonne ging über Äthiopien unter. Der große, orangefarbene Ball sank am Horizont immer tiefer und ließ die Schatten länger werden. Seit ich vor einem Jahr im Einsatzgebiet eingetroffen war, hatte ich einen der berühmten afrikanischen Sonnenuntergänge sehen wollen. Bislang hatte ich kein Glück gehabt, weil die meisten Sonnenuntergänge von entfernten Gewittern oder Dunst verschleiert wurden. Heute sahen wir durch die Kameras der Predator zu.

Die Predator mit dem Spitznamen »'57 Chevy« landete so elegant, wie sie konnte, rollte die Landebahn entlang und drosselte die Geschwindigkeit. Wie immer bestaunte ich die leeren Startschienen des Flugzeugs. Wir flogen so oft bewaffnet, dass wir schon kaum noch wussten, wie die Fluggeräte ohne Raketen aussahen. Ich wusste, dass den Wartungstechnikern die leeren Startschienen auch nicht entgehen würden, als die Predator von der Landebahn zum Vorfeld rollte. Im Kampfeinsatz bedeuteten leere Schienen, dass wir mehr getan hatten, als unserer Beute beim Altwerden zuzusehen. Wir waren keine Geier mehr.

Wir waren Raubvögel.

Epilog

Auch im Oktober brutzelte das Flugfeld in Dschibuti noch in der Sonne. Die Hitze ging jedoch zurück, und die Temperaturen fielen unter die 40-Grad-Marke. Vom kräftigen sommerlichen Westwind blieb nur noch eine Flaute zurück, und die Böen kamen nun eher aus östlicher Richtung.

Wir versammelten uns im Schatten des Hangars. Meine Piloten, Wartungstechniker und Sicherheitskräfte standen unter der Tragfläche einer MQ-9 zusammen, um den Kommandanten des JOC zu treffen. Das JOC wollte sich bei den Soldaten bedanken und ihnen Feedback geben. Das kannten wir noch nicht.

Predator-Staffeln bekamen nie Feedback von den Einheiten, die sie unterstützten. Wir erhielten nur Beschwerden. Niemand versagte gern, egal wie unwichtig der Einsatz war. In unserer Welt bedeutete keine Rückmeldung stets, dass wir unsere Arbeit erledigten.

Ich hatte die Zusammenkunft eher aus Neugier genehmigt.

Ich stand an der Seite, während der Kommandant sprach. Er redete über die Mission und ihre Auswirkungen. Er gratulierte dem Team zu seiner harten Arbeit und dem Erfolg, den sie gezeitigt hatte. Aber ich hörte gar nicht richtig hin.

Stattdessen bewunderte ich die Luftwaffensoldaten, die den JOC-Kommandanten in Reih und Glied umstanden. Sie hatten die unterschiedlichsten Vorgeschichten und Spezialgebiete. Dennoch bildeten sie keine Grüppchen, sondern integrierten sich wie Gleichberechtigte. Nach fast einem Jahr waren sie zu einem fest verschworenen Team geworden, sie waren wie eine Familie. Gemeinsam hatten sie physische, mentale und spirituelle Verluste erlebt. Sie hatten zusammengehalten und diejenigen unterstützt, die unter der Trennung von Familie und Freunden litten.

Die 60th Expeditionary Reconnaissance Squadron war eine Einheit, die zu erleben, geschweige denn zu befehligen ich niemals erwartet hätte. Ebenso hätte ich niemals für möglich gehalten, dass die Flugzeuge, die sie flog, die moderne Kriegführung und Aufklärung revolutionieren würden.

Die Zeiten hatten sich enorm geändert, seitdem ich zu dem Programm gestoßen war.

Nach dem Abschuss des *Facilitator* hatte ich eine Erleuchtung, als ich auf dem Balkon meines Kumpels diesen Martini trank. Mir wurde klar, dass die Air Force gerade einen Wandel erlebte, der ebenso bedeutend war wie jener nach dem Ersten Weltkrieg.

Bis 1916 war die Artillerie die einzige Möglichkeit gewesen, den Feind aus größerer Distanz zu treffen. Das Flugzeug war eine neue Erfindung, das als Novum im Gefecht zuerst nur von Adligen geflogen wurde. Die ersten Einsätze dienten vor allem Aufklärungszwecken. Die Piloten winkten einander zu wie Gentlemen, wenn sie sich über dem Schützengraben begegneten. Dann wurde der Krieg immer unübersichtlicher, und es gab immer schlimmere Gemetzel. Aus Frustration warf jemand einen Schraubenschlüssel. Dann feuerte jemand mit einer Pistole. Der Nächste holte das Maschinengewehr heraus. Der darauffolgende Rüstungswettstreit brachte den Himmel über Europa zum Glühen. Bis 1918 hatte das

Flugzeug die Artillerie als wichtigste Bedrohung über große Reichweite überholt und seine Anfangsphase als bloßes Beobachtungswerkzeug hinter sich gelassen.

Der Zweite Weltkrieg brachte noch mehr Zerstörung und Tod mit sich. General Henry Arnold und das US Army Air Corps (USAAC) suchten nach Alternativen zu den steigenden Opferzahlen durch Präzisionsluftangriffe bei Tageslicht. Beim Aphrodite-Projekt experimentierte man mit unbemannten Fluggeräten. Das größe Einzelprojekt war eine ferngesteuerte B-17, die im Kamikazestil in schwierige Ziele gelenkt werden sollte. Das USAAC wollte die U-Boot-Bunker in Lorient treffen, die sich als immun gegen Luftangriffe erwiesen hatten. Der Krieg war zu Ende, bevor die Technologie im Gefecht erprobt werden konnte.

Es sollte noch beinahe 50 Jahre dauern, bis die Forschung sich wirklich eingehend mit der Technologie der unbemannten Luftfahrt beschäftigte.

In den 1990ern flog die erste Generation Predators im Kosovo und in Vorderasien. Sie lieferten Bildmaterial von mäßiger Qualität und stießen auf nicht viel Gegenliebe, manchmal sogar auf Feindseligkeit. Predators waren eine absolute Neuheit, ähnlich wie es Flugzeuge 1916 gewesen waren.

In den Jahren nach dem 11. September war es ähnlich wie im Ersten Weltkrieg. Die neue Predator mit verbesserter Bordelektronik und ihren AGM-114-Hellfire-Raketen kam zum Einsatz. Droopys Schuss, der zur Verteidigung verbündeter Einheiten abgefeuert wurde, leitete eine neue Ära der Waffenentwicklung ein, die an den Wandel der Doppeldecker von Aufklärern zu vollwertigen Jagdfliegern erinnerte.

Alle möglichen ferngesteuerten Fluggeräte erschienen auf der Bildfläche, von den kleinen, von Hand emporgeworfenen Ravens bis hin zu den gewaltigen Global Hawks. Manche spähten nur über

Bergkämme, um einen möglichen Hinterhalt auszumachen, andere betrieben strategische Aufklärung, indem sie hoch über ihrem Ziel flogen. In jedem Jahr des Krieges präsentierten die Hersteller Dutzende neuer Plattformen, um dem wachsenden Aufklärungsbedarf nachzukommen.

Heute sind ferngesteuerte Fluggeräte weder aus den Einsatzgebieten noch aus den Nachrichten wegzudenken.

Die Air Force spricht dabei nicht mehr von Drohnen. Das Wort allein weckt Ängste und Missverständnisse. Ein Mangel an Informationen über die genaue Funktionsweise der Fluggeräte hat einen fruchtbaren Nährboden für lebhafte Fantasien geschaffen, in denen James Camerons Terminator durch die Landschaft zieht und alles tötet, was sich bewegt.

Die Technologie, mit der die Predator und die Reaper gesteuert werden, ist alles andere als roboterhaft oder selbstständig. Echte Piloten fliegen diese Maschinen. In den USA befolgen sie dabei die Richtlinien der Federal Aviation Administration, und bei Auslandseinsätzen halten sie sich an die Bestimmungen der International Civil Aviation Organization. In Dschibuti haben wir unter Beweis gestellt, dass wir nicht nur in einem Gebiet mit hohem zivilen und militärischen Luftverkehrsaufkommen sicher operieren können, sondern wir haben auch geholfen, die Luftraumkarten zu entwickeln, die den Einsatz unbemannter Fluggeräte zur Routine machen.

Der Vorfall mit dem Air-France-Airbus war für mich der Ansporn, mich an das Außenministerium zu wenden und um Erlaubnis zu bitten, die Regierung von Dschibuti direkt miteinzubeziehen. Ich regte spezielle Vorgehensweisen an, um Konfliktsituationen mit unseren Fluggeräten zu umgehen. Außerdem lud ich dschibutische Vertreter in unseren Bereich des Stützpunktes ein, damit sie sehen konnten, wie wir die Flugzeuge vom Cockpit aus steuerten.

Das Ganze war für beide Seiten sehr erhellend und ein Riesenerfolg für uns. Die dschibutischen Fluglotsen amüsierten sich großartig dabei, sich vom Boden aus zuzuwinken und ihre Bilder auf den Cockpit-HUDs zu sehen.

Vor allem lernten sie dabei, dass wir wie echte Piloten flogen. Knüppel nach vorn, Kuh wird größer. Knüppel zurück, Kuh wird kleiner. Wir steuerten alles, genau wie bei jedem anderen Flugzeug auf der Welt. Der einzige Unterschied zwischen der Predator und einem bemannten Fluggerät besteht darin, dass das Cockpit bei uns nicht physisch mit dem Flugzeug verbunden ist. Davon abgesehen sind wir jedoch ebenso kompetent wie alle anderen professionellen Flieger da draußen.

Und doch haben wir während meiner einjährigen Dienstzeit in dem Land vier Flugzeuge verloren. Einige Verluste waren vermeidbar, andere nicht. Es war eine neue Erfahrung für uns alle. Später erfuhr ich durch Quellen beim Air Combat Command und dem Air Force Special Operations Command, dass die Ergebnisse aller vier Sicherheitsuntersuchungen zurückgewiesen worden waren. Sowohl das ACC als auch das AFSOC stellten fest, dass die Untersuchungen unsaubere Ergebnisse geliefert hatten.

Das Einzige, was von den Berichten nicht vernichtet wurde, waren die Empfehlungen. Diese Empfehlungen würden nur dazu dienen, die Gemeinschaft der Piloten in den immer voller werdenden Lufträumen der Welt stärker und sicherer zu machen.

Noch mehr Sicherheit beim Fliegen war stets unser Ziel.

Im Jahr 2011 absolvierte die Air Force allein mit der Predator über 500 000 Flugstunden im Kampfeinsatz. Zum Vergleich: Alle Kampfflugzeuge und Bomber der Air Force brachten es auf etwa 48 000 Flugstunden weltweit, und das nicht nur im Kampfeinsatz. Trotz dieser großen Belastung verlieren die Predators durchschnittlich nur etwa 13 Maschinen im Jahr. Diese Zahl ist stabil geblieben oder sogar gesunken, während sich die Flugstunden im letzten Jahrzehnt exponentiell vermehrt haben. Im Laufe der Jahre haben wir unsere Flugsicherheit immer weiter verbessert, sodass wir heute die niedrigste Unfallrate der Air Force vorweisen können. Aber unsere Abstürze liefern, wie die von Passagierflugzeugen, gute Schlagzeilen, auch wenn dabei selten die ganze Geschichte erzählt wird.

Das größte moralische Problem der unbemannten Luftfahrt ist jedoch, dass sie genutzt wird, um zu töten.

Amnesty International und andere Organisationen üben öffentlich Kritik, wenn ein ferngesteuertes Fluggerät ein Mitglied von al-Qaida tötet oder Bodentruppen dabei unterstützt. Als F-117s in der ersten Nacht der Operation Iraqi Freedom die Zentrale der Ba'ath-Partei bombardierten, um Saddam Hussein zu töten, beschwerten sie sich nicht. Sie beschwerten sich auch nicht, als eine F-16 eine Bombe auf al-Zarqawi warf, obwohl eine Predator am Tag zuvor dieselben rechtlichen Verfahren befolgt hatte. Bei jedem Angriff betätigt ein Pilot in Übereinstimmung mit dem Kriegsvölkerrecht den Abzug.

Wir sind niemals unkontrolliert geflogen.

Die Predator ist ein ferngesteuertes Fluggerät, das jederzeit mit einem Menschen verbunden ist. Nichts geschieht, ohne dass ein Mensch es anordnet. Das Flugzeug kann nicht schießen, ohne dass ein Pilot den Abzug betätigt. Der Angriff kann auch nicht erfolgen, ohne dass eine ganze Reihe von Auflagen erfüllt und eine Angriffsfreigabe erteilt worden ist.

Zum Teil habe ich dieses Buch geschrieben, um die unglaubliche Geschichte der Predator und ihres Aufstieges zum wertvollen Instrument der Terrorismusbekämpfung zu erzählen. Es war nie meine Absicht, die juristischen und moralischen Streitfragen zu umreißen oder zu entscheiden, die Gesetzgeber und Philosophen klären müssen. Ich habe dieses Buch geschrieben, um zu zeigen, wie die Predator die Kriegführung revolutioniert hat.

Die Al-Awlaki-Mission markierte eine erkennbare Veränderung bei amerikanischen Militäroperationen. Nur fünf Monate zuvor war Osama bin Laden mithilfe von SEALs, Helikopterpiloten und ein paar anderen Mitteln zur Strecke gebracht worden. Ihn aufzuspüren hatte beinahe zwei Jahrzehnte gedauert, die wenig mehr gebracht hatten als Frustration, astronomische Kosten und eine Reihe von Terroranschlägen, die die Vereinigten Staaten in einen schrecklichen Krieg getrieben hatten. Ein Scheitern der Mission wäre ein nationaler Albtraum gewesen, man hätte Tote und Gefangene im ausländischen Fernsehen zur Schau gestellt.

Das hatten wir bei der gescheiterten Geiselbefreiung in Iran erlebt.

Ferngesteuerte Fluggeräte haben die Jagd nach Terroristen revolutioniert, weil sie das Risiko für den Faktor Mensch verringerten. So wurden keine Hubschrauber abgeschossen, keine Soldaten verwundet oder getötet. Die Fähigkeiten, die RPAs in den Kampf einbrachten, überwanden und verdrängten menschliche Beschränkungen in einer Weise, die uns ermöglichte, al-Awlaki schneller zu finden, ohne Amerikas konventionelle Streitkräfte und Spezialeinheiten zur Gänze zu binden. Noch wichtiger ist, dass diese Revolution der Kriegführung uns mit der Hoffnung erfüllt auf eine Welt, die nicht jahrelang von einem Osama bin Laden als Geisel gehalten werden kann.

In meinen acht Jahren als Predator-Pilot, von denen dieses Buch erzählt, hat sich unsere bewaffnete Luftraumüberwachung im Kampf gegen den internationalen Terror mehr als verzwanzigfacht. In dem Jahr, in dem wir al-Awlaki jagten, flog die 60. mehr als 900 Einsätze, die mehr als 17 000 Stunden im Kampfeinsatz umfassten. Während dieser Zeit erprobten wir neue Einsätze, wie die Abriegelung auf dem Meer und die Bekämpfung von Piraterie. Außerdem erfüllten wir die Mission, die für den Präsidenten höchste Priorität hatte.

Wenn ich an Bilder mit Symbolcharakter vergangener Kriege denke, dann fallen mir die Schützengräben des Ersten Weltkriegs ein, die P-51 und die B-17 im Zweiten Weltkrieg, Huey-Hubschrauber und Napalm in Vietnam sowie die M1A1-Abrams-Panzer und die A-10 im Golfkrieg. Die MQ-1 ist inzwischen, gemeinsam mit den SEALs, zum Symbol für den weltweiten Krieg gegen den Terror geworden, der dieses vergangene Jahrzehnt einmal prägen wird.

Die jungen Männer und Frauen, die auf dem Asphalt standen und dem Kommandanten des JOC zuhörten, waren diejenigen, die das erreicht hatten. Ihr Handeln hat das Gesicht des Krieges für immer verändert. Sie bleiben freiwillig anonym. Sie verteidigen mit aller Macht ihre Kameraden, ihre Gemeinschaften und die ganze Nation, während sie über unsere Helden am Boden wachen. Sie erwarten keine andere Belohnung als die schlichte Anerkennung ihres Beitrags zu unser aller Kriegsanstrengungen.

Ich staunte, wie viel Weitsicht General Arnold tatsächlich bewies, als er sagte: »Der nächste Krieg wird vielleicht von Flugzeugen ohne Menschen an Bord geführt werden. (…) Er wird anders sein als alles, was die Welt je gesehen hat.«

Danksagung

Zwischen der Planung und der Veröffentlichung dieses Buches lagen beinahe zwölf Jahre Arbeit. Wenn ich die Möglichkeit bekomme, mich in der Öffentlichkeit zu präsentieren, verzichte ich für gewöhnlich und lasse jenen den Vortritt, die sich im Rampenlicht wohler fühlen. Mir ist es lieber, am Rand zu stehen und das Geschehen aus der Ferne zu beobachten. Zurückhaltung ist für mich angenehmer.

Die Anonymität ermöglicht es meinen Kollegen, ein normales Leben zu führen, ohne den neugierigen Blicken der Öffentlichkeit ausgesetzt zu sein. Einerseits verschafft uns diese Abgeschirmtheit ein ruhiges und einigermaßen friedliches Familienleben. Andererseits ärgert es uns, wenn wir mit ansehen müssen, wie in den Medien falsche Informationen über unsere Motivation und unser Handeln verbreitet werden. Es gibt nichts Schlimmeres als einen Bericht, der einen Sachverhalt wieder einmal falsch darstellt.

Als ich General Mark Welsh in Dschibuti kennenlernte, war er noch Oberbefehlshaber der US-Luftstreitkräfte in Europa. Ein Jahr später wurde er dann Stabschef der Air Force. Er war bekannt dafür, Flieger zu ermutigen, ihre Geschichte zu erzählen und so die

Welt an unseren kollektiven Erfahrungen teilhaben zu lassen. Als wir einander vorgestellt wurden, trug der örtliche Gruppenkommandant eine ganze Liste meiner Verdienste um das Predator-Programm vor, wobei ich bei den meisten Punkten überrascht war, dass er überhaupt davon wusste. General Welsh sah mich eine Weile prüfend an, dann sagte er, ich solle meine Geschichte aufschreiben.

Mit diesem Gedanken trug ich mich zwei Jahre, ohne so recht zu wissen, ob ich das Buch schreiben sollte oder warum meine Geschichte den ganzen Aufwand wert sein sollte. Ich wollte mich nur ungern der Öffentlichkeit aussetzen. Noch weniger freute ich mich auf die wahrscheinlich wenig zurückhaltenden Kommentare der anderen Predator-Piloten. Mit den anderen, die sich an die Öffentlichkeit gewandt hatten, war man auch nicht zimperlich umgegangen.

Ich bin schließlich kein Held, ich passe nur auf jene auf, die es sind.

Als ich einen Anruf von einem Freund erhielt, änderte ich meine Meinung. Er schickte mir einen Link zu einem Artikel in der *Washington Post*. Der Artikel nannte meinen vollen Namen und berichtete in allen Einzelheiten von den Angriffen auf al-Awlaki, Einzelheiten, die niemals hätten an die Öffentlichkeit gelangen dürfen. Ich war schockiert, denn normalerweise ist es bei der Air Force üblich, die Namen von Kommandanten im Kampfeinsatz erst nach dem Krieg herauszugeben. Doch da stand mein Name, schwarz auf weiß und im Zusammenhang mit einer wichtigen Operation.

Erst zu diesem Zeitpunkt zog ich ernsthaft in Betracht, die Geschichte der Predator zu schreiben.

Ich nahm Kontakt zu Kevin Maurer auf, um herauszufinden, ob es für das Projekt überhaupt einen Markt gab. Er war sofort Feuer und Flamme und wollte es seinem Agenten und seinen Verlegern anbieten. Damit begann eine aufregende Reise durch den spannenden Veröffentlichungsprozess. Kevin brachte mir bei, so zu schreiben, wie es Verleger gern haben, und half mir, Klippen zu umschiffen, von denen ich nicht einmal eine Ahnung gehabt hatte. Der Rest ist, wie man so schön sagt, Geschichte.

Seitdem hatte ich das Glück, mit einem hervorragenden Expertenteam zusammenzuarbeiten, mit dessen Hilfe dieses Buch Wirklichkeit wurde. Scott, Ben, Mark, Christine, Amanda, Stephanie und alle anderen bei Dutton – danke, dass ihr an mich geglaubt habt.

Vor allem möchte ich meiner wunderschönen Frau danken. Hätte sie nicht so viel Geduld bewiesen, während ich stundenlang über Manuskripten brütete, am Computer saß und wie wild tippte oder verbissen Details recherchierte, hätte ich wohl kaum einen brauchbaren Entwurf – geschweige denn ein fertiges Buch – hinbekommen. Ich liebe dich, mein Schatz.

Die Autoren

Lt. Col. T. Mark McCurley ist pensionierter Air-Force-Pilot und ehemaliger Nachrichtendienstmitarbeiter. Im Jahr 2003 meldete er sich freiwillig für das geheime Predator-Programm und absolvierte fünf Einsätze im Irak, in Afghanistan und anderen Gebieten, wo er die MQ-1 Predator und die MQ-9 Reaper flog und mehr als 1000 Flugstunden im Kampfeinsatz absolvierte.

Kevin Maurer ist preisgekrönter Journalist und zusammen mit Mark Owen Verfasser des Bestsellers *Mission erfüllt. Navy Seals im Einsatz: Wie wir Osama bin Laden aufspürten und zur Strecke brachten.* Er berichtet seit zehn Jahren über Einsätze von Spezialeinheiten.